21世纪
经济管理精品教材
工商管理系列

Project Management

项目管理

许鑫　姚占雷◎编著

U0361848

清华大学出版社
北京

内 容 简 介

本书参照经典的项目管理知识体系指南(PMBOK),对项目管理活动中的知识进行了重构,可以帮助读者快速对项目管理形成整体认识,并借助典型案例进行启发性思考,加深读者对专业知识的理解;同时针对大学生创新创业实践活动的特点,系统融合敏捷项目管理等思想,提炼形成了有针对性的项目管理脉络体系,强调并助力落实大学生创新创业实践活动的"重在过程"原则,为大学生创新创业实践活动开展提供新的探索与实践范本。

本书既可作为高等学校经济与管理专业的通用教材,也适合于广大项目管理初级从业人员使用。

图书在版编目(CIP)数据

项目管理 / 许鑫,姚占雷编著. —北京 :清华大学出版社,2020.3(2023.3重印)
21 世纪经济管理精品教材. 工商管理系列
ISBN 978-7-302-54873-7

Ⅰ. ①项… Ⅱ. ①许… ②姚… Ⅲ. ①项目管理-高等学校-教材 Ⅳ. ①F224.5

中国版本图书馆 CIP 数据核字(2020)第 022972 号

责任编辑:贺　岩
封面设计:李召霞
责任校对:宋玉莲
责任印制:丛怀宇

出版发行:清华大学出版社
　　　　　网　　　址:http://www.tup.com.cn,http://www.wqbook.com
　　　　　地　　　址:北京清华大学学研大厦 A 座　　　　　邮　　编:100084
　　　　　社 总 机:010-83470000　　　　　　　　　　　邮　　购:010-62786544
　　　　　投稿与读者服务:010-62776969,c-service@tup.tsinghua.edu.cn
　　　　　质量反馈:010-62772015,zhiliang@tup.tsinghua.edu.cn
印 装 者:三河市铭诚印务有限公司
经　　销:全国新华书店
开　　本:185mm×260mm　　**印　张:**17.75　　　　**字　　数:**409 千字
版　　次:2020 年 3 月第 1 版　　　　　　　　　　　**印　　次:**2023 年 3 月第 4 次印刷
定　　价:48.00 元

产品编号:085025-01

前 言

本书既可作为高等学校经济与管理类专业的通识课教材,也可供广大项目管理初级从业人员使用,能够为系列人才培养活动提供丰富的实践知识,帮助读者进一步增强项目管理能力、积累管理经验。

有别于国内同类教材大多严格遵守美国项目管理协会提出的项目管理知识体系,本书结合实际进行了科学删减、凝练与重新编排;同时缘于现有创新创业活动多以具体的项目为载体,而项目管理理论作为一种行之有效的管理方法,已被众多领域应用与实践检验,并有力推动项目目标达成,因此新增了"创新创业项目管理"章节,以期读者宏观把握项目管理基础知识、精准感知创新创业项目管理过程。具体而言,针对大学生创新创业实践活动的特点,系统融合敏捷项目管理等思想,提炼形成了有针对性的项目管理脉络体系,强调并助力落实大学生创新创业实践活动中的"重在过程"原则,为大学生创新创业实践活动开展提供新的探索与实践范本。

本书内容共分为 16 章,涉及项目管理活动的方方面面,并系统阐释了其中的重要关注点。本书核心内容为第 2 章至第 15 章,具体为:第 2 章说明了如何成长为一名合格的项目经理,第 3 章介绍如何科学地选择项目,第 4 章说明了项目管理中组织与团队的重要性及如何做好管理,第 5 章介绍如何做好沟通及沟通过程中的要点与方法,第 6 章介绍如何做好范围管理及所用到的工具与方法,第 7 章介绍如何科学编制项目预算及其成本估算的方法,第 8 章介绍如何科学估算项目工期及所用到的技术与方法,第 9 章介绍如何做好质量管理及所用到的工具与方法,第 10 章介绍如何做好项目的资源配置及所用到的方法,第 11 章介绍如何做好采购管理及所用到的工具与方法,第 12 章介绍如何科学监控项目活动及所用到的工具与方法,第 13 章介绍如何做好风险管理及所用到的工具与方法,第 14 章介绍如何科学结束一个项目及其所要做的工作,第 15 章介绍如何做好大学生创新创业实践活动的项目化管理,第 16 章介绍项目管理的新发展。

在本书的编写过程中大量引用了学界、业界同人的相关成果,且部分案例选自往年国家计算机技术与软件专业技术资格考试(信息系统管理工程师)试题,在此一并表示感谢。

需要说明的是,因为时间仓促、作者水平有限,书中难免存在遗漏或不足之处,热忱希望广大读者批评指正。

许 鑫

2019 年 10 月

目 录

第 1 章

项目管理概论

1.1 项目概述

1.1.1 项目的定义

项目是人类社会活动中特有的一种经济、社会活动形式,是为创造独特的产品、服务或结果而开展的一次性活动。因此,凡是人类创造独特产品、服务或结果的活动都属于项目的范畴。项目可以是建造一栋大楼,开发一个油田,或者建造一座水坝,像国家大剧院的建造、大庆油田的建造、三峡工程的建造都是项目;项目也可以是一项新产品的开发,一项科研课题的研究,或者一次科学试验,像调频空调的研制、新药的研究、转基因作物的实验研究都是项目;项目还可以是一项特定的服务,一项特别的活动,或一项特殊的工作,像组织一场婚礼、安排一场救灾义演、开展一项缉毒活动等也都是项目。对于项目的定义,人们结合自身实际有着诸多理解。一般围绕以下几个定义展开。

美国项目管理协会(Project Management Institute,PMI)将项目定义为"为创造特定产品、服务或结果而进行的一项有时限的任务",其中"时限"是指每一个项目都有明确的起点和终点,"特定"是指一个项目所形成的产品、服务或结果在关键特性上不同于其他的产品、服务或结果。

其他定义还包括:

(1) 项目就是以一系列独特而又相互关联的任务为前提,有效利用资源,为实现一个特定的目标所作的努力(Gido J et al.,1999)。

(2) 项目是具有开始和结束的一次性努力,由相关人员执行以达到符合一定成本、预算和质量要求的目标(Buchanan D et al.,1992)。

(3) 项目是具有下列条件的任何行动和任务的序列(Kerzner H,2003):有一个将根据某种技术规范完成的特定目标;具有确定的开始和结束日期;有经费限制(如果可行的话);消耗人力或非人力资源(如资金、人员、设备等);多功能的(如涉及多个职能部门)。

简言之,项目可以是一个组织的任务,它可以小到只涉及几个人,大到涉及几千人;项目也可以是多个组织的共同任务,甚至可以大到涉及成千上万人。项目的时间也长短不同,有的在很短时间内就可以完成,有的则需要很长时间,甚至很多年才能够完成。

1.1.2 项目的特性

各种不同专业领域中的项目在内容上可以说是千差万别,不同项目都有自己的特性。

但是从本质上说,项目是具有共同特性的,包括如下几个方面。

1. 目的性

项目的目的性是指任何一个项目都是为实现特定的组织目标服务的。因此,对于任何一个项目都必须根据组织目标确定出项目的目标。这些项目目标主要分为两个方面:其一是有关项目工作本身的目标;其二是有关项目产出物的目标。前者是对项目工作而言的,后者是对项目的结果而言的。例如,对一栋建筑物的建设项目而言,项目工作的目标包括项目工期、造价、质量和安全等方面的目标,项目产出物的目标包括建筑物的功能、特性、使用寿命和使用安全性等方面的目标。同样,对于一个软件开发项目而言,项目工作的目标包括软件开发周期、开发成本、质量、软件开发的文档化程度等方面的目标,项目产出物的目标包括软件的功能、可靠性、可扩展性、可移植性等方面的目标。在许多情况下项目的目的性这一特性是项目最为重要和最需要项目管理者关注的特性。

2. 独特性

项目的独特性是指项目所生成的产品、服务或结果与其他产品、服务或结果相较具有一定的独特之处。通常一个项目的产出物,即项目所生成的产品、服务或结果,在一些关键方面与其他的产品、服务或结果是不同的。每个项目都有某些方面是以前所没有做过的,是独特的。例如,每个人的婚礼都是一个项目,与任何另一个人的婚礼相比总会有许多独特的(不同的)地方,虽然按照一定的习俗,婚礼会有一些相同的成分,但是这并不影响个人婚礼的独特性。再如,人们建造了成千上万座办公大楼,这些大楼在某个或某些方面都有一定的独特性,这些独特性包括不同的业主、不同的设计、不同的位置和方位、不同的承包商、不同的施工方法和施工时间等。许多社会生产、服务或结果业务项目都会有一定的共性,即相同的东西,但是这并不影响项目的独特性这一重要特性。

3. 一次性

项目的一次性也被称为"时限性",是指每一个项目都有自己明确的时间起点和终点,都是有始有终的,不是不断重复、周而复始的。项目的起点是项目开始的时间,项目的终点是项目的目标已经实现,或者项目的目标无法实现,而中止项目的时间。项目的一次性与项目持续时间的长短无关,不管持续多长时间,一个项目都是有始有终的。例如,树立一座纪念碑所用的时间是短暂的,各种计算机操作系统的开发时间相对比较长,但是它们都有自己的起点和终点。这就是项目的一次性特性,项目在其目标确立后开始,在达到目标(或中止)时终结。没有任何项目是不断地、周而复始地持续下去的。项目的一次性是项目活动不同于一般日常运营活动的关键特性。

4. 制约性

项目的制约性是指每个项目都在一定程度上受客观条件和资源的制约。客观条件和资源对于项目的制约涉及项目的各个方面,其中最主要的制约是资源的制约。项目的资源制约体现在人力资源、财力资源、物力资源、时间资源、技术资源、信息资源等各方面。因为任何一个项目都是有时间、预算限制的,而且项目的人员、技术、信息、设备条件、工艺水平等也都是有限制的。这些限制条件和项目所处环境的一些制约因素等共同构成了项目的制约性。项目的制约性也是决定一个项目成败的关键特性之一。通常,一个项目在人力、物力、财力、时间等方面的资源宽裕、制约很小,那么其成功的可能性就会非常大;情况相反时项目成功的可能性就会大大缩小。

5. 其他特性

除了上述特性以外,项目还具有其他一些特性,如项目的创新性和风险性、项目过程的渐进性、项目成果的不可挽回性、项目组织的临时性和开放性等。这些项目特性是相互关联和相互影响的。例如,项目的创新性和风险性就是相互关联的,而项目的风险性又是由于项目的独特性、制约性和一次性造成的。因为项目的独特性决定了项目需要进行不同程度的创新,而创新本身就包括各种不确定性,由此带来了风险。另外,项目组织的临时性和项目成果的不可挽回性也主要是由于项目的一次性造成的,因为一次性的项目活动结束以后,项目组织就需要解散,所以项目组织也是临时性的;而项目活动是一次性的,不是重复性的,所以项目成果一旦形成,多数是无法改变的。例如,一次大型的体育比赛活动就是一个项目,这种项目的管理组织多数是临时的,比赛结束以后项目组织就解散了,而比赛结果等多数都是无法变更的,不管是否有问题,如参赛者因迟到而弃权的结果就是无法改变的。

1.1.3　项目与运营

人类的社会经济活动可分为两大类:一类是在相对封闭和确定的环境下所开展的重复性的、周而复始的、持续性的活动或工作,如企业定型产品的生产与销售、铁路与公路客运系统的经营与运行、影院与宾馆的日常营业、政府的日常办公等,通常人们将这种活动或工作称为日常"运营或运行"(operation);另一类活动是在相对开放和不确定的环境下开展的独特性、一次性活动或工作,这就是本书前面讨论和定义的"项目"(project)。这两类社会、经济活动有许多本质的不同,充分认识这些不同之处,有助于我们认识与掌握项目和项目管理。"项目"与"运营"最主要的不同之处包括下述几个方面。

1. 工作性质与内容的不同

一般在日常"运营"中存在着大量的常规性、不断重复的工作或活动,而在"项目"中则存在较多创新性、一次性的工作或活动。因为运营工作通常是不断重复、周而复始的,所以运营中的工作基本上是重复进行的常规作业,但是每个项目都是独具特色的,其中的许多工作是开创性的,所以二者的工作性质与内容是不同的。例如,企业日常生产经营一种产品、服务或结果的工作内容多数时间是相同的,很少有创新的成分;而企业新产品的研究与开发项目的工作多数是不同的,基本上都是创新性的工作。因为,如果没有创新就不会有这种项目,也就不会有新产品。

2. 工作环境与方式不同

一般日常"运营"工作的环境是相对封闭和相对确定的,而"项目"的环境是相对开放和相对不确定的。因为运营工作的很大一部分是在组织内部开展的,所以它的运营环境是相对封闭的,譬如企业的生产活动主要是在企业内部完成的。同时,运营中涉及的外部环境也是一种相对确定的外部环境,例如,企业一种产品的销售多数是在一个相对确定的环境中开展的,虽然企业的外部环境会有一些变化和竞争,但是相对还是比较确定的。由于工作环境的这种相对封闭性,加上运营工作的重复性,所以运营中的不确定性较低,而且不断重复的作业过程还可以使许多不确定性因素逐步得以消除。然而,项目工作的环境是相对开放的,譬如工程建设项目只能在外部环境中完成,而新产品研制项目主要是针对外部市场新的需求开发的。由于项目所处环境的这种相对开放性,再加上项目工作的一次性和独特性,就使得项目的不确定性较高,因为人们对全新的尝试是很难全面预先认识和预测事物的未来和发展的。

3. 组织与管理上的不同

由于"运营"工作是重复性的和相对确定的,所以一般运营工作的组织是相对不变的,运营的组织形式基本上是分部门成体系的。由于项目是一次性的和相对不确定的,所以一般项目的组织是相对变化的和临时性的,项目的组织形式多数是团队性的。同时,运营工作的组织管理模式以基于部门的职能性和直线指挥管理系统为主;而项目的组织管理模式主要以基于过程和活动的管理系统为主。例如,一项产品的生产经营管理基本上是按照供应、生产、销售部门的供产销计划、组织和领导与人、财、物、信息的控制展开的,而一个工程项目的管理基本上是按照项目建议书、可行性分析、工程设计、工程施工、完工交付的过程以及其中的各项具体活动展开的。

综上所述,项目与运营的区别可以从工作性质、工作环境、管理组织等三个方面理解(房西苑等,2010),见表 1-1。

表 1-1 项目与运营的区别

方面 \ 类别	项 目	运 营
工作性质	独特、创新	常规、重复
工作环境	开放、风险	封闭、确定
管理组织	临时、变化	稳定、持久

1.1.4 项目的类别

现代项目管理所定义项目的典型类别包括以下 10 种。

(1)新产品或新服务的开发项目。例如,新型家用电冰箱、空调器的研制开发项目和新型旅游服务开发项目等。

(2)技术改造与技术革新项目。例如,现有设备或生产线、生产场地的更新改造项目和生产工艺技术的革新项目等。

(3)组织结构、人员配备或组织管理模式的变革项目。例如,一个企业的组织再造项目,或一个政府机构的职能转变与人员精简项目等。

(4)科学技术研究与开发项目。例如,纳米技术与材料的研究与开发项目、生命科学的技术与理论研究和开发项目等。

(5)信息系统的集成或应用软件开发项目。例如,国家金税工程、金卡工程等经济信息系统的集成与开发项目,企业的管理信息系统、决策支持系统的集成与开发项目,会计软件、游戏软件、办公软件、操作软件、教育软件等各种各样的软件的开发项目等。

(6)建筑物、设施或民宅的建设项目。例如,政府的办公大楼、学校的教学和行政管理大楼、商业写字楼、大型旅馆饭店、民用住宅、工业厂房、商业货栈、水利枢纽、物流中心等的建设项目。

（7）政府、政治或社会团体组织和推行的新行动。例如，希望工程项目、光彩工程项目、农村经济体制改革项目、对外开放项目、申办奥运会项目、国庆阅兵项目等。

（8）大型体育比赛项目或文娱演出项目。例如，奥运会比赛项目、世界杯比赛项目、春节晚会演出项目、救灾义演项目、巡回演出项目、系列大奖赛项目等。

（9）开展一项新经营活动的项目。例如，有奖销售活动、降价促销活动、大型广告宣传活动、新型售后服务推广活动等，也都属于项目的范畴。

（10）各种服务作业项目。例如，替客户组织一场独特的婚礼、为客户提供一项独特的旅游、为客户安排一份特殊的保险等都属于项目的范畴。

由此可见，项目无处不在、种类繁多。我们从项目主体、项目性质两个维度对项目进行划分，见表 1-2。

表 1-2　项目典型类型一览表

项目主体	项目性质	盈利性项目	非盈利性项目
企业项目	承接业务项目	承接土建工程项目、承接软件开发项目	温室气体减排、扫雪绿化工程、门前三包
	自我立项项目	企业新产品开发、企业内部技术改造	捐助希望工程、筹备节日联欢晚会
非企业项目	政府财政项目	基础设施建设项目、经济适用房建设	战争、演习、科研、救灾、就业工程
	事业机构项目	文艺演出、体育比赛、教育培训项目	申办奥运、赈灾义演
	家庭个人项目	家教服务、家政服务、家具拍卖	家庭装修、旅游、婚宴庆典

1.1.5　项目的层次分解

项目本身有大有小，大项目可以分解为许多层次。单独的项目也可以集成为项目集或者项目组合。

项目集（program）是指一组相互关联、需要协调管理的项目。协调管理是为了获得单独项目管理无法实现的利益和控制效果。一个项目可以属于一个项目集，也可以不属于一个项目集，但是每一个项目集中一定会包含若干关联项目。三峡工程就是一个非常典型的项目集，它包含了土建施工、设备制造、移民安置、文物处置等诸多个独立的项目，这些项目相互依赖、互相影响，需要在时间上协调，在成本上统筹，需要质量和采购供应链共同保证。

项目组合（project portfolio）是为了实现特定的战略业务目标，对一个或多个项目组合进行的集中管理，它包括一组共享资源和战略目标的项目，项目之间不一定具有依赖性，也许是共同的客户、共同的原料、共同的技术、共同的区域、共同的文化背景等把它们联系在一起。

项目、项目集和项目组合之间的区别与联系见图 1-1。

我们通常所说的项目一般指那些可以单独立项的项目，它可能属于某个项目集，也可以属于某个项目组合。以奥运会工程为例，它本身是个项目组合，包括了各类比赛场馆建

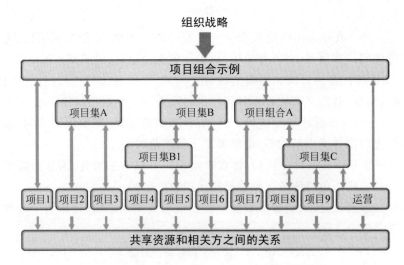

图 1-1　项目、项目集、项目组合之间的区别与联系

设、各类赛事活动安排、媒体宣传报道、广告和赞助商运作、公民精神文明建设等诸多项目集,具体到各类比赛场馆的建设,如乒乓球场馆建设就可以算作这个项目集中的一个独立的项目。项目还可以进一步分解成子项目,子项目往往不是独立立项的,但是可以分包承建,如体育馆的运动更衣间和浴室。子项目还可以继续分解为任务,分派给某个专业团队实施,如更衣间浴室的空调系统的安装工程。任务还可以继续分解为活动,指派具体的工作小组去完成,如空调设备采购、管道及线路安装、控制系统安装调试等。活动还能继续分解为工作,以便落实到具体人头上去执行,如空调压缩机管线系统的试压测漏。

　　管理科学中的一个最重要的原则就是把复杂的事情简化,而简化一件事情最有效的手段就是分解。进行项目的工作任务分解是项目管理的"基本功"。

1.2　项目管理概述

1.2.1　项目管理的定义

　　项目管理是指运用各种知识、技能、方法与工具,为满足项目有关各方对项目的要求与期望所开展的各种管理活动。项目管理不应该仅仅局限于满足项目具体的范围、时间、成本和质量目标,同时也必须促进整个过程以满足项目活动涉及者或影响者的需要和期望。

　　项目活动涉及者或影响者有时又被称为项目干系人(又称项目利益相关者),是指参与项目活动和受项目活动影响的人或机构,包括项目发起人、项目团队、支持人员、客户、使用者、供应商,甚至项目的反对者。这些利益相关者通常具有极不相同的需求和期望,在项目管理过程中需要得到重视。美国项目管理协会(PMI)的《项目管理知识体系指南》(PMBOK 指南)第 5 版(2012)新增了"项目干系人管理知识领域",用来解决与干系人之间的问题,足以说明其重要性。

1.2.2　项目管理的基本特性

1. 普遍性

项目作为一种创新活动普遍存在于我们人类的社会、经济和生产活动之中,人类现有的各种文化物质成果最初都是通过项目的方式实现的。现有各种运营活动都是各种项目的延伸和延续,人们的各种创新想法、建议与提案或迟或早都会转化成项目,并通过项目的方式得以验证或实现。由于项目的这种普遍性,使得项目管理也具有了普遍性。在人类社会中,小到个人婚礼,大到"阿波罗"计划都是项目,均需要综合运用项目管理知识降低运作风险。

2. 目的性

项目管理的目的性体现为一切项目管理活动都是为实现"满足项目有关各方对于项目的要求与期望"这一目的服务的。其中"要求"是一种业已清晰界定的项目目标,而"期望"是一种有待识别、未明确的、潜在的项目追求。项目管理的目的性表现在要通过项目管理活动去满足那些项目有关各方已经明确提出并清楚地规定出的项目目标。

同时,项目管理活动还存在镀金行为(指从事一些不解决实际问题、没有应用价值的项目活动),这在项目过程中应被严格禁止,项目应该是"满足要求"与"适合使用"。美国项目管理协会(PMI)提倡给客户提供答应提供的东西,而不要提供一些额外的东西。

3. 独特性

项目管理的独特性是指项目管理既不同于一般的生产、服务的运营管理,也不同于常规的行政管理,它有自己独特的管理对象、管理活动和管理方法与工具,是一种完全不同的管理活动。虽然项目管理也会使用一些一般管理的原理和方法,但是同时它也有许多自己独特的管理原理与方法。例如,项目计划管理中所使用的关键路径法、工程项目设计管理中的三段设计法、项目造价管理中的全造价管理方法等就是项目管理自己独特的管理方法。

4. 集成性

项目管理的集成性是相对于一般运营管理的专门性而言的。在一般运营管理中,分别有生产管理、质量管理、成本管理、供应管理、市场营销管理等各种各样的专业管理,它们是针对一个企业或组织的不同生产、经营活动所开展的管理,这种专业管理是由于一般运营的重复性和相对确定性、运营管理的详细分工而形成的。但是项目管理要求的主要是管理的集成性,虽然项目管理也有一定的分工要求,但是项目管理要求充分强调管理的集成特性,要有统揽全局的能力而非专注具体细节。例如,对于项目工期、造价和质量的集成管理,对于项目、子项目的集成管理等都是十分重要的。

5. 创新性

项目管理的创新性包括两层含义,其一是指项目管理是对于创新(项目所包含的创新之处)的管理,其二是指任何一个项目的管理都没有一成不变的模式和方法,都需要通过管理创新去实现对于具体项目的有效管理。在现实生活中,即使是一个工业或民用建设项目,由于涉及新的建设地点、新的业主/客户、新的建设材料与施工方法等各种新的因素,仍然需要各种各样的管理创新。像企业新产品的研究与开发之类创新性强的项目就更需要管理创新了。

1.2.3 从传统项目管理到现代项目管理

项目管理是"二战"后的产物,主要是美国战后重建和"冷战"阶段为国防建设项目而创建的一种管理方法。项目管理的发展基本上可以划分为两个阶段:20 世纪 80 年代之前被称为传统项目管理阶段,20 世纪 80 年代之后被称为现代项目管理阶段。

1. 传统项目管理阶段

从 20 世纪 40 年代中期到 60 年代,项目管理主要应用于发达国家的国防工程建设和工业/民用工程建设方面。此时采用的传统项目管理方法主要是致力于在有限的项目预算等范围内,为达到项目目标而借用一般运营管理方法所开展的一种管理活动。当时的项目经理仅仅被看作是一个具体执行者,他们只是被动地接受一项给定的任务或工作,然后不断接受上级的指令,并根据指令去完成自己负责的项目。从 60 年代起,国际上许多人对于项目管理产生了浓厚的兴趣,随后成立的两大国际性项目管理协会(以欧洲国家为主的国际项目管理协会和以美洲国家为首的美国项目管理协会),以及各国相继成立的项目管理协会,为推动项目管理的发展发挥了积极的作用,做出了卓越的贡献。但是在这一传统项目管理阶段中,发达国家的国防部门对于项目管理的研究与开发占据了主导地位,他们创造的许多项目管理方法和工具一直沿用至今。例如,由美国空军最早开发的项目计划评审法(program evaluation and review technique,PERT)、由美国国防部提出并推广的项目工期与造价管理规范(cost/schedule control systems criteria,C/SCSC)等一大批项目管理的方法和工具现在仍然在广泛使用。

2. 现代项目管理阶段

20 世纪 80 年代之后项目管理进入现代项目管理阶段,随着全球性竞争日益加剧、项目活动日益扩大和更为复杂、项目数量急剧增加、项目团队规模不断扩大、项目相关利益者的冲突不断增加、降低项目成本压力不断增加等一系列情况的出现,迫使作为项目发起人/客户的一些政府部门与企业以及作为项目实施者的政府机构和企业先后投入了大量的人力和物力去研究和认识项目管理的基本原理,开发和使用项目管理的具体方法。特别是进入 90 年代以后,随着信息系统工程、网络工程、软件工程、大型建设工程,以及高科技项目的研究与开发等项目管理新领域的出现,促使项目管理在理论和方法等方面不断地发展,逐年现代化,使得现代项目管理在这一时期获得了快速的发展和长足的进步。同时,项目管理的应用领域在这一时期也迅速扩展到了社会生产与生活的各个领域和各行各业,如图 1-2 所示。

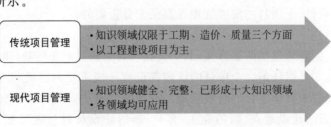

图 1-2 传统项目管理与现代项目管理图解

今天,项目已经成为我们社会创造精神财富、物质财富和社会福利的主要生产方式(以前主要是运营和生产),现代项目管理也就成了发展最快和使用最为重要的管理领域之一。欧洲的 ABB 公司作为一个处于领先地位的全球性工程公司,其绝大部分工作都要求开展项目管理;IBM 公司是世界上最大的计算机制造商之一,它公开承认项目管理是对其未来发展起关键作用的因素;摩托罗拉公司也曾在 20 世纪 90 年代中期启动了一项旨在改善其项目管理能力的计划,这一计划使其获得了很大的发展。现代项目管理在这一阶段的高速发展主要表现在两个方面:其一是项目管理的职业化发展,其二是项目管理的学术性发展。

在职业化发展方面,这一阶段的项目管理逐步分工细化,形成了一系列的项目管理的专门职业。例如,专业项目经理、造价工程师、监理工程师、营造师等。同时,在这一阶段还诞生了一系列的项目管理职业资格认证体系。例如,美国项目管理协会(PMI)和国际项目管理协会(IPMA)主办的项目管理专业人员职业资格认证,美国造价工程师协会(association of american cost engineers,AACE)主办的造价工程师资格认证,英国皇家特许测量师协会(royal institute of chartered surveyor,RICS)主持的工料测量师、营造师资格认证等。这些工作极大地推动了项目管理职业的细分和职业化的发展。

现代项目管理阶段在项目管理的学术发展方面主要体现在项目管理专业教育体系的建立和项目管理理论与方法的研究。在现代项目管理阶段,国际上有许多大学相继建立和完善了项目管理专业的本科生和研究生教育体系,美国的大学不但设立有项目管理的硕士学位,而且这种硕士学位大有取代工商管理硕士(MBA)专业学位的趋势。在这一阶段许多项目管理的研究机构先后建立了起来,这些研究机构、大学、国际和各国的项目管理专业协会以及一些大型企业共同开展了大量的项目管理理论与方法的研究,并取得了丰硕的成果。像美国项目管理协会(PMI)、美国造价工程师协会(AACE)等组织提出的项目管理知识体系(project management body of knowledge)、项目全面造价管理(total cost management)、项目风险造价管理、挣值管理(earned value management)、项目合作伙伴式管理(partnering management)等都是在这一阶段创立和发展起来的。通过这一阶段的学术发展,今天的现代项目管理在项目的范围管理、时间管理、成本管理、质量管理、人力资源管理、沟通管理、采购管理、风险管理和集成管理等方面已经形成了专门的理论和方法体系。另外,在这一阶段,国际标准化组织还以美国项目管理协会(PMI)的《项目管理知识体系指南》(PMBOK 指南)等文件为框架,制定了关于现代项目管理的标准(ISO 10006)。所有这些现代项目管理在职业化和学术性方面的发展,使得项目管理的理论和方法取得了长足的进步。

1.2.4　项目管理时代的到来

项目管理不再是一种特殊需求的管理,它正迅速成为商业活动的一种标准方式,许多企业正把精力越来越多地集中到项目中,相信未来项目对组织的战略方向的重要性还会增加。项目管理学者戴维·克莱兰(David Cleland)曾详细分析了"项目管理时代"到来的理由,并由此证明了项目管理的重要性。

1．产品生命周期的压缩

在项目管理的需求背后，最显著的驱动力之一是产品生命周期的缩短。例如，现在高科技行业的产品生命周期平均是 1.5～3 年，而 30 年前往往是 10～15 年。生命周期缩短使得新产品的上市时间变得越来越重要，一项基于高科技行业产品开发的调研指出，项目耽搁 6 个月就会导致产品收入损失 33%，因而速度成了一种竞争优势。越来越多的组织正在依赖跨职能项目团队以尽可能快地将新产品、服务或结果推向市场。

2．全球竞争

当今的开放市场不仅要求更便宜的产品、更优质服务，而且还要求更好的结果，质量管理受到极大重视。ISO 9000 作为一组质量管理和保障的国际标准，包括了从银行业到制造业等所有事务的设计、采购、质量保证和交付过程，而对质量的管理和改进总是涉及项目管理。同时日益增加的降低成本的压力，也让越来越多的工作被归类为项目，团队或者个人被赋予责任，要求其在给定的预算和给定的期限内达到特定的目标，而事实也证明项目管理是完成工作的一种有效而灵活的方式。

3．知识爆炸

由于项目包含最新的技术进展，所以新知识的增长增加了项目的复杂性。一个简单的例子是，在今天的数字电子时代已经很难找到一个不包含微芯片的新产品了。产品的复杂性增加了将分散的技术进行整合的需要，项目管理作为完成这一任务的有效手段，必然会受到重视。

4．公司小型化

压缩规模以及坚守核心竞争力对于许多企业来说是生存之必需，在今天更加扁平、更加精干的组织中，变化是经常性的，项目管理正在代替中层管理成为保障任务完成的一种重要方式。同时，公司小型化也导致了组织处理项目方式的变化，公司可能会将项目工作中的某些部分外包出去，公司则必须在管理自己人的同时，管理不同公司的共事者。

5．对客户关注的日益增加

客户已经不再仅仅期望接受普通的产品、服务或结果，他们想得到迎合他们特定需求而加以定制的产品、服务或结果，这种要求需要供应者和接受者之间有十分紧密的工作关系。客户经理和销售代表在满足客户独特需要和要求的时候，更多扮演了项目经理的角色。同样，对于开发定制产品、服务或结果本身而言，项目管理也是很重要的管理手段。

6．小项目代表着大问题

企业为了保持竞争力或者仅仅只是为了跟上形势，必须加快产品翻新的速度，这会创造一种组织风气，其中大量项目需要并行实施，这一风气营造了多项目环境，也带来了非常多的新问题。在项目组合中对资源进行分配和优先排序是高管层面临的主要挑战。尤其值得关注的是，许多企业对小项目管理中的低效率所带来的各种问题束手无策，小项目往往和大项目有着同样的甚至是更多的风险，这些都是需要组织去面对的。

1.3　项目管理知识体系

项目管理知识体系是指在现代项目管理中所开展的各种管理活动，所使用的各种理论、方法和工具，以及所涉及的各种角色的职责和它们之间的相互关系等一系列项目管理理论与知识的总称。项目管理知识体系包括许多方面的内容，这些内容可以按多种方式去组织，从而构成一套完整的项目管理知识体系。这套知识体系与一般运营管理知识体系一样，可以分成许多个不同的专业管理或职能管理方面。

按照美国项目管理协会提出的现代项目管理知识体系划分方法，现代项目管理知识体系主要包括 10 个方面，它们分别从不同的管理职能和领域，描述了现代项目管理所需要的知识、方法、工具和技能。

1. 项目集成管理

项目集成管理是在项目管理过程中为确保各种项目工作能够很好地协调与配合而开展的一种整体性、综合性的项目管理工作。开展项目集成管理的目的是通过综合与协调去管理好项目各方面的工作，以确保整个项目的成功，而不是某个项目阶段或某个项目单项目标的实现。这项管理的主要内容包括：项目集成计划的编制、项目集成计划的实施和项目总体变更的管理与控制。

2. 项目范围管理

项目范围管理是在项目管理过程中所开展的计划和界定一个项目或项目阶段所需和必须要完成的工作，以及不断维护和更新项目的范围的管理工作。开展项目范围管理的根本目的是要通过成功地界定和控制项目的工作范围与内容，确保项目的成功。这项管理的主要内容包括：项目起始的确定和控制、项目范围的规划、项目范围的界定、项目范围的确认、项目范围变更的控制与项目范围的全面管理和控制。

3. 项目时间管理

项目时间管理是在项目管理过程中为确保项目按既定时间成功完成而开展的项目管理工作。开展项目时间管理的根本目的是通过做好项目的工期计划和项目工期的控制等管理工作，确保项目的成功。这项管理的主要内容包括：项目活动的定义、项目活动的排序、项目活动的时间估算、项目工期与排产计划的编制和项目作业计划的管理与控制。

4. 项目成本管理

项目成本管理是在项目管理过程中为确保项目在不超出预算的情况下完成全部项目工作而开展的项目管理。开展项目成本管理的根本目的是全面管理和控制项目的成本（造价），确保项目的成功。这项管理的主要内容包括：项目资源的规划、项目成本的估算、项目成本的预算和项目成本的管理与控制。

5. 项目质量管理

项目质量管理是在项目管理过程中为确保项目的质量所开展的项目管理工作。这一部分的主要内容包括：项目质量规划、项目质量保障和项目质量控制。开展项目成本管理的根本目的是对项目的工作和项目的产出物进行严格的控制和有效的管理，以确保项目的成功。这项管理的主要内容包括：项目产出物质量和项目工作质量的确定与控制，以及有关项目质量变更程序与活动的全面管理和控制。

6. 项目资源管理

项目资源管理是在项目管理过程中为确保更有效地利用项目所涉及的人力资源而开展的项目管理工作。开展项目人力资源管理的根本目的是对项目组织和项目所需人力资源进行科学的确定和有效的管理,以确保项目的成功。这项管理的主要内容包括:项目组织的规划、项目人员的获得与配备、项目团队的建设等。

7. 项目沟通管理

项目沟通管理是在项目管理过程中为确保有效地、及时地生成、收集、储存、处理和使用项目信息,以及合理地进行项目信息沟通而开展的管理工作。开展项目沟通管理的根本目的是对项目所需的信息和项目相关利益者之间的沟通进行有效的管理,以确保项目的成功。这一部分的主要内容包括:项目沟通的规划、项目信息的传送、项目作业信息的报告和项目管理决策等。

8. 项目风险管理

项目风险管理是在项目管理过程中为确保成功地识别项目风险、分析项目风险和应对项目风险所开展的项目管理工作。开展项目风险管理的根本目的是对项目所面临的风险进行有效识别、控制和管理,它是针对项目的不确定性而开展的降低项目损失的管理。这一部分的主要内容包括:项目风险的识别、项目风险的定量分析、项目风险的对策设计和项目风险的应对与控制等。

9. 项目采购管理

项目采购管理是在项目管理过程中为确保能够从项目组织外部寻求和获得项目所需各种商品与劳务的项目管理工作。开展项目采购管理的根本目的是对项目所需的物质资源和劳务的获得与使用进行有效的管理,以确保项目的成功。这一部分的主要内容包括:项目采购计划的管理、项目采购工作的管理、采购询价与采购合同的管理、资源供应来源选择的管理、招投标与合同管理和合同履行管理。

10. 项目干系人管理

项目干系人管理是为了实现项目效益,识别相关方和吸引相关方参与,并通过沟通上的管理来满足其需要、解决其问题的过程。它包括用于开展下列工作的各个过程:识别能够影响项目或会受项目影响的人员、团体或组织,分析相关方对项目的期望和影响,制定合适的管理策略来有效调动相关方参与项目决策和执行。用这些过程分析相关方期望,评估他们对项目或受项目影响的程度,以及制定策略来有效引导相关方支持项目决策、规划和执行。

1.4 项目过程与项目管理过程

1.4.1 项目过程

现代项目管理观点认为,项目是由一系列项目阶段所构成的一个完整过程(或叫全过程),而各个项目阶段又是由一系列具体活动构成的一个工作过程。此处所谓的"过程"是指:能够产生具体结果(或叫可度量结果)的一系列活动的组合。一个项目由两种类型的项目过程构成,即项目的实现过程、项目的管理过程。

1. 项目的实现过程

项目的实现过程是指人们为创造项目产出物而开展的各种活动所构成的过程(一般

简称为"项目过程"）。项目的实现过程一般用项目的生命周期来描述。不同专业领域的项目，它们的项目实现过程是不同的。

2. 项目的管理过程

项目的管理过程是指在项目实现过程中，人们开展项目的计划、决策、组织、协调、沟通、激励和控制等方面的活动所构成的过程（简称为"项目管理过程"）。在大多数情况下，不同项目的实现过程需要有不同的项目管理过程，但本书要讨论的是适用于大多数项目的项目管理过程。

在一个项目的进程中，项目管理过程和项目实现过程在时间上是相互交叉和重叠的，在作用上是相互制约和影响的。例如，如果对一个项目本身界定不很清楚，项目的计划工作和控制活动就很难开展；相反，如果项目的计划工作很差，那么项目成功实现的可能性就很小了。

1.4.2　一般的项目工作阶段

在项目管理中，划分项目阶段的首要标志是项目工作的相同性。通常相同性质的项目工作会划分在同一个项目阶段中，而不同性质的项目工作会划分在不同的项目阶段中。现代项目管理划分项目阶段的第二个标志是项目阶段成果（项目产出物）的整体性，即一个项目阶段的全部工作必须能够产出自成体系的标志性成果，这种成果既是这个项目阶段的输出，也是下一个项目阶段的输入，或者是整个项目的终结。

一个具体的项目可以根据其所属专业领域的特殊性和工作内容等因素划分成各种不同的项目工作阶段。但是，对于一般意义上的项目，现代项目管理将其划分为以下四个主要的工作阶段。

1. 项目定义与决策阶段

在这一阶段中，人们提出一个项目的提案，并对该提案进行必要的机遇与需求分析和识别，然后提出具体的项目建议书。在项目建议书或项目提案获得批准以后，就需要进一步开展不同程度的项目可行性分析，通过项目可行性分析找出项目的各种备选方案，然后分析和评价这些备选方案的损益和风险情况，最终做出项目决策。这一阶段的主要任务是提出项目、定义项目和做出项目决策。

2. 项目计划和设计阶段

在这一阶段中，人们首先要为已经做出决策的项目编制各种各样的计划（如整个项目的工期计划、成本计划、质量计划、资源计划和集成计划等）。在进行这些计划工作的同时，一般还需要开展必要的项目设计工作，从而全面设计和界定整个项目、项目各阶段所需开展的工作、有关项目产出物的全面要求和规定（包括技术方面的、质量方面的、数量方面的、经济方面的等）。实际上，这一阶段的主要工作是对项目的产出物和项目工作做出全面的设计和规定。

3. 项目实施与控制阶段

在完成了项目计划和设计以后，人们就可以开始实施项目了。在项目实施的同时人们要开展各种各样的项目控制工作，以保证项目实施的结果与项目设计和计划阶段设定的要求与目标相一致。其中，项目实施工作还需要进一步分解为一系列的具体实施阶段，而项目控制工作应分解为项目工期、成本、质量等不同的管理控制工作。这一项目阶段是整个项目产出物的形成阶段,所以这一项目阶段的成果是生成的项目产出物,项目的产出物可以是实物形态的,也可以是知识或技术形态的。

4. 项目完工与交付阶段

项目实施阶段的结束并不意味着整个项目工作的全部结束,项目还需要经过一个完工与交付的工作阶段才意味着真正结束。在项目完工与交付阶段,人们要对照项目定义和决策阶段提出的项目目标、项目计划和设计阶段所提出的各种项目计划和要求,先由项目团队(或项目组织)全面检验项目工作和项目产出物,然后由项目团队向项目的业主(项目产出物的所有者)或用户(项目产出物的使用者)进行验收移交工作,直至项目的业主/用户最终接受了项目的整个工作和工作结果(项目产出物),项目才算最终结束。

1.4.3 完整的项目生命周期

美国项目管理协会对项目生命周期这样描述:"项目是分阶段完成的一项独特性的任务,一个组织在完成一个项目时会将项目划分成一系列的项目阶段,以便更好地管理和控制项目,更好将组织的日常运作与项目管理结合在一起。项目的各个阶段组合在一起就构成了一个项目的生命周期。"它从项目管理和控制的角度,强调了项目过程的阶段性和由项目阶段所构成的项目生命周期,这对于开展项目管理是非常有利的。

一个项目的完整过程构成了项目生命周期,它包括以下 4 个方面。

1. 项目的时限

项目生命周期的首要内容是给出了一个具体项目的时限。这包括一个项目的起点和终点,以及一个项目各个阶段的起点和终点。这些项目或项目阶段的起点和终点,既给出了与项目有关的时点数据(项目开始和结束的时点),也给出了与项目有关的时期数据(项目持续的时期长度)。例如,对于一个软件开发项目或一个工程建设项目,通常不但需要给定整个项目的起点和终点,而且要给出项目各个阶段的起点和终点,从而界定出项目的具体时限。

2. 项目的阶段

项目生命周期的另一项主要内容是项目各个阶段的划分。这包括一个项目的主要阶段划分和各个主要阶段中具体阶段的划分,这种阶段划分将一个项目分解成一系列前后接续、便于管理的项目阶段,而每个项目阶段都是由这一阶段的可交付成果所标识的。所谓项目阶段的可交付成果就是一种可见的、能够验证的工作结果(项目产出物)。例如,一个工程建设项目通常需要划分成项目的定义阶段、设计计划阶段、工程施工阶段和交付使用阶段,而项目可行性研究报告、项目设计方案、项目实施结果和项目竣工验收报告等都属于项目阶段的可交付成果。

3. 项目的任务

项目生命周期还定义出了项目各阶段的任务。这包括项目各个阶段的主要任务和项目各阶段主要任务中的主要活动等。例如,一个工程建设项目的生命周期中项目定义阶段所涉及的项目建议书编制、项目可行性研究、项目的初步设计和项目可行性报告的评审等,都是这一阶段的主要任务和主要活动。项目生命周期还要定义出究竟哪些任务应该包括在项目范围之中,哪些任务不应该包括在项目范围之中,并按照这种模式将某个项目的范围与项目的日常运营活动严格地予以区分。

4．项目的成果

项目生命周期同时还需要明确给定项目各阶段的可交付成果。这同样包括项目各个阶段和项目各个阶段中主要活动的成果。例如,一个工程建设项目的设计计划阶段的成果包括项目的设计图样、设计说明书、项目预算、项目计划任务书、项目的招标和承包合同等。通常,项目的阶段性成果是在下一个项目阶段开始之前提交的,但是也有一些项目的后序阶段是在项目前序阶段的工作成果尚未交付之前就开始的。这种项目阶段的搭接作业方法通常被称为快速平行作业法,这种做法在多数情况下可能会引发项目阶段性成果最终无法通过验收的风险。

对于项目生命周期的描述既可以是一般性的、泛泛的文字说明,也可以是比较详细的具体图表描述,一般项目生命周期的描述包括文字、图、表等方式。有些项目的生命周期可以分为 4 个阶段,但是也有些项目的生命周期可以分为 5 个、10 个甚至更多的项目阶段,最为典型的项目生命周期是四阶段项目生命周期,如图 1-3 所示。

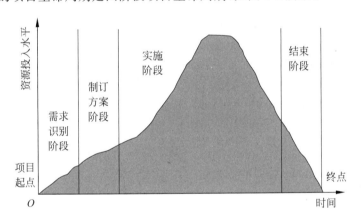

图 1-3　典型的项目生命周期示意图

图 1-3 中的纵轴表示项目的资源投入水平,横轴表示项目各阶段的时间,这种典型的项目生命周期描述方法可以适用于对多数项目的生命周期描述。不过需要指出的是,不同行业或者专业领域的项目可能有着不同的项目生命周期描述(图 1-4、图 1-5 给出了不同领域的一些案例),即使是在同一个专业应用领域内,两个类似项目的生命周期阶段划分有时也会有很大的不同。例如,一家公司的软件开发项目将"系统设计"作为项目的一个阶段,而另一家公司则将"系统设计"划分成"功能设计"和"详细设计"两个独立的阶段。另外,一个项目的子项目也会有自己的生命周期,例如,一个建筑设计公司承担设计一栋办公大楼的任务,这一任务只是整个项目生命周期中的"设计阶段"或"工程设计"子项目,但是对于该设计公司来说,这个子项目的工作可以进一步分为"总体设计""技术设计""施工图设计"等一系列的项目阶段,因此这个建筑设计公司可以将这一子项目看作一个完整的"项目",并给出其相应的项目生命周期描述。

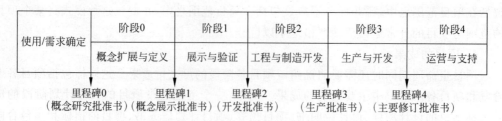

使用/需求确定	阶段0	阶段1	阶段2	阶段3	阶段4
	概念扩展与定义	展示与验证	工程与制造开发	生产与开发	运营与支持

里程碑0 　　里程碑1 　　里程碑2 　　里程碑3 　　里程碑4
（概念研究批准书）（概念展示批准书）（开发批准书）　（生产批准书）（主要修订批准书）

图 1-4　美国国防部的项目生命周期示意图

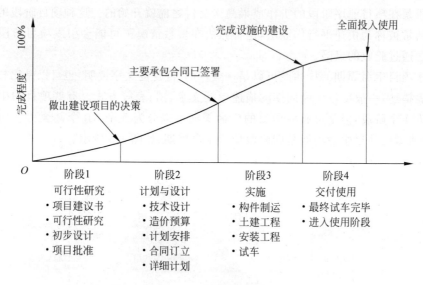

图 1-5　一般工程建设项目生命周期描述

1.4.4　项目管理过程

项目的实现过程是由一系列的项目阶段或项目工作过程构成的,任何项目都可以划分为多个不同的项目阶段或项目工作过程。但是,对于一个项目的全过程或者一个项目的工作过程而言,它们都需要有一个相对应的项目管理过程。一般而言,项目管理过程通常被划分为 5 个项目管理过程组,这 5 个项目管理过程组中所包含的各具体过程构成了一个完整的项目管理过程。

1. 启动过程组

第一个项目管理过程组是"启动过程组",有时又被称为项目管理的"起始过程",它包含的管理内容有:定义一个项目阶段的工作与活动、决策一个项目或项目阶段的起始与否,或决定是否将一个项目或项目阶段继续进行下去等。这是由一系列决策性的项目管理工作与活动所构成的项目管理具体过程。

2. 规划过程组

第二个项目管理过程组是"规划过程组",有时又被称为项目管理的"计划过程",它包含的管理内容有:拟定、编制和修订一个项目或项目阶段的工作目标、工作计划方案资源供应计划、成本预算、计划应急措施等。这是由一系列计划性的项目管理工作与活动所构成的项目管理具体过程。

3．执行过程组

第三个项目管理过程组是"执行过程组"，有时又被称为项目管理的"实施过程"，它包含的管理内容有：组织和协调人力资源及其他资源，组织和协调各项任务与工作，激励项目团队完成既定的工作计划，生成项目产出物等。这是由一系列组织性的项目管理工作与活动所构成的项目管理具体过程。

4．监控过程组

第四个项目管理过程组是"监控过程组"，有时又被称为项目管理的"控制过程"，它包含的管理内容有：制定标准、监督和测量项目工作的实际情况、分析差异和问题、采取纠偏措施等管理工作和活动。这些都是保障项目目标得以实现、防止偏差积累而造成项目失败的管理工作与活动。这是由一系列控制性的项目管理工作与活动所构成的项目管理具体过程。

5．收尾过程组

最后一个项目管理过程组是"收尾过程组"，有时又被称为项目管理的"结束过程"，它包括的管理内容有：制定一个项目或项目阶段的移交与接受条件，并完成项目或项目阶段成果的移交，从而使项目顺利结束。这是由一系列文档化和移交性的项目管理工作与活动所构成的项目管理具体过程。

1.5　本书主要内容及章节构成

本书在第 1.3、1.4 节的基础上，结合项目管理活动中的重要关注点展开系统阐述与案例讨论，同时针对创新创业活动的特点，系统融合敏捷项目管理等思想，提炼形成了有针对性的项目管理脉络体系。其中，现行主流的项目管理过程组及其知识领域见表 1-3。

表 1-3　项目管理过程组及其知识领域

知识领域	项目管理过程组				
	启动过程组	规划过程组	执行过程组	监控过程组	收尾过程组
项目集成管理	制定项目章程	制订项目管理计划	指导与管理项目工作 管理项目知识	监控项目工作 实施总体变更控制	结束项目/阶段
项目范围管理		规划范围管理 收集需求 定义范围 创建工作分解结构		确认范围 控制范围	
项目时间管理		规划进度管理 定义活动 排列活动顺序 估算活动持续时间 制订进度计划		控制进度	

续表

知识领域	项目管理过程组				
	启动 过程组	规划 过程组	执行 过程组	监控 过程组	收尾 过程组
项目成本管理		规划成本管理 估算成本 制定预算		控制成本	
项目质量管理		规划质量管理	管理质量	控制质量	
项目资源管理		规划资源管理 估算活动资源	获取资源 建设团队 管理团队	控制资源	
项目沟通管理		规划沟通管理	管理沟通	监督沟通	
项目风险管理		规划风险管理 识别风险 实施定性风险分析 实施定量风险分析 规划风险应对	实施风险应对	监督风险	
项目采购管理		规划采购	实施采购	控制采购	
项目干系人 管理	识别干系人	规划干系人参与	管理干系人参与	监督干系人参与	

本书各章内容如下：

第1章项目管理概论，介绍了项目、项目管理、项目管理知识体系、项目管理过程等内容。

第2章做一名合格的项目经理，探讨了项目经理在项目管理中的作用，介绍项目经理的职能和要求，关注项目管理办公室，了解项目环境的影响等内容。

第3章进行项目选择的方法，对项目选择的标准、选择模型进行介绍，并重点关注了项目章程的制定。

第4章项目管理中的组织与团队，探讨了项目和组织战略、组织形式、项目团队等之间的关系，介绍了项目人力资源管理，并分析了项目人力资源管理与传统企业的人力资源管理的一些差异。

第5章项目管理中的沟通，涉及识别利益相关者、沟通规划、信息发布、项目利益相关者管理、绩效报告、冲突管理与谈判等内容。

第6章项目范围管理，按顺序介绍了制订项目管理计划、收集需求、定义范围、工作分解结构和线性责任表等内容。

第7章项目成本估算和预算，从成本管理角度关注项目的成本估算、预算编制，并对制定应急费用预算进行了探讨。

第8章项目进度计划及工期估算，介绍了项目进度计划、制订项目进度计划的方法、绘制网络图、项目活动工期估算等内容。

第 9 章项目质量管理,介绍了质量规划、实施质量保证、实施质量控制、质量控制工具及技术等内容。

第 10 章项目的资源配置,重点介绍了关键路径法,探讨了资源配置、资源负载平衡等问题,并介绍了资源约束下的进度计划、多项目的进度计划和资源配置、高德拉特关键链等内容。

第 11 章项目采购管理,按顺序介绍规划采购、实施采购、管理采购、结束采购等内容。

第 12 章项目监控与评估,探讨了控制和评估的必要性,对控制和评估的要点、项目控制工具、对变更和范围蔓延的控制、监控项目绩效、监控风险等进行了具体介绍。

第 13 章项目风险管理,介绍了规划风险管理、风险识别、风险分析、风险应对措施计划等内容,并结合实际商业环境探讨了新环境下的项目风险。

第 14 章项目终止,介绍了项目终止的方式,对项目终止时机、项目终止过程、项目终止报告等进行了探讨。

第 15 章创新创业项目管理,融合项目管理相关理论与实践系统阐述如何更好、更科学地管控创新创业项目。

第 16 章项目管理的新发展,关注了项目管理的信息技术支撑,探讨了更广视角下的项目集成管理,对项目群管理、项目集成管理、项目组合管理等进行进一步探讨,探讨了从项目经理到执行官的职业发展之路。

第 2 章

做一名合格的项目经理

2.1　职能经理与项目经理

职能经理(functional manager,FM)是指职能组织内对某部门拥有管理职权的个人,是在企业的行政或职能领域(如人力资源、财务、会计或采购部门)承担管理角色的重要人物。职能经理可为项目提供相关领域的专业技术或服务,并配有固定员工以开展持续性工作,能全权管理所辖职能领域中的所有任务;一般意义上,实际生产产品或提供服务的团队的经理,也可称职能经理。项目经理(project manager,PM)是为项目的成功策划和执行负总责的人。项目经理不同于职能经理,一般而言,职能经理主要专注于监管某个行政领域。

理解项目经理的最好方法是将其与掌管公司某一职能部门的职能经理作比较,例如市场营销、工程或财务部门的职能经理(见图 2-1)。这些部门的经理通常是其所管辖领域的专家并以分析为导向,他们甚至知道所负责部门的每一个工作细节,当所在部门在技术上遇到困难时,他们也知道如何分析和解决这些困难。作为职能经理,他们的管理职责是确定如何做、谁来做,以及投入什么样的资源以完成任务。

图 2-1　职能型组织结构图——以营销部门为例

项目经理通常是作为某一领域的专家开始其职业生涯的。也许他是在毫不知情的情况下收到高层管理者通知,被提拔为项目经理,负责“刻不容缓”的项目,此刻他必须迅速由技术专家转变为多面手。项目经理,不管是新手还是经验丰富的老手,都必须监督许多职能领域的工作,而每一个领域都有其自身的专家(见图 2-2)。因此,项目经理必须具备把一项任务的许多组成部分整合为一个整体的能力,也就是说,项目经理应当更善于综合,而职能经理应当更善于分析。职能经理使用分析(分解)型的方法,项目经理则使用系统(集成)型的方法。

如上所述,我们对项目经理与职能经理之间的比较揭示了两者之间的另一个重要区别。职能经理是一个直接的技术上的管理者,项目经理则是项目的推动者和全面负责人。

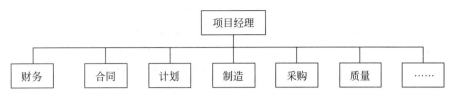

图 2-2　项目经理的工作范围

这种简单的说法虽然是正确的,却容易让人误解。两者都需要具备专业技术知识。职能经理所具备的知识一定是其所管理领域中的技术知识,项目经理则必须掌握项目管理科学。这还不够,对于项目中开展的一些工作,项目经理也必须具备一定的技术知识,尽管一些研究人员对项目经理应该具备何种程度的技术知识存在着较大的分歧,然而这些分歧并没有削弱项目经理作为项目推动者的重要作用。现实强有力的证据表明项目经理应当既是全面负责人,又是项目推动者,同时应当具备相当丰富的项目管理科学中的技术知识。

在项目管理活动中,项目经理应时常思考与回答几个主要问题,即需要做什么、必须什么时候做和如何获得工作所需的资源。同时项目经理需要对项目负责,但还要取决于项目的组织方式。职能经理仍有可能做出一些根本性和关键性的项目决策。例如,他们通常会选择从事项目工作的具体人员,会在技术上设计项目完成方案的细节内容,经常会影响项目资源的具体配置。

需要强调的是,职能经理对于项目结果并不承担什么责任,或者说不承担直接的责任,当然这也取决于项目的组织方式。虽然职能经理的某些做法可能有助于成功完成项目,但这种职能经理和项目经理权力的分割也是两者颇感不适的原因之一。换句话说,项目经理管理着项目,但是职能经理可能会对项目拟使用技术的选择以及将要做这项工作的具体人选产生影响(项目经理与职能经理进行协商以指派实施特定项目工作的具体人选,这种情况很常见)。关于这种安排是否合乎逻辑的争论没有任何意义。项目经理不允许职能经理篡夺对项目的控制权,若篡夺了控制权,职能工作很可能凌驾于项目工作之上,项目将会受到损害;同时,职能经理也不会允许项目经理接管职能领域技术决策的权力,或者控制职能领域人员的指派。

2.2　项目经理的职业发展

许多公司同时实施着不同类型、不同规模的项目,其中许多项目并不庞杂,不需要专职的项目经理,一些项目经理同时负责几个项目。例如,一家中型或者大型的公司正在承担一个使书面记录计算机化的项目群,其中可能包括几百个项目,为了确保工作的一致性和内部数据传输的便利性,这个项目群通常由计算机软件开发小组所在的部门来管理,而不是将其分散到编制或者使用特定记录的部门中去。整个项目往往要花费好几年的时间。而在进行计算机化项目的同时,该公司也许正在计划设立一家新的工厂(3 年),正在承担着数十个研发项目(1~7 年),正在美化其工厂周围的景观(2 个月),正在考虑收购另一家公司(6 个月),正在更新一家工厂的设备(2 年),正为公司在各城市的办公室购买艺术陈列品(1 年),正在计划召开年度股东大会(3 个月),等等。

上述许多事情都是按照项目的方式来组织的。那么是谁在管理这些项目？公司从哪里找到能够管理如此众多项目的人才？尽管受过学校教育的项目经理的比例正快速增长,但仍有诸多项目经理尚未接触此类教育或专业化的项目管理知识,而越来越多的咨询公司已开始提供项目管理方面的专业化指导,以及系列从业资格认证考试(如 CAPM、PMP、PgMP、PfMP、PMI-ACP、PMI-PBA、PMI-RMP、PMI-SP、PRINCE2 等)辅导。

那些由经验丰富的项目经理来管理的大量规模较小、期限较短的项目,除了项目本身的产出物外,这些项目还可为新的项目经理提供一个非常好的培训环境,可以使潜在的项目经理们参与小型项目的某项重要工作,为今后的项目管理工作做准备。许多企业经常会给管理实习生分配一些项目管理工作,例如,通过测试程序确保一种新款的化妆品不会对使用者产生有害影响。这些经历可以使实习生学到很多东西,包括:有组织的计划工作对于达到目标的重要性,"坚持到底"的重要性,与合作者协商的重要性,等等。即使是参与一个小型项目,也可以通过管理项目来获得相应的技能和经验。因此,项目管理工作为未来管理人员的成长和组织管理技能的发展提供了很好的环境。

项目经理的职业发展通常是从参与小型项目开始的,然后是参与较大的项目,直到开始负责小型项目,并负责较大的项目。例如,项目经理的职业发展路径可以表现为:小型项目 U 的设备安装经理→更大型项目 V 的项目工程师→大型项目 W 的生产经理→大型项目 X 的副项目经理→小型项目 Y 的项目经理→大型项目 Z 的项目经理。

2.3　项目经理的职能与要求

项目经理是一个项目团队的核心人物,他的能力、素质和工作绩效直接关系到项目的成败。

2.3.1　项目经理的角色与职责

项目经理的根本职责是确保项目的全部工作在项目预算的范围内按时保质完成,从而使项目发起人/客户满意。项目经理在整个项目管理中处于核心地位,承担着诸多角色。项目经理所承担的角色和职责包括(但不限于)以下 5 个。

1. 项目团队的领导者和决策者

项目经理是项目团队的最高领导者,是项目管理和工作的决策制定者。项目经理在项目实现过程中,不但要确定项目及各项目阶段的目标、范围、任务,而且要规定各项工作的要求,这些都属于项目决策的工作,所以项目经理也是项目团队的决策者。因为在确定项目或项目阶段的目标时项目经理需要充分考虑和尊重项目发起人/客户的要求和期望,所以项目经理并不是整个项目的决策者,他只是项目团队的决策者,项目发起人/客户才是一个项目的最终决策者。

项目经理在带领项目团队完成项目任务和工作的过程中必须承担领导者角色。在项目管理中,很多情况下需要项目经理身先士卒地带领项目团队去"冲杀",带领团队成员去"攻克堡垒"。在另外一些情况下,项目经理要指导项目团队按照正确的方向和采用正确的方法去完成项目工作,此时项目经理需要"坐镇指挥",需要通过积极授权使下属能够根据指导去完成任务。项目经理的领导职责主要是充分运用自己的职权和人格魅力去影响他人,为实现项目的目标而服务。

2. 项目的计划者和分析师

项目经理也是一个项目的主要计划者和分析师。任何项目都有一系列的计划工作,既有集成计划工作也有各种专项计划工作,因为一个项目的各项活动和任务都需要通过计划工作去做出安排。虽然每个项目团队都有自己的计划管理人员,但是项目经理是项目计划的主要制订者,而项目计划管理人员只是项目计划决策的辅助者,因为一个项目的计划最后还是要由项目经理进行审查和批准,然后才能实施和执行,所以项目经理是一个项目的计划者。

而在项目的计划和安排过程中,项目经理必须全面地分析项目或项目阶段所处的外部环境和所具有的内部条件,深入地分析这些环境与条件可能给项目或项目阶段所带来的机遇和威胁,深入地分析和估算项目或项目阶段所需的各种资源,综合地分析项目或项目阶段所面临的各种风险,以及制定应对这些风险的措施。同样,尽管项目中有具体的业务专家去做项目分析的具体工作,但是项目经理担负着通过分析得出正确结论的最终职责,所以项目经理又扮演着项目分析师的角色。

3. 项目的组织者与合作者

项目经理同时又是一个项目的组织者与合作者。作为项目的组织者,项目经理要组建项目团队,设计项目团队的组织结构,分配项目团队成员角色,安排项目管理人员的管理职责,自上而下地进行授权,进行项目团队人员的配备,分派各种项目工作,组织和协调团队成员的工作等,这些都属于项目组织管理方面的工作,所以说项目经理还是一个项目团队的组织者。

同时,项目经理在整个项目的实现过程中还要扮演合作者的角色,他要与项目团队的全体成员及其他项目利益相关者进行合作。项目管理是一种基于团队作业的管理,而不是一种基于部门作业的管理,而在基于团队作业的管理中,任何人都是以合作者的身份出现的,项目经理也不例外,尤其在与项目发起人/客户的合作中更是如此。

4. 项目的控制者和评价者

项目经理的角色还包括项目的控制者和评价者。作为项目的控制者,项目经理需要全面、及时地控制项目的全过程,要根据项目的目标和项目发起人/客户的要求与期望制定出项目各项工作的控制标准,组织项目管理人员去对照标准度量项目的实际绩效,对照标准分析和确定项目实际工作中所出现的各种偏差,并决定采取何种措施去纠正已出现的各种偏差。这些都是项目经理作为项目控制者这一角色,在项目实现过程中的具体体现。

与此同时,项目经理还需要扮演项目评价者的角色,要从一个评价者的角度出发,客观地衡量和评价一个项目的工期进度、项目质量、项目成本与预算的实际完成情况,并及时评价和判断各种偏差的性质及其对于项目的影响,评价和判断项目实现过程中出现的各种问题。尤其值得说明的是,项目经理还担负着评价各种项目变更的责任,包括项目设计的变更和项目实施的变更。

5. 项目利益的协调人和促进者

项目经理在项目利益相关者之间还扮演着项目利益协调人和促进者的角色。作为项目利益的协调人,项目经理处于全体项目利益相关者的中心位置(见图2-3),因为他不但要协调项目发起人/客户的利益,还要协调项目发起人/客户与项目团队的利益,以及项目团队、项目发起人/客户和项目其他利益相关者之间的各种利益关系。

在协调这些项目利益相关者之间利益的同时,项目经理还需要通过自己的工作去努力促进和增加项目的总体利益,努力追求项目利益的最大化,从而使所有项目利益相关者都能够从项目中获得更大的利益,因此项目经理同时还承担着项目利益促进者的角色。

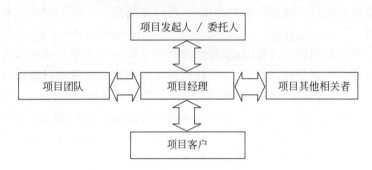

图 2-3   项目经理与项目利益相关者关系示意图

2.3.2   项目经理的技能要求

项目的成功在很大程度上取决于项目经理的工作,因此项目经理必须具备保证项目成功所需的各种技能,如概念性技能、人际关系技能和专业性技能。

1. 项目经理的概念性技能

这是指项目经理在项目实施过程中遇到各种意外或特殊情况时,能够根据具体情况做出正确的判断提出正确的解决方案,做出正确的决策和科学合理地解决问题的技能。这项技能要求项目经理必须具备如下4个方面的能力。

(1) 分析问题的能力

项目经理必须具备分析、识别和发现各种问题的能力,即能够从复杂多变的环境中发现问题、分析问题,需具备发现问题的敏锐性、准确性和全面性,以及分析问题的逻辑性、可靠性和透彻性等。发现问题的敏锐性是指能够提前预见项目工作存在的问题,或者在较短的时间内发现项目工作存在的各种问题;发现问题的准确性是指在敏锐发现问题的基础上还能够十分准确地发现问题及问题原因之所在;发现问题的全面性是指在敏锐和准确地发现问题的基础上,能够完全、彻底地发现问题和问题所涉及的各个方面。分析问题的逻辑性是指必须具有严密的逻辑思维能力,能够透彻地分析项目工作中各类问题的前因后果及各种逻辑关系;分析问题的可靠性是指在分析各类项目工作中的问题时,能够依据可靠的事实、理论根据和实际经验,而不是凭空想象和任意蛮干;分析问题的透彻性是指在分析问题时能够从正反两个方面和多个不同的角度出发,深入透彻地分析问题的实质和原因。

另外,一个称职的项目经理还要具有系统思维的能力,能够集成地考虑问题,综合地分析问题的原因。因为项目经理所面对的是一个开放的、具有不确定性的工作环境,所领导的是一些各种各样的、临时性的团队成员和十分有限的时间与资源,所以要实现项目目标,就必须具备上述发现问题和分析问题的能力。

（2）解决问题的能力

项目经理日常工作中都会遇到各种各样的问题,所以必须具备解决问题的能力,因为项目经理这一职务从根本上说就是为解决项目的各种问题而设立的。一个项目经理解决问题的能力可以从针对性、正确性和完善性三个方面度量。

解决问题的针对性是指项目经理在解决问题的过程中所采取的各种对策和方法应该具有很强的针对性。因为在解决项目问题的过程中会涉及大量人的因素,所以解决问题是项目管理中一项艺术性很强的工作,需要针对具体问题、具体对象、具体环境等因素找出具体问题的解决办法。

在具有解决问题的针对性能力基础上,项目经理还应该具备解决问题的正确性和完善性方面的能力。正确性是指项目经理应该具有采用正确的方式方法解决项目管理问题的能力,而完善性是指项目经理应该在解决问题的过程中能够考虑得比较周全,既能很好地解决眼前问题,又能够不留各种后患,且结果令各方满意。

（3）制定决策的能力

项目经理必须具备在复杂的情况下做出正确决策的能力,即在各种情况下能够找出解决问题的可行性方案,并挑选出最佳行动方案的能力,具体包括但不限于收集信息的能力、加工处理信息的能力、根据各种信息制定行动备选方案的能力和抉择最佳行动方案的能力。所谓收集信息的能力是指采用各种手段获得项目信息的能力,包括文献阅读、访谈、问卷和实地观察等手段。其中,文献阅读是指通过阅读项目的有关资料、报表、报告和各种文件获得信息的手段;访谈是指通过与项目团队成员或项目的其他相关人员进行面对面的谈话获得信息的手段;问卷是指通过向团队成员或其他人发放并回收各种调查问卷来获得信息的手段;实地观察则是指通过在项目现场实地观察获得信息的手段。一个合格的项目经理至少要具备使用这几种基本的信息收集手段获得项目信息的能力。

同时,项目经理还应该具有对各种数据和信息进行加工处理的能力,如数据和信息的汇总能力,信息和数据的分类整理能力,基本的数据统计分析能力和财务分析能力等。

另外,项目经理还应该具备根据各种信息确定行动备选方案的能力,如找出和制定各种可行备选方案的能力,确定各个备选方案的经济、技术、运营等特性指标的能力,分析和比较各个备选方案优劣的能力,等等。

项目经理最重要的决策能力是抉择最佳行动方案的能力,因为前述的三个方面能力虽然也属于广义的决策能力范畴,但实质上它们属于决策支持能力的范畴,狭义上讲只有最佳行动方案的抉择能力是真正意义上的决策能力。这种能力要求项目经理在抉择方案时必须能够运用自己的经验和判断,在信息不完备的情况下能够选择出最佳行动方案。这是一个项目经理最为重要的决策能力,因为决策支持工作多数是可以由项目管理人员完成的,而抉择行动方案的工作只能由项目经理完成。

（4）灵活应变的能力

面对项目自身诸多的可变因素，一个项目经理必须具有灵活应变的能力。这是一种控制、处理和适应项目各种变更的能力，是一种在各种项目变更中确保项目目标得以实现的应变能力。

项目经理灵活应变的能力主要表现在两个方面，其一是对于各种变更的快速反应能力，其二是灵活地运用各种手段处理和适应各种变更的能力。"对于各种变更的快速反应能力"是指一旦项目发生变更，项目经理应该能够以最快的速度做出反应，以最快的速度提出应对措施，而不至于使变更或问题发展扩大、使变更和问题所造成的损失不断地增加，项目经理的这种对于变更的快速反应能力对于项目的成功是至关重要的；"灵活地运用各种手段处理和适应各种变更的能力"包括灵活运用各种手段处理发生的各种变更和灵活地调整项目管理工作，使整个团队能够适应变更后的环境与情况。

2．项目经理的人际关系技能

这是指项目经理在与各种人员（包括项目的利益相关者和项目团队的全体成员）交流时能够充分有效地与他人沟通，或准确获取与传递信息，或辨识风险以科学应对，或协同攻关危机处理等，以处理好各方面的人际关系的技能。这项技能要求一个项目经理必须具备如下4个方面的能力。

（1）沟通能力

项目经理必须具备很强的沟通能力，因为他需要不断地与项目团队的各个成员、项目发起人/客户或他们的代理人以及项目的其他利益相关者进行各种各样的沟通。既有管理方面的沟通、技术方面的沟通，也有商务方面的沟通和思想感情方面的沟通；既包括书面语言沟通、口头语言沟通，也包括非语言沟通（如各种手势和表情等）。

项目经理必须掌握各种沟通技能，以便在项目管理中能够进行有效的信息传递，为实现项目目标服务。其中，在书面沟通方面，项目经理需要具备读懂并使用各种书面文件的能力，这些书面文件包括：各种技术文件（项目的技术图样、技术说明书、设计文件等）、各种书面报告（项目工期进度报告、项目成本与财务分析报告、项目质量报告等）、各种项目报表（项目计划进度报表、质量报表、成本与财务报表等），以及各种备忘录文件（项目会议纪要文件、项目变更文件、项目索赔与纠纷方面的备忘文件等）。在口头沟通方面，项目经理需要具备"听""说"两个方面的技能。"听"是指项目经理要能够倾听来自项目方方面面的人或机构的意见和建议，使对方在沟通过程中做到"知无不言""言无不尽"，使对方真正表达出自己的思想和感情，从而获得所需信息。"说"技能要求项目经理不但具有良好的语言表达能力，而且具有说服和鼓动的能力，包括：针对具体人、具体事充分表达出自己的想法、意图和思路的能力，能够使用各种表达方法和沟通渠道（包括正式/非正式沟通渠道）说服他人的能力，以及鼓舞士气的能力等。

（2）激励能力

项目经理要管理好一个项目和项目团队，不但需要具备良好的沟通能力，而且需要具备足够的激励能力，包括对他人的激励和自我激励。在项目管理中，项目经理需要不断地激励项目团队的每个成员，使整个项目团队能够保持旺盛的士气和工作的积极性，为实现项目的目标而努力。同时，项目经理还需要不断地激励自己，使自己更从容地面对与解决项目运作过程中出现的种种难题。

项目经理首先应具有深入了解和正确认识项目团队成员个人需求的能力。这包括了解团队成员的个人需求、识别和发现团队成员的真正需要,以及认识团队成员的主导需求等方面的能力。因为对于任何人进行激励的前提是了解和清楚他们的个人需求,并据此开展激励,所以项目经理需要具备这方面的能力。其次,项目经理还要具有正确选择和使用激励手段的能力。这包括合理选用精神激励或物质激励、内在激励或外在激励、正强化激励和负强化激励等各种不同激励手段的能力。最后,项目经理还须制定出系列科学的奖惩制度,并公正、透明、适时地开展激励工作。

在项目管理中,项目经理还需要充分利用自己的权力,通过各种各样的方式去影响他人的行为,从而实现项目目标。项目经理的职位赋予其一定的职权——强制权、奖惩权和其他一些规定的权力。项目经理应具备运用职位所获得的权力去影响和改变他人行为的能力。使用强制权的能力要求项目经理具备较全面的法律知识,能够把握强制措施的力度,既不至于因滥用职权而触犯法律,也不至于因强制措施力度不够而失去作用;使用奖惩权的能力要求项目经理处理好"效率"与"公平"的关系,既不能过于强调效率而引发大多数人在公平方面的不满,也不能过于强调公平而造成项目团队不追求效率。除了职位赋予的职权外,项目经理在项目管理过程中必须能够充分运用个人权力去影响项目团队成员和其他人的行为。

值得注意的是,由于项目是以团队作业方式开展的,团队成员之间关系相对平等,项目经理的职权相对较弱,所以项目经理必须更好地使用个人权力去影响他人的行为,因为在这种情况下,个人权力是影响他人行为的主要力量。项目经理要能够充分运用自己的专长权(多是由于具有专业特长而拥有的权威力量)去影响他人,尤其在一些高技术项目或科研开发项目中更是如此。同时,项目经理要能够使用人格魅力(如承担风险、身先士卒和行为表率等),影响团队其他成员的行为,使团队成员佩服和听从调遣等。

(3)人际交往能力

在项目活动中,项目经理是核心人物,他必须与项目发起人/客户、项目的其他利益相关者以及项目团队的全体成员打交道,因此他必须具有较高的人际关系交往能力,否则他将无法领导自己的团队,无法与项目全体利益相关者保持正常的工作关系。项目经理的人际交往能力涉及许多方面,包括:处理与业主/客户的委托代理关系方面的能力、处理与项目其他利益相关者的利益关系方面的能力、处理项目所涉及公共关系方面的能力、处理项目团队内部关系方面的能力等。

项目经理不但要与每位项目团队成员建立良好的人际关系,而且需要通过各种联谊活动与团队成员的家属建立良好的人际关系,这对于解决项目中发生的一些冲突是非常有用的。项目经理如果能够充分了解上级、业主/客户的想法,了解项目发起人/客户的意图,获得他们的信任,就会使项目获得更多的资源和更大的支持。

总之,项目经理必须具备较好的人际交往能力,才能够很好地领导一个项目团队,才能够很好地完成一个项目。

(4)处理矛盾和冲突的能力

在项目活动中,项目经理处于矛盾和冲突的中心,这是由于所有项目发起人/客户、项目的其他利益相关者以及项目团队的各种矛盾和冲突主要由项目经理来协调和处理。因此他必须具备处理矛盾和冲突的能力,否则就会陷入各种矛盾和冲突之中而难以完成项目。项目经理处理矛盾和冲突的能力多种多样(详见第 5.7 节),主要包括:协商的能力(这是项目经理处理矛盾和解决冲突的首要手段)、调停的能力(项目经理应能够为项目团队成员或团队成员与其他人调解矛盾和冲突)、妥协的能力(任何项目中矛盾和纠纷的最终解决都是一种妥协的结果,即牺牲一定的利益或目标以解决矛盾和冲突)、搁置的能力(通过搁置矛盾和冲突使其随着时间的推移而自行消失/化解/解决)、激化的能力(有时矛盾和冲突必须通过激化来发生转化或得到解决)。

3. 项目经理的专业性技能

这是指项目经理在项目实现过程中所需的处理项目所属专业领域技术问题的能力。一个项目经理不但要拥有项目管理能力,还必须具备相关专业领域的知识和技能(如房地产项目经理的土建和安装专业知识与技能、化工企业建设项目经理的化学工艺流程专业知识与技能等)。因为项目都是特定专业领域中的一次创新性工作,因此要求项目经理必须具备足够的相关专业知识和专业技能。在项目管理中"外行领导内行"是非常困难的,所以多数项目经理都是由项目相关领域中的专家担任的。因为不同的项目涉及不同的专业领域,所以很难具体描述一个项目经理应该具备哪些专业性技能。当然,项目经理也不必一定是具体项目专业领域中的权威,但是他需要具备项目所需的基本专业知识。例如,一个信息系统开发项目的项目经理必须了解系统调查、系统分析、系统设计和系统测试的基本原理与方法,一个管理咨询项目的项目经理必须懂得企业管理的理论和实务,一个电信流量经营项目的项目经理必须懂得相关电信行业的术语,等等。

2.3.3　项目经理的素质要求

项目经理必须具备项目管理所需的基本素质,以适合项目管理的基本要求。项目经理的素质主要包括以下 5 个方面。

1. 要有勇于承担责任的精神

项目经理的管理责任是很大的,因为项目管理与一般运营管理不同,没有职能管理部门去分担各种管理责任,多数管理责任是由项目经理承担的,而且项目管理所处的环境又是相对不确定的,并且在项目管理的过程中,随时需要项目经理做出各种决策和选择,因此项目经理必须具备勇于承担责任的素质。

2. 要有积极创新的精神

因为项目是一次性的和独特性的,所以往往没有经验和常规办法可以借鉴,因此在项目的实现过程中,项目管理几乎处处需要创新和探索,所以项目经理必须具备积极创新的精神,任何保守的、教条的、墨守成规的做法都会给项目的实现带来问题和麻烦,甚至根本就是行不通的。

3. 要有实事求是的作风

项目管理需要勇于承担责任和创新,而承担责任和创新的前提必须是实事求是、尊重客观规律,所以项目经理还必须具有实事求是的品质。项目经理必须具有坚持原则、尊重客观规律和坚持实事求是的作风。不管是项目发起人/客户还是上级或政府提出的要求、做出的指示,凡是有问题的,项目经理一定要认真说明和据理力争,决不能唯唯诺诺、唯命是从,更不能违背客观规律。

4.要有任劳任怨的作风

项目管理的主要工作是现场指挥和一线业务的管理,这要求项目经理具有吃苦耐劳、任劳任怨、身先士卒、积极肯干的作风。因为在项目管理中有许多需要解决的矛盾和冲突,项目经理经常会面对各种各样的抱怨,如果他没有任劳任怨的作风和积极肯干的敬业精神,就无法承担管理整个项目的重担。例如,某项目运作遇到了危机且需周末加班,项目经理就不能撇下项目团队而独自享受周末,需要主动陪同项目团队化解危机。

5.要有很强的自信心

项目本身的特性,决定了项目运作过程充满危机与不确定性,项目经理要有足够的自信心从容应对,避免率先自乱阵脚。同时,项目团队成员多数时间是在项目经理的独立领导下开展工作的,他们在许多问题上只能依赖项目经理的判断与决策。在这种情况下,一个项目经理如果没有很强的自信心就会犹豫不决,就会贻误时机,就会耽误项目工作,所以项目经理还需要有很强的自信心。

2.4　项目管理办公室

项目管理办公室(project management office,PMO)是一个组织中负责协调项目管理功能的组织群体,是组织内或部门内对项目管理进行评审或改进的中心机构。在许多企业中,项目管理办公室被视为优秀项目管理的中心,是帮助项目经理完成项目目标的独立组织实体或子部门,它在重大的项目管理事务方面提供直接的专业知识,如进度计划编制、资源分配、项目监控等。

如前所述,项目经理承担的任务很多,小到处理人际关系,大到洽谈合作、联合攻关技术难题,然而很多时候项目经理可能没有时间或能力解决所有的技术细节问题——如进度计划编制、风险识别、员工培训等。为此,可以设立项目管理办公室作为项目资源调度中心,将上述部分任务转移给负责提供辅助服务的人员来完成,从而减轻项目经理的负担。此外,虽然项目管理已经成为一种职业,但项目经理及其团队实际拥有的知识与期望值之间还有很大的差距,项目中的员工技能培训等活动也是不可或缺的,所以,由项目管理办公室进行项目管理、业务领域等专业知识的培训,可以帮助项目团队在需要的时候及时获得所需要的专业知识。项目管理办公室的另一个作用是它可以充当知识库,存储所有获取的项目经验、文档以及过去和现有项目的相关跟踪记录。这种功能使所有项目经理能直接、迅速获得以前的项目记录和经验材料,而不至于在整个组织中盲目寻找、贻误时机,从而误工、返工。

同时,项目管理办公室还是改进企业内项目管理过程的重要中心,是项目管理活动中所有流程改进的中心,它将这些改进传播到其他组织部门。项目管理办公室识别项目管理的改进之处并优化、测试,最终共享至组织的其他部门。每个项目经理都理应将项目管理办公室作为一种资源,并对所有项目管理的创新负责。

项目管理办公室可以设置在企业内的任何位置。例如,可以设置在企业级别(第 3

级)上，此时它的功能是对整个企业提供支持；可以设置在更低的级别(第2级)上，此时它被用来满足特定商业部门的需求；可以分散设置到实际的项目级别(第1级)上，为每个项目提供直接支持(Casey W et al. ,2001)。理解项目管理办公室功能的关键是要认识到成立项目管理办公室是为了支持项目经理和员工的活动，而不是取代项目经理或是对项目负责。项目管理办公室承担部分管理职责，减轻了项目经理的压力，使项目经理可以更多地关注更重要的问题。

图 2-4 给出了项目管理办公室在组织内的位置和范围。项目管理办公室在企业中主要有三种形式，即监测中心、控制中心和资源库。

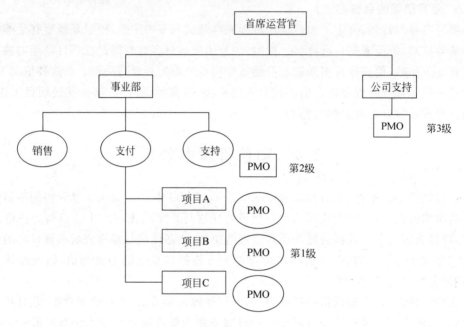

图 2-4　项目管理办公室设置级别

1．监测中心

在这种形式中，项目管理办公室被当作典型的跟踪和监督工具，高层管理者可以通过它给予项目密切的关注而不必直接影响或者控制项目。这种项目管理办公室的目的是为独立的观察员提供场所，这些观察员只需要关注几个关键的问题，例如，项目的进展如何？项目进展偏离原计划多少？完成了哪些关键里程碑事件？目前为止对项目投入了多少资金？项目的净值情况如何？主要项目风险情况如何？是否已根据需要更新了应急计划？等等。

2．控制中心

控制中心这种形式将项目管理当作一种商业技能来保护和支持，其强调不断改进方法来提高项目管理的技能，如识别正在进行的工作、分析哪些地方存在缺陷以及如何解决现有的问题等。更重要的是，它不像监测中心那样仅仅为了报告结果给高层管理者而监督项目管理活动，其目标是试图直接参与项目经理及其团队的活动并给予支持。控制中心的主要功能包括建立管理项目的标准，引导如何遵循标准、执行标准、改进标准等。

3．资源库

建立这种形式项目管理办公室的目的是保持并在需要时提供受过训练的、熟练的项目专业人员,它实质上成了项目经理不断提高技能的培训部门。企业启动新项目后,受到影响的部门向资源库申请人员来组建项目团队。资源库负责为企业项目提供项目经理和其他技术专业人员。为了实现这种形式,在组织内给予资源库足够高的地位是非常重要的。图 2-4 显示,资源库的作用得到最大限度发挥的情况是当项目管理办公室作为第 3 级的支持部门时,此时项目管理办公室主管拥有适当的权力来管理受过培训的项目经理,同时也有足够的权力来为其指派任务。

虽然项目管理办公室的概念被许多组织或机构迅速接受,但也有人对它进行批评。例如,一些批评者认为将所有的项目管理专业知识都集中到项目管理办公室是错误的,这就像将所有的鸡蛋都放到一个篮子里一样。这种观点表明,项目管理办公室将项目技能集中在一起,实际上妨碍了这些技能在组织各部门间自然地、非正式地传播。项目管理办公室另一个潜在的风险在于,如果方法体系没有得到慎重说明,它很容易就会成为组织内另一阶层的官僚部门,起不到应有的作用。如果是这样,那么项目管理办公室不仅没有对项目团队的工作给予支持,反而因为要求更多的行政控制职能而会阻碍项目的进行。此外,使用项目管理办公室还会引起的一个潜在问题是:这种模式会成为跨组织沟通流程的瓶颈,特别是母公司和项目客户之间的沟通。

2.5　了解环境的影响

在一般的系统理论中,系统环境被定义为该系统之外从系统接受输出或者向系统提供输入的所有事物。对每一个项目来说,社会经济环境、法律环境、商业周期环境、技术环境等都是其环境的一部分。

2.5.1　社会经济环境

项目经理可能会发现,在很多情况下他需要与政府部门或者政府代表开展沟通。尤其在国际项目中,项目经理(或者项目经理的高层管理者)应该预料到自己将会与不同国别、不同层次的政府机构打交道。

项目经理的工作还应当包括获取项目实施所在国文化方面的知识,这指的是工作所需的相关文化背景知识,项目的实施应该尽可能以一种尊重东道国规范的方式进行。为了做到这一点,经常会产生一些管理问题。例如,一个令人不快的事实是许多国家的文化都不会对女性项目经理表现出与对男性项目经理同等的尊重,这样一来,项目经理常常会面临尴尬的选择,即要么违反自己反对性别歧视的原则,要么显著增加项目失败的风险。

2.5.2　法律环境

许多学者曾经指出,信任在商业关系中具有非常重要的地位。另外,每个国家的法律都是其历史的产物,法律源于人们企图通过规则的程序来减少冲突,因为一个国家的冲突部分反映了其独特的文化,所以一个国家的法律也是独特的。

近些年来,竞争者之间某些类型的合作也迅速增多,开展合作项目的潮流也是跨国界的。空中客车公司就是一家由英国、法国、德国、西班牙4个国家合资成立的公司,其运营得到了这几个国家的财政支持,并且在商用飞机开发和制造方面取得了令人瞩目的成功。国际项目的大量存在是因为这些项目所需要的某种资源在东道国无法轻易获得,这种资源最普遍的就是技术知识。许多拥有专有知识而被邀请加入项目的公司都发现,在项目完成以后,这些公司的知识已不再是专有的。信息技术领域有许多这样的事例,两家或更多的公司联合开发的软件在所有权问题上常常会引发激烈的争议。这样的事例通常由法院来解决,但在涉及两个或更多的国家时,解决这个问题就不会那么简单了,因为每个国家的专利法各不相同,而且每个国家对专利权的态度也是不同的。保护专有知识变得越来越困难,但如果专业知识是有价值的,那么项目经理和高层管理者就应该采取足够的保护措施。

2.5.3   商业周期环境

项目经理应当了解项目东道国的总体商业环境。一个国家所处商业周期的深度可能会比另一个国家大得多,一个国家的商业周期可能会比另一个国家开始或结束得早,有时候某个国家可能会完全避开商业周期的萧条期。因此,不同地区的人对本地繁荣和萧条程度的感觉各不相同,这些不同感觉将会通过人们对投资和就业的积极或消极态度反映出来。在各个国家中,与项目联系的种种风险也各不相同,甚至连对合适的项目时间表的看法也会不同。

在失业率相对较高的时期,许多国家会设置一些制度障碍,以减慢或阻止那些可能会对本国国际贸易平衡产生负面影响的项目。这些障碍,主要包括但不限于强制项目延期、否决项目投资、不同意返还受益、"无法"提供必要的稀缺资源(人员或资本)乃至当地官员进行审批时严重"拖后腿"等。

2.5.4   技术环境

尽管一国的技术状况事实上并不是一个"体制"环境,但提出这个问题也是恰当的。要想获得项目的成功,项目经理常常需要在进行项目计划工作时采取一种与东道国的可用技术相协调的方式。通过下面的事例我们可以认识到这一点。

运筹学理论先驱罗素•艾科夫(Russell Ackoff)曾经讲过这样一个故事:有一次他被邀请到印度做政府顾问,在附近的乡村进行了一次观光性的"考察"旅游,他发现许多人用水桶在公路一边的灌溉水渠中打水,然后穿过公路将水倒入公路另一边干燥的水渠中。于是他就问一位政府官员,如果在路的下面装一条管道,将路的两边连起来,那么只需要一道闸门就可以控制水的传输,而这道闸门只需要一个人操作就可以了,由此可以节省劳动力成本。这位官员礼貌地听完,然后问:"这样的话,那些替换下来的人将如何供养自己的家庭呢?"

任何国家所使用的技术一般都是生产要素相关成本(供给)的一个函数——通常会根据相关的传统、政治和法律条件做出一定的调整。

另外,技术的发展也会影响到项目的开展。以虚拟项目为例,例如在地理上分散的跨文化的项目属于虚拟项目,这些年来虚拟项目的沟通问题通过电子邮件、互联网、电话会议和视频会议得到了很大的解决,尽管过多使用电子邮件会使项目经理不胜其烦,但在与其他组织进行必要的沟通时,电子邮件还是很有用的。不过,这些技术的应用并没有降低对项目经理在文化敏感性方面的要求,对于一个跨文化项目的项目经理而言,谈判的技术是非常关键的,尽管这不是一个电子化的技术。

2.6　案例讨论

【案例 2-1】

Pureswing 高尔夫用品公司(Pureswing Golf,Inc)的主营业务是制造与销售全系列的高尔夫设备,包括球棒、高尔夫球、休闲装以及辅助装备(如袋子、雨量调节器、毛巾等)。该公司处于一个高度竞争与快速发展的行业,面临着著名企业如耐克(Nike)、泰勒制造(Taylor Made)、克利夫兰(Cleveland)、Titleist 公司、平豪高尔夫公司、Galloway 公司等的竞争。在这个行业中成功的关键包括:持续引入新的模型、创新性的工程与设计和上市的速度。作为一个想与强大竞争对手匹敌的小企业,Pureswing 公司将重点放在项目管理过程中,以保持盈利。在任何一个时间点,公司都有超过 35 个项目团队在做整个产品线的研发。

Pureswing 试图从组织内部发现有前途的工程师,并把他们提升为项目经理。它认为这些人已经了解了公司的竞争优势,所以能更好地负责新产品开发的项目。Pureswing 起初依靠志愿者来负责项目管理,后来认识到这种方法是不可行的,这些项目经理志愿者失败的比例是 40%,这对于 Pureswing 公司来说太高了。在对志愿者进行逐步调整的过程中,成功的经理所面临的压力非常大,常常需要同时管理 5～6 个项目。高层管理者担心这些高绩效的经理过于疲劳,因此决定制订一个协调的计划来寻找新的项目经理,包括在组织内创造项目管理职业道路。

问题:

(1)假如你是 Pureswing 公司人力资源部门的员工,负责开发招聘新项目经理的程序。为该职位设计一个工作说明。

(2)对于一个项目经理,哪些特质与个性特征会带来更高的成功率?

(3)哪些特质与个人特征会增加成为一个成功的项目经理的难度?

【案例 2-2】

凯西·史密斯(Kathy Smith)是一家大型工业建筑企业的项目经理,最近她被分配了一项任务,负责监管东南亚一个化工厂建设项目,项目耗资几百万美元。在过去的 3 年里,凯西在北美成功完成了许多小规模的建筑任务,后来她被安排负责这个项目。这个任务是她首次承担海外工作,考虑到项目的规模与范围,她希望给管理层留下一个良好的印象。成功完成这个项目将大大提升她在企业内部的知名度,并且会增大她升职到高级管理层的机会。凯西具有良好的项目管理技能,尤其具有组织能力和自我激励能力。她过去所在的两个团队的成员曾开玩笑说,试图跟上她的步伐也是一个全天候的工作。

　　凯西立即开始着手化工厂的项目开发。根据她习惯的工作方式,凯西要求她的员工与团队高级成员一起长时间工作,如果有重要事情,就要放弃周末的休息时间,并对项目采取轮班的工作方式。不幸的是,凯西完全错了,从由本地人组成的团队没能改变他们的工作习惯可以看出,他们强烈反对她的超负荷工作方式,不愿在关键问题上同她商量,并且远离她。团队成员不是直接面对她,而是对她的指挥采取消极的抵制态度。他们故意放慢在重要任务上的节奏,并且在没有任何问题发生的时候谎报遇到了不可克服的问题。理所当然,凯西的反应是尽力将她与她的团队推向前进,要求下属更快地产生绩效。但让她困惑的是,这样做似乎没有多大的效果。

　　由于团队绩效较差,项目很快就陷入停顿,结果因为推迟交货而使项目组织承受了巨额赔偿金。凯西可能具有许多对自己有利的特质,但她缺乏了解他人感情与期望的能力,并且没有认真考虑这些问题。

　　问题:

　　(1) 讨论凯西在情商方面的缺乏是如何影响她对新项目的有效管理的。

　　(2) 在情商的多个维度中,她看上去缺乏哪个维度?并给出证据。

第 3 章

进行项目选择的方法

3.1 项目选择

　　企业总会碰到各种各样的机会，然而却难以在资源有限的前提下把握每次机会，这就需要企业科学选择项目，以确保项目的可行与收益最大化。例如，如果企业的销售部门发现一个很好的商业机会，那么它就需要快速地创建相关项目来将机会转化为实际行动，这要求及时、快速地做出响应。为此，许多企业的经理们开发了优先系统，用来对每种选择所带来的机会和成本进行权衡，其目标就是对时间和优势的竞争需求进行平衡。一般地，主要决策都要受到时间和财力的影响，及时而有效地做出决策通常使企业更容易获得成功。

　　对管理者来说，评估和选择项目时可采用的模型很多。然而，这些模型大多是定性的且相当复杂。所有企业都在尝试建立一个或多个筛选模型，以便于在一定时间和资金的约束下做出最好的选择。

　　假设你正致力于建立一个项目选择模型，你如何保证整个模型能够在大批的可能项目中将最有潜力的项目选出？在经过各方面考虑后，你决定减少筛选模型的关注点，只关注可以有最大回报的项目，核心指标是经济效益，于是其他的指标都被忽略了。但是这样就会产生一个问题：这样的筛选模型真的是有效的吗？一般而言，选择科学合理的模型时，需要综合以下 5 个方面统筹考虑。

1. 实用性

　　首先，一个有效的模型必须反映组织的目标，主要包括战略目标和任务；其次，模型的决策标准必须考虑资源上的限制，如财力和人力；最后，模型必须考虑商业和技术上的风险，包括效率、成本和时间。简言之，就是要回答下列几个问题：这个项目是否在计划内？能否保证初始的预算？将来成本会不会增加？随着进度的推移是否有明显的风险？

2. 功能性

　　模型要能够应用于不同的环境，应具有一定的普适性。例如，模型要能让企业对不同类型的项目(长期和短期的项目、不同技术或性能的项目、不同商业目标的项目等)进行比较。模型要能够接纳新的标准和限制，这意味着企业能更广泛地使用该模型对多种类型的项目进行选择。

3. 灵活性

　　如果模型在应用过程中需要改变，那么它要便于修改。例如在利率、税法、建筑法规等发生变化的情况下，模型可以针对这些变化进行相应调整。

4. 易用性

模型要简单,要能让企业所有部门的人员都可以使用,这些人员包括专业的项目组成员和相关职能部门的人员。另外,在使用选择模型时,它的选择结果以及得出这样结论的原因应该很容易被所有组织成员所理解,同时模型能够迅速产生筛选出的信息,使组织成员在没有任何专业知识和技能训练的情况下也能够理解这些信息的意义。

5. 成本

项目选择模型的成本不能太高,若模型使用中消耗大量的人力、财力、时间等成本,组织成员会决然拒绝而寻找更为科学的项目选择模型。因此,只有模型产生最优结果所消耗的各类成本越符合预期,它才越容易被广泛使用。

此外,确定项目选择模型时还需要考虑它的可比性。项目选择模型应该能适用于不同类型项目的选择。如果一个模型的适用范围非常狭窄,那么它就不能用来对潜在的项目进行比较并为今后其他的项目选择收集信息。一个有用的选择模型应该能够支持项目选择的一般性比较。

项目选择模型通常分为两类:数学模型和非数学模型。数学模型(numeric models)中输入的一般是数值,这些数值可能是主观获得的,也可能是客观获得的,例如,客观的外在数值(房屋楼层的层高3米),或者主观的内在数值(聘请两名程序员以在3天内完成某软件开发工作)。这两种数据没有必然的对错之分,例如专家对问题的看法是主观的,但很大程度上是准确的;反过来说,一个进行错误测量的测量员给出的数值是客观的,但却可能是错误的。因而,在项目选择的大部分过程中都要不断对这两种数据进行评估,然后再做出决策。非数学模型(nonnumeric models)所依据的信息不是数值,而是其他数据。例如,某专家认为该项目成果达到了世界领先水平。

企业往往会在项目的选择上投入大量的精力(时间、人力、物力等),同时兼顾企业最高领导层基于战略规划而制定的目标,尽管这些目标可能相当复杂,但反映了一些能够影响企业运营的因素。因此,在具体项目评估过程中需要考虑的因素有很多,主要包括风险因素、商业因素、内部操作因素等。风险因素关注的是对企业来说不可预知的因素,其中又包括技术风险(由新技术或未被测试的技术带来的风险)、金融风险(对项目进行投资时所带来的经济上的风险)、安全风险(项目开发者和使用者的健康风险)、质量风险(完工的项目可能给企业形象和声誉带来的风险)、法律风险(可能要面对的诉讼和法律责任)等;作为反映项目市场潜力的商业因素,则包含投资的预期回报、回收期、潜在市场份额、长期市场优势、初始现金费用、产生未来业务/新市场的能力等;内部操作因素包括发展/培训新雇员的需要、人员数量或结构的改变、物理环境的改变、一些项目带来的生产和服务流程的变化等。除此以外,还有其他一些因素,如专利保护、对企业形象的影响、战略的符合情况等。

3.2 项目审查模型

一个迅速有效且成本合理的项目审查模型(project-screening model)能够产生有用的信息,来帮助企业在众多的方案中做出最好的决策。以下介绍几种常见的项目审查模型。

3.2.1　检查表模型

进行项目审查和选择的最简单方法就是建立一个检查表（checklist），或者用于项目选择的指标列表，然后使用该表对多个可能的项目进行选择。例如，在某企业中，选择项目的关键指标是成本和产品推向市场的速度，出于战略竞争地位和所处行业的考虑，该企业更倾向于低成本，并且能够在一年内将产品推向市场的项目。用这两个指标对各种可能的项目进行审查，从中选出最合适的项目。而在对新产品开发项目进行选择的时候，企业应该对其他因素进行权衡，这些因素主要包括以下几种。

（1）开发成本，如：最合理的成本预算是多少？

（2）投资的潜在回报，如：期望的回报是什么？最可能的回收期是多少？

（3）尝试新技术的风险性，如：项目是否需要开发新的技术？达到期望标准的风险性有多大？

（4）开发过程的稳定性，如：公司和项目团队是否稳固？是否会发生资金缩减或关键人员离去的情况？

（5）项目干系人的冲突，如：项目是否与政府的法规有冲突？其他干系人是否试图阻止项目的完成？例如，在自然资源开发项目中，环境组织就经常被认为是干预者，因其通常对项目持反对意见且采取行动对项目进行阻挠。

（6）产品耐用性和未来市场潜力，如：该项目仅仅是一次性的机会，还是预示着会为将来带来更多的机会？例如，一个为客户开发应用程序的软件公司，也会期望好的开发效率，以便为他们带来更多的商机；另外，如果未来与该客户再次合作的机会很小的话，公司也可能只是把这个项目看作简单的一次性项目。

以上这些只是项目选择指标的一部分。使用检查表对项目机会的评价来说是一个相当简单的方法，它可以对意见进行记录，同时也能激发交流和讨论。因此，作为一种发起对话、促进讨论以及交流观点的方法，检查表法非常适用于在组织内部达成一致意见。

例如，SAP 公司是商业应用软件行业的领导者，它正致力于开发一种用于库存管理和运送控制的新应用程序包，并决定在 4 个项目中选择一个。基于过去的商业经验，该公司认为以下 4 项指标最为重要：成本、潜在利润、投入市场的时间以及开发风险。表 3-1 所示为一个由上述 4 项指标构建的简单检查表模型，且对每个标准的符合有高、中、低 3 个等级，最后将每个项目符合标准的等级综合起来，具有最好符合情况的项目将被认为是最好的选择。

表 3-1　检查表模型示例

考核指标 项目名称	成本	潜在利润	投入市场的时间	开发风险
项目 A	高	低	中	低
项目 B	中	中	高	中
项目 C	高	高	低	低
项目 D	低	低	高	中

如上表所示，项目 C 是最好的选择，因为它在各项指标中有三项俱佳，依次为成本、

潜在利润和开发风险。当然,这个模型的缺陷是高、中、低的评判标准具有很大的主观性。如果每个指标的权重不相同,个别指标更为重要的情况下该如何呢? 如何在最后的选择中体现指标的相对重要性呢? 例如,有人认为投入市场的时间是最重要的指标,在这个指标上,项目 C 表现为"低",项目 B 表现为"高",但在其他非重要指标上项目 B 和项目 D 不如项目 C,那么哪个项目更好呢? 是否有人愿意折中,为了在成本、利润以及开发风险中获得最高利益而继续接受投入市场时间最低的项目呢?

　　鉴于检查表模型不能解决这些问题,下面介绍一种更为复杂的选择模型,其可以为每个指标赋予简单的权重,从而将较为重要的指标从其他指标中区分出来。

3.2.2　简化评分模型

　　简化评分模型(simplified scoring model)是一种基于多项评价准则进行项目选择的系统处理技术,亦称"加权打分模型"。它综合了成本因素和非成本因素,首先找到项目选择的各种影响因素,并根据各因素的重要程度确定相应的权重,然后对各因素由优到劣分成等级,并相应规定各等级的分数,最后将每个因素中各方案的排队等级分数乘以该因素的相应权数,得到各候选方案的总得分,得分最高的候选方案所对应的项目为中选项目。在简化评分模型,对每个指标都按其重要性程度进行评判,那么最终选择的项目就能反映某些重要指标对决策的影响,为每项指标赋予不同的权重后,就可以用简化检查表进行评分了,如表 3-2 所示。

表 3-2　简化评分模型指标赋权

指标	成本	潜在利润	投入市场的时间	开发风险
重要性权重	1	2	3	2

　　接下来用这种方法来重新考虑刚才使用检查表法得到的结果。使用上述为每项指标所赋予的权重,SAP 公司试图选出进行投资的最优项目。如表 3-3 所示,尽管此方法在简单的检查表上增加了打分的部分,使决策过程变得复杂,但是它是一个更为精确的审查模型,能更真实地反映决策者对某些指标的重视。

表 3-3　简化评分模型示例

项目得分（加权得分） ＼ 指标（重要性权数）	成本 (1)	潜在利润 (2)	投入市场的时间 (3)	开发风险 (2)	加权总得分
项目 A 得分 （加权得分）	3 (3)	1 (2)	2 (6)	1 (2)	13
项目 B 得分 （加权得分）	2 (2)	2 (4)	3 (9)	2 (4)	19
项目 C 得分 （加权得分）	3 (3)	3 (6)	1 (3)	1 (2)	14
项目 D 得分 （加权得分）	1 (1)	1 (2)	3 (9)	2 (4)	16

由表 3-3 可知,每项指标的权属各不相同,因此也被赋予了不同的分值:投入市场的时间为 3,潜在利润为 2,开发风险为 2,成本为 1。另外,也对这几项指标的打分标准进行了规定:高＝3,中＝2,低＝1。表 3-1 中的高、中、低也被赋予的权重取代,例如,项目 A 中,成本指标原来为"高",得到的分值为 3;投入市场的时间这项指标原来为"中",所得分值就为 2。

应注意"项目得分"下面的"加权得分"那一栏,它是项目得分和重要性权重的乘积,如将项目 A 中成本的得分 3 乘以权重 1,就得到成本的加权得分 3。同样,如果将项目 B 投入市场的时间得分 3 乘以权重 3 就得到相应的加权得分 9。最后将每个项目各项指标的加权得分相加,就得到了该项目的加权总得分。如表 3-3 所示,A、B、C、D 项目的相应加权总得分分别为 13、19、14 和 16。项目 B 的得分最高,因此相对其他项目来说,该项目是最好的选择。

简化评分模型主要包括以下 4 个步骤。

(1) 为每项指标确定权重。确定区分不同重要性水平的逻辑,同时设计为每项指标赋予合适权重的系统。可以通过团队共同的价值判断来验证重要性水平的区分是否合理,同时团队也可以指定一些必须满足的标准。例如安全需要无条件保证。换句话说,所有的项目必须要达到一定的安全水平,否则就不再予以考虑。

(2) 根据不同的等级为每项指标打分。这些分值的大小往往会因为采用的评分体系不同而不同。例如,有些团队会选择划分更细的评分体系,如 1～7 分体系,这样是为了利用分数对细微的差别进行更好的区分。由于采用的评分体系不同,最后的决策结果也可能会不同。

(3) 将每项指标的得分与相应权重相乘得到加权得分。加权得分不仅反映了团队对每项指标的打分,同时也反映了他们认为每项指标所处的等级。

(4) 加总所有指标的加权得分就得到整个项目的得分。项目的最后得分就是其在所有指标上的加权得分之和。

作为项目选择方法,简化评分模型的优点在于:①很容易将企业的关键战略目标与所选择的项目联系起来;②很容易理解和使用。使用列出关键指标的检查表、评估选项以及相应的分数,高级管理人员能很快掌握这种方法。

一般来说,简化评分模型是结合多种指标并将几种体系置于决策制定过程中的方法。许多简化评分模型都有共同的缺陷:定量化的评分体系很容易被理解和使用,但不够精确。

从管理学的角度来说,简化评分模型的不足就在于备选指标之间的实用性以及被赋予的准确性。换句话说,它不能保证所选择且被赋予权重的指标与原先发起项目的商业目标之间的联系是准确、合理的。例如,为了进行项目选择,一家银行的信息系统指导委员会采用了 3 个指标:质量改进、经济效益和服务。这家银行的战略主要关注的是以客户为中心,但是这 3 个指标并没有反映这个事实。结果是,致力于改进潜在市场服务的项目在服务方面获得了较高的分数,虽然很可能它并不是对现有顾客进行服务,而这些现有的顾客正是银行想要保留的。同时还要注意的是质量改进和服务两个指标彼此交迭,从而使高层管理者们对某些因素进行了两次评分而高估了其实际值。结果,该银行使用了一个既不能达到要求，也不符合整个战略计划的项目选择方法。

3.2.3 层次分析法

层次分析法（analytical hierarchy process，AHP）是美国著名运筹学家托马斯·萨提（Thomas Saaty）针对上述评分模型所固有的问题而提出的一种方法，这种行之有效的方法被越来越广泛地应用在项目选择过程中。其主要包括4个步骤。

1. 构造层次结构模型

第一步是建立指标和子指标的层次结构模型。例如，假设某企业的 IT 指导委员会为某项目提出了3项指标：①财务收益；②战略贡献；③信息技术。财务收益指标主要关注的是项目的有形收益，可以再细分为长期收益和短期收益。战略贡献是无形的，又分为3个子指标：a. 提高产品 X 的市场占有率；b. 保有产品 Y 的现有消费者；c. 改进成本管理。

表 3-4 所示为对这些指标进行细分后的结果。这样的细分实际上是让管理者对指标进行分类排序，从而得到一个容易理解的层级结构。高层的指标如战略贡献就可以被分为一系列用来支持该指标的要求，包括市场占有率、顾客保有和成本管理，从而建立了一个由抽象到具体的层级结构。该层级结构反映了组织战略的结构以及关键的成功因素，能够清晰地表达企业如何使用战略及关键因素来确立项目的选择指标及相关权重。

表 3-4　层次结构模型示意

第一层	第二层
1. 财务收益	1A. 短期收益
	1B. 长期收益
2. 战略贡献	2A. 提高产品 X 的市场占有率
	2B. 保有产品 Y 的现有消费者
	2C. 改进成本管理
3. 信息技术	……

需要说明的是，在指标划分或设计时，应当遵循 MECE 原则，即各部分之间相互独立（mutually exclusive），所有部分完全穷尽（collectively exhaustive）。由此，做到各项指标的设计"无交叉、无空白"，以趋于科学、理性。

2. 确定每个指标的权重

层次分析法的第二步是对第一步中建立的指标指定权重，并在必要的情况下在子指标中分摊所有指标的权重。一般地，通常采用配对比较法（pairwise comparison approach）对所有指标进行两两比较来确定指标的权重，它确保了每次只让管理者对两个指标进行区分和比较，因而能更精确地确定权重。

图 3-1 给出了表 3-4 中 3 个主要指标的权重，如财务收益相对总目标来说权重为 0.52，而相对财务收益的指标，短期收益的权重为 0.3，长期收益的权重为 0.7，因此，长期收益相对于总目标的权重则为 $0.52 \times 0.7 = 0.364$。

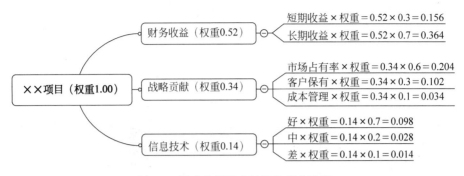

图 3-1　层次分析法中的权重划分示意

使用层级的方法来确定指标及相关权重避免了评分模型中可能存在的二次评分问题，在简化评分模型中，诸如服务、质量和客户满意度的指标是基于组织目标的独立或彼此交迭的因素，因此对某个指标的权重经常会被高估或者低估。而使用层级分析法就避免了这样的问题，因为每个指标都由不同的子指标组成，而同一指标的子指标共同拥有其母指标的权重。

3．为不同的评估等级指定分值

层级结构建立好以后就可以使用两两比较法对各种不同的评估等级指定分值。表 3-5 列出了一个有 5 个等级的评价比例尺度：差、中、好、很好、非常好，同时也显示了为这 5 个不同的比例尺度赋予的分值：0.00、0.10、0.30、0.60、1.00。当然，这些分值可以根据实际情况进行调整。例如，某企业希望扩大"差"和"中"之间的差异，那么管理者可以将这两个等级的分值差拉大。

表 3-5　为最底层的评估等级分配分值

评价比例尺度	得　　分	权　　重	条　形　图
差	0.00	0.00	
中	0.10	0.05	
好	0.30	0.15	
很好	0.60	0.30	
非常好	1.00	0.50	
合计	2.00	1.00	

通过对数值的调整来满足不同的评估需要，管理者能够避免对分值间差异的错误假定。在必要的情况下，管理者需要对指标使用不同的评分比例尺度，如表 3-5 中的评价比例尺度是从"差"到"非常好"。假设在进行项目选择时某个指标是"受教育程度"，那么将相应的评价比例尺度改为"中学""专科""本科"等更容易理解。通过比较赋予权重，能加深对目标以及为达成这些目标而采用的方法的理解。

4．评估项目建议

将项目在每个指标上的得分与该指标的权重相乘，最后进行加总，就得到了最后的总分。图 3-2 所示为使用层次分析法对 5 个项目进行评价的例子。

指标得分

差	中	好	很好	非常好

序号	备选项目	合计	财务收益		战略贡献			信息技术
			短期 0.156 0	长期 0.364 0	市场占有率 0.102 0	客户保有 0.156 4	成本管理 0.081 6	0.140 0
1	最优项目	1.000	非常好	非常好	非常好	非常好	非常好	非常好
2	调整后的项目	0.762	好	非常好	好	非常好	好	非常好
3	未调整的项目	0.538	非常好	好	非常好	好	非常好	好
4	较好的项目	0.600	很好	很好	很好	很好	很好	很好
5	混合项目	0.284	差	中	好	很好	非常好	好

图 3-2 项目评级电子表格

需要说明的是：

(1) 第二行制定了每个评价尺度的分值(从差＝1＝0.000 到非常好＝5＝1.000)。

(2) 从第四列开始是决策时要参照的指标以及相关的权重(财务收益/短期收益＝0.156 0,战略贡献/改进成本管理＝0.081 6,依次类推)。

(3) 第二列列出了 5 个备选项目(最优项目、调整后的项目等)。

(4) 标注"合计"那一列给出了每个备选项目的得分。该得分是将项目在各个指标上的得分乘以权重,最后进行加总得到的。

这里以调整后的项目为例,对计算过程进行分析。每个指标在不同的等级(非常好、很好、好等)上都有不同的分值,将这些分值乘以相应权重就得到：

$$0.156\ 0 \times 0.3 + 0.364\ 0 \times 1.0 + 0.102\ 0 \times 0.3 + 0.156\ 4 \times 1.0 + 0.081\ 6 \times 0.3 + 0.140\ 0 \times 1.0 = 0.762\ 0$$

再如,最优项目在 6 个指标上都得到了非常好的评价,因此最后得分为 1.000。同样,利用这样的计算方法也可以得出未调整的项目以及较好的项目的得分。

和典型的评分模型结果不同,层次分析法的得分更为显著。例如,调整后的项目的得分就为 0.762,几乎是混合项目得分(0.284)的 3 倍。层次分析法对更优备选项目的量化能力使管理者可以将该计算结果作为其他计算过程的输入数据。例如,可以通过层次分析法的得分比例来计算项目的开发成本,从而对项目进行排序,基于这个比例,未调整的项目比调整后的项目启动成本更低。这个结果说明,从成本/利润的角度来看,未调整的项目比调整后的项目提供了更好的选择。

采用层次分析法同样也可以显著改进制定项目提议的过程。在使用层次分析法的企业中,新项目提议中必然包含作为核心信息的一个层次分析分解结构,而该层次分析结构列出了提议项目、备选方案以及相应的产出。建立层级结构有一点优于传统评分模型,就是它减少了因为使用这种方法而可能带来的技术问题和管理问题。

但是层次分析法也有一些缺陷。第一,该模型不能充分考虑负效应,也就是说,有些项目的选择非但不能为决策带来积极的影响,反而导致负面的结果。第二,在开始选择时就要考虑所有的指标,而组织中那些能影响组织政策或青睐某些项目的人员可能会强烈抵制这种开放的选择过程。

3.2.4　风险/回报模型

风险/回报模型(profile models)用于分析各种备选项目的风险和回报(risk/return),并从中选出在可接受的风险范围内风险最小而回报最大的项目。但是风险是一个主观估计,因此很难对一个特定项目的风险水平达成整体的一致意见,不过风险/回报模型仍为项目的评估、审查和选择提供了一种新的方法。

假设现在某公司已经有 6 个备选的新软件项目,为简单起见,只关注两个指标:风险和回报。

在图 3-3 中标出了 6 个点,分别代表 6 个备选方案,图中的横坐标表示潜在的回报,纵坐标表示项目可能预知的风险,同时图中也给出了公司可接受的最大风险和最小回报,以便与每个项目进行比较。风险/回报的关键就在于评估各备选项目的风险和回报,将其量化并在图上表示出来。因此如果无法对项目的风险进行比较,也就无法在图上把它们表示出来。

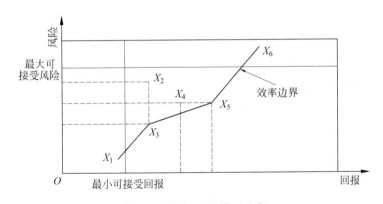

图 3-3　风险/回报模型示意

项目 X_2 和 X_3 有相同的回报率,但是项目 X_3 明显是更好的选择,因为它的风险比项目 X_2 要小。同样,项目 X_5 要优于 X_4,因为虽然它们有同样大小的风险,但是项目 X_5 的回报大于项目 X_4。项目 X_6 虽然有最大的回报,但它却超出了公司可接受的最大风险。

风险/回报模型运用了在财务管理和投资分析中被广泛使用的概念——效率边界。在项目管理中,效率边界(efficient frontier)指的是在给定风险水平时最大回报或者在给定回报水平时最小风险的各种组合情况,它通过建立项目必须满足的风险/回报组合极限来指导决策。

风险/回报模型的一个优点是它为备选项目的比较提供了一种新的方法,通过权衡项目的风险和回报来进行选择。有时通过评分或者其他量化方法来对项目进行评估和比较是不够的,而风险/回报模型使管理者能够同时考虑项目存在的风险和可能带来的回报。通过这个模型,管理者可以排除一些风险过大或者回报过小的项目。同样,风险/回报模型也存有缺陷,如下所述。

(1) 该模型的选择标准只有两个——风险和回报。虽然风险中也包括了诸如安全、质量和可靠性等因素,但是在决策者要考虑的指标上,该模型只是进行了宏观反映,并没有具体到风险构建的各个要素。

(2) 按照效率边界进行分析,模型中需要考虑的值更多的和风险相关。因为期望回报可以通过数学方法估计出来,然而风险不容易被量化,这就可能导致错误地将风险人为地定义为在各备选方案间进行比较的数值。

3.3 财务分析模型

还有一些模型是依靠财务分析进行项目选择的,本节重点介绍 3 个常见的财务模型:折现现金模型、净现值(含折现还本法)和内部收益率。当然,其他的财务模型还有很多,但是这 3 个财务模型的使用最为广泛。

财务模型以资金的时间价值[①](time value of money,TVM)这一原则为依据,该原则意味着今天的钱比明天的钱更有价值。相同币值的钱在未来的价值之所以会减少,是因为如下 2 个原因:①通货膨胀的影响;②资金的缺乏。众所周知,通货膨胀会引起物价上涨,进而削弱消费者的支出能力。例如,在 1990 年时,我国家庭年均支出不过几千元而已,但是今天这个数字就相当大了。所以,由于通货膨胀的负面影响,4 年后 100 元的价值会比今天的 100 元低。但假如今天没有这 100 元,那么未来能够产生的收入也就无从谈起,因此不能进行投资的资金就是没有收益的资金。因此,必须将现值(present value)根据一些因素折算成未来期望得到的价值。假如项目 A 能在两年内得到 5 万元的收益,而项目 B 要在 4 年内才能获得 5 万元的收益,那么很明显,项目 A 是最好的选择,因为它能更快得到回报。

3.3.1 投资回收期

项目投资回收期(payback period)就是预计收回项目投资的最少时间,即收回项目最初投资并开始产生正的项目净收益所需要的时间。为了计算项目的投资回收期,需要使用基于资金的时间价值的净现值分析方法。进行折现现金流分析的目的就是估算项目的现金流出和期望的现金流入,估算潜在的成本(大部分已经包含在项目预算中),并在启动项目之前对资金流进行规划,然后将这些成本与项目可能的收益来源进行比较。

计算过程中将使用到折现率,它的基础是企业的资本成本,并通过企业获得资金的来源(一般来源是负债和所有者权益)来确定该折现率的值。而企业的资本成本可以通过下面的公式来进行计算:

$$K = w_a k_d I - t + w_t k_t$$

---

① 资金的时间价值,是指货币随着时间的推移而发生的增值,是资金周转使用后的增值额。

式中，w_d 和 w_t 分别表示来自负债和所有者权益的资金所占的百分比；k_d 和 k_t 表示每单位负债和所有者权益的成本；t 表示企业的边际税率。由于支付利息不需要纳税，因此由上式计算出的是税后的债务成本。

（1）对于建成投产后各年的净现金流均相同的项目：

$$投资回收期＝投资/每年现金节余$$

（2）对于建成投产后各年的净现金流不相同的项目：

投资回收期＝累计净现金流量开始出现正值的年份数－1＋上一年累计净现金流量的绝对值/出现正值年份的净现金流量

假设某公司想使用投资回收期的方法从两个备选项目中选择一个更适合投资的项目，计算出两个项目的初始投资成本和期望收益如表 3-6 所示，试问：应该选择哪个项目呢？

表 3-6 初始成本及期望利润 单位：元

年份	项目 A		项目 B	
	利润	成本	利润	成本
0		500 000		500 000
1	50 000		75 000	
2	150 000		100 000	
3	350 000		150 000	
4	600 000		150 000	
5	500 000		900 000	

两个项目投资回收期的计算如表 3-7 所示，结果显示项目 A 的投资回收期为 2.857 年，项目 B 的投资回收期为 4.028 年，同时项目 A 的收益率（35%）也比项目 B 的收益率（24.8%）高，因此项目 A 是更好的选择。

表 3-7 项目 A 和项目 B 的投资回收期比较 单位：元

项目 A	年份	现金流	累计现金流	项目 B	年份	现金流	累计现金流
	0	−500 000	−500 000		0	−500 000	−500 000
	1	50 000	−450 000		1	75 000	−425 000
	2	150 000	−300 000		2	100 000	−325 000
	3	350 000	50 000		3	150 000	−175 000
	4	600 000	650 000		4	150 000	−25 000
	5	500 000	1150 000		5	90 000	875 000
投资回收期＝2.857 年				投资回收期＝4.028 年			
收益率＝35%				收益率＝24.8%			

3.3.2 净现值

进行项目选择时使用最为广泛的财务模型就是净现值(net present value，NPV)法，净现值为正数，表明企业将从项目中获利，反之则亏损。净现值同样也需要进行折现现金流分析，将未来的现金流折现为现在的币值。简化的净现值计算公式如下：

$$NPV = I_0 + \sum F_t/(1+r+p_t)^t$$

式中，F_t 表示第 t 年的现金流量；r 表示需求的收益率；I_0 表示初始现金投资额(第一年年初的现金支出)；p_t 表示第 t 年的通货膨胀率。

进行 NPV 计算要建立相关时期内现金流入、现金流出、折现因子以及折现现金流的表格，在实例中给出了这样的表格(见表 3-8)。

单位：元

表 3-8 持续折现现金流

年份	现金流入	现金流出	净现金流	折现因子	净现值
0		100 000	−100 000	1.000	
1	20 000		20 000	0.877 2	
2	30 000		50 000	0.769 5	
3	50 000		50 000	0.674 9	
4	25 000		25 000	0.592 1	

假设你正在考虑是否要对一个初始成本为 10 万元的项目进行投资，企业要求的收益为 10%，估计的通货膨胀率为定值 4%。假定项目有 4 年的使用期，并且预期的现金流入如下所示：

第一年：20 000 元　　第二年：50 000 元
第三年：50 000 元　　第四年：25 000 元

净现值的计算公式为 $NPV = I_0 + \sum F_t/(1+r+p_t)^t$，现在需要建立一个连续折现现金流表(包括现金流入和流出)来看项目是否值得投资。表中除了已知的 3 项——年份、现金流入、现金流出外，还要计算另外两项：

净现金流：现金流入和现金流出之间的差值。

折现因子：折现率的倒数为 $1/(1+k+p_t)^t$。

在表 3-8 中，如果在折现因子那一栏中假设 $k=10\%$，$p=4\%$，就可以进行净现值计算了。注意这里的第 0 年指的是目前时间，第一年指的是项目正式运作的第一年。例如，第三年的折现因子就应该为 $1/(1+0.10+0.04)^3 = 0.674\ 9$。接下来将现金流入、现金流出以及现金流的值都填入表中。

最后，将净现金流与折现因子相乘，结果显示在表中"净现值"那一栏。所有折现现金流的总和就是净现值，如表 3-9 所示。最后的净现值为正，说明该项目是值得投资的。

净现值法是目前使用最为广泛的项目选择方法之一，其主要优点是能将备选项目与财务指标联系起来，最大限度地确保所要投资的项目能够盈利。它的缺陷在于不能保证

长期预测的准确性,如对现金流入的预测。例如,假设某企业考虑是否要对一个在未来
10 年中有持续收益的项目进行投资,为此必须对未来的利率以及期望收益率(required
rate of return,RRR)进行测定。但是在不确定的经济时期,由于折现率可能变动,会给长
期投资决策带来风险。

表 3-9　折现现金流和净现值　　　　　　　　　　单位:元

年份	现金流入	现金流出	净现金流	折现因子	净现值
0		100 000	−100 000	1.000	−100 000
1	20 000		20 000	0.877 2	17 544
2	50 000		50 000	0.769 5	38 475
3	50 000		50 000	0.674 9	33 745
4	25 000		25 000	0.592 1	14 803
合计					4 567

3.3.3　折现还本法

既然我们考虑了资金的时间价值,就像在 NPV 中计算的一样,那么就可以运用这种
逻辑对投资的回收期模型进行改进,进而使这个模型更加准确,即运用按现值计算的现金
流来决定是否投资一个项目。为此,我们将相同的原理运用在折现还本法(discounted
payment method)中。

假设我们要求一个新投资的投资回报率是 12.5%,现在有一个项目投资机会,初始
投资为 30 000 元,年回报率为 10 000 元。在简单的投资回收期模型下,只需要 3 年就可
以收回初始投资。但当我们运用贴现现金流(设投资回报率为 12.5%)重新计算时,则需
要 4 年来收回项目的初始投资,见表 3-10。

表 3-10　折现还本法　　　　　　　　　　单位:元

年份	项目现金流折现	未折现
1	8 900	10 000
2	7 900	10 000
3	7 000	10 000
4	6 200	10 000
5	5 500	10 000
回收期	4 年	3 年

折现还本法的优势在于它可以更加合理地估计收回初始投资的周期。

3.3.4　内部收益率

内部收益率(internal rate of return,IRR)法是另一种评估投资项目期望支出和收入

的方法。它所要解决的问题是:项目的收益率是多少? 在这个模型中,被选择的项目必须满足某个设定的收益率。在给出具体的计算过程前,只能说内部收益就是使项目收益和支出的现值相等的折现率。假设项目生命期为 t 年,那么可以通过下面的公式来计算 IRR:

$$IO = \sum_{n=1}^{t} \frac{ACF}{(1+IRR)^n}$$

式中,ACF 为每年的税后现金流;IO 为初始的现金支出;n 为项目预期年限;IRR 为项目的内部收益率。

尽管需要将每年的现金现值列出以计算项目的收益率,但 IRR 的含义还是非常容易理解的。现在的许多小型计算机都有计算内部收益率的功能,可以很快得出结果,否则就需要进行多次迭代来进行计算,找出最接近的项目内部收益率。

假设一个项目需要的初始资金为 5 000 元,并且在接下来的 3 年中产生的期望现金流入分别为 2 500 元、2 000 元和 2 000 元,且公司对新项目要求的最低收益率为 10%,请问:这个项目是否值得投资?

解决方案:

解答这个问题需要 4 个步骤。

(1)给定一个折现率,并用其确定现金流入的净现值。

(2)将现金流入的净现值与初始投资进行比较,如果二者相等,那么该折现率就是内部收益率。

(3)如果净现值大于(或小于)初始投资,那么重新选定一个更高(或更低)的折现率再次进行计算。

(4)确定现金流入的净现值,并将其与初始投资进行比较。继续第(2)步到第(4)步,直到得到符合要求的内部收益率为止。

从该例中可以知道:第一年现金流入=2 500 元;第二年现金流入=2 000 元;第三年现金流入=2 000 元。

因为要求的最低收益率为 10%,则可采用以下数值进行计算。

第一步:用 12%进行计算(见表 3-11)。

表 3-11　内部收益率估算(1)

年份	现金流入/元	折现因子 (基准收益率为 12%时)	NPV/元
1	2 500	0.893	2 232.50
2	2 000	0.797	1 594
3	2 000	0.712	1 424
现金流入的净现值			5 250.50
现金投资			−5 000
差值			250.50

在设定基准收益率为 12%时差值为 250.50 元,差值过大,应选择一个更高的折现率。

第二步:用 15% 进行计算(见表 3-12)。

表 3-12 内部收益率估算(2)

年份	现金流入/元	折现因子 (基准收益率为 15% 时)	NPV/元
1	2 500	0.870	2 175
2	2 000	0.756	1 512
3	2 000	0.658	1 316
现金流入的净现值			5 003
现金投资			−5 000
差值			3

在设定基准收益率为 15% 时差值为 3 元,可以认为 15% 是真实内部收益率的近似值。

如果项目的内部收益率≥给定的最低收益率,那么该项目是值得投资的。在上面的例子中,该项目的内部收益率为 15%,大于给定的最低收益率 10%,因此是一个值得投资的候选项目。使用内部收益率进行分析的一个好处就是能够从投资收益率(return on investment,ROI)的角度对每个项目进行比较,一般来说,具有较高内部收益率的项目比具有较低内部收益率的项目要好。

但是内部收益率方法也有缺陷。首先,它不是项目的收益率。实际上,只有当项目产生的现金流入能以相同的收益率投入到其他新项目的情况下,它才与项目的收益率相等。如果企业只能将该项目产生的收入再投资于低收益项目,那么该项目的实际收益率要低于计算出来的内部收益率。其次,内部收益率的其他一些问题也使得净现值成为决定项目选择的关键因素。

(1)内部收益率和净现值计算只有当项目彼此独立时才是一致的。如果项目之间彼此不独立,那么内部收益率和净现值对它们的分类也是不同的。原因在于净现值采用的是能够反映潜在再投资的加权平均资本成本折现率,而内部收益率则不能反映。由于这个区别,净现值法就成为更实际的衡量投资机会的方法。

(2)现金流不规则的时候,进行内部收益率计算会得到多个解。例如,如果净现值流出在一个时期随着净现金流入变化,那么就会得到相互矛盾的结果。例如在进行了车间基础建设后,有必要再对土地的改造或其他非主要但开支较大的事项进行投资,但是此时计算出的内部收益率可能就有多个解,而其中只有一个是正确的。

3.4 制定项目章程

在决策层明确实施哪些项目后,也就是项目选择完成后,及时向有关人员通告这些项目的情况就显得至关重要。而这时,管理层需要创建和分发授权批准项目启动的文件。这份文件可以采用不同的形式,常见的一种形式就是项目章程。项目章程(project charter)是指一份正式确认项目存在的文件,它指明了项目的目标和管理的方向,授权项目经理利用组织的资源去完成项目;同时它还描述了项目整体目标的范围、时间和成本目标、项目成功标准、完成项目目标的大致方式以及关键利益相关者的角色和责任。一些组织会使用很长的文件或正式合约来启动项目,而另一些组织则只是依靠简单的共识。值得注意的是,项目的关键利益相关者应该签署一份项目章程来正式明确在项目需求和意见上所达成的共识,这也是项目正式立项、启动的一个关键标识。

在制定项目章程活动中,如下一些必要的资料可以作为参考。

(1)项目工作陈述。工作陈述是一份描述由项目团队创建哪些产品或服务的文件,通常包括:项目的业务需求、产品或服务的要求和特征摘要,以及组织信息,例如用来表示战略目标次序的战略计划的某些部分。

(2)商业论证。很多项目需要通过商业论证来调整投资。商业论证中的内容,例如项目目标、高层要求、时间及成本目标,都包含在项目章程中。

(3)合同。如果是在合同框架下实施一个项目,那么这份合同应该包括创建一个完整的项目章程所需要的大部分信息。一些人可能用合同来替代章程,然而,大部分合同语言生硬且条款经常变化,所以创建一个项目章程仍然是一个好方法。

(4)事业环境因素。它包括政府和行业的相关标准、组织的基础设施和市场条件。经理在创建项目章程时要考虑这些因素。

(5)组织过程资产信息。组织过程资产(organizational process assets)包括正式与非正式的计划、策略、程序、指南、信息系统、财务系统、管理系统、经验教训、历史信息等影响项目成功与否的一切内容。

创建项目章程主要运用的工具和技巧就是专家评审法。编制项目章程时,应及时向组织内外部的专家咨询,经专家评议,以保证章程的有效性和实用性。

制定项目章程活动结束后将形成一份完整、规范的项目章程。尽管项目章程的形式可以多种多样,但它们均需包含以下一些基本信息。

(1)项目名称和批准日期。

(2)项目经理姓名和联系方法。

(3)一份简要的时间表,包括计划启动和完成日期。如果条件允许,应列明或提及简要的里程碑时间表。

(4)一份项目预算摘要,或提及预算文件。

(5)项目目标的简短描述,包括批准项目的商业需求或者其他证明。

(6)项目的成功标准,包括项目审批要求及项目签署人。

(7)计划使用的项目管理方法,包括利益相关者的需求和期望、重要的假设和约束,以及相关文件,如沟通管理计划等。

(8)项目角色与责任矩阵。

(9)项目关键利益相关者的签名栏目。

(10)能让利益相关者提供与项目相关的重要意见或评论的栏目。

一般情况下,困难之处是怎样让拥有知识和权威的人去编写和签署项目章程。高层管理者应该与项目经理一同审视章程,在项目启动时,高层管理者也应该就项目中的角色和责任,以及期望项目经理如何工作等问题与项目经理进行充分的讨论。因此,我们对项目经理的建议是,如果您即将启动或者接手的一个项目没有项目章程,那么赶紧与包括高层管理者在内的关键利益相关者一起去创建一个项目章程吧!

以下是一个 DNA 测试工具项目的章程示例(见表 3-13)。

表 3-13　DNA 测序仪器竣工项目章程

项目名称: DNA 测序仪器竣工项目章程

授权日期: 2 月 1 日

项目开始日期: 2 月 1 日　　　　　　　**项目结束日期:** 11 月 1 日

关键日程里程碑:

(1) 6 月 1 日前完成第 1 版软件的开发

(2) 11 月 1 日前完成生产版本软件的开发

预算:

该项目预算为 150 万美元,可根据需要增资。项目的主要成本为内部人工费用。

项目经理: Nick Carson,(650)949-0707,ncarson@dnaconsulting.com。

项目目标: DNA 测序仪器项目已经执行 3 年,是我们公司的关键项目。这是项目的第一份章程,目标是在 4 个月完成第 1 版软件开发,在 9 个月内完成生产版本的开发。

项目成功的主要标准: 软件必须与文字说明一致,经过全面测试,准时完成。由公司 CEO 正式批准,并附上其他利益相关方的意见。

方法:

(1) 尽快雇用技术人员和兼职助理各一名,接替 Nick Carson 的技术工作。

(2) 一个月内,制作工作分解结构(WBS)、范围描述和甘特图,详细说明完成 DNA 测序仪器项目需要做的工作。

(3) 两个月内,采购所有需要升级的硬件。

(4) 每周与项目核心团队和发起者开进度审核会。

(5) 根据批准的测试计划全面测试软件。

项目角色及职责

姓　　　名	角　　　色	职　　　位	联　系　方　式
Ahmed Abrams	发起人	CEO	anagrams@dnaconsulting.com
Nick Carson	项目经理	经理	ncarson@dnaconsulting.com
Susan Johnson	项目组成员	DNA 专家	sjohnson@dnaconsulting.com
Renyong Chi	项目组成员	测试专家	rchi@dnaconsulting.com
Erik Haus	项目组成员	程序员	ehaus@dnaconsulting.com
Bill Strom	项目组成员	程序员	bstrom@dnaconsulting.com
Maggie Elliot	项目组成员	程序员	melliot@dnaconsulting.com

签署人: (上述全部利益相关者签名)

　　　Ahmed Abrams　　　　　Nick Carson　　　　　Susan Johnson　　　　　Renyong Chi

　　　　　　　　　Erik Haus　　　　　Bill Strom　　　　　Maggie Elliot

意见: (由上述利益相关者手写或打印)

"我会积极参与这个项目,因为它对我们公司的成功至关重要。我希望大家一起努力,成功完成项目。"

——Ahmed Abrams

"软件测试计划已完成,而且有章可循。若有任何疑问,请与我联系。"

——Renyong Chi

现实中很多项目都是因为要求不明确、期望不合理而失败的,所以在项目开始阶段创建一个项目章程是很有必要的。例如,如果项目经理难以得到项目利益相关者的支持,那他就可以援引当初每个人在项目章程中所承诺的内容。在表 3-13 项目章程样本中的"方法"部分,就列举了一些利于项目经理 Nick 管理项目及项目发起人监管的方法,例如,为了让 Nick 转换为项目经理的角色,章程中专门提到雇用技术人员和兼职助手尽快接管 Nick 的技术工作,同时为了让项目发起人 Ahmed 对项目的管理更满意,项目章程中还包括了一些确保正确计划和恰当沟通的条款。

3.5　案 例 讨 论

【案例 3-1】

最近几年,凯夫拉维克纸业公司(Keflavik Paper Company)在项目管理过程中出现了许多问题。例如,很多商业项目启动太晚或者预算超支。通过全面的分析,他们发现这些问题的来源是项目选择方法不完善。凯夫拉维克是一家中型企业,生产各种类型的纸张,包括专业用纸和用于摄影及印刷行业的铜版纸。尽管企业的低迷期有时是受整个经济形势的影响,但其销售额一直增长缓慢。大约在 5 年前,凯夫拉维克开始采用一种基于项目的方法来对新项目进行选择,其目的是在提高盈利的同时,通过快速开发满足特殊消费者的新产品的方式来增加销售量。

到目前为止,结果仍不容乐观。首先,该公司的项目开发记录参差不齐:有些项目及时交付而有些延迟。再者,预算经常超支,产品性能不一致,最后导致有些项目带来好的回报,而有些项目则造成亏损。为此公司高层管理人员请来了一位咨询专家,来对该项目进行分析,并针对项目管理过程中存在的问题,制订最有效的解决方法。咨询专家认为,该问题的原因不在于项目管理过程本身,而是在于项目被加入到企业项目群中的方式。项目选择的主要方法几乎完全依赖于折现现金流法,凡是能够带来利润收入的项目都被高层管理者所认可。

这样的选择过程带来的后果之一就是产生了几乎完全不相关的产品家族。没有人会询问新加入到项目群中的项目是否与其他项目相符。凯夫拉维克纸业公司试图扩大产品类型,包括铜版纸、摄影产品、运送和包装材料以及其他偏离其最初目标市场产品的生产线。项目管理人员很少通过企业的战略目标来衡量新项目,并且对项目的技术资源也没有进行评估。企业不仅要重新学习和培训,还需要新的技术专家,而这些都非常耗费资金和时间,因此一些新项目失败了。最终的结果就是一个混乱的项目群,项目群中的项目互不协调,从而难以进行管理。另外,生产线和开发过程的不断变化导致项目经理根本不可能轻易从一个项目的管理转入另一个项目。同样,这些混乱的项目也很难参照其他项目中的经验教训。由于项目中所需要的技能在很大程度上是不可转移的,因此当项目团队成员接受一个新项目时,他们不得不重新学习。

咨询专家建议凯夫拉维克纸业公司重新考虑他们的项目选择和审查过程。为了增加项目群的一致性,企业需要关注项目审查机制。例如,所有新项目进入项目群之前,项目管理人员需要根据公司的战略目标进行衡量,并且要论证其与目前项目群的互补性。同时专家还指出,为了使项目经理能够更好地胜任项目,需要对项目经理近期的表现进行分析。尽管凯夫拉维克纸业公司已经开始采纳这些建议,但到目前为止,进度仍非常缓慢。尤其是高层经理发现要放弃现金流为正的项目相当困难,他们同样还需要重新了解项目排序的重要性。但是,现在已有了一个新的排序配置计划,并且正在改进新项目选择以及企业管理这些项目的能力。

问题:

(1)凯夫拉维克纸业公司是一个过多依赖一种项目审查技术(折现现金流法)而造成损失的典型例子。试想:如果对本章中涉及的其他选择模型过分或完全依赖,将造成什么样的后果?

(2)假设你负责管理凯夫拉维克纸业公司的项目群,将新项目加入现有项目群之前需要对其进行评估时,你认为这个过程中需要考虑哪些重要指标?

(3)本案例中,由于项目审查方法的不足而给企业有效管理项目的能力造成了哪些影响?

【案例 3-2】

菲利斯·亨利(Phyllis Henry),西部新星有限公司新产品开发部的副总裁,此刻正坐在办公桌前试图弄清员工提交上来的最新的项目提议。西部新星有限公司是一家大型的商业软件和应用程序开发商。在过去的 3 个季度里,该公司在运作收益上一直处于低谷。高层管理团队已经感受到来自董事会的压力,并正在采取措施来增加收益。他们的一致意见是要尽快开发一些新的产品。

菲利斯正在读的报告包括产品开发部两个独立小组进行的项目评估结果。经过几周的分析,两个小组关于最优项目的争议越来越激烈。其中一个被称作双面神的项目是由软件开发部门提议的,而另外一个项目——双子星项目则是由商业应用部门支持的。菲利斯最初要他们准备两个项目的评估报告,以便从中做出选择。由于预算的限制,公司无法同时对两个项目都进行资助。

第一个评估小组使用了基于西部新星有限公司战略类别的评分模型,这些类别主要包括:①战略符合;②技术成功的可能性;③财务风险;④潜在收益;⑤战略作用(项目使用和增强企业资源及技术性能的能力)。使用这些类别,该小组对两个项目的评估如表 3-14 所示,分值设置为:1=低,2=中等,3=高。

表 3-14 第一个小组的评估结果

双面神项目				双子星项目			
类别	重要性	得分	加权得分	类别	重要性	得分	加权得分
1. 战略符合	3	2	6	1. 战略符合	3	3	9
2. 技术成功的可能性	2	2	4	2. 技术成功的可能性	2	2	4
3. 财务风险	2	1	2	3. 财务风险	2	2	4
4. 潜在收益	3	3	9	4. 潜在收益	3	3	9
5. 战略作用	1	1	1	5. 战略作用	1	2	2
			得分:22				得分:28

上面的结果显示双子星项目是最好的选择。但是,菲利斯同样也得到了来自第二个小组的一份使用净现值分析的评估结果。假设要求的收益率为 15%,预期的通货膨胀率为 3%,第二小组的评估结果如表 3-15 所示。

表 3-15 第二个小组的评估结果

双面神项目	双子星项目
初始投资＝250 000 美元	初始投资＝400 000 美元
项目生命周期＝5 年	项目生命周期＝3 年
预期现金流:	预期现金流:
第 1 年＝50 000 美元	第 1 年＝75 000 美元
第 2 年＝100 000 美元	第 2 年＝250 000 美元
第 3 年＝100 000 美元	第 3 年＝300 000 美元
第 4 年＝200 000 美元	
第 5 年＝75 000 美元	
累计净现值＝60 995 美元	累计净现值＝25 695 美元

采用不同的方法对两个项目进行评估,得到了不同的结果。评分模型显示双子星项目是最好的选择,而净现值模型则显示双面神项目更好。菲利斯今天下午就要给这两个高级管理团队提出建议,但现在仍存在相当多的问题。

问题:

(1) 如果菲利斯让你进入他的办公室来帮助他弄清楚这些项目评估结果之间的矛盾,你会如何解释造成这种分歧的原因? 这两种模型的优缺点分别是什么?

(2) 根据上面的分析,你认为西部新星有限公司会选择哪个项目? 说出你的理由。

(3) 上面的案例对企业中项目选择方法的应用情况进行了介绍,说明了什么问题? 你会如何解决本案例中出现的矛盾?

第 4 章

项目管理中的组织与团队

4.1   项目与组织战略

战略管理(strategic management)是一门科学,它用于研究制定、实施与评价跨职能部门的决策,使得企业更好地达成组织目标。我们在讨论项目管理时,将考虑这个定义的相关组成部分。战略管理包括以下 4 个部分。

1. 制定愿景说明和任务说明

对愿景和任务的说明描述了在未来的某一个点上,组织或高层管理者所希望完成的任务。组织成员会发现自己被各种矛盾的需求拉向各个方向,因此企业愿景应该成为他们关注的焦点,在面对各种期望甚至是矛盾的努力方向时,最终的愿景能够充当"裁判",这对于建立优先权来说是非常有好处的。愿景是动机与目标极其重要的来源,许多企业应用愿景或任务作为首要的过滤方法来评价新的项目机会,不支持公司愿景的项目将不会被立项。

2. 制定、实施与评价

项目作为战略实施中的重要组成部分,在战略管理的基本流程模型中发挥着关键作用。通过建立企业愿景或任务,评价内在的优势或不足、外在的机遇和挑战,建立长期的目标以及在多个战略选项中进行选择,企业花费了大量的时间与资源来评价它所面临的商业机遇,所有这些部分都与战略的制定阶段相关。在这个背景下,项目是保证企业抓住机遇、扩大优势,实施企业整体目标的工具。例如,新产品开发就是很典型的例子,它是企业对商业机会的响应。有效的项目管理使得企业能够进行快速有效的响应。

3. 制定跨部门的决策

商业战略是整个企业的冒险,它需要所有部门履行责任与共享资源来达到整体目标。跨部门的决策制定是项目管理的关键特征,因为项目团队由不同个性特征和背景的人组成,而聚集到这个团队的专家也来自不同的部门。项目管理工作是执行战略计划的一个自然环境。

4. 达到目标

不管组织是通过低成本、创新性产品、优等质量还是其他方式来寻求市场的领导地位,项目都是达到目标最有效的工具。项目管理的一个关键特征是它允许企业在外部市场和内部操作中都保持有效,也就是说,不管组织的目标是提高生产效率,还是改善产品与流程的有效性,项目管理都是优化组织目标的一个重要工具。

　　项目被称为企业战略的"奠基石",这意味着组织的整体战略愿景是项目开发的驱动力量。例如,3M公司的目标是成为商业的创新者,因此,它每年要在多个国家的子公司创建并管理几百个新产品开发项目。项目是实施战略的手段。表4-1列出了项目充当战略组成部分的几个实例,每个例子都传达了这样一种信息,即项目是战略愿景背后的支撑,也就是说,它们充当了战略组成部分,来创造与企业战略相联系的实际背景。

表 4-1　项目反映战略

战　　略	项　　目
技术或操作的动机(如新的分销战略或分散工厂的运作)	新工厂的建设或设施的现代化
为获得更高市场接受率而对产品进行重新开发	重构项目
为提高效率和有效性而建立新的商业流程	重构项目
战略方向的变化或产品组合的重新配置	新产品线
创造新的战略联盟	与供应链成员协商(包括供应商与分销商)
匹配或改进竞争者的产品或服务	逆向的工程项目
改进跨部门沟通和供应链关系的有效性	企业 IT 投入
促进跨部门的互动,提高新产品或服务的引进效率,改进部门间的协调	同步工程项目

　　图4-1以一种更直观的方式说明了项目与企业战略的联系,该模型构建了一个层级,任务位于最高层,目标更加正式地定义了任务,战略、目的和方案则是目标的基石。这个图表明不同的战略要素必须与其他要素保持协调一致,也就是说,任务、目标、战略、目的、方案必须是一致的。例如,企业的愿景是成为重视环境保护的组织,而随后的目标与战略采用的却是对生态不友好的政策,那么这样的战略也就没有任何意义了。

图 4-1　战略要素之间的关系

　　图4-2通过具体的例子说明了企业项目与其基本愿景、目标、战略、目的之间的关系(William R. K. ,1997)。例如,假设一家冷冻设备制造企业的部分愿景说明是,企业要"发展向全球非住宅用空调市场提供系统部件的贸易",那么这个愿景就可以通过特定的

战略目标来进行清晰说明:投资回报率(ROI)的期望值、保持一定的盈利以及社会责任。金字塔的底层是战略、目的与方案。在这里,对企业战略用一个三阶段方法来详细说明:①通过现有市场与产品线实现目标;②关注国外市场的受限制市场的新市场机遇;③在已有市场销售新产品。很显然,企业在进行新产品开发与创新之前,首先要保持已有的产品线与市场。

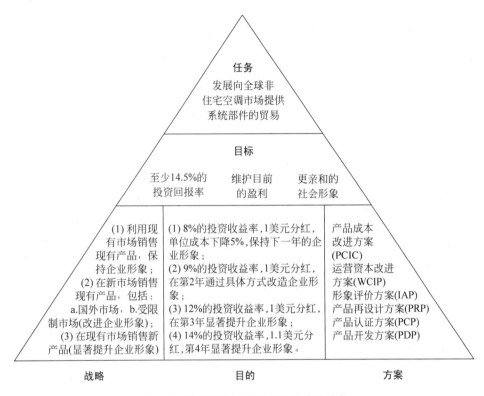

图 4-2 战略要素与项目之间的关系示意

"目标"处于金字塔的中间层,反映了基于上述战略的 4 年规划。假如企业第一年的目标是达到 8% 的投资回报率、维持稳定的盈利、降低单位生产成本、保持企业形象,而第 2 年到第 4 年的目标是在三阶段战略的基础上锐意进取。金字塔底部右边的部分(即方案)说明了企业项目的来源。每个方案都是支持性项目的集合,因此,即便是企业最基本的活动,也都是为了支持企业的战略要素。例如形象评价方案(IAP)可分解为几个支持项目(project),包括:顾客调查项目、企业慈善项目、质量评估项目、雇员关系项目等。所有这些项目都促进了形象评价方案,而反过来,它也仅仅是为达到战略目标所设计的一系列支持性的大型项目(program)之一。在这个模型中,有可能几个小项目实际上支持多个大型项目,例如,当顾客满意度数据被提供给设计部门的时候,顾客调查项目就能为产品再设计方案提供有价值的信息。作为战略的组成部分,项目往往通过企业的战略意图来启动,而战略意图则来自于对企业愿景、目标、目的和战略的合理而清晰的排序。

就项目管理活动而言,组织的战略管理应当是首要的环境因素。由于项目是实施战略计划的组成部分,因此清晰认识战略与已被选定的开发项目之间的关系是非常重要的。

当然,在项目选择伊始就应该有组织战略因素方面的考虑。

4.2   组织结构形式

组织可以采用多种结构方式,它们高度复杂或者极其简单。大多数企业所采用的常见组织结构类型不外乎以下 3 类。

(1) 职能型组织——将从事相似活动的人组成部门。

(2) 项目型组织——将员工分组为负责临时任务的项目团队。

(3) 矩阵型组织——创造一个双重的层级,即职能部门与项目部门具有同等的重要性。

4.2.1   职能型组织

职能型组织结构(functional structure)可能是目前最常见的企业组织类型,职能型组织结构的原理是将从事相似活动的人组织在一起,形成一个部门。在职能型组织结构里,建立诸如会计、营销、研发等部门是很常见的。在职能型组织中,劳动力的分配不是基于产品或支持的项目类型,而是根据需要完成的工作的类型。在采用职能型组织结构的企业里,成员通常同时从事支持多个项目或多个产品线的工作。

图 4-3 所示为一个职能型组织结构的例子。效率是职能型组织的主要优势,当每个会计都是会计部门的成员时,可以通过考虑每个会计的工作任务,确保没有重复或未被利用的资源,更有效地在整个组织中进行服务。职能型组织的另外一个优势是当所有的专家资源都被整合到一个职能部门时,保持有价值的智力资产将变得比较容易。当需要了解全球外包项目中离岸税收的含义时,完全不必在全企业的范围内搜寻专家,而直接去会计部门寻求帮助就可以了。

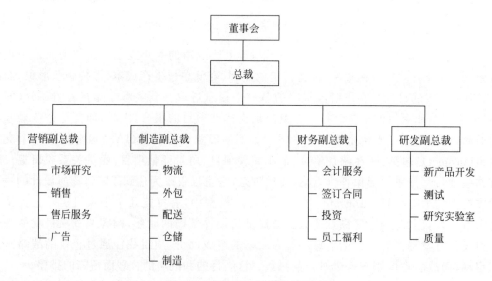

图 4-3   职能型组织结构的例子

对项目管理而言,职能型组织结构最大的不足在于,通过这种方式组织的员工会产生这样的趋势:只关注本部门,在完成指派任务时忽略其他部门的要求,这种趋势被称为职能孤立(见图 4-4)。当一个工作群体中的相似人群不愿意或不能从多角度考虑,也不愿意同其他群体协作或以跨部门的方式工作时,职能孤立就产生了。职能型组织结构的另一个不足是,它对外部机会或威胁的反应非常迟钝。沟通渠道必须经过多个层级,而不是直接跨越职能边界。这个垂直的层级可能非常庞大,决策制定也需要花费大量时间,职能型组织结构由于其内在的设计问题,很难有较大的革新。由于孤立的职能群体考虑整个组织与目标时的角度受到限制,因此想达到跨部门的协作相当困难,而这种协作对于创新或快速响应市场机遇来说又是非常必要的。

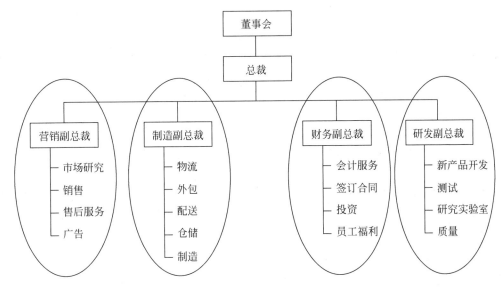

图 4-4　职能型组织结构中的孤立效果

对项目管理来说,职能型组织结构的另外一个不足是它没有为中央项目管理职能提供合理的地位。高层管理者可能将一个项目或项目的不同部分分配到各职能部门中,而整个项目的协调,包括组合各职能的工作,则需要更高管理层来负责,如最高管理层。在这种环境下运行项目的严重缺陷就是项目被分配或指派给职能部门成员后,这些成员还要继续履行已有的职责。实际的情况是,被分配项目任务的员工的主要任务往往还是完成其所在部门的工作,当员工将主要精力投入到各自部门中时,他们的行为准则就还是职能型的。从这个意义上来说,项目实际是一种干扰,耽误了完成"真正工作"所需要的时间。因此这也就解释了为何团队成员积极性不高,以及为什么需要项目经理与部门主管之间就团队人员安排进行广泛协商等一系列行为问题。

职能型组织另外一个与项目有关的问题是项目开发过程很容易形成局部优化。当项目由一个部门负责时,该部门的努力是充分并且有效的。然而同项目没有关系或从项目中无法获利的部门将只会尽可能担负最少的责任。一个基于项目的成功产品或服务,需要所有职能部门的整体参与并为项目的开发做出贡献。

此外,在职能型组织中,顾客不是每个人关心的中心。在这个环境中,对顾客的关注常会被看作是别人的事情,特别是那些负责提供支持服务的人的事情。顾客需求必须得到满足,在创建项目时必须以顾客为中心,参与项目团队的任何部门代表,如果没有以"顾客为中心"的认识,将增加项目失败的可能性。

表 4-2 总结了职能型组织结构的优势与不足。由于与外部环境相关,因此职能型组织结构比较适合那些外部环境不确定性较低的企业,因为稳定的环境不需要企业快速地变革与响应。当环境状态可以预测的时候,职能型组织结构将运转良好,因为它强调效率。但不幸的是,职能型组织结构企业中的项目管理活动常常存在很多问题,因为职能型组织结构无法在项目管理中发挥其优势。这说明,尽管职能型组织结构在有些方面利于项目管理,但从主要方面来说,如果想从项目管理中获得最大绩效,职能型组织结构可能是最差的一种组织结构形式。

表 4-2　职能型组织结构的优势与不足

对项目管理的优势	对项目管理的不足
① 项目在组织的基本职能结构中开发,不需要打断企业的日常活动,也不需要调整企业的结构; ② 促进知识深度与智力资产的开发; ③ 为员工考虑到常规的职业发展道路。项目团队成员仅需要完成要求的工作,同时与他们的职能部门保持最大的联系	① 职能孤立使得实现跨部门的合作比较困难; ② 缺乏对顾客的关注; ③ 由于结构问题、沟通缓慢、项目直接所有权的缺乏以及职能部门间优先权的竞争,导致项目常常需要花更长的时间来完成; ④ 由于各职能部门的利益与履行义务的不同,导致项目局部优化

4.2.2　项目型组织

项目型组织(project organization)是指那些将主要精力放在项目运行上的组织。建筑企业、大型制造企业(如波音公司、空中客车公司)、制药企业以及许多软件咨询与研发组织都采用纯粹的项目型组织结构。在项目型组织中,每个项目由专门的项目团队负责,是组织中独立的业务部门。在需要的时候,企业会从职能部门中直接划拨必要的资源给项目。在项目型组织中,项目经理对于本部门使用的资源具有唯一的控制权。职能部门的主要作用是同项目经理协作,并确保项目经理拥有足够的资源。

图 4-5 所示为纯粹的项目型组织结构的一种简化形式。项目 A 与项目 B 的成员都来自企业的各职能部门,项目经理是项目的领导者,所有的项目成员都要向他们汇报,项目经理决定项目成员的引入与停留时间,是整个项目权力的掌控者。

如图 4-5 所示,采用纯粹的项目型组织结构有以下一些优点:首先,项目经理在组织结构里并不是处于下属的位置,项目的所有主要决策与权力都在项目经理的控制之下;其次,职能型组织结构引发的职能孤立或沟通问题将不会发生,在项目型组织中,组织与项目团队内部的沟通得到改善,由于权力被项目经理与项目团队掌握,因此提高了决策的速度,从而不会发生需要向职能部门咨询或职能部门可以否决项目团队决策所带来的延迟问题;再次,这种结构形式促进了对项目管理骨干人员的培养,因为结构内运作的焦点是基于项目的,结构中的每个人将了解项目并为同一个目标努力,从而确保了结构拥有绝对充足的项目管理资源;最后,纯粹的项目型组织结构鼓励灵活、快速应对外界机遇,项目按

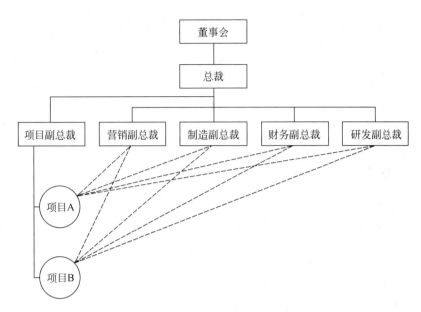

图 4-5　项目型组织结构的例子

照固定程序进行创建、管理和解放,因此在需要的时候也能很容易和迅速地组建项目团队。

尽管使用项目型组织结构组建专门的项目团队有很多优点,但这种结构同时也有一些不足。

首先,组建与维持一定数量的项目团队需要花费较大成本。与职能部门各自控制资源不同,项目团队必须全职应对可能在任何时间出现的项目,这就导致项目组织可能雇用过量的项目专业人员,增加成本。

其次,对于纯粹的项目型组织结构来说,最大的不足之处在于无法充分利用资源。组织的员工数量可能随着企业项目的增减而浮动。因此,在企业有较多项目的情况下,组织资源可以得到充分利用,而当项目不多时,就会造成资源的浪费。简而言之,组织对人力资源需求的迅速变动加剧了人员配备问题的激烈程度。

再次,要维持技术或知识资产的供给相当困难,而这正是职能型组织的优势。由于资源不能在职能部门内停留很久,需要经常从一个项目到另一个项目,因此不会形成统一的知识基础。

最后,项目型组织还面临着项目团队成员在项目结束时的去向问题。团队成员担心的问题是:一旦项目完成他们会怎么样? 正如前文所述,项目成员是不同的,经常会发生这样的情况:当项目成员完成一个项目之后,却发现新的项目并不需要他们。职能专家在项目型组织中缺乏“家”的感觉,因此他们的担心是合理的。在纯粹的项目型组织里,团队成员常常只忠诚于项目本身。他们的兴趣在自己执行的项目中,而非整个组织中,因此当项目完成时,他们可能开始寻找新的挑战,甚至离开企业寻找新的任务。

表 4-3 总结了项目型组织结构的优势和不足。

表 4-3　项目型组织结构的优势与不足

对项目管理的优势	对项目管理的不足
① 将权力仅授予项目经理； ② 促进组织内与职能部门间的沟通； ③ 促进有效、快速的决策； ④ 有利于培养项目骨干人员； ⑤ 鼓励对市场机遇的快速响应。	① 建立与维持项目团队的成本较大； ② 项目团队成员可能只是对项目忠诚而不是对整个组织忠诚； ③ 维持知识资产的供给比较困难； ④ 项目团队成员为其在项目完成后的去向担心。

4.2.3　矩阵型组织

矩阵型组织(matrix organization)是职能型组织结构与项目活动相结合,同时强调职能与项目两方面,并使其达到平衡的组织形式。在现实环境中,矩阵型组织结构创造了一种双重层级,这种形式在仅仅强调项目和纯粹的职能化之间进行了平衡。图 4-6 解释了矩阵型组织的结构,注意项目副总裁的地位相当特殊,他不是职能部门结构的一部分,而是作为单独的项目部门主管,与各部门的 CEO 及部门主管地位相当。同时,该图还说明了企业组建项目团队的方式。项目副总裁控制项目经理的活动,但同时他们又必须与职能部门紧密合作,以便能从每个职能部门中借调人员组成项目团队。职能型组织中项目团队成员完全受职能部门控制,因而在某种程度上他们需要取悦其部门负责人;而在矩阵型组织中,这些人员由其所属部门与所指派的项目共享,他们受到项目经理与职能部门负责人的共同管理。例如,项目 A 的项目经理同营销副总裁协商后从该部门获得 2 单位资

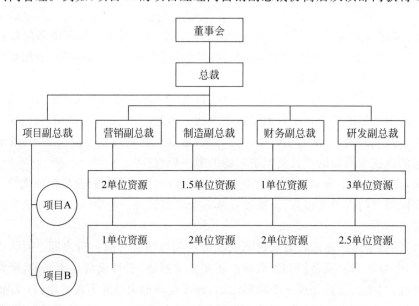

图 4-6　矩阵型组织结构

源,而后从制造部门获得 1.5 单位资源,以此类推,获得其他资源。对于每个项目,项目经理与职能部门的主管一起确定最佳的人员需求。如需要多少人来完成必要的项目活动,以及什么时候可以获得这些人员,类似"这个项目需要完成什么任务"这样的问题由项目

经理做出回答无疑是最好的,然而,其他同样重要的问题,如"谁将完成这个任务"与"完成这个任务将花多长时间",则必须由项目经理与职能部门主管共同协商来解决。

有必要区分两种常见的矩阵形式:弱矩阵(weak matrix)(有时被称为职能型矩阵)与强矩阵(strong matrix)(有时被称为项目型矩阵)。在弱矩阵组织中,职能部门控制其资源,并负责管理项目中属于本部门的部分。项目经理的作用是协调各职能部门的活动,其实就是典型的管理者。项目经理负责准备进度计划,更新项目状态,充当不同部门之间的连接桥梁,但对资源没有直接的控制权,也没有权力根据自己的意愿做出重大的决策。而在强矩阵组织中,项目经理拥有更多的权力。项目经理控制大多数项目活动与功能,包括任务分配与对项目资源的控制,并具有关键的决策权。尽管职能经理对从其部门抽调到项目团队的人员有一定的权力,但在大多数情况下他们都是处于被协商的地位。在矩阵型组织环境中工作,会发现强矩阵组织可能更接近于项目型组织。

创建具有两个上司的组织结构看上去有点棘手,但如果特定的条件得到满足,这种方法将具有重要的优势。矩阵型组织结构在以下环境中是适用的。

(1) 存在产品或项目机会多而资源却相对稀缺的压力。

当企业拥有的人力资源较少,而项目机会比较多时,它所面临的挑战就是要尽可能高效地利用人力与物力资源,以支持最大数目的项目。矩阵型组织结构提供了这样一个环境,在这个环境下,企业能够充分利用资源支持尽可能多的项目。

(2) 有两种或多种生产形式的需要。

企业可能需要提高其技术能力(使用职能型组织结构),同时又要研制一系列的新产品(需要项目型组织结构)。在这种对绩效的双重压力之下,采用矩阵型组织则可以在职能型和项目型两种结构中达到平衡,既能在职能工作中保持技术能力和效率,又能通过项目确保新产品的快速开发。

(3) 组织环境是复杂的、动态的。

当企业面临复杂与快速变化的双重环境压力时,采用矩阵型组织结构可以促进职能部门间的信息交换与协调。

矩阵型组织结构的目标是同时关注对外部机遇的快速响应与内部效率的提高。为了达到这个双重目标,赋予项目部门与职能部门的权力必须是等同的。而实际上,对于项目管理来说,矩阵型组织结构的一个优势也就是将项目管理部门与职能部门放在了拥有同等权力的位置。这个优势突出了项目经理在组织中的地位,他将拥有与部门经理类似级别的权力和对资源的控制。另一个优势是对矩阵进行了专门的修正以鼓励部门之间的紧密协作,同时也强调了快速、高效地实施项目,并且根据需要与其他项目共享资源。在职能型组织结构中,项目分层的结构不必支持项目,矩阵型组织结构则不同,它在外部响应和内部效率之间取得了平衡,建立了一种使项目得以迅速执行的环境。由于资源可以在多个项目间共享并且"移动",因此与项目型组织结构相比,矩阵型组织结构中的专业知识更不会被有限的人群掌握,而是分散在整个企业中。

与此同时,矩阵型组织结构的双层级结构也会带来诸多问题,如会由此形成多个权力点,从而给操作带来负面效应。项目组领导和职能部门的负责人都会向其成员传达信息,这些信息可能会发生冲突,而当这两个部门共享权力时,这些互相冲突的信息就会给同时在两个部门承担任务的人员带来极大的挫败感。假定项目副总裁要求员工将所有精力放在"五一"之前必须完成的一个重大项目上,而同时,财务总监告诉他员工缴税期即将来临,大家必须暂时将项目放在一边以完成相关的缴税工作。这时会发生什么情况呢?对项目团队成员来说,双重领导令人感到很沮丧,职员们每天都会感觉到被拉向不同的方向,因为他们收到了来自老板的不一致的指令———一个关于项目,另一个来自于自己所在的职能部门。结果,普通的工作往往变成一个对员工时间需求的竞争活动。

另一个不足就是项目经理需要在会议、谈判和其他协调性职能工作方面花费大量的时间和精力,以便在有着不同计划的多个群体间做出决策。

表 4-4 列出了矩阵型组织结构的优势与不足。

表 4-4　矩阵型组织结构的优势与不足

对项目管理的优势	对项目管理的不足
① 适合动态环境; ② 同时强调项目管理和部门效率的重要性; ③ 促进各部门间的协作; ④ 通过项目和部门职责间的竞争实现了稀缺资源的最大利用。	① 双重层次意味着有两个老板; ② 需要大量的时间来协调项目和部门之间对关键资源的共享; ③ 会使同时承担项目和部门职责的人员有挫败感。

矩阵型组织结构看来似乎是项目管理的一种要解决方法,但它却需要在人力资源的协调上花费大量的时间。很多项目经理都指出,作为矩阵型组织结构的一部分,他们投入了很多时间用于开会、解决和协调资源问题,以及寻找与部门领导共享权力的方法。

矩阵型组织结构对于管理项目来说有着明显的优势,同时也存在明显的不足。它将项目管理与职能效率放在同等地位,并促进了跨部门的协作,但同时由双层级结构所带来的诸如权力或控制方面的行为挑战也一直处于变化的状态。在矩阵型组织结构中,项目经理抱怨最多的就是需要花费大量时间进行权力争夺,以及同职能经理讨价还价,从而获得所需要的资源和支持。因此对项目经理来说,要想在矩阵型组织结构中获得成功,谈判技巧、政治头脑以及关系网的构建是至关重要的。

4.2.4　组织结构对项目绩效的影响

项目在某些组织结构中比在其他类型的组织结构中运行得更平稳。越来越多的研究结果表明,一些组织结构能为项目的成功完成带来更多优势,但这主要取决于启动项目的类型。

Gobeli D. H. 等人的工作就强调了这样一个事实:企业的组织结构会对项目的生存能力产生影响。一般而言,根据企业是更多倾向于职能制或是更倾向于项目制,还是介于这二者之间,矩阵型组织结构可以进一步细分为 3 类:职能矩阵、平衡矩阵和项目矩阵。基于从 1 600 位项目经理处收集的样本数据,识别出在这 5 种组织结构中执行项目的人员,并委托他们对其组织采用的结构给项目管理带来的影响进行评价,其研究结果见图 4-7。该结果强调了这样一个事实:一般来说,项目型组织结构确实为保持成功的项目管理提供了更好的环境。有趣的是,将样本进一步划分为新产品开发项目以及与建设相关的项目后发现,研究结果之间大致相同,只是与建设相关的项目在矩阵型组织结构中的边际效应更大,这表明组织结构在创建成功项目的过程中有着显著的作用。当然,站在项目经理视角,这种类型的组织结构更有利于项目走向成功,但所面临的资源浪费等现实亦需加以重视,不过这在专业知识更新频繁、技术人员流动加速的当今社会环境下,似乎更具经济效益。

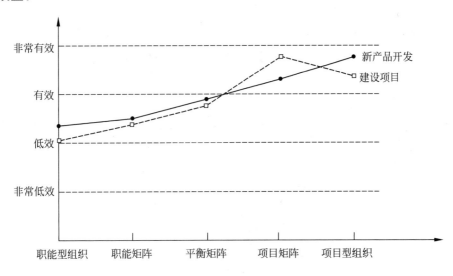

图 4-7　项目经理感知的不同结构对项目成功的有效性

4.3　项 目 团 队

现代项目管理十分强调项目团队的组织建设和按照团队作业的方式开展项目工作,这就使得项目团队及其建设活动成为项目管理过程中一项十分重要的内容。

项目团队是为实现一个具体项目的目标而组建的协同工作队伍,它由一组个体成员组成。项目团队的根本使命是在项目经理的直接领导下,为实现具体项目的目标,完成具体项目所确定的各项任务,而共同努力、协调一致、科学高效地工作。项目团队是一种临时性的组织,一旦项目完成或者中止,项目团队的使命即告完成或终止,随之项目团队即告解散。

4.3.1　项目团队的特性

项目团队作为一种临时性组织,主要具有如下几个方面的特性。

1. 项目团队的目的性

这种组织的使命就是完成某项特定的任务,实现某个特定项目的既定目标,因此这种组织具有很高的目的性,它只有与既定项目目标有关的使命或任务,而没有也不应该有与既定项目目标无关的使命和任务。

2. 项目团队的临时性

这种组织在完成特定项目的任务以后,其使命即已终结,项目团队即可解散。在出现项目中止的情况时,项目团队的使命也会中止,此时项目团队或是解散,或是暂停工作。

当中止的项目获得解冻或重新开始时,项目团队也会重新开展工作。

3. 项目团队的团队性

项目团队是按照团队作业的模式开展项目工作的,团队性的作业是一种完全不同于一般运营组织中的部门、机构的特殊作业模式,这种作业模式强调团队精神与团队合作,这种团队精神与团队合作是项目成功的精神保障。

4. 项目团队成员的双重领导特性

一般而言,项目团队的成员既受原职能部门负责人的领导,又受所在项目团队经理的领导,特别是在直线职能型、弱矩阵型和均衡矩阵型组织结构中尤其是这样。这种双重领导会使项目团队成员的发展受到一定的限制,有时还会出现职能部门和项目团队二者的领导和指挥命令不统一而使项目团队成员无所适从的情况,这是影响项目团队绩效的一个很重要的特性。

5. 项目团队的渐进性和灵活性

项目团队的渐进性是指项目团队在初期一般是由较少成员构成的,随着项目的进展和任务的展开,项目团队会不断地扩大。项目团队的灵活性是指项目团队人员的数量和具体人选也会随着项目的发展与变化而不断调整。

4.3.2 项目团队创建与发展

一般意义上的团队是由于在兴趣、爱好、技能或工作关系等方面具有共同目标而自愿组合,并经组织授权、批准的一个群体。例如,学校中有相同兴趣的师生所组成的各种兴趣小组,企业中有相同爱好的人组成的篮球队、足球队等,都是一般意义上的团队。项目团队是因有工作的共同目标而组建的团队,所以在项目团队创建与发展方面也有一般团队建设与发展的特性。

根据塔克曼(B. W. Tuckman)提出的团队发展四阶段模型可知,任何团队的建设和发展都会经历形成阶段、震荡阶段、规范阶段和辉煌阶段,它全面呈现了一个团队从创建到发展壮大和取得辉煌的过程。项目团队也不例外,它的创建与发展同样要经历这 4 个阶段。项目团队创建与发展的 4 个阶段如图 4-8 所示。

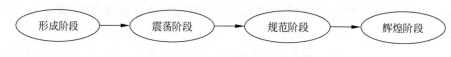

图 4-8 项目团队的创建与发展阶段示意图

1. 形成阶段

项目团队的形成阶段是团队的初创和组建阶段,这是一组个体成员转变为项目团队成员的阶段。在这一阶段中,项目团队的成员被从不同的部门或组织抽调出来而构成一个统一的整体,团队成员逐渐从相互不熟悉到相互熟悉。在这个阶段中,团队成员由个体而归属于一个团队,总体上有一种积极向上的愿望,并急于开始工作和展示自己。整个项目团队也要努力建立团队形象,并试图对要完成的工作进行分工和制订计划。然而,由于项目团队尚处于形成阶段,几乎还没有实际工作,团队成员不了解他们自己的职责及角色以及其他项目团队成员的角色与职责,所以在这一阶段中团队的每个成员都有一个如何适应新环境和新团队成员关系的问题。在这一阶段,项目经理需要为整个团队明确方向、目标和任务,为每个人确定职责和角色,以创建一个良好的项目团队。

这一阶段的项目团队成员对于工作和人际关系都处于一种高度焦虑状态,团队成员的情绪特点包括激动、希望、怀疑、焦急和犹豫,在心理上处于一种极不稳定的阶段。项目团队的每个人在这个阶段都有很多疑问:团队的目的是什么? 其他的团队成员是谁? 他们怎么样? 等等。每个人在这一阶段都急于知道他们是否能够与其他团队成员合得来,都担心他们在项目中的角色是否与自己的个人能力和职业、兴趣等相一致。为使项目团队的成员能够明确目标、方向和人际关系,项目经理一定要不断地向团队成员们说明项目的目标,并设想和宣传项目成功的美好前景以及项目成功所能带来的利益和所能产生的好处。项目经理要及时公布有关项目的工作范围、质量标准、预算及进度计划的要求、标准和限制。项目经理应向团队成员说明他们各自的角色、任务和他们与其他团队成员之间的关系,只有这样才能完成项目团队形成阶段的工作。

2. 震荡阶段

震荡阶段是项目团队发展的第二阶段。在这一阶段项目团队已经建成,团队成员按照分工开始了初步合作,各个团队成员开始着手执行分配给自己的任务并缓慢地推进工作,大家对项目目标的认识逐步得到明确。但是很快就会有一些团队成员发现各种各样的问题,有些成员会发现项目的工作与个人当初的设想不一致,有些成员会发现项目团队成员之间的关系与自己期望的不同,有些甚至会发现在工作、人际关系中存在着各种各样的矛盾和问题。例如,项目的任务比预计的繁重或困难,项目的环境条件比预计的恶劣,项目的成本或进度计划的限制比预计的更加紧张,人际关系比设想的要复杂,等等。甚至有些团队成员与项目经理和管理人员会发生矛盾和抵触,他们越来越不满意项目经理的指挥或命令,越来越不愿意接受项目管理人员的管理。

这一阶段项目团队成员在工作和人际关系方面都处于一种剧烈动荡的状态,团队成员的情绪特点是:紧张、挫败、不满、对立和抵制。因为很多人在这一阶段中由于原有预期的破灭,或实际与期望之间的差距而产生了很大的挫败感。这种挫败感让人产生愤怒、对立和冲突的情绪,这些情绪又造成了关系紧张、气氛恶化,以及产生矛盾、冲突和抵触情绪。在震荡阶段,项目经理需要应付和解决出现的各种问题和矛盾,需要容忍不满情绪的出现,解决冲突,协调关系,消除团队中的各种震荡因素,引导项目团队成员根据任务和其他团队成员的情况,对自己的角色及职责进行调整。项目经理必须对项目团队每个成员的职责、团队成员相互间的关系、行为规范等进行明确的规定和分类,使每个成员明确了解自己的职责、自己与他人的关系。另外,在这一阶段中项目经理有必要邀请项目团队的成员积极参与解决问题和共同做出相关的决策。

3. 规范阶段

在经受了震荡阶段的考验后,项目团队就进入了正常发展的规范阶段。此时,项目团队成员之间、团队成员与项目管理人员和经理之间的关系已经理顺和确立,绝大部分个人之间的矛盾已得到了解决。总的来说,这一阶段的项目团队的矛盾低于震荡阶段。同时,团队成员个人的期望得到了调适,基本上与现实情况相一致了,所以团队成员的不满情绪也大大减少了。在这一阶段,项目团队成员接受并熟悉了工作环境,项目管理的各种规程得以改进和规范,项目经理和管理人员逐渐掌握了对于项目团队的管理和控制方法,项目经理开始逐步向下层团队成员授权,项目团队的凝聚力开始形成,项目团队全体成员具有了归属感和集体感,每个人都觉得自己已经成为了团队的一部分。

这一阶段项目团队成员的情绪特点是:信任、合作、忠诚、友好和满意。在这一阶段,随着团队成员之间相互信任关系的建立,团队成员相互之间开始大量地交流信息、观点和感情,团队合作意识增强,团队中的合作代替了震荡阶段的矛盾和彼此抵触。团队成员在这一阶段开始感觉到他们可以自由地、建设性地表达自己的情绪、评论和意见。团队成员之间以及他们与项目经理之间在信任的基础上,发展了相互之间的忠诚,建立了友谊,甚至有些已经建立了工作范围之外的友谊。经过了这个规范阶段之后,项目团队成员更加支持项目管理人员的工作,项目经理通过适当授权,减少许多事务性工作,使整个团队的工作效率得到了提高。项目经理在这一阶段应该对项目团队成员所取得的进步予以表扬,应积极听取项目团队成员的各种建议,努力地规范团队和团队成员的行为,从而使项目团队不断发展和进步,为实现项目的目标和完成项目团队的使命而努力工作。

4. 辉煌阶段

辉煌阶段是项目团队发展的第四个阶段,也是项目团队不断取得成就的阶段。在这个阶段中,项目团队的成员积极工作,努力为实现项目目标而做出贡献。这一阶段团队成员间的关系更为融洽,团队的工作绩效更高,团队成员的集体感和荣誉感更强,而且信心十足。在这一阶段中,项目团队全体成员能开放、坦诚、及时地交换信息和思想,项目团队也根据实际需要,以团队、个人或临时小组的方式开展工作,团队成员之间相互依赖度提高,他们经常合作并尽力相互帮助。项目经理此时要给项目团队成员以足够的授权,在工作出现问题时多数是由适当的团队成员组成临时小组自行解决。团队成员做出正确决策和取得成绩时能够获得相应的表彰,所以团队成员有了很高的满意度。此时,团队成员都能体验到取得工作成绩的喜悦,体会到自己正在获得事业上的成功和发展。

这一阶段团队成员的情绪特点是:开放、坦诚、依赖、团队的集体感和荣誉感强。项目经理在这一阶段应该进一步积极放权,以使项目团队成员更多地进行自我管理和自我激励。同时,项目经理应该及时公告项目的进程、表彰先进的团队成员,努力帮助项目团队完成项目计划,实现项目的目标。在这一阶段中,项目经理需要集中精力管理好项目的预算、控制好项目的进度计划和项目的各种变更,指导项目团队成员改进作业方法,努力提高工作绩效和项目质量水平,带领项目团队为创造更大的辉煌而积极努力。

4.3.3　团队精神与团队绩效

要想使一群独立的个人发展成为一个成功而有效合作的项目团队,项目经理就需要付出巨大的努力去培养项目团队的团队精神和提高团队的绩效。决定一个项目成败的因素有很多,但是团队精神和团队绩效是至关重要的。

1. 团队精神与团队绩效的关系

项目团队并不是把一组人集合在一个项目组织中一起工作就能够建立的,没有团队精神建设就不可能形成一个真正的项目团队。一个项目团队需要有自己的团队精神,团队成员需要相互依赖和忠诚,齐心协力,为实现项目目标而开展团队作业。一个项目团队的效率与它的团队精神紧密相关,而一个项目团队的团队精神是需要逐渐建立的。图4-9给出了项目团队在形成、震荡、规范和辉煌 4 个阶段的团队精神与团队绩效的关系。

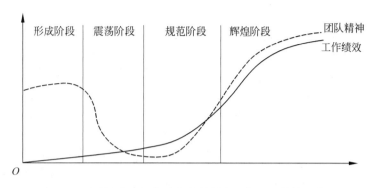

图 4-9　项目团队成长各阶段的绩效水平与团队精神示意图

2．团队精神的内涵

项目团队的团队精神是一个团队的思想支柱,是一个团队所拥有的精神总和。项目团队的团队精神应该包括下述 6 个方面的内容。

（1）高度的相互信任

团队精神的一个重要体现是团队成员之间的高度信任。每个团队成员都相信团队的其他人所做的和所想的事情是为了整个集体的利益,是为实现项目的目标和完成团队的使命而做的努力。团队成员们真心相信自己的伙伴,相互关心,相互忠诚。同时,团队成员们也承认彼此之间的差异,但是这些差异与完成团队的目标没有冲突,而且正是这种差异使每个成员感到了自我存在的必要和自己对于团队的贡献。

（2）强烈的相互依赖

团队精神的另一个体现是成员之间强烈的相互依赖。一个项目团队的成员只有充分理解每个团队成员都是不可或缺的项目成功重要因素之一,他们才能很好地相处和合作,并且相互真诚而强烈地依赖。这种依赖会形成团队的一种凝聚力,这种凝聚力就是团队精神的一种最好体现。

（3）统一的共同目标

团队精神最根本的体现是全体团队成员具有统一的共同目标。在这种情况下,项目团队的每位成员会强烈地希望为实现项目目标而付出自己的努力。因为在这种情况下,项目团队的目标与团队成员个人的目标是相对一致的,所以大家都会为共同的目标而努力。这种团队成员积极地为项目成功而付出时间和努力的意愿就是一种团队精神。

（4）全面的互助合作

团队精神还有一个重要的体现是全体成员的互助合作。当人们能够全面互助合作时,他们之间就能够进行开放、坦诚而及时的沟通,就不会羞于寻求其他成员的帮助,团队成员们就能够成为彼此的力量源泉,大家会都希望看到其他团队成员的成功,都愿意在其他成员陷入困境时给予帮助,并且能够相互提出和接受批评、反馈和建议。有了这种全面的互助合作,团队就能够形成一个统一的整体。

（5）关系平等与积极参与

团队精神还表现在团队成员的关系平等和积极参与上。一个具有团队精神的项目团队，它的成员在工作和人际关系上是平等的，在项目的各种事务上大家都有一定的参与权。一个具有团队精神的项目团队多数是一种民主和分权的团队，因为团队的民主和分权机制使人们能够以主人翁或当事人的身份积极参与项目的各项工作，从而形成一种团队精神。

（6）自我激励和自我约束

团队精神更进一步还体现在全体团队成员的自我激励与自我约束上。项目团队成员的自我激励和自我约束使得项目团队能够协调一致，像一个整体一样去行动，从而表现出团队的精神和意志。项目团队成员的这种自我激励和自我约束，使得一个团队能够统一意志、统一思想和统一行动。这样团队成员们就能够相互尊重，重视彼此的知识和技能，并且每位成员都能够积极承担自己的责任，约束自己的行为，完成自己承担的任务，从而实现整个团队的目标。

4.3.4　影响团队绩效的因素

当一个项目团队缺乏团队精神时就会直接影响到团队的绩效和项目的成功。在这种情况下，即使每个项目团队成员都有潜力去完成项目任务，但是由于整个团队缺乏团队精神，使得大家也难以达到其应有的绩效水平，所以团队精神是影响团队绩效的首要因素。除了团队精神以外，还有以下一些影响团队绩效的因素。

1. 项目经理领导不力

这是指项目经理不能够充分运用职权和个人权力影响团队成员的行为，带领和指挥项目团队为实现项目目标而奋斗。这是影响项目团队绩效的根本因素之一。作为一个项目经理，一定要不时地检讨自己的领导工作和领导效果，不时地征询项目管理人员和团队成员对于自己的领导工作的意见，努力改进和做好项目团队的领导工作。因为项目经理领导不力不但会影响项目团队的绩效，而且会导致整个项目的失败。

2. 项目团队的目标不明

这是指项目经理、项目管理人员和全体团队成员未能充分了解项目的各项目标，以及项目的工作范围、质量标准、预算和进度计划等方面的信息。这也是影响项目团队绩效的一个重要因素。一个项目的经理和管理人员不但要清楚项目的目标，而且要向团队成员宣传项目的目标和计划，向团队成员描述项目的未来愿景及其所能带来的好处。项目经理不但需要在各种项目会议上讲述这些，而且要认真回答团队成员提出的各种问题，如有可能还要把这些情况以书面形式提供给项目团队中的每位成员。项目经理和管理人员一定要努力使自己和项目团队成员清楚地知道项目的整体目标。

3. 项目团队成员的职责不清

项目团队成员的职责不清是指项目团队成员们对自己的角色和责任的认识含糊不清，或者存在项目团队成员的职责重复、角色冲突的问题。这同样是一个影响项目团队绩效的重要因素。项目经理和管理人员在项目开始时就应该使项目团队的每位成员明确自己的角色和职责，明确他们与其他团队成员之间的角色联系和职责关系。项目团队成员也可以积极要求项目经理和管理人员界定和解决团队成员职责不清的地方和问题。在制订项目计划时要利用工作分解结构、职责矩阵、甘特图或网络图等工具明确每个成员的职责,使每个团队成员不仅知道自己的职责,还能了解其他成员的职责,以及它们如何有机地构成一个整体。

4. 项目团队缺乏沟通

项目团队缺乏沟通是指项目团队成员们对项目工作中发生的事情缺乏足够的了解,项目团队内部和团队与外部之间的信息交流严重不足。这不但会影响一个团队的绩效,而且会造成项目决策错误和项目的失败。一个项目的经理和管理人员必须采用各种信息沟通手段,使项目团队成员及时地了解项目的各种情况,使项目团队与外界的沟通畅通和有效。项目经理和管理人员需要采用会议、面谈、问卷、报表和报告等沟通形式,及时公告各种项目信息给团队成员,而且还要鼓励团队成员之间积极交流信息,努力进行合作。

5. 项目团队激励不足

项目团队激励不足是指项目经理和项目管理人员所采用的各种激励措施不当或力度不够,使得项目团队缺乏激励机制。这也是一个很重要的影响团队绩效的因素,因为这会使项目团队成员出现消极思想和情绪,从而影响一个团队的绩效。通常,激励不足会使项目团队成员对项目目标的追求力度不够,对项目工作不够投入。要解决这一问题,项目经理和管理人员需要积极采取各种激励措施,包括目标激励、工作挑战性激励、薪酬激励、个人职业生涯激励等措施。项目经理和项目管理人员应该知道适合每个团队成员的激励因素,并创造出一个充分激励机制和环境。

6. 规章不全和约束无力

这是指没有合适的规章制度规范和约束项目团队及其成员的行为和工作。这同样是造成项目绩效低下的因素之一。一个项目在开始时,项目经理和管理人员要制定基本的管理规章制度,这些规章制度及其制定的理由都要向全体团队成员做出解释和说明,并把规章制度以书面形式传达给他们。同时,项目团队要用规章制度约束团队成员的不良与错误行为。例如,对于不积极努力工作、效率低下、制造矛盾、挑起冲突或诽谤贬低他人等行为都需要采取措施进行约束和惩处。项目经理和管理人员要采取各种惩罚措施和负强化措施,努力做好约束工作,从而使项目团队的绩效不断提高。

4.4　项目人力资源管理

项目人力资源管理是在项目管理过程中为确保更有效地利用项目所涉及的人力资源而开展的项目管理工作,它涉及项目所有利益相关者,如赞助商、客户、团队项目成员、后勤员工、项目供应商等。它包括以下 4 个主要过程。

(1)制订人力资源计划,包括识别和记录项目角色、责任和汇报关系。这个过程的关键输出是人力资源计划。

(2)组建项目团队,是指为项目工作找到所需的人员以及对人员进行适当的分配。这个过程的关键输出是项目人员分派、资源日历和项目管理计划的更新。

(3)建设项目团队,是指通过提高个人与团队的工作能力来改变项目绩效。对于项目经理来说,团队建设技能是他们经常遇到的一个挑战。这个过程的关键输出是团队绩效评价和组织环境因素的更新。

(4) 管理项目团队,是指通过跟踪团队成员的表现、激励团队成员、及时提供反馈、解决问题和冲突、协调变化等一系列措施来优化项目绩效。这个过程的关键输出是组织环境因素的更新、组织过程资产的更新、变更请求以及项目管理计划的更新。

4.5   制订人力资源计划

制订项目的人力资源计划,需要识别和记录项目角色、责任和汇报关系。人力资源计划通常包括制定项目组织结构图,详细描述项目角色、责任及人员配置计划等信息。

4.5.1   项目组织结构图

项目本身就意味着项目团队成员可能会具有不同的背景和拥有多样的工作技巧,管理这样由形形色色人员组成的团队是非常困难的,而拥有一个清晰、明确的项目组织结构非常重要。在识别出重要的技能和为项目配置好所需的各种人员后,项目经理应该和高层管理、项目团队成员一起制定项目的组织结构图。图 4-10 给出了一个大型 IT 项目的组织结构图的例子。可以注意到,项目人员包括一名项目副经理、一些子项目经理和团队成员。其中,项目副经理在项目经理离开期间接替其工作或者在项目经理需要时提供支持工作,子项目经理负责管理从大型项目中分解出来的子项目。需要说明的是,在众多员工参与项目的情况下,清楚的规定和明确的项目分工是必不可少的。规模较小的项目通常不会配备项目副经理和子项目经理,由小组领导人员直接向项目经理汇报。

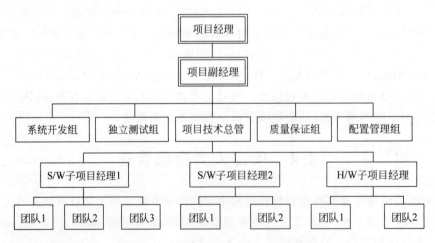

图 4-10   某大型 IT 项目的组织结构图

除了为项目制定组织结构图以外,工作的分解与分配同等重要。图 4-11 示出了一个分解与分配工作的主要步骤。

工作的分解与分配应在项目提出和启动阶段予以完成。值得注意的是,这个过程是反复进行的,就是说它不能一蹴而就。通常,需求建议书(request for proposal,RFP)或者

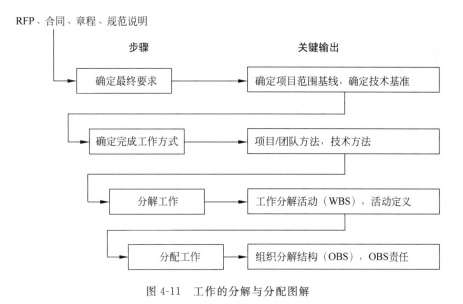

图 4-11　工作的分解与分配图解

起草的合同为定义和确定工作要求提供了基础,这些会写进最终的合同并作为技术基准。如果没有需求建议书,则由内部项目章程和规范说明书来为定义和确定工作要求提供基础。

一旦项目经理和他的项目团队将工作分解成可管理的单元,就可以把工作分配给非下属的单位。项目经理通常把工作适合在哪个组织完成当成工作分配的依据,并且利用一个组织分解结构图来概括这一过程。组织分解结构(organizational breakdown structure,OBS)是显示组织中各团队单位所负责的项目工作的一种特殊的组织结构图。工作分解结构可以建立在整体组织结构图的基础上,然后在公司部门的特定单位或分包公司的单位基础上再进行细分。

4.5.2　责任分配矩阵

在构建完一个组织分解结构后,项目经理会把精力转移到建立一个责任分配矩阵上来。责任分配矩阵(responsibility assignment matrix,RAM)是用矩阵表格形式表示工作分解结构中的工作细目,以及组织分解结构的工作绩效所对应的个人责任。图 4-12 所示为一个责任分配矩阵的例子。责任分配矩阵是根据要求的细致程度把工作分配到相关的责任和执行组织、团队或者个人。对于小型项目来说,将工作分解结构的活动分配到个人的做法更有效;而对于超大型项目来说,更有效的做法是把工作分配到组织的单位或团队之中。

责任分配矩阵除了可以用来分配细分的工作活动外,还可以用于定义项目的通用角色和责任,这种责任分配矩阵包括了项目利益相关者这一角色。图 4-13 显示出了项目利益相关者是负责人还是项目的参与者,是否需要他们投入、审核项目,还是只参与项目的部分活动。RAM 是一个简单而有效的工具,能帮助项目经理传达项目重要利益相关者关于项目的角色与期望的信息。

WBS活动 →

OBS单元 ↓

	1.1.1	1.1.2	1.1.3	1.1.4	1.1.5	1.1.6	1.1.7	1.1.8
系统工程	R	R P					R	
软件开发			R P					
硬件开发				R P				
测试工程	P							
质量保证					R P			
配置管理						R P		
集成物流支持							P	
培训								R P

注：R=责任组织　　P=执行组织

图 4-12　责任分配矩阵结构

利益相关者

事项	A	B	C	D	E
单位测试	S	A	I	I	R
集成测试	S	P	A	I	R
系统测试	S	P	A	I	R
客户可接受性测试	S	P	I	A	R

注：A=负责人 P=参与者 R=需审核 I=需投入 S=需签署同意

图 4-13　显示利益相关者角色的责任分配矩阵

而一些组织则利用 RACI 图来表达项目所有利益相关者的角色。其中，R 为 responsibility(职责)的缩写，主要表征负责执行任务的角色；A 为 accountability(负责)的缩写，主要表征签署或有权签署任务的角色；C 为 consultation(咨询)的缩写，主要表征为任务提供咨询或建议的角色；I 为 informed(知情)的缩写，主要表征即时被告知任务动态结果的人。该模型以项目的任务为竖轴，以个人或团队为横轴，每个交叉单元包含一个 R、A、C 或 I，每个任务可以同时填入多个 R、C 或 I，但只能填一个 A，用来明确每项任务该由哪个人或哪个团体负责(见表 4-5)。

表 4-5　RACI 模型示意

事　　项	A 组	B 组	C 组	D 组	E 组
测试计划	R	A	C	C	I
单位测试	C	I	R	A	I
集成测试	C	R	I	C	C
系统测试	I	C	A	I	R
客户可接受性测试	A	I	C	R	C

4.5.3　人员配置管理计划

人员配置管理(staffing management)计划描述了人员在什么时候、以什么方式进入和离开项目团队,这通常是项目人力资源管理计划的一部分。它的细致程度取决于项目的性质。例如,如果一个 IT 项目计划平均一年需要 100 名员工,人员配置管理计划就会清楚列出项目所需要的各种工作人员,如 Java 程序员、商业分析师、技术编辑等,还会列出每个月需要每种工作人员的数量,以及规定如何获得、培训、奖励这些人员,乃至完成项目后如何重新分配工作等。

人员配置管理计划通常包含一个表示项目进行过程中每个阶段分配的资源数量的资源柱状图(resource histogram)。图 4-14 所示为一个工期为 6 个月的 IT 项目可能用到的柱状图。

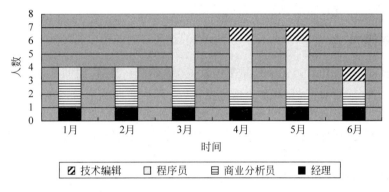

图 4-14　资源柱状图

如上图所示,柱状代表每一个领域——经理、商业分析师、程序员和技术编辑——所需要的员工数量,通过叠加方柱就能得出每个月所需的员工总数。项目经理在确定项目的具体人员需求后,下一步工作就是获得所需人员,组建项目团队。

4.6　组建项目团队

4.6.1　资源分配

在完成人员配置管理计划后,项目经理会与组织内的其他相关人员一起分配合适的员工进入项目,或者增添额外的人员以满足项目的人员需求。影响力广泛、谈判技巧一流的项目经理擅长于让内部员工参与到项目中。然而,组织必须确保分配到项目中的员工符合他们的技能和组织的需求。

一个在员工组建方面做得出色的组织必然有一份好的人员配置计划。这份计划描述了组织目前拥有的各类人员及其数量,以及基于当前和即将开展的项目活动所需要的人员类型和数量。由此,制作一个完整、准确的员工技能详细目录是人员配置计划的一个重要组成部分。如果目前员工技能的组合和组织需求之间有错位,那么项目经理就要和高层管理者、人力资源经理和组织中的其他相关人员一起去处理人员配置和培训的需求问题。

同时,制订一个完善的,包括招募承包商和新员工的步骤、程序的计划,也十分重要。

因为人力资源部门负责招收员工,项目经理需要与人力资源经理共同解决在招聘合适人员过程中出现的问题,要优先解决人员保留的问题。

此外,为了更好地雇用和保留合适的员工,一种颇具创新性的方法是鼓励现有员工帮助招聘和保留员工。例如,一些咨询公司请员工帮助公司招聘新员工,这些新员工每工作1小时,公司就向帮助招入这个新员工的老员工支付1美元。这种方法可以促使现有员工帮助吸收新员工,也为保留这些现有员工和新员工提供了动力。另外一种方法是,一些公司通过提供满足个人需求的福利去吸引和保留专业人员,例如一些员工希望每周工作4天或者选择在家工作几天。鉴于目前招到好的、合适的专业人员越来越困难,组织在处理这个问题方面已变得更有创造力且更具前瞻性。

4.6.2　资源监管

判断项目经理成功与否的一个重要方法是,他如何在绩效、时间和成本三者之间找到恰当的平衡点。一般而言,突发紧急情况发生时,在不增加或稍微增加成本的前提下,项目经理有可能会为项目投入额外资源——例如额外的人员配置。项目经理的目标就是在不增加开支、不延长时间的情况下达成项目目标,而实现这个目标的关键是有效地管理项目的人力资源。

一旦将员工分配到项目中,项目经理就可以采用两种最有效的利用项目人员的方法,即资源负荷和资源平衡。

资源负荷是指在特定时期所需要人员的数量。资源负荷能帮助项目经理总体上了解项目所需的企业资源和对个人的时间要求。项目经理经常使用图 4-14 所示的资源柱状图来描绘资源负荷在每个时期的不同变化,资源柱状图在确定人员配置要求或者判断人员配置问题上可发挥很大的作用。同样,资源柱状图亦能表示什么时候一部分人或整个团队的工作超出了预计。

资源平衡是通过推迟任务来化解资源冲突的一种方法,它也是一种网络分析形式,其目的是使得项目达到一种更平稳地分配和使用资源的状态。其中,资源过载是一种资源冲突的类型,它的出现表明在给定时间分配给工作的资源超出了可支配资源。如果有某种资源过载了,项目经理可以修改进度表来消除资源过载分配的情况。如果部分资源未能充分利用,则可以相应地修改进度表来增加资源的利用率。资源平衡的目标是通过在允许松动的情况下调整任务,把每个时期的资源负荷变化降到最低。

图 4-15 示出了一个简单的资源平衡例子。图上方的网络图表示活动 A、B、C 可以同时启动。活动 A 持续 2 天,需要 2 个人去完成;活动 B 的工期为 5 天,需要 4 个人来完成;活动 C 为期 3 天,需要 3 个人来完成。图左下方的柱状图,显示 3 个活动同时启动所形成的资源利用率;图右下方的柱状图,则表示活动 C 在最大限度地推迟 2 天时的资源利用率。需要说明的是,最理想状态是让柱状图(右下方)达到平缓或水平状态,也就是说应尽量让这些长方形(即活动)的面积最小(表示用最短的时间和最少的人员来完成这些活动),以求资源的最有效利用。

资源平衡有几个好处。首先是当资源更持续地得到使用时,它们只需要较少的管理。例如,管理一位在 3 个月中每周安排工作 20 小时的临时项目成员,比管理同一位一周安

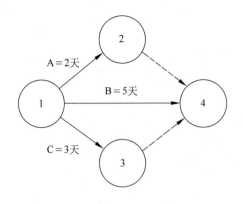

如图为有 A、B、C 三项活动及其时间估计的项目网络图。活动 A 有 2 天的松动时间，活动 C 有 3 天。假定活动 A、B 和 C 分别需要 2 个、4 个和 3 个工人

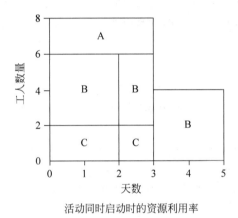

活动同时启动时的资源利用率

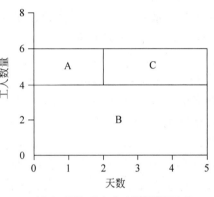

活动 C 延迟 2 天启动时的资源利用率

图 4-15　资源平衡示例

排工作 10 小时的人要容易，依此类推。

其次，资源平衡使项目经理在利用承包商或者其他昂贵的资源时，可以使用 JIT 库存管理模式。例如，项目经理也许会想平衡与某工作相关的资源，这项工作必须由特别的承包商或者测试顾问来完成。这种平衡可能允许项目利用 4 名外部顾问全职去做 4 个月的测试，而不是用更多的时间、更多的人手来分解工作，通常后者代价更高。当然，资源紧张时可通过赶工和快速跟进来加快项目进度。

再次，资源平衡还能减少项目人事和会计部门的问题。增加或减少劳动力和特殊人力资源通常会产生额外的工作并造成混乱。

最后，资源平衡会提高员工士气。员工喜欢稳定的工作。如果员工不知道每周甚至每天他们要做什么项目，要跟谁一起工作，他们便会感到紧张和不安。

4.7　建设项目团队

即使项目经理为项目成功地招募到了足够的人才，他也必须保证这些人能像一个团队那样一起工作，实现项目目标。团队建设的主要目的是帮助员工更有效地一起工作，以改善项目绩效。

4.7.1　团队建设活动

大多数企业都会开展一些内部团队建设活动,也会聘请外部培训公司提供更为专业的服务,以增强凝聚力。其中,两种常见的团队建设活动方法是体能挑战和心理偏好测试。

一些企业会通过开展具有一定体能挑战的活动来建设团队,并采用类似军事训练的方法,把团队成员送到特定的地方,让他们通过合作来克服攀山涉水的困难或参加攀岩训练等。调查发现,体能挑战可以帮助彼此陌生的团队成员更有效地在一起工作,但也可能会导致机能失调的团队变得更加糟糕。

一些企业则让团队成员参加心理方面的团队建设活动,让他们从中了解自己、了解他人和学习怎样最有效地开展团队建设工作,且主要采用 MBTI 职业性格测试、社交风格测试和 DISC 测试等方法展开。

1. MBTI 职业性格测试

MBTI 职业性格测试(myers-briggs type indicator,MBTI)是一种广泛用于分析个人性格倾向的工具,它是基于心理专家卡尔·荣格(Carl Jung)的心理类型理论发展起来的职业性格测试,由 4 个维度构成,如下所示。

(1)外向 E-内向 I　测试一个人是外向的还是内向的,外向的人把精力投放在外部世界,内向的人则较为关注自己的内心世界。

(2)实感 S-直觉 N　与一个人收集信息的类型有关,感觉型的人注重事实、细节和真实性,把自我描述为务实的人;而直觉型的人大多数想象力丰富而且善于创造,看重预感或直觉,他们把自己形容为创新的、概念型的人。

(3)思维 T-情感 F　代表思维与情感的判断,思维型的人很富有理性或逻辑性,而情感型的人比较主观和自我。

(4)判断 J-知觉 P　涉及人对结构的态度,判断型的人喜欢确定性和任务的完整性,他们倾向于定下限期,并且认真地完成目标,同时希望其他人也这么做;知觉型的人则喜欢保持开放性和灵活性,他们更多地把限期当作一个开始的标志而不是项目的结束,并且丝毫不赞同工作第一、休闲第二的原则。

项目经理可以根据团队成员的 MBTI 类型来调整他们的管理风格,以适应每个人的特点。例如,如果项目经理是一个相信直觉的人,而他的一个成员是注重感觉的人,那么在讨论个人目标和工作的时候,项目经理就应该花更多的时间来向成员做出具体详细的解释。同时也应确保他的团队中有各种性格类型的人,例如,如果团队成员都是内向型的,那么他们很难愉快地与外向的用户或重要的项目利益相关者一起工作。

2. 社交风格测试

社交风格测试可用于了解团队成员的行为风格,感知他们如何与别人相互交往、相互影响。根据各自行为的不同划分为 4 种相似的行为类型或区域。

(1)驾驭型　具有预见性,以任务为导向。他们脚踏实地,为成功而奋斗。可以用上进、严格、强硬、控制欲强、苛刻、意志坚强、独立自主、实事求是、果断、高效等词语来形容他们。

（2）表现型　富于预见性，以人际关系为中心。他们以未来为导向，利用他们的直觉去观察周围世界的新鲜事物。可以用控制欲强、容易兴奋、不守纪律、反应快、任性、有野心、激励、乖僻、狂热、戏剧性、友好来形容这些人。

（3）分析型　反应灵敏，以任务为中心。他们以过去为导向，思考深刻。可用严谨、优柔寡断、乏味、挑剔、爱说教、刻苦、固执、严肃、整齐有序来形容他们。

（4）平易型　反应灵敏，且以人际关系为导向。他们的时间安排非常依赖于他们与谁工作，而且他们很珍惜人际关系。可用下述这些词来形容他们：守纪律、不确定、善于讨好、依赖、笨拙、支持性的、受尊重、乐意、可信赖的和令人愉快。

图 4-16 示出了上述 4 种社交风格，以及它们与判断性和感应性之间的相互联系。

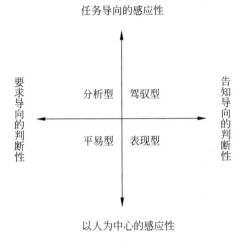

图 4-16　社交风格模型示意

需要说明的是，对社交风格关系起主要决定作用的是一个人的判断性水平（他更喜欢告诉别人做什么，还是要求他们该做什么）和怎样响应任务的要求（是把重点放在任务本身，还是执行任务的人身上）。

熟悉项目利益相关者的行为风格能够使项目经理明白，为什么某些员工一起工作总是出现问题。例如，驾驭型的人在跟平易型的人一起工作时会非常着急，而分析型的人与表现型的人在一起又会产生沟通理解上的困难。

3．DISC 测试

和社交风格测试相似，DISC 测试也是一个四维度的行为模型，由支配（dominance）、影响（influence）、稳健（steadiness）和服从（compliance）构成，用来反映在特定情况下人们的行为倾向。例如，它能反映出在压力下、冲突中、沟通时或在逃避一些活动时人们的行为反应。根据网站 www.onlinediscprofile.com 的数据显示，全世界超过 500 万人已经参加了各种形式的 DISC 测试。

图 4-17 示出了 DISC 测试模型的 4 个维度，以及每个维度的关键特征。注意每个维度用不同的颜色和重点联系起来，如我、我们、你或者他。

他		我	
服　从		支　配	
数据驱动、风险规避、忧虑、单独工作、倾向过程和程序、不擅长沟通和交际		直接、果断、自信、以结果为导向、竞争意识强、非凡自信、喜欢控制、好胜	
你		我们	
稳　健		影　响	
冷静、真诚、有同情心、合作、谨慎、避免冲突、擅长聆听、安于现状		容易说服、乐观直率、表达清晰、狂热、全力取胜、适应性领导	

图 4-17　DISC 测试模型

4.7.2　设立奖励表彰制度

另外一种促进团队开发的方法是利用基于团队的奖励表彰制度。如果管理层鼓励团队协作,他们会提升或者强化员工在团队中的工作热情。一些企业为成功实现公司或者项目目标的团队提供奖金、津贴或者其他形式的奖励。在立项过程中,项目经理要能识别和奖励那些愿意加班加点去完成有难度的进度目标,或者帮助队友的人;而不应该奖励那些为了获取加班费,或者因为自己差劲的工作或计划,而加班工作的人。

项目经理必须持续进行团队绩效的评估。当发现个人或者整个团队还有改进的地方时,他们有责任找出最好的方法,去开发他们的员工,并提高绩效。

此外,项目经理通常会组织或鼓励成员参加一些特殊的培训课程,以促进个人和团队的发展,毕竟培训现有雇员比雇用已经懂得这些技能的新员工更经济。同时应注意兼顾培训内容和他们工作的相关性,使得参加者会在他们的工作安排中实践他们在培训中学到的新的概念和技巧。

4.8　管理项目团队

除了建设项目团队外,项目经理还必须领导团队成员完成各种项目活动,这需要项目经理使用他们的软技能去找到激励和管理每个团队成员的最佳方法。

4.8.1　管理项目团队的常见工具或方法

1. 观察和交谈

如果项目经理看不到团队成员存在的问题,就难以准确地评价自己的团队成员的工作表现,或者了解他们对工作的感觉。许多项目经理喜欢不动声色地观其行、听其言,以"走动管理"的方式来管理下属。项目经理与员工们就项目进行情况进行正式或非正式的谈话,就能从中得到一些重要的信息。而对于虚拟团队的员工,可以通过 E-mail、电话或视频等方式来观察虚拟员工,与其讨论工作或个人问题。

2. 项目绩效评价

项目经理应为员工们做项目绩效的评估,而项目绩效评估的需要和类型根据项目时间长度、项目复杂度、组织方针、合同要求以及相关沟通的不同而有所区别。对于项目经理来说,即使没有为员工做出正式的项目绩效评级,及时地做出绩效反馈也同样相当重要。如果团队成员粗心大意、耽误工作,项目经理就应该找出这种行为的原因,然后采取恰当的行动。也许该团队成员近期有亲人逝世而不能集中精力工作,抑或他已经打算离开项目了,员工行为的理由会很大程度上影响项目经理的行动取向。

3. 冲突管理

几乎没有一个项目能在没有冲突的情况下完成,在项目中,除了某些类型的冲突是合理存在的,大部分都是不合理的冲突。对于项目经理来说,最重要的是了解化解冲突的策略,并且积极、主动地管理冲突。

4. 问题日志

许多项目经理会坚持写一份问题日志来记录、监测和跟进一些需要解决的问题,以便团队成员能更有效地开展工作。问题的明细包括员工在哪个问题上产生了不同的意见,需要详细澄清或进一步调查的情况,或者是需要记录下来的紧要事情。重要的是,必须意识到哪些问题会挫伤团队的表现,并采取解决措施。项目经理应选派员工去解决每个问题,并且要确定一个解决的限期。

4.8.2　管理项目团队的一般性建议

团队管理领域的著名作家和顾问帕特里克·兰西奥尼(Patrick Lencioni)说过:"团队协作能激活团队未被开发的竞争优势……团队协作精神只会出现在成功的组织当中,而不会在失败的组织里出现。"团队的五种主要机能障碍是缺乏信任、害怕冲突、缺乏承诺、逃避责任和漠视成果。兰西奥尼在他的著作中曾提出了克服这五种功能障碍的方法。例如,他建议团队成员做一份前文提过的 MBTI 职业性格测试,来帮助员工加强相互了解、建立互信;团队通过热情地、畅所欲言地讨论一些重要问题来控制冲突;为了实现承诺,他强调先找出所有可能的想法,让大家求同存异,但最后要服从决定;而在增强责任心方面,兰西奥尼强调的则是明确和关注每个人的首要任务;对于员工来说,同事的竞争压力和鼓励比上级的施压更易激发员工的积极性;最后则是把团队的成果写在记分板上,以消除分歧,使得每个人都知道如何去实现积极的目标。

其他一些有助于提高团队工作效益的具体建议如下:

(1) 耐心、友善地对待自己的团队,想着他们是最好的员工,而不是又懒又粗心的人。

(2) 解决实际问题而不是一味地责备下属,言传身教地帮助他们解决问题。

(3) 定期召开有效的会议,注重如何完成项目目标和得到正面的成果。

(4) 允许团队成员用一段时间来完成基本的团队建设工作,包括组队、震荡、规范、行动和解体等阶段,不要妄想团队一组建就能马上高效地工作。

(5) 把团队人数限制为 3～7 人。

(6) 策划一些社交联谊活动来促进项目团队成员和其他项目利益相关者的相互了解。

(7) 强调团队的认同性,订立一些团队成员喜欢的惯例。

(8) 培养团队成员,鼓励团队成员之间相互帮助的风气;选择和提供一些培训,帮助个人和团队变得更加有效。

(9) 肯定个人和团队所取得的成绩。

（10）创造机会与虚拟员工一起工作，有条件的话，在启动虚拟项目或者介绍一个虚拟团队的成员时，召开一个现场会议或者视频会议，仔细地筛选员工，确保他们在虚拟环境下能够有效地开展工作，并且要清楚说明虚拟团队成员之间的沟通方式。

正如我们能想到的，团队建设和管理是项目成败的关键因素，项目经理要能够创造一个适合个人和团队成功、发展的工作环境。

4.9 案例讨论

【案例 4-1】

2004 年，怀特制造公司意识到了在制造部门实施项目管理的必要性，于是便成立了一个由 3 名成员组成的项目管理小组。虽然组织结构图上（见图 4-18）显示该小组向制造运作经理汇报，但实际上它对副总裁负责，并有权整合所有部门的工作。过去，副总裁一直由制造运作经理汇报，制造运作工作则由来自制造工程部的前任制造经理指挥。

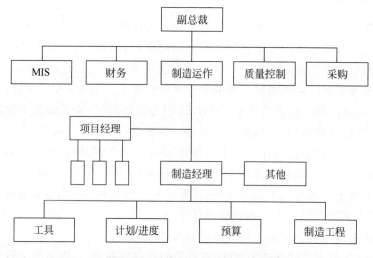

图 4-18 怀特制造公司组织结构

2007 年，制造经理在制造部门建立了矩阵型组织结构，由制造工程师担任部门的项目经理。由于可以从一个地方获得所有的信息，因此这种结构对制造经理和部门项目经理都有好处。工作进行得非常顺畅。

2008 年 1 月，制造经理辞去了本应 3 个月后才到期的职务，所以制造工程部的经理认为应该由他去填补这个空缺。但是在 2 月，副总裁宣布这个位置将从外部聘用人员来担任。他还说将进行一次组织结构重组，3 位项目经理将向制造经理汇报。当 3 位项目经理来到制造运作经理面前时，他说："我们已经高薪聘请了一名新经理。为了证实他的能力，我们会给他更多的职责。"

2008 年 3 月，新经理就位，并发表了两点声明：

（1）没有他的允许，项目经理不得擅自做主。

（2）取消部门的矩阵型组织结构，部门经理负责所有事务的整合。

问题：

（1）对于新任部门经理的举动，你有什么看法？

（2）如果你是项目经理，你会怎么办？

【案例 4-2】

想象一下在个人计算机市场垄断技术的价值，对于一个企业来说，5 年的技术优势意味着什么？简单地说，它意味着上百万美元的收益、稳固的市场地位、稳定的未来收入等。然而对于施乐公司来说，在它成为行业领导者的道路上却发生了一些奇怪的事情。1970 年，施乐公司在办公室自动化上的巨大飞跃为其带来了独一无二的地位优势，但是由于在战略上目光短浅、缺乏勇气、结构不合理和错误的选择，导致它最终失去了该优势。这是有关施乐公司研制世界上第一台个人计算机 Alto 的故事，同时也是世界商业史上有名的"假如……将会怎样"的故事。

与其说 Alto 向前迈出了一步，还不如说它是一次技术的飞跃。它是第一个综合了菜单屏幕、图符、鼠标、以太网连接、激光打印、字处理软件的独立的个人计算机，于 1973 年年底诞生并运行。它综合了施乐帕洛阿尔托研究中心（PARC）多位计算机科学天才的成果。Alto 令人激动之处在于它的创新吸引力。这是施乐的最高管理层命令要"来个本垒打"时，PARC 所给出的成果。施乐公司在这之前已经在类似的一次"本垒打"中盈利，那次是 Model 914 复印机，这一技术创新推动了施乐在 1960—1969 年成为一个拥有上十亿美元资产的公司，而 Alto 是一个相似的成就。

既然如此，究竟是什么地方出问题了？是什么导致 Alto 的生产产量不超过 2 000 台并且没有一台投入市场（它们只是被用在公司内部或者一些大学里）？答案可以从施乐公司糊涂的策略中找到，他们认为当 Alto 还在发展阶段的时候，应该将重点继续放在施乐复印机的经营上。施乐公司在这段时间的历史，显示了其从技术领导者的地位到渐进主义的转变，转变后的施乐仅仅满足于在办公自动化方面追随 IBM 的领导地位。（渐进主义是指采用渐进的方法，这种方法比较安全，可以避免技术上的飞跃和大的风险，并且能保证有较大的收益。）1974 年施乐公司决定将 Model 800 磁带字处理器而非 Alto 投入市场，因为 Model 800 被认为是更安全可靠的选择。接下来的 5 年，一系列不合时宜的诉讼、改革又使 Alto 没有得到关注。哪些部门负责 Alto 的开发和生产？通常谁的预算会支持 Alto 和 PARC？丢下这些重要的决定没有处理，施乐浪费了宝贵的时间和技术优势。甚至当很明显的迹象表明其竞争对手 Wang 准备推出自己的办公系统时，施乐依然没有采取行动将 Alto 投入市场。直到 1979 年，它唯一的机会也失去了，Alto 不再是一项唯一的技术了，公司只好终止了所有关于其商业介绍的计划。

最终具有讽刺意味的是，一个以自己第一次成功创新的产品（Model 914 复印机）命名的公司，竟然在第二次创新到来时，不知道如何处理这次机遇。简单来说，Alto 真是太先进了，以至于似乎无法预测它可能带来的机遇。主管人员的策略重心没有一款是继续创新。相反，他们只知道在竞争中采取渐进的方法，那就是，当 IBM 推出一款新的电子打印机时，他们也跟着做。施乐的组织结构阻碍了任何一个部门或关键管理人员成长为

Alto 的发起人。

1979 年,苹果公司的总裁乔布斯(Steven Jobs)在参观 PARC 时发现了正在使用中的 Alto。Alto 的特征和运行能力给他留下了深刻的印象,当他问到 Alto 什么时候会投入商业生产时,却被告知 Alto 的许多技术在 1973 年就已经开发了。用乔布斯自己的话说,当想到施乐所浪费的机遇时,他感到全身都不舒服。

问题:

(1) 施乐投入百万美元来支持像 PARC 这样的研究机构,然后又拒绝在商业上推出其成果,其逻辑上的矛盾是什么?

(2) 在支持或者反对开发像 Alto 这样非常新的技术时,施乐的战略愿景起到了什么样的作用?

(3) 在 Alto 准备推出的时候,一些不可预见的事件联合起来,它们如何使施乐的管理层不愿再冒新的风险?

(4) "如果我们想在商业上取得成功,创新就不能太激进。"你是支持还是反对以上说法?

第 5 章

项目管理中的沟通

5.1　项目沟通管理概述

许多专家都认为,对任何项目,尤其是相对复杂的项目来说,最大的问题就是沟通失败。类似不确定的范围或不切实际的时间计划等出现在其他一些项目管理知识领域中的问题均是由沟通引起的。项目经理们及他们的团队要像高层管理者那样,优先考虑如何进行良好的沟通,特别是与关键的项目利益相关者之间的沟通。

泛泛地谈论沟通的重要性没有太大意义,我们来关注某一领域的项目——IT 项目。信息技术的飞速发展,为人们带来了许多技术性的专业术语,可作为用户的大多数业务专家和初级管理者对其并不是很精通,而当他们被迫和计算机专家进行沟通时,这些复杂术语让人困惑和不安。尽管如今大部分人都在使用计算机,但使用者和开发者之间的差距随着技术的进步反而变得越来越大。当然不能说每位计算机专家都不善于沟通,不过任何领域中的大多数人都还是需要提高自身的沟通技巧的。同时,大部分 IT 专业类的本科生、研究生教育普遍更重视提高学生们的技术能力,而非沟通和社交能力,很多 IT 相关的课程都有许多技术要求,而很少在沟通(包括听、说、写)、心理、社交、人性等方面有所要求,人们总是觉得上述这些软技能是很容易自己学会的,但实际上这些都是需要去学习和开发的重要技能。许多研究都已表明,IT 专家对这些软技能的需要程度有时更甚于其他技术。毕竟从事 IT 项目时,一个人是不能将信息技术专业技能和软技能完全分开的,为了让项目顺利进行,项目团队的每名成员都需要掌握这两方面的技能,并在正式学习和工作实践中不断地进行技能开发。

有一篇关于沟通对于信息技术专家重要性的文章,文章中阐述了以下内容:

"基于这次研究的结果,我们可得出一些大概的结论。首先,很明显的是,信息系统专家要进行许多口头交流活动,非正式、简短,一次面对一小部分人。其次,我们可以推测,这些交流中大部分确实是口头交流,但有时还需要用到黑板、讲义或计算机输出的笔记、图标。再次,人们显然都希望对方能在对话中仔细倾听,并对谈到的问题给出恰当的反应。最后,所有信息系统专家都必须清楚地了解到,他不仅是为了在现有位置上取得成功,还是为了能适应更高的职位。一般来说,随着我们的受访者在信息系统职业生涯中职位的升迁,他们都认为职位越高,口头表达能力就越重要,甚至可以说它是职场提升的关键因素。"

在后续的研究中,受访者再次表示非技术技能是 IT 专业人士最重要的技能,甚至对刚入门的工作人员也是如此:

> "这项调查肯定了之前得到的结论——非技术技能是最重要的技能,尤其是与个人特性和业务专长相关的非技术技能。这些软技能对于 IT 职位而言都是基础性的重要技能,拥有这些技能,IT 专业人士会在未来的职业生涯中不断提高学习能力和工作效率。话虽如此,尽管公司在某种程度上是独立的(不同的岗位和机构需要工作人员具备不同的技术能力),但技术能力仍是非常重要的。新雇员如果具备技术技能,那么他所需的培训量就会减少,具备技术技能的初级工作人员能够马上投入到生产当中。"

上述研究结论绝非某一类型项目所特有的,而是具有一定通用性的,本章中我们将关注项目沟通管理的关键点,并针对沟通改进提出建议。

项目沟通管理的主要目标是确保适时而恰当地产生、收集、发布、储存和处置项目信息,以及合理地进行项目信息沟通而开展的管理工作,主要包括 5 个过程。

(1) 识别利益相关者。识别项目所涉及和影响的人,并且确定与他们相处的最好方法。这个过程的主要输出是利益相关者登记册和利益相关者管理策略。

(2) 规划沟通。确定利益相关者所需的信息及进行沟通,以便了解:谁需要信息,需要什么样的信息,在何时需要,怎样传送信息。该过程的输出包括沟通管理计划和项目文件更新。

(3) 发布信息。使项目利益相关者及时获得所需信息。该过程的主要输出是组织过程资产更新。组织过程资产是在特定的组织中帮助人们理解、学习和提高业务处理能力的一系列正式和非正式的计划、政策、程序、指导方针、信息系统、财务系统、管理系统、习得经验和历史信息。

(4) 管理利益相关者期望。通过管理沟通来满足工程利益相关者的需求和期望并解决问题。该过程的输出是组织过程资产更新、变更申请、项目管理计划更新及工程文件更新。

(5) 报告绩效。收集并发布绩效信息,包括:状况报告、进度测量和预测。该过程的输出是绩效报告、组织过程资产更新和变更申请。

5.2　识别利益相关者

前面我们已经提到过项目的利益相关者,利益相关者就是项目活动涉及或影响的人员,包括项目发起人、项目团队、客服人员、客户、用户、供应商,甚至是项目的反对者。同样,回顾一下项目管理的最终目标是满足利益相关者从项目中获得的需求和期望。为了达到这一目的,必须首先确定谁是项目的利益相关者。有些利益相关者十分明显,易被确认,但是其他的利益相关者可能较难被确认。例如,组织外的一些竞争者,甚至组织内没有项目管理知识但反对项目开展的竞争者也可能是利益相关者。在项目进行过程中,由于人员流动、合作关系的变化等原因,利益相关者也可能发生变化。

记录利益相关者基本信息的简单方法是创建一个利益相关者登记册（stakeholder register），即包含已被确认的项目利益相关者详情的公共文件。这些详情包括项目干系人的名字、职位，是否是组织成员，其在项目中的角色和联系方法等，同时还包括项目干系人的要求和期望。由于该文件是向公共或项目团队之外的人公开的，因此项目经理要注意文件内不能包含任何敏感信息，例如利益相关者对项目的支持程度。

利益相关者管理策略（stakeholder manager strategy）是一直在整个项目过程中加强利益相关者对项目支持度的方法，它包括利益相关者的名字、他们在项目中的角色/利益水平/影响力以及为获取一个特定利益相关者的支持或降低其阻碍的潜在管理策略等。因为这类信息很敏感，所以应保密。有些项目经理甚至不会将这样的信息写入利益相关者管理策略，但是由于利益相关者的管理是其工作的重要组成部分，因此他们一定会对敏感信息加以考虑。

表 5-1 示出了一个利益相关者管理策略的部分样例，该样例也包含利益相关者记录单的条款，诸如利益相关者的职务、是否是组织成员。

表 5-1　利益相关者管理策略示例

姓　　名	职　　位	内部/外部	利益关联度	影响度	潜在管理策略
约翰·亨茨	下属项目经理	内	高	高	约翰工作出色，但是其粗暴的工作方式常常令其他的管理人员感到厌烦，对他应进行管束并提醒他是大项目中的一分子
卡洛琳·莫里斯	老板，电信公司副总裁	内	高	高	卡洛琳是公司第一位女性副总裁，喜欢证明自身价值，关键事务必通知她，不要让她觉得惊讶
苏班·唐吉	俄勒冈州部门主管	外	低	高	苏班负责众多州内事务，例如光纤安装线路的批准权。在他的职责之内，能做的事情有很多，但是他貌似不关注我们的项目。安排一个和他的简短特别会议以提升项目的可见性并可与之讨论关键事项
汤姆·摩根	电信公司大客户协会的 CEO	外	中	高	汤姆是我们这个项目的发起人之一，立即给他递送所有项目的进展情况以便有效利用他的时间

5.3　沟　通　规　划

由于沟通对项目来说是非常重要的，所以我们认为每个项目都应包括一份沟通管理计划（communications management plan），它是一份可以指导项目沟通的文档。这份计划应该成为整个项目管理计划的一部分，同时应随项目的需求而变化，但有些书面类型的计划应该总是准备好的，沟通管理计划可能作为团体合同的一部分。对于大型工程来说，沟通管理计划应该是一个独立的文件。沟通管理计划应该解决如下问题：

（1）项目利益相关者的沟通需求；

（2）需要沟通的信息，包括格式、内容、细致的程度；

（3）谁会收到这些信息，以及谁会产生这些信息；

（4）传达信息的推荐方式或技术；

（5）沟通频率；

（6）为解决问题所需要的向上提报程序；

（7）更新沟通管理计划的再版程序；

（8）常用术语表。

了解哪些信息将分配给哪些项目利益相关者是至关重要的。通过分析利益相关者的沟通问题，我们可以避免在生成或分发不必要的信息时造成的时间或金钱的浪费。项目的组织结构图是确认内部利益相关者的起点，此外还必须把组织外部的关键利益相关者也包括起来，如顾客、顾客的高层主管和子承包商。

表 5-2 提供了一个项目利益相关者沟通分析的局部示例，它展示了针对哪些利益相关者应该进行哪些形式的沟通。值得注意的是，这些利益相关者沟通分析中应包括以下信息：信息相关人、信息产生时间、信息的最佳形式。我们可以构建一个简单的表格，来表示哪些利益相关者应参与哪些项目会议，还应将注释部分包含在这些类型的表格中，来记录与每个利益相关者、文档、会议等相关的特殊因素或细节，这是一种很好的方式。让项目利益相关者评审并改进所有的利益相关者沟通分析，将有助于保证信息的正确性和有用性。

表 5-2　项目利益相关者沟通分析示例

项目利益相关者	文档名称	文档形式	相关人士	产生时间
客户管理层	每月状况报告	硬拷贝和会议	蒂娜·厄恩特 汤姆·席尔瓦	每月第一天
客户业务人员	每月状况报告	硬拷贝	朱莉·格兰特 谢尔盖·克里斯托瓦尔	每月第一天
客户技术人员	每月状况报告	电子邮件	丽·周 南希·迈克尔斯	每月第一天
内部管理层	每月状况报告	硬拷贝和会议	鲍勃·汤姆逊	每月第一天
内部业务和技术人员	每月状况报告	局域网	安吉·刘	每月第一天
培训分包商	培训计划	硬拷贝	乔纳森·克劳斯	11 月 1 日
软件分包商	软件实施计划	电子邮件	纳杰瓦·盖茨	6 月 1 日

注：将文档的题目和日期放在电子邮件开头，并回复确认收到报告。

很多项目在启动初期可能都没有沟通方面的初步信息。假设项目管理者、高层主管和项目团队成员使用现有的沟通渠道来回复项目信息就足够了。而使用现有沟通渠道产生的问题是，不同的利益相关者群体有着不同的沟通需要。制订某种形式的沟通管理计划并与项目的利益相关者一起尽早对其进行评审，可以预防和减少之后可能产生的沟通问题。如果组织要同时开展多个项目，那么在项目沟通中保持一致性可使组织运行更为顺利，尤其是对于多个项目组成的项目群，鉴于很多项目都会有相同的利益相关者，制订一份协调的沟通管理计划变得更为重要。

此外，必不可少的项目沟通内容可从工作分解结构（WBS）中找到。事实上，许多工作分解结构都包括了项目沟通的部分，以确保关键的报告信息能成为项目的可交付物。假如报告信息本身就是一项在工作分解机构中定义过的活动，那么对于清晰理解要报告的是什么项目信息、什么时候报告、如何报告、谁负责报告等就变得十分必要了。

5.4　信 息 发 布

让正确的人在正确的时间得到形式正确的项目信息，与生成信息一样重要。项目利益相关者的沟通分析为信息发布提供了良好的起点。项目经理及其团队成员除了必须决定谁接收什么信息外，还要决定分发信息的最佳方式，并思考这些问题：提供书面的项目信息报告是否已足够了？单独会面在分发项目信息中是否有效？会议和书面沟通对于得到项目信息是否都是必要的？向虚拟的团队成员分发信息的最佳方式是什么？

在项目的执行过程中，项目团队必须对信息发布进行重点考虑。人们经常通过改进沟通来提升业务过程。例如，他们可能修改策略或程序、信息系统或应用新技术，来改善信息的发布。项目经理必须与其团队一起决定分发信息的最佳方式，在信息发送方面需要着重考虑的因素包括技术的使用、正式和非正式的沟通和沟通的复杂度。

1. 使用技术来强化信息发布

合理地使用技术能使信息的分发过程变得容易一些。现在大多数人都依赖于电子邮件、即时聊天、网络、电话、手机和其他技术来进行沟通，通过使用内部项目管理信息系统也可以编制项目文档、会议备忘录和客户需求等，让这些信息变成电子的形式是一个很好的选择。还可以在本地软件中存储这些信息，或把它们发布到内联网、外联网或互联网上，当然前提是这些信息不是敏感信息。存储电子化的项目文档模板和样本能更容易地实现标准化，从而使信息发布过程更为容易。与此同时，制定多套备选程序也很重要，以便在正常沟通技术出现问题时使用。

2. 分发信息的正式与非正式方法

项目团队成员向团队主管和其他项目利益相关者上交状态报告，并认为需要这些信息的人真的得到了这些报告，这实际上是不够的！一些技术专家可能会觉得上交合适的状态报告就足够了，这是因为他们喜欢这种交流方式。此种方式偶尔也能成功，但多数人还是更习惯非正式的沟通。很多员工和管理者都不看重通过阅读技术文档的方式获得信息。因此，项目主管必须善于通过良好的沟通来培育人际关系。很多专家确信，好的项目主管和杰出的项目主管之间的差别就在于他们具备良好的培养人际关系和倾听的能力。

还要注意的是，不同的人对不同程度或类型的沟通的反应是不一样的。例如，有的项目发起人可能更喜欢边喝着咖啡边进行一周一次的非正式讨论，来保持对项目的了解。这时项目经理就必须了解这种情况，并好好利用这种特殊的沟通需求。这类项目发起人在这些非正式谈话中所给出的反馈会比在其他正式沟通中给出的反馈更好。非正式的谈话可以让这些项目发起人体验到自己在领导过程中扮演的角色，并为项目取得成功提供信息。通常来说简短的面谈比电子交流更为有效，特别是对于那些敏感信息。

3. 选择适当的交流媒介

表 5-3 示出了一家通信咨询公司提供的沟通交流媒介信息,系统描述了不同类型的沟通媒介是如何适应不同类型的沟通需要的,这些媒介包括硬拷贝、电话、语音信箱、电子邮件、会议、网络等。举例来说,如果我们尝试获取项目利益相关者的承诺,开会就是最合适的方式了。电话尚能勉强,但其他方式是不合适的(一般会选择面对面的会议,但网络会议也尚佳,因为与会人员可以看见彼此的面容,听见彼此说话)。在决定何时使用何种交流方式方面,项目经理必须满足组织、项目和个人的需要,他们还必须了解新技术是如何有助于加强交流与合作的。

表 5-3　媒介选择表

媒介用途	硬拷贝	电话	语音信箱	电子邮件	会议	网络
获取承诺	3	2	3	3	1	3
建立共识	3	2	3	3	1	3
调解冲突	3	2	3	3	1	3
消除误解	3	1	3	3	2	3
解决消极行为	3	2	3	2	1	3
表示支持/欣赏	1	2	2	1	2	3
鼓励创造性思维	2	3	3	1	3	3
表达讽刺观点	3	2	2	3	1	3
传递相关文献	1	3	3	3	3	2
增强威信	1	2	3	3	1	1
永久记录	1	3	3	1	3	3
维护机密	2	1	2	3	1	3
传递简单信息	3	1	1	1	2	3
信息询问	3	1	1	1	3	3
提出简单要求	3	1	1	1	3	3
综合介绍	3	3	2	2	1	2
向众人演讲	2	3	2	2	3	1

说明:1＝非常好;2＝尚可;3＝不合适。

4. 理解小组和个人的沟通需求

很多高层管理者都认为,对于落后于时间进度的项目,他们能做的也就是增加项目人数。不幸的是,这种尝试由于增加了沟通的复杂性而经常遇到更多的挫折。弗雷德里克·布鲁克斯在他自己的畅销书 *The Mythical Man-Month* 中清楚地阐述了这一观点:人是不可转换的,你不能假设一项计划由一个人用两个月时间完成的任务,会在一个月内由两个人完成。

如果想进一步理解人是不可互换的,就一定要了解个体的沟通偏好。正如前面章节中所说的,人都有不同的个人特质,而这会影响他们的沟通偏好。例如,我们想表扬一名项目团队成员做得不错时,应该想到,一个内向的人会更习惯私下的表扬,而外向的人则希望每个人都能听到对他的表扬。一个直觉型的人会想办法弄清楚某些东西是如何适应一个大的背景的,而一个感觉型的人则偏向于掌握更集中的、循序渐进的细节。一个强大的思维者会了解知识后面的逻辑,而一个注重情感的人则希望了解信息是如何影响自己和他人的。一个判断型的人即使在没有人提醒的情况下也会按时完成任务,而一个直觉型的人在开发和执行计划时需要得到更多的帮助。

很少有信息接收方能够完全理解信息发送方的原意,因此,提供多种沟通方式和一个开放的对话环境是很重要的。项目管理者和他们的团队要明确自己和其他项目利益相关者的沟通风格、偏好。例如,很多 IT 专家都有各式各样不同于一般人的个人特质,可能会更内向、更相信直觉或更适应思考(与感觉相反),这些个人特质会引起外向、听信感知、相信感觉等类型的人的误解。例如,由信息技术专家所写的用户指南可能不会提供多数使用者都需要的步骤,很多使用者更倾向于面对面的会谈来了解如何使用一个新系统,而非努力去弄明白一份晦涩的使用手册。

地理位置和文化背景同样也会影响项目交流的复杂度。如果项目利益相关者处于不同的国家,那么通常很难或根本不可能在正常的工作时间里为双方的沟通定好时间表;语言障碍也会引发沟通问题;同一个词汇在不同的语言里可能会有不同的含义;时间、日期和其他衡量单位也存在不同之处等。处于某些文化背景下的人偏爱的沟通方式可能会引起其他人的不适,例如,有些国家的管理者还不允许低等级的人或者妇女进行公开演讲,有些文化还会保留手写文档来约束承诺。另外一个比较典型的情况是,如果要在一个亚洲国家实施项目,那么来自美国的项目经理在批评当地下属时就必须十分小心,因为在东方文化中,丢面子是一个非常严重的问题;同样,假如你作为一名中国的项目经理到美国负责一个项目,和团队中的美国员工沟通时,你应该清楚地表达你的意见或者建议,而不是以他们难以理解的委婉方式。

5. 为交流坏消息搭建舞台

提供信息的语境是很重要的,尤其对坏消息而言。下面这位大学生写给她父母的一封信,就是一个提前透露坏消息但很有意思的例子。

亲爱的爸爸妈妈,你们也要习惯被人叫爷爷奶奶了:

是的,我怀孕了。由于我男朋友拉里失业了,我们就没结成婚。拉里的原老板好像总不欣赏他高中退学后学到的技能。拉里看起来比爸爸年轻得多,尽管他比您还要大 3 岁。我从大学退学去工作了,这样一来我们才能在孩子出生前搞到一间公寓。我在一家 24 小时汽车修理车间的楼上找到一间漂亮的公寓,公寓的封闭性很好,那些讨厌的油烟和噪声都不会打扰我们。

我现在非常开心,希望你们也是。

爱你们的,
阿什利

注:根本没有拉里。我没怀孕,没打算结婚,也没退学,但我化学成绩得了 D。我只是希望让你们做好心理准备。

6. 确定沟通渠道的数量

信息发布的另一个重要部分就是项目涉及的人数。随着项目人数的增加,产生了更多的交流渠道或途径,而使沟通的复杂性也在增加。我们可以用如下公式快速测算一个项目的沟通渠道数量:

$$\text{沟通交流渠道总数} = \frac{n(n-1)}{2}$$

其中,n 表示人员数量。

当沟通人数超过 3 个时,沟通渠道就会迅速增加(见图 5-1)。项目管理者应该试着将团队或小组的规模最小化,以避免使沟通变得太困难。例如,一个 3 个人的团队在一起为一个特定任务工作,原本他们有 3 条沟通渠道,如果在他们的团队里增加 2 个人,就会有 10 条沟通渠道,多了 7 条;如果增加 3 个人,就会增加 12 条渠道。

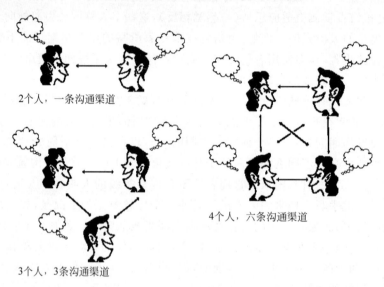

2个人,一条沟通渠道

4个人,六条沟通渠道

3个人,3条沟通渠道

图 5-1 人数对沟通渠道的影响

简言之,信息发布包含着远比创造和发送状态报告或举行定期会议多的内容,许多优秀的项目经理都知道他们个人在这些领域的优势和劣势,以及在其周围的人中谁能弥补这些劣势,有时候他可能需要一个合适的助手。另外,与整个项目团队一起责任共享是项目沟通管理的一个很好的方法。

5.5 项目利益相关者管理

项目经理必须理解其他的利益相关者并与他们共事。因此,他特别需要了解他们怎样通过各种沟通方法、人际交往技巧和管理技巧来满足项目利益相关者的需要和期望。项目的成功可以从各种角度衡量。很多研究把项目的成功定义为满足了项目规定的范围、时间和成本目标。然而,许多项目参与人却将项目的成功定义为使项目的客户/发起人感到满意,因为他们知道如果不对至少一个目标进行调整的话,是很难满足项目的范围、时间和成本目标的。另外,项目经理需要设计出定义和解决问题的方法。在这些领域有两个重要的工具可以使用,即期望管理矩阵和问题日志。

项目的成功是有多种衡量方式的。项目发起人经常根据重要程度排列范围、时间、成本目标,并针对如何平衡三者关系提供指导意见。这种排列在期望管理矩阵中阐述得很清楚。举例来说,表 5-4 所示就是一个项目管理者用来管理关键项目利益相关者的期望管理矩阵,这个矩阵包含了衡量成功与否的一系列指标,例如优先权、期望、各种指标的衡量指南,用户可以添加其他的成功指标来实现质量预期,达到特定的用户满意比率,在项目完成后达到预计的投资回报等,这样就可以最大限度地满足具体项目的需求了。

表 5-4　期望管理矩阵

成功指标	优先权	期　　望	指　　南
范围	2	在范围声明中清晰地定义了强制要求和可选要求	在考虑可选要求前要专注于满足强制要求
时间	1	没有给定该项目的完成时间。 每一项注意期限要满足,时间表一定要切实可行	项目发起人和项目经理必须警惕任何有可能影响日程目标的问题
成本	3	这部分对组织十分重要。 如果项目经理能清晰地证明需要更多的资金,就能得到这些资金	项目支出和上调过程有严格的规则,成本很重要,但相对于时间安排和范围目标是次要的
质量	6	质量很重要,我们的期望是依照建立起的过程来测验这个系统	所有的信任都被要求完成一些内调课程,以确定他们已经了解我们的质量过程,所有合作质量标准都要被严格执行
顾客满意度	4	我们的客户希望我们表现出专业性,及时回答疑问,和他们一起合作来完成项目	所有提供给客户的演示文稿和正式文档都必须由专业人员设计。每个人都应该在 24 小时内回复客户要求
投资回报	5	项目中所给出的业务示例预计的是在项目完成两年内达到 40% 的回报率	我们的财务部门会和客户一起衡量投资回报率。符合/超出预期将会给我们带来更多的商业机遇

充分了解利益相关者的期望,对项目管理大有裨益。例如,假设项目经理了解到进度比成本更为重要,他就会清楚,只要理由适当,向项目发起人请求需要的资金就不会太困难,而未解决的事项则会是冲突的主要来源,并且会导致利益相关者的期望得不到满足。

5.6　绩　效　报　告

利益相关者主要是通过绩效报告获知为了完成项目的预期目标,资源是如何被使用的。绩效报告通常是以状态报告或进度报告的形式呈现,但也有人将它们做了如下区分。

(1) 状态报告。用于描述项目在一个特定时间点的具体情况,它记录了项目在范围、时间、成本目标等方面的状况。例如,截至记录时已花了多少钱?用了多长时间来完成待定的任务?工作是按计划完成的吗?根据项目利益相关者的要求,状态报告可采用多种形式。

（2）进度报告。它描述项目在特定时间段内完成了哪些任务。很多项目都会让每个团队成员每月甚至每周准备一份过程报告，团队领导在团队成员提供信息的基础上做出一份综合过程报告。

（3）预期。基于过去的信息和趋势推测项目的将来状态和过程，例如，基于现在的发展情况，项目还有多久才能完成？完成项目还需要花多少钱？项目经理还要使用挣值管理，基于项目进行的情况来估计项目的完成预算和日期，以回答这些问题。

另一项报告绩效的重要技术是状态评审会议，通过状态评审会议可以突出在重要项目文档中提供的信息，使项目团队成员更能对自己的工作负责，对重要项目问题进行面对面的讨论。许多工程和项目主管举行阶段性状态评审会议来交换重要的项目信息，并激励项目团队成员在自己负责的项目工作上取得进步。类似地，很多高层主管都举行每月或每季度的状态评审会议，工程和项目主管必须在这些会议上报告项目的整体状态信息。

状态评审会议有时会成为不同部分的人员碰头并产生分歧的"战场"。项目经理或更高层的主管应该为状态评审会议设立基本规则，以控制冲突的数量，并努力解决任何潜在的问题。

5.7   冲 突 管 理

有研究表明，项目经理一般用20％的时间来解决冲突。因为解决冲突以及遗留问题需要占用大量的时间，所以我们需要了解冲突在项目管理环境中的本质过程。本节将系统地探讨冲突产生的过程，分析项目团队和经理之间产生冲突的本质原因，了解减少冲突的常见方法。

5.7.1   冲突概述

冲突（conflict）是一个过程，开始于当人们感觉到受到阻碍、失望或破坏了自己最关心的事情时。这个定义略显晦涩，但从中我们发现它至少包含了两个要素，即：①认为冲突不是一个状态，而是一个过程，冲突发展是一个重要的动态过程。此外，冲突发生的一次性原因可能会随着时间而改变。这也就是说，起初两个人或团队之间发生冲突的原因可能不再是原因了。正是由于冲突过程是动态的、不断变化的，一旦冲突发生了，冲突背后的原因就不再起作用了。②冲突本质上是和感知有关的，换句话说，它并不关系到一个团队是否真正做错，重要的是他们感知到已经发生的状况和事情，有这种感知就足够了，因为对于团队来说，感到受挫就决定了他们的真实想法。

1. 冲突的类型

总的来说，大部分冲突不外乎以下3种类型，或者是它们综合引起的。

（1）基于目标的冲突

它与最终结果、项目的范围、绩效说明和标准、优先次序和目标等方面的意见不一致相关。基于目标的冲突通常是由对项目有多种不同的看法所引起的。模糊的、不完整的项目目标可能会使团队成员都坚持他们自己的理解，从而引发冲突。

（2）管理上的冲突

来源于管理阶层、组织架构或企业文化。这些冲突经常集中在对汇报关系的理解不一致上，也就是谁对职能、项目任务和决策拥有权利和管理控制力的问题。管理上的冲突主要发生在矩阵型组织中，在这种组织结构中，每一个项目团队成员都会听命于两个上司，即项目经理和职能部门经理，这种组织结构会加剧管理冲突的持续产生。

（3）个人之间的冲突

源于成员之间和项目重要干系人之间的不同个性。个人之间的冲突来源包括不同的工作规范、行为类型、自负以及项目团队成员的个性。

2．对待冲突的观点

此外，冲突发生后如何看待？如何解决？这既是门艺术，也是门学问，是考验项目经理的地方，毕竟在项目管理过程中冲突在所难免。一般而言，对待冲突有如下 3 种观点或思考方向，亦可综合使用。

（1）传统观点

此种观点认为冲突对组织有负面的影响。传统主义者认为冲突是不好的，应该尽量避免冲突的产生，当冲突发生时，应尽早解决，所以他们强调的是抑制和消灭冲突。

（2）行为观点

此种观点认为冲突是组织生命周期内自然的、不可避免的部分。职能部门的差异，以及不同的目标、态度和利益在公司成员之间普遍存在，所以冲突的产生也是自然而然的。解决冲突的办法是有效地管理冲突，而不是消灭它或抑制它的发生。

（3）相互作用观点

此种观点采用的行为态度使人们对冲突的看法更进一步。当冲突发生时，持有行为观点的人接受冲突，但相互作用主义者则鼓励冲突的发生。对于相互作用主义者来说，冲突可以避免组织变得停滞不前和缺乏激情。冲突可以营造一种紧张的气氛，激发成员的创新能力、创造力并产生高的绩效。相互作用主义者并不主张在没有控制的情况下让冲突继续存在，然而，他们坚持认为存在一个最佳的冲突水平，在这个水平上，冲突能够改善组织绩效。超过这一点，冲突就会变得太过于激烈和严重，以至于对公司产生破坏作用。相互作用主义者的诀窍就是找到冲突的最佳水平——太小会导致组织的惰性，太大则会引起混乱。

5.7.2　冲突的来源

在项目中有很多潜在的冲突来源，最常见的冲突来源包括对稀缺资源的竞争、违背团队或组织的规范、目标意见的不一致以及取得目标的方法不一致、个人对工作安全的轻视和威胁、长期存在的偏见和嫉妒心理，等等。许多冲突来源于项目管理本身，也就是说，项目本身的特征引发了项目干系人之间的冲突。

1．组织上的原因导致冲突

组织上引起冲突的一些最普遍的原因有奖赏体系、资源的缺乏、权限不明和差异化。

（1）奖赏体系

奖赏体系是一些组织建立的具有竞争力的过程，它促使团队之间或职能部门之间相互竞争。例如,如果职能部门经理的评估是依据下属在部门内的表现,那么他们就不愿意让最好的员工长时间投入到项目工作上。组织无意识地形成了一种状态,在这种状态下,经理们就会感到不管是项目团队还是部门都会因为高的绩效而得到奖赏。这样,他们将会很自然地将最好的人员留下,同时将不受器重的人员分配到项目工作中去。另一方面,项目经理也希望在项目和职能部门之间取得竞争优势,因此渐渐地对部门经理形成一种憎恶的情绪,他们认为部门经理经常将他们自己的利益置于整个组织之上。

（2）资源的缺乏

资源的缺乏是冲突产生的又一个起因,因为个人和组织总是将现有的资源与他们认为要完成工作所需的资源相比较。由于组织中许多不同的团队都存在资源缺乏的现象,因此争取获得更多的资源是组织解决冲突的主要方式。只要资源的缺乏在组织中仍然是一个自然的状态,团队就会尽力寻求谈判和商议以便在资源分配时确立优势,这样组织就会陷入冲突中。

（3）权限不明

权限不明也是产生冲突的一个原因。从本质上讲,这相当于问了一个带有戏谑性质的问题:"这里由谁负责?"在项目环境中,由于对正式的权限含糊不清,使得在项目中问题渐渐恶化成为很常见的现象。在许多组织中,项目经理和成员都置身于组织权利等级之外,尤其是在职能型组织中。结果,他们发现他们所处的职位拥有很多自主权,但没有实质的权力,而且还必须对各自的职能部门经理负责,因为他们需要部门经理为团队提供人员。当一个来自研发部门的团队成员面临职能部门的命令与项目经理的指示相矛盾时,他就处于一个进退两难的局面,从而不得不在两个有名无实的权力形态中寻求(如果可能)中间立场。在很多情况下,项目经理无权对团队成员的绩效进行评估,他的权力被控制在职能部门内。在这种情况下,当来自研发部门的成员面临由于权限不明而产生的角色冲突时,他们将更愿意服从部门经理,因为部门经理拥有评估他们绩效的权力。

（4）差异化

差异化表示不同职能部门都有他们自己的思考模式、态度、时间量化和价值关系,这与其他部门就可能冲突。简单地说,差异化表明了这样一个事实,当某个专业职能部门的人员加入到一个组织中时,他们就会开始接纳那个职能部门的观点和态度。例如,当一个财务部门的人被问到对市场部门人员的看法时,他们可能这样回答:"他们所做的就是到处旅行花钱,他们是一帮如果需要资金就会放弃储备的牛仔。"市场部可能会这样反击:"财务部就像一群数豆子的人,他们不懂得公司的成功取决于能卖出多少产品。他们只关注边际收益,而不知道现实世界是如何运行的。"在这两种观点中有趣的一点是,在他们狭隘的认识中,本质上他们都是正确的:市场部主要关注销售产品,财务部致力于维持高的边际效益。然而,这些观点也不是全都正确,它们仅仅反映了两个不同职能部门的态度和偏见。组织内部的差异化越大,个人和组织被分成"我们"对"他们"阵营的可能性就越大,这样就会不断引发冲突。

2．人员之间的原因导致冲突

错误的归因是指错误理解了一个人行为的原因。当人们感到他们的利益受到其他人或其他团队的阻碍时,他们就会设法判断为什么另外的团队会那样做。为了弄清另一个人行为的原因,需要判断他们的动机是否基于个人的恶意行为、隐藏的个人动机等。个人和团队时常从自己最方便的角度将动机归因于他人的行为。例如,当一个团队成员的愿望受到阻碍时,以最易获取的原因去理解另一团队行为背后的动机是很普遍的。对于失败的人来说,认为其他人因为个人原因(例如,他仅仅不喜欢我)挑起矛盾比承认人们的观点不同来得更加容易。这种归因便于获得一个显而易见并且心理上"安全"的原因,如果我们认为其他人有正当的理由反对我们,就表示我们自己存在缺陷。很多人没有勇气承认并接受客观的不一致,总愿意将他们的失败归咎于个人关系。

人员之间产生冲突的第二个普遍存在的原因是**错误的交流**。错误的交流意味着会产生两个错误:以模糊不清的方式交流,导致不同的理解,从而产生冲突;以惹恼或激怒其他团队的方式无意识地交流。缺少清晰表达可能会发出混淆的信息:信息发送者所要表达的意思与信息接受者理解到的信息不一致。这样,项目经理可能会对下属所做的工作感到惊讶和恼怒,但下属坚持认为他是按照项目经理的要求做的。同样,项目经理经常批评团队成员,以此希望修正和改进项目团队成员的绩效。不幸的是,如果信息没有准确有效地传达,项目经理可能会将建设性的意见当作恶意的、不公正的批评。

个人怨恨和嫉妒是人员之间产生冲突的另一主要原因。每一个人都将自己的工作态度带到工作状态中,这些态度是由过去长时间在某一点的经历和取得的经验教训所引发的,往往是在不经意之间形成的,人们可能都没有意识到已经形成了这些态度,当受到质问或被指责持有偏见时,他们就会觉得被冒犯了。这些怨恨或嫉妒无论是否针对另一个种族、其他性别或职能部门,都会削弱大家共同所在团队的能力,同时也可能破坏团队凝聚力,并影响到随后的项目结果。

5.7.3　解决冲突的方法

解决团队冲突的方法可以由项目经理来决定,不过其在决定使用哪种方法之前,需要考虑到大量的问题。例如,我将会支持一方而排挤另一方吗?冲突本质上是专业性质的还是个人性质的?我是否介入冲突?团队成员是否能自己解决问题?我是否有时间和意向去调解冲突?所有这些问题在确定怎样解决冲突方面起着重要的作用,项目经理必须学会灵活处理冲突,明白什么时候应该介入调解,什么时候保持中立。可以从如下五个方面管理冲突。

1. 调解冲突

项目经理把注意力集中在团队之间的冲突上并积极寻求解决方法。项目经理在商议解决冲突的方法时,既可以使用解除策略,也可以使用对峙策略。解除策略指不关注冲突的来源,而是找到一种大家都能接受的解决方法。他可能使用"我们都处于同一个团队"之类的话表达他希望在不探究冲突来源的情况下缓和冲突。对峙主要用于解决两个团队一起工作时引发的冲突。这种方法更容易被感情所影响,也更容易使冲突发展的时间集中化,因为在短时间内,随着双方差异化的增大,可能会使冲突快速恶化。长期来看,对峙作为一种调解机制可能更为有效,因为它需要确定冲突产生的根本原因,纠正错误的地方。当项目经理宁愿与两个团队一起工作达到意见的统一,而不愿强制别人接受自己的见解时,就可采用调解的解决方法。

2. 仲裁冲突

选择对冲突进行仲裁时,项目经理必须将自己的判断强加给敌对的双方,在听取双方的情况后,再做出自己的决策。就像一个法官一样,在决策过程中需尽量降低个人的影响,将焦点集中在判决本身上。例如,"苏珊,在这里你是错的,雪莉是对的"此类的话必然引起苏珊的负面情绪。项目经理要做出客观的判断,只需坚持描述问题的细节而不要牵扯到个人,例如"公司政策规定,所有客户必须在三个工作日内收到项目修正规则的拷贝"就是一个客观判断的例子,没有将矛头指向任何一个团队或团队成员。

3. 控制冲突

不是所有的冲突都能(或应该)被快速解决。在某些情况下,对冲突有效的回应是给予双方一些时间让其冷静下来。这并不是胆怯的反映,相反,它强调项目经理必须选择适当的方法来解决这样两个问题:怎样调解?用哪种方法进行调解最好?另一个控制冲突的方法是限制双方的交流,例如,如果团队的一个成员与客户长时间相互敌视,最好的办法是不让他们进行直接的交流,除非对环境严加控制。

4. 接受冲突

不是所有的冲突都是便于管理的。有时候两个项目团队成员的个性决定了他们不能和谐共处,他们在项目开始之前就讨厌对方,在项目结束后长时间内也会继续讨厌对方。

5. 消除冲突

准确地对项目中不断发生冲突的本质和重要性进行评估是必需的。在某些情况下,为了项目的利益,需要调任一个成员或者做其他的改变,如果一个人犯了明显的错误,普遍的做法就是惩罚他,使其离开项目团队。如果对目前的冲突有两人或多人共同承担责任的话,最有用的做法是开除所有的人,表示自己是在尽可能公正地运作项目团队。

需要铭记于心的关键点是,上述每一种方法都可能只适合于各自不同的情况。不要想象一种解决问题的方法一直是有用的,也不要忽视冲突,因为忽视是一种"懒散的"管理。当开始处理冲突时,项目经理必须学会了解自己的偏好。一旦取得了良好的自我意识,他首先就处于一个有利的位置,这样就能积极地解决自己的冲突并且能够更有效地解决下级的冲突。项目经理要灵活,不要受困于任何一种特殊的冲突模式,也不要偏爱一种解决问题的方法而排斥其他方法,每一种方法都有优势和劣势,都可能成为项目经理解决冲突方法中一个重要的组成部分。

冲突往往也能反映项目团队的进程。将一组拥有不同职能背景的人组建成一支项目团队时,各种冲突就开始出现。正如团队冲突是自然而然的,需要明白的是,所选择用来处理冲突的方法也可以说明我们自身的很多问题,例如,我们是宽容的、独裁的还是不妥协的?我们是否真的愿意寻找双赢的解决方法?通过处理团队建设和冲突管理的方式,可以向团队中的其他成员发出很多有意或无意的、清晰或混乱的信息。

5.8　谈　　判

项目成功在很大程度上依赖于团队重视和管理各种关于"人"的问题的能力,这些问题对项目的存在也是至关重要的。

　　谈判技巧是非常重要的,因为项目经理经常会在各种类型的会议上进行谈判。事实上,项目干系人管理可被看成是多方进行有效谈判的持续过程。通过谈判,项目经理可以获得额外的时间和资金,防止额外的冲突和客户要求的规格变动,并从职能部门经理那里获得重要的项目团队成员等。谈判代表着一种最高层次的影响力艺术,因为有效的谈判是项目管理成功所必需的,所以项目经理必须懂得谈判在项目中扮演的角色,以及如何使自己变成优秀的谈判代表。

5.8.1　谈判前需要考虑的问题

　　任何一个即将进行谈判的人都需要考虑三个问题:我有多大权力? 有什么样的时间压力? 我是否信任我的对手?

　　在正式谈判之前,对力量和所有的限制约束条件进行评估是绝对重要的,一个主要的原因是这样能够体现谈判者的优势以及弱点。下面是一个项目经理的故事:

　　　　6 月初,在开始一个建设项目之前,我们与投资商就地点的选择展开了激烈谈判,那时是谈判开始的第二个星期。不幸的是,投资商发现我们在做会计清算账目的时候存在财务偏差。做账目时我们以 6 月 30 日为终止日期,但投资商认为我们只记录月底前的交易是极其不合理的。在接下来十天为投资商表示他们将不参与谈判。6 月 21 日,因为这件事,老板心脏病都发作了。最后,我们还是妥协地回到了谈判桌前,答应了投资商所要求的一切条件。

　　这个项目经理失去了权力和时间上的优势。这就引出了第一个问题:你有多大优势使得谈判继续? 你没有必要寻求一个有支配权的位置,但必须处于一个易防守的位置,也就是另外一方不能支配你。第二个问题是:你有多少可支配的时间? 日程安排是很难克服的。例如是否有一个专横的老板让你不断"解决同研发部、市场部或其他人的问题"?一旦你说出你有时间约束,你的对手就会减缓步伐,并以此作为条件要求你同意他提出的条款,而不是就你所提出的条款达成一致。

　　是否可以信任对方? 公司是否会遵守它的诺言? 公司是否会事后改变协议? 他们是否使用准确的信息? 他们在谈判中会不会使用难以对付的手段? 需要注意的是,上面这些问题并不是都表示某人不值得信任。事实上,偶尔在谈判中使用难以对付的手段是合适的。另一方面,本质问题是,你是否相信双方对共同问题的解决给予了同样程度的关注? 是否愿意和你的对手坐在谈判桌前来协商? 如果答案是否定的,那么在谈判过程中,双方的热情程度或对对方公开的程度就不可能是一样的。

5.8.2　原则性谈判

　　罗杰·费雪和威廉·尤里合著的《达成一致》著作是关于谈判有影响力的图书之一,他们在原则性谈判上提供了很多有益的建议,提出与对方意见达成一致的同时保持一种原则性的、双赢的态度。为了制定一种有效的谈判战略,他们提供了如下建议。

1. 将当事人与问题分开
谈判最重要的一点是首先要明白谈判者是普通人,谈判者与其他任何一个人在教育、经历等方面都没有什么不同。谈判者都会对直接攻击做出反抗,都会反击无根据的指控和指责,都倾向于从个人角度而非从自己所代表的立场去理解对方的观点,认为对方的目的就是针对自己。在认识到谈判者首先是普通人这一重要观点之后,就必须寻求方法将当事人与问题分开。谈判双方越多地针对问题而不是问题的当事人,就越有可能取得积极的谈判结果。

（1）从他人的角度去思考

谈判的一个良好开端并不是表明自己的立场,而是在谈判过程早期阐明对对方立场的理解。当对方听到一个对双方立场都有道理的阐述时,就会:①建立信任的基础,因为对方发现我们愿意在谈判一开始就公开讨论自己的认知;②将谈判重塑成一个双赢而非单赢的模式。

（2）不要从自己的立场出发推断对方的意图

在谈判过程早期,几乎所有谈判的一个普遍现象是为对方建立了一个固定的模式。例如,在与会计部门商议增加项目资金时,我们也许会采用这样一种思考模式,所有的会计人员都是一毛不拔的,是一群数豆子的人,一直在等待取消项目的机会。值得注意的是,在谈判开始前,基于自身错误的理解和顾虑,我们就已经给会计部门和他们的思考模式创造了一个固定的印象,但这并不是客观存在的。当我们设想他们会按照确定的方式行事时,我们开始与他们进行谈判,并下意识地认为钱是他们唯一关心的问题。这样在我们了解对方之前,就等于给自己增加了一个对手。

（3）不要因为你的问题去责怪他人

在谈判中,对项目中遇到的困难加以指责是最影响效率的事。放弃推卸责任的想法,寻求解决问题的"双赢"方法会更有效。假设一家公司开发了一个用于内部报告和控制的软件系统,在运行中途却瘫痪了。恼怒的会计部门经理采用的方法就是召回项目开发团队的主管,并对其进行口头责备:"你设计的程序真是讨厌至极。每次你都说已经修改好了,但它又给我们带来了麻烦。如果你们不能在两个星期内将问题解决,我们将会重新使用旧系统,并保证让每个人都知道这样做的原因。"会计部门经理这样做并不能解决问题。比较好的办法是少些对抗,将出现的问题看成是相互都需要解决的问题。例如,"这个报告系统在运行中途又崩溃了,每次它运行中断,我部门工作人员都需要重新输入数据并耽搁其他事情。我需要你们的建议来解决这个问题。是需要重新测试,还是我们操作有误,或其他原因?"这样,会计部门经理并没有公开指责,他避免了通过指责来要求对系统进行修正,而是将出现的问题当作是需要合作解决的问题。

（4）认知并理解对方的和自己的情绪

虽然人们在谈判过程中很容易情绪化,但是应该尽可能控制住冲动。在一个艰难的长期谈判中,情绪爆发是很普遍的,人们经常因为对方的策略或态度而感到恼怒或受挫。然而,情绪化通常不是一件好事,即使对方已经变得情绪化了。他们可能是将情绪作为一种战术使得你的团队以同样情绪化的方式回应,渐渐地你的大脑就会受到你心态的控制——这是一个很危险的过程。虽然情绪化是长时间谈判产生的一个自然现象,但我们需要清楚地知道什么使我们不高兴,感到有压力、紧张或生气。此外,还知道我们是否足够敏锐以至于能够感觉到对手的情绪化。我们需要意识到我们所做的就是使对方心烦易怒。

（5）积极聆听

积极聆听意味着我们完全投入到与对手的交谈中，即使对方一直在夸夸其谈。多数人凭经验就可以知道人们是真正地在听，还是在控制自己的情绪。在后一种情况下，当看到对方对我们所处的境况漠不关心时，挫折感是引发不良情绪的一个重要来源。例如，假设一个客户与项目经理商议要提高制造设备的性能，推迟产品发布的时间。同时，项目经理希望不再负责这个项目，因为这个时候任何结构上的变化都会延误最终产品的发布，并且会额外花费大量的钱。每次客户提出他的问题，项目经理就大声说道："我清楚你说的是什么，但……"在这种情况下，这个项目经理根本没有听进去客户所说的任何话，只是简单地口头敷衍。

积极聆听意味着不仅要努力听懂对方所说的话，还需要懂得对方潜在的动机。一个有效的办法是适时打断对方并问一个有针对性的问题："据我所了解，你正在说……"采取这样的战术使你的对手确信你正在试图弄明白他正在说什么，而不是只坚持公司的要求但不理会对方提出的问题。需要明白的是，你清楚了解对方所处的境况并不代表你同意它。可能存在很多你不赞同的地方。一个具有建设性的谈判开始于完全客观的信息交流，而不是预先就形成了自己的想法或者坚持自己的立场绝不妥协。

（6）建立一个工作关系

谈判就像你正在和你想与之维持长期关系的一方打交道一样，这一观点是有效谈判的关键。与个人或组织的长期关系值得重视，因此，就应该努力去维持。工作关系越牢固，信任程度也就越高。

2. 注重利益而不是立场

每一方持有的立场和利益之间存在很大的差异，利益形成了这些立场。"利益"是形成各方立场的根本动机。如费雪和尤里所说，"利益定义问题。"当然并不是每个当事方的立场都导致谈判，但利益才是他们关注、需求和期待的源泉。

为什么要寻求潜在的利益而反对仅仅以谈判中显而易见的立场为中心？当然，与对方谈判时如果从自身立场出发，会容易得多。但是，为什么选择以利益为中心而不是以立场为中心？有些非常具有说服力的理由，它们可以为取得谈判成功提供重要的帮助。首先，不同于立场，每一个利益的获得通常都有几种不同的选择。例如，如果我方的主要利益是保证本公司在未来几年内持续营业，就可以寻求其他的解决方法，而不仅仅是通过谈判从对方身上榨出每一个利润点。例如，我方可以与合约人保持长期关系，在这种关系中，我方自愿放弃一些利润，而将对方作为唯一的合约商，与之签订未来三年的协议。此时，对方可以获得额外的利润，我方获得比期望（立场）少的利润，但赢得了向我方提供长期工作的机会（利益点）。

从立场出发进行谈判，谈判双方都试图找出对方的立场，但同时暴露了自己的立场，这样就导致了谈判障碍，这是以利益为中心的另外一个原因。一方面，我方消耗了宝贵的时间和资源来表明我方的不同立场，但同时尽量隐藏真实的意图；但另一方面，在以利益为中心时，我方以一种伙伴心态承认双方利益的合理性，并试图寻找解决方法使得双方的利益都得到满足。

5.8.3 寻求双方受益的选择方案

项目经理们经常独自将障碍搁置起来,使得在谈判时很难做出双赢的选择。

(1) 项目经理可能做出不成熟的判断。例如,我方快速地给对方下结论,对方所说的每一句话通常会加深我们对他们的印象;或者在谈判初期不是寻找多种选择方案,而是执着于某一个方案上我方愿意在多大程度上"放弃"、愿意走多远等问题。我方做出的每一个不成熟的判断都限制了行动的自由,并且使自己深陷一种对抗的、非胜必败式的交流方式中。

(2) 一些经理仅仅寻求最好的解决方法。人们普遍犯的一个错误是认为将所有的谈判策略和立场隐藏起来才是一个"最好"的解决方法,事实上这些都将会在最后出现。大多数谈判,尤其为实现双赢时,要求扩大视野,而不是局限于某一个观点。例如,我们可能会错误地定义"最好"的解决方法,实际上是对我方最好的方法而没有考虑到对方。认识到所有的问题都有多种解决方法是很重要的。事实上,正是在多种解决方法中,我们选择一个来实现双赢。

(3) 经理们可能认为只存在一个"固定的馅饼"。是否真的只有一套固定的方法?其实不然,在谈判中遇到"我赢,你输"这种现象是很常见的,事实上造成这一结果的原因是在谈判中坚持强硬的立场,并且几乎没有做出什么努力去寻求一个创造性的方法达到双赢。

(4) 认为"解决他们的问题是他们自己的事"是另一种障碍。谈判会产生自我中心主义,在谈判中越重视自己的利益,就越不愿意寻找任何双赢的解决方法。

如果存在一些阻碍达到双赢结果的共同问题,哪些方法可以帮助改进谈判过程?有些很重要的指导方针,利用它们可以加强双方的联系并提高产生积极结果的可能性。简单地说,寻求有利选择的方法包括积极和广泛的头脑风暴、扩大选择和识别共同的利益等。

(1) 使用积极和广泛的头脑风暴表示一旦谈判开始,在我方寻求解决问题的方法时,需要让对方参与进来以便识别其他的可供选择的方法。这种方法与典型的战略是相背离的,典型的战略都是针对对方而制定的。在头脑风暴会议中就让对方参与进来,表示我方试图使对方确信我们是以合作解决的方式来看待问题的,需要双方在发挥创造力的基础上投入大量精力。邀请对方参加头脑风暴会议这种形式能很大程度上消除对方的防卫意识。这也表示我们针对的并不是对方,而是解决问题。更进一步说,这也强调了前面所述的关于将当事人与问题分开的必要性。这样,通过双方合作,不但一起找出了双方都满意的解决问题的方法,而且加强了双方的联系。

(2) 扩大选择的概念也是头脑风暴概念的一个分支。扩大选择要求我方对另一方公开立场,并且以利益为中心而不是以立场为中心。我们对对方要求的利益知道得越多,就越乐意分析我们自己的利益,并且越有可能将两者联合起来,比起最初封闭自己更能获得更广泛的选择。

(3) 最后,提高取得双赢结果可能性的第三种方法是识别共同的利益。一个有经验的谈判者常采用的谈判方法是:在谈判过程中,将大问题放在后面解决,先解决一些小的或不重要的问题,这样为双方取得一致提供了可能性。一旦双方开始识别他们共同的利益,并从相互合作的工作中获得了一些信心时,就可以开始着手解决棘手的大问题了。因为在这个时候,双方已经建立起一种工作关系,并在一定程度上达到和谐一致,这使得在解决大的问题时更加容易识别共同的利益。

5.8.4　坚持使用客观的标准

确保谈判按照正常的程序进行下去的最好方法之一是使用客观标准。不要迷失在争论各自的理解或主观的评价中。例如,一个项目经理最近几乎使他的新产品开发项目被取消,原因在于就"可接受"的成果原型问题,他与客户进行了漫长的谈判。显然。项目经理与客户在解释"可接受"这个词上有很大的分歧。项目经理认为可接受包括正常的程序缺陷和细小的问题,但客户的"可接受"是指没有任何错误。他们都希望把责任推给对方,没有一方愿意因为对"可接受"这个词的模糊解释而妥协退让。

客观的数据和其他可测量的标准是谈判的基础。当公司或个人在争论成本、价格、工作时间等问题时,他们都使用双方都明白的确定标准和概念,从而使误解减小到最低程度。从另一方面来说,使用的条款越模糊或语言越主观,就越有可能因为彼此误解而产生争论,即使双方都认为对方是在解释同一个问题。

建立客观的标准和程序。在谈判中,需要清楚说明使用什么样的标准作为谈判的基础,并提出双方容易产生歧义的条款。这一点在跨文化谈判中尤其重要,因为在不同国家和文化的背景下,相同的条款或概念通常有不同的意义。例如,美国几个重要的建筑公司,包括贝泰工程公司(Bechtel Corporation)曾经对一些日本建筑公司提出抗议,原因是在东京湾一个大型机场项目动工前,这些日本公司密谋操纵投标。但日本公司反击说他们只是在履行自由竞争协议的条款,同时仅仅允许贝泰工程公司投标。因为在日本社会中,参与操纵投标这种行为本质上是不违法的,也不违背道德。显然,双方对公平投标行为的理解存在着很大的差异。

公平的标准和程序要求双方聚在一起谈判,从而使双方对条款和责任有相同的基本理解。在项目管理中,这个概念尤其重要,因为拟定合同需要了解一整套条款和标准。当双方以一定的标准谈判时,就可以有效地减少产生误会的潜在来源。

要熟练地进行团队建设、人员管理、沟通管理、冲突管理和谈判,很重要的是要明白这样一个事实:项目经理在管理项目时面临的最大挑战是各式各样的关于"人"的挑战,这些挑战产生于使一组分散人员组成一个统一合作的团队的过程中,他们的共同目标是取得项目成功。组建一个团队和开始一个项目将会在项目干系人之间产生各种各样的冲突,这些冲突是不可避免的。它们不但应该被看作一项义务,更应该被看成一个机会。冲突可能产生积极的结果:它可以巩固团队成员的责任和动机,并产生动力完成项目活动。尽管如此,以适当的方式引导冲突仍需要项目经理的积极参与。熟练进行谈判的能力是保证团队发展和有效处理冲突的一个巨大优势。冲突是不可避免的,但不是灾难性的,事实上,冲突破坏项目开发进程的程度取决于项目经理有效处理冲突的程度。

5.9 案例讨论

【案例 5-1】

一、背景

Herb 来公司已经 8 年多了,一直从事各种研发及产品改良项目。这些项目的客户多数为外部客户。Herb 具有工程学博士学位,并且在他所从事的行业里是一位非常有声望的专家。因为他具备专业技术,他大部分时间都独自工作,仅需要在项目团队会议期间与不同的项目团队会面。但是,这些就要被改变了。

Herb 的公司刚从它的最佳客户那里获得了一份为期 2 年的合同。合同约定第一年进行研发性工作,第二年进行制造性工作。因为 Herb 具备研发和制造方面的知识,公司认为他最适合担任项目经理。遗憾的是,Herb 从来没有接受过项目管理方面的培训,而且他很少参与项目团队工作,所以任命 Herb 担任项目经理是有风险的。不过,管理层认为 Herb 能做好这份工作。

二、团队形成

Herb 的团队共有 14 人,大部分人在项目的第一年是全职的。Herb 每天都需要与 Alice、Bob、Betty 和 Frank 接触。

Alice 有着丰富的经验,曾经与 Herb 共同工作过。Alice 来公司的时间比 Herb 长,负责协调研发人员的工作。

Bob 来公司的时间也比 Herb 长,他负责协调工程与制图方面的工作。

Betty 相对来说是公司的新员工,她将负责所有的报告、记录管理及采购工作。

Frank 来公司已经 5 年了,是一名制造工程师。与 Alice 不一样,在制订制造计划前,Frank 是兼职的。

在项目的头两个月中,工作看上去是按计划实施的,每个人都明白自己在项目中所承担的角色,没有产出问题。

每个星期五下午 2 点至 3 点,Herb 会召开团队会议。Herb 有点迷信,但是下个星期五是 13 日,这让他很烦恼。他想取消这次团队会议。

13 日上午 9 点,Herb 按以前的习惯会见了项目发起人。两天前,Herb 和项目发起人在走廊闲谈,项目发起人告诉 Herb,他在星期五可能讨论未来 6 个月的现金流及如何降低项目支出的问题。因为项目发起人担心项目的某些支出。

Herb 一走进发起人的办公室,发起人就说:"你好像没准备报告。我再次要求你准备有关现金流的报告。"对此,Herb 有点儿不高兴。他认为这只是一次闲谈,不需要准备报告。但是,Herb 明白发起人有权制定项目的优先权,且质疑项目发起人的沟通技能是错误的。显然,这一天已经有一个不好的开始了。

上午 10 点,Alice 来到 Herb 的办公室,Herb 从 Alice 的表情上就能感觉到她有点焦虑。Alice 说:"Herb,我上个星期一就告诉过你公司准备提拔我,这个通知应该在今天早上发出。但是,我并没有获得提升。你为什么不为我写一封推荐信呢?"

Herb 回想起了当时的情景。Alice 的确告诉过他她想获得提升，但是 Alice 并没有要求他写一封推荐信。难道 Alice 希望他能领会言外之意？

Herb 对此进行了真诚的道歉，但这不能让 Alice 感到高兴。显然，Herb 的这个 13 日变得更糟了。

Alice 刚走出 Herb 的办公室，Bob 又来了。Herb 知道 Bob 遇到难题了。Bob 说：

"在我们上个月的一次团队会议中，你说你和一些工程技术人员进行了沟通，告诉他们这个星期要分别进行 70 华氏度、90 华氏度和 110 华氏度的测试，我们都知道规格要求是 60 华氏度、80 华氏度和 100 华氏度。这种做法是我们通常的做法，它要求技术人员实施与规格要求不同的标准。"

"但是，工程技术人员显然忘了你所说的。他们是按照规格要求进行测试的。我本以为你会按照你的日程计划与他们进行谈话，但事实并非如此。不过，也可能是他们忘了。"

"我与我的工程技术人员打交道时，我的原则是'好记性不如烂笔头'。以后你要同意我与我的工程技术人员沟通，工程由我负责。此外，工程技术人员的请求应该先经过我的允许。"

是的，13 日这一天对 Herb 来说已经非常糟糕了。Herb 在想，还有什么能使境况变得更糟呢？到了 11 点半，午饭时间快到了，Herb 考虑是否要锁上办公室的门，关闭手机，这样就没人能找到他了。但是，看到向他走来的 Betty 和 Frank 的表情，Herb 知道他们也遇到问题了。Frank 首先说："我刚从采购部门获知他们已经采购了我们在制造阶段才需要的某种材料。我们距离开始制造还有 1 年，并且如果最终的设计出现变化，我们将不会使用计划的原材料。此外，我的制造预算也不支持过早采购。我应该参与所有涉及制造的采购决策，我采购的材料会比 Betty 获得的更便宜。所以，制定采购决策怎么少得了我？"

在 Herb 说话之前，Betty 开口了："Herb，上个月你要我调查采购这些材料的成本。我发现能从一个供应商那里获得非常优惠的价格，于是决定采购。我认为这是我要做的。这也是我以前的公司常用的做法。"

于是，Herb 说："我只是希望你确定这些材料的成本，不是让你做最终的决策，这不是你职业范围内的事情。"

这个 13 日已经成了 Herb 职业生涯里最糟糕的一天了。Herb 决定不给任何人机会了。Betty 和 Frank 一离开，Herb 立马用电子邮件通知所有团队成员取消原定的下午 2 点至 3 点的团队会议。

问题：

（1）在项目管理中，沟通技能到底有多重要？

（2）Herb 是不是担任项目经理的合适人选？说明理由。

（3）Herb 与 Alice、Bob、Betty 和 Frank 之间都存在沟通问题。对每个沟通问题而言，你认为沟通的哪个流程出现了问题？

第 **6** 章

项目范围管理

6.1 项目范围管理概述

有多种因素影响着项目能否取得成功,其中用户参与度、清晰的业务目标、清晰界定的范围等都是项目范围管理的基本要素,可以说缺乏适当的项目定义和项目范围是项目失败的主要原因。

项目管理中最重要也是最难的问题之一就是定义项目范围。范围(scope)是指项目活动中输出的产品(服务或结果)所牵涉到的工作和用来生产产品(服务或结果)的过程。与之相关的另外一个重要概念是可交付成果(deliverable),是指作为项目一部分产生的产品(服务或结果)。可交付成果可以是与产品(服务或结果)相关的,如一套硬件或一段软件代码;也可以是与过程有关的,如一份规划文件或会议记录。项目的利益相关者必须在项目究竟要产生什么样的产品(服务或结果)上达成共识,以及在一定程度上还要就如何生产这些产品(服务或结果)以提交所有的可交付成果达成共识。

项目范围管理(project scope management)是指界定和控制项目中应包括什么和不包括什么的过程。这个过程确保了项目团队和项目的利益相关者对项目的可交付成果以及生产这些可交付成果所进行的工作达成共识,它主要包括 5 个过程。

(1) 需求收集(collecting requirements)

是指定义并记录项目最终产品的特点和功能,以及创造这些产品的过程。需求收集阶段的输出是项目团队编制的利益相关者需求文档和需求跟踪矩阵。

(2) 范围定义(scope definition)

是指评审项目章程、需求文档和组织过程资产来创建范围说明书,并且随着需求的扩展以及变更请求得到批准,在规划过程中增加更多的信息。范围定义的主要输出有项目范围说明书以及项目文件的更新。

(3) 创建工作分解结构(creating WBS)

是指将主要的项目可交付成果分解成更细小和更易管理的部分。它的主要输出包括工作分解结构(WBS)、WBS 词典、范围基线、项目变更请求,以及项目范围说明书和项目文件的更新。

(4) 范围核实(scope verification)

是指将项目可交付成果的认可正式化。关键的利益相关者,如项目的客户及项目发起人,在这一过程中进行审查,然后正式接受项目的可交付成果。如果不接受现有的可交付成果,客户或项目发起人通常会请求做些变更。因此,该阶段的主要输出包括被接受的可交付成果及变更请求。

(5) 范围控制(scope control)

是指对整个项目生命周期内范围的变化进行监控,这对于许多项目来说是很有挑战性的。范围变更经常影响团队实现项目的时间目标和成本目标的能力。因此,项目经理必须仔细权衡范围变更的成本及收益。这一阶段的主要输出包括变更请求、建议的纠正措施、项目范围说明书、WBS 和 WBS 词典、范围基线、项目管理计划及组织过程资产的更新。

6.2　收　集　需　求

项目范围管理的第一步即需求的收集,这通常是最困难的。不能准确定义需求的主要后果是重复工作,这很可能会耗费项目总成本的一半之多,特别是对于软件开发的项目。尤其是在项目接近尾声时才发现软件的缺陷并加以弥补,其成本比在需求收集阶段就发现并修正的成本要高得多(见图 6-1)。

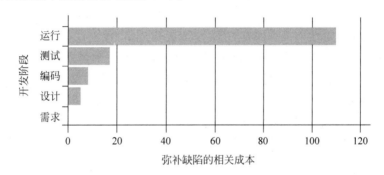

图 6-1　弥补软件的需求缺陷的相关成本

需求收集的一个难点在于,人们往往对需求缺乏一致性的定义,包括什么是需求、如何收集需求、如何记录需求等。

6.2.1　需求的含义

项目的产出可能是产品也可能是服务,或者是过程。以软件开发项目为例,IEEE 软件工程标准词汇表中定义软件需求为:

(1) 用户解决问题或达到目标所需的条件或能力;

(2) 系统或系统部件要满足合同、标准、规范或其他正式规定文档所需具备的条件或能力;

(3) 一种反映上面两点所描述的条件或能力的文档说明。

PMBOK 指南中对需求的定义相对比较通用,它对需求的定义与上述的第二项的内容基本相同:需求(requirement)是指根据合同、标准、规格或其他正式的强制性文件,某个系统、产品、服务、成果或部件必须达到的条件或具备的能力。

项目伊始,需要将需求详细地记录下来以便日后测量,这一点非常重要。毕竟,满足这些需求是实现项目范围目标的基础。例如，某公司想通过升级 IT 资产满足公司标准的项目，这些标准说明了每台电脑或笔记本电脑所需要的最少设备，包括处理器类型、存储量和硬盘大小，因此满足需求至少包括每台电脑都应配置英特尔处理器、4GB 内存和500GB 硬盘。在有些 IT 项目中，还可将需求分为启示、分析、详细说明和验证，这四类内容基本包含了软件或软件相关产品需求的收集、评估和记录的各种活动。此外反复定义需求也很重要，因为在项目开始时，需求通常并不清晰。

6.2.2　收集需求的方法

收集需求的方法有很多。与利益相关者一对一访谈是一种很有效的方法，尽管成本高且很花时间；而使用焦点小组会议、引导式研讨会、群体创新和决策技术法来收集需求，比一对一访谈法更快、成本更低。问卷调查法也是一种行之有效的方法，前提是关键的利益相关者能够提供真实而全面的信息。观察法也是很好的收集需求的技术，特别是对于需要改进工作流程或程序的项目。软件开发项目中，还有一种需求收集的常用技术，即原型法，它其实也是一种软件开发方法。此外，还有一些帮助收集和管理需求的软件工具。

要花费多大的精力去收集需求，取决于项目的规模、复杂程度、重要性和其他因素。例如，如果一个团队正在为一个拥有 50 多个地区分公司、数十亿美元资产的企业去更新整个公司的会计系统，那么该团队应该花相当多的时间来收集需求。与之相反的情况是，对于为一个只有 5 名员工的小型会计公司而做的软件和硬件升级项目而言，就只需要花很少的精力收集需求。无论如何，对一个项目团队来说，为其承担的项目收集和管理需求是非常重要的。正如前面章节提及的那样，关键的利益相关者的投入，以及使整个项目范围的关键方面与企业战略匹配是极其重要的。

6.2.3　记录需求的方法

正如收集需求的方法有很多种，记录需求的方法也不少。项目组最先阅读的应该是项目章程，因为它包含了项目的高层次需求或者指出其他列出需求的文件。他们还应该查阅利益相关者评论，以确保所有关键利益相关者在决定需求时都有所表述。需求文件的格式多种多样，既可以是在一页纸上列出全部需求的清单，也可以是堆满整个房间的记录各种需求的笔记本。参加过复杂项目（如建造大飞机）的人员深知：一份记录飞机需求的文件比飞机本身更有价值！需求文件通常由软件制作，可以是文档、图像、程序、录像和其他媒介，当然也可将需求按性质等进行分类，如功能需求、服务需求、性能需求、质量需求、培训需求等。

除了将利益相关者需求文件作为需求收集过程的输出外，项目组经常会创建需求管理计划和需求跟踪矩阵。其中，用需求管理计划来描述如何分析、记录和管理需求的计划，用需求跟踪矩阵来描述需求、需求源以及对需求状态的跟踪信息。

表 6-1 所示为对 6.3.1 小节中 IT 升级项目的例子，引入需求跟踪矩阵记录具体的需求及其当前状态。需求跟踪矩阵可以包含很多变量，例如，用它记录软件需求时，将每个有关联的需求交叉引用，并列举出具体测试来证明这些需求已被满足。需要说明的是，需求跟踪矩阵的主要目的是通过对需求的分解、执行和验证来保持每个需求源的联系。

表 6-1　需求跟踪矩阵示意

需求序号	名　　称	种　类	需求源	状　　态
R32	笔记本电脑内存	硬件	项目章程和公司笔记本电脑说明书	已完成。根据需求订购了 4GB 内存的笔记本电脑

6.3　定　义　范　围

项目范围管理的下一步是进一步定义项目所需开展的工作。合理的范围定义对项目的成功与否非常重要，因为项目定义有助于提高时间、成本及资源估计的精确度，定义绩效测量及项目控制的基线，帮助理清和明确工作职责。在范围定义中，使用的主要工具及技术包括专家判断、产品分析、可供选择的工作方法识别和引导式研讨会等。范围定义的主要输出是项目范围说明书和项目文件更新。

项目范围说明书编制过程中，着重参考项目章程、需求文件、组织过程资产（如政策、范围说明书的相关程序）、项目文件以及以前做过的类似项目的经验教训等资料，且以项目章程和需求文件为主。表 6-2 描述了一个 IT 升级项目的项目章程。

表 6-2　项目章程示意

项目主题： 信息技术（IT）升级项目

项目开始日期： 3 月 4 日；　　　**项目结束时间：** 12 月 4 日

关键进度里程碑：
（1）4 月 15 日完成详细目录
（2）8 月 1 日交付硬件及软件
（3）10 月 1 日完成安装
（4）11 月 15 日完成测试

预算信息： 硬件和软件的成本预算为 100 万美元，人工费预算为 50 万美元。

项目经理： Kim Nguyen，691-2784，knguyen@course.com

项目目标： 基于新的公司标准，在 9 个月内为所有的员工（大约 2 000 名）升级硬件和软件。具体细节可见介绍新标准的附表。本次升级除了涉及相关网络的硬件及软件外，还可能涉及服务器。

方式：
（1）更新信息技术库存数据库，以确定升级需求。
（2）进行详尽的项目费用估算，并报告给 CIO。
（3）发出报价请求，以获取硬件和软件。
（4）尽量使用内部员工进行计划、分析及安装。

角色及责任		
姓名	**角色**	**责任**
Walter Schmidt	CEO	
Mike Zwack	CIO	项目发起人，监管项目
Kim Nguyen	项目经理	监管项目，提供员工
Jeff Johnson	信息技术运作负责人	计划并执行项目

续表

| Nancy Reynolds | 人力资源副总裁 | Kim 的顾问 |
| Steve McCann | 采购负责人 | 提供员工，向所有员工发布有关项目的备忘录，协助购买硬件和软件 |

签名：（以上所有利益相关者的签名）

评论：（如果可以，请以上利益相关者做出评论，手写或打印均可）
CIO，Mike Zwack，"这个项目最迟必须在 10 个月内完成。"
信息技术部，Jeff Johnson 和 Kim Nguyen，"我们希望有足够的员工并且他们会尽力支持这个项目。为防止工作被打乱，一些工作必须错后完成，因此需要加班加点工作。"

尽管内容各异，但是项目范围说明书至少应该包括：产品范围描述、产品可接受标准、所有可交付成果的详细信息。它还有助于将其他与项目范围相关的信息文档化，如项目界限、项目的限制条件和假设条件。项目范围说明书也应参考一些支持性文件，如产品的具体说明，以及经营政策，它可能影响到如何提供产品或服务。许多 IT 项目也需要开发软件的功能和设计说明，这些都应该在范围说明书中详细阐述。

随着时间的推移，一个项目的范围应该变得更加清晰和具体，例如在表 6-2 中所示的 IT 升级项目，其项目章程中包括了关于服务器、其他计算机，还有 IT 升级项目可能涉及的软件的简短说明，表 6-3 列举了在项目范围说明书的版本 1 和版本 2 中，范围是如何逐步细化的。

表 6-3 进一步定义项目范围

项目章程：
升级可能会影响到服务器……（详见项目目标）

项目范围说明书（版本 1）：
　　服务器：如果需要增加额外的服务器来支持项目，那么它们必须能够与现有的服务器兼容。如果强化现有的服务器更为经济可行，则必须向 CIO 提交一份具体的强化方案，征得其同意。附录 6 中提供了现有服务器的规格说明。至少在安装的两周前，CEO 必须批准服务器及其安装位置的具体计划。

项目范围说明书（版本 2）：
　　服务器：这一项目需要购买 10 台新的服务器，以支持网页、网络、数据库、设备及打印功能。应用虚拟化技术以最大限度地提高效率。服务器的规格说明存放在附录 8 的产品手册中，另外服务器安装位置的计划也在其中。

从表 6-3 中可见，项目范围说明书通常指一些相关的文件，如产品规格说明、产品手册或者其他计划。随着与项目范围相关的信息以及决定的增加，例如将要购买的具体产品或已批准的变更，项目团队应当不断更新项目范围说明书，可以把项目范围说明书的不同版本命名为版本 1、版本 2 等，其他项目文件可能也需要随之变更。例如，如果公司要从以前从未合作过的供应商那里购买项目所需的服务器，那么范围管理计划就应该包含与新供应商合作的信息。拥有一份最新的项目范围说明书对于建立和确认项目范围的一般共识是非常重要的，它具体描述了项目要完成的工作，同时还是确保顾客满意及预防范围蔓延的一个重要工具。

6.4 分 解 工 作

在已定义好的项目范围内分解工作是项目范围管理的又一项具体而重要的工作，这一过程中将涉及工作分解结构（work breakdown structure，WBS）和线性责任表等内容。

与流行观点相反，工作分解结构就像项目行动计划一样，并非一成不变的，可以采用多种不同形式，反过来也可以服务于多种不同目的。工作分解结构通常的形式是，将第一层的任务排列在左侧，然后以缩进的方式排列其他各层次任务，也可以把一个项目分解为由任务、子任务、工作包等构成的等级式结构。目前大多数项目管理软件都能够按照指令生成工作分解结构，例如 Microsoft Project 将缩进的活动层次与甘特图联系在一起，可以直观地显示各层次的活动历时。

工作分解结构的另一种类型显示了与具体任务类别相关的组织要素，图 6-2 就是这样的一种分解结构，负责食品供应的员工的责任是提供饮食和饮料，包括在会议室提供咖啡和水。图中显示了五个不同的食品供应职能活动，每一种活动又被分解为更详细的任务，在这种情况下，每一任务的账户代码也被列出以便对其分配适当的费用。

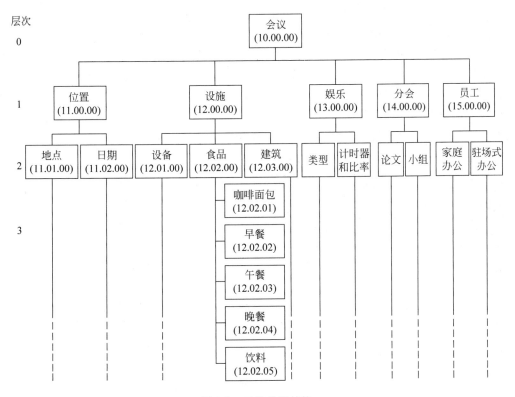

图 6-2　工作分解结构

一般来说，工作分解结构是项目中的一个相对比较重要的文件，其可以通过许多不同的方式量身使用，它可以说明项目的每一部分如何对项目整体在绩效、责任、预算和进度方面做出贡献。如果项目经理有要求,工作分解结构中也可以列出与每一具体任务相关的供应商或分包商,可以用来记录所有当事方对项目的不同承诺的签字,可以注明任何工作包的详细规范、建立账户代码、规定需要使用的硬件或软件、识别对资源的需求,可以作为指定成本估算的基础(第7章)或估算任务历时(第8章),对它的使用仅受到项目需要和项目经理想象力的限制。需要说明的是,没有任何一种分解结构可以满足所有的需要,因此工作分解结构有可能不是单独的一个文件,而是许多可能文档中的一个。

有时候,建立一个能够展示工作分解结构中负责各种工作的组织单位或必须向谁提交项目进度或变化报告的组织分解结构(organizational breakdown structure,OBS)也是非常有用的,WBS 和 OBS 可能是不同的,更确切地说,WBS 的一些主要部分可能涉及一个或两个部门的责任,其他部分可能涉及两个或者更多部门的责任,也可能所有的责任都是一个部门的,这样的文件有利于项目经理预见一个特定项目的全部责任。OBS 与下面将要讨论的线性责任表相类似。

下面的一般步骤,系统呈现了设计和使用工作分解结构的主要过程。

(1)利用行动计划的信息,按详细程度顺序列出分解任务,继续这种分解直到所有有意义的任务或工作包都已被识别,并且对每一项任务都单独进行计划、制定预算和进度计划、监督并控制。显然,如果这一系列工作包的描述不够完整或没有被适当地安排,那么项目很可能不能按时、按预算、按特定规范要求完成。

(2)对每一个工作包,识别与工作分解结构相关的资料(如供应商、工期、设备、材料、特殊规范等),列出负责每项任务的人员和机构,构建一个线性责任表(有时也叫责任矩阵)有助于显示谁负责什么,此表也显示出需要特殊管理协调的单位之间的重要接口或界面,项目经理利用它能追踪了解必须批准什么以及谁必须向谁汇报。表 6-4 所示为一个线性责任表。如果项目不太复杂,责任表可以进一步细化(见表 6-5)。

表 6-4 线性责任表

WBS \ 职责		项目办公室				现场操作
子项目	任务	项目经理	合同管理者	项目工程师	工业工程师	现场经理
确定需要	A1	○		●	▲	
	A2	■	○	▲	●	
询价	B1	○	■	▲		●
撰写恰当的要求	C1	■	▲	○	●	
	C2		●	○	▲	
	C3	●	■	▲		■
……	……					

注:▲表示负责;●表示支持;■表示通知;○表示批准。

表 6-5　细化后的线性责任表

工　作	VP副总裁	GM总经理	项目经理	工程经理	软件经理	制造经理	营销经理	分项目制造经理	分项目软件经理	分项目硬件经理	分项目服务经理
确定项目范围	6	2	1	3	3	3	4	4	4	4	4
确定 WBS		5	1	3	3	3	3	3	3	3	3
建立硬件规范		2	3	1	4	4	4				
建立软件规范		2	3	4			4				
建立接口或界面规范		2	3	1	4	4					
建立制造规范		2	3	4	4	1					
确定文档工作		2	1			4	4				
制订市场计划	5	3	5	4	4	4	1				
编制劳动力估算			3	1	1	1		4	4	4	4
编制设备成本估算		3	1	1				4	4	4	4
编制材料成本			3	1	1	1		4	4	4	4
分配程序任务			3	1	1	1		4	4	4	4
建立时间进度		5	3	1	1	1	3	4	4	4	4

注：1—实际责任；2—综合监督；3—必须被咨询；4—可以被咨询；5—必须被通知；6—最终批准。

（3）为了保证工作分解结构的准确性，所有工作包信息应该和负责实施或支持该工作的个人或组织一起进行审查。资源要求、进度计划和互相关联的子任务可以集合在一起以形成工作分解结构的下一个较高层次，沿着等级序列的每一个层次继续前进。在最高层次，我们获得项目概述、项目的预算及每项工作要素的历时估算。详见第 7、8 章。

（4）为了确定建议定价或者利润和亏损的额度，整体项目预算应该包含四个要素：已描述的每项任务的直接预算；项目的间接成本预算，包括一般费用与行政费用、营销费用、潜在的罚金支出、其他不是针对特定任务的支出；针对项目无法预计的紧急事项建立的应急准备金；任何其他剩余，包括从项目中获得的利润。

（5）进度计划信息和里程碑（重要的）事件可以被集合构成项目主进度计划。主进度计划集成了项目各部分的进度计划，它是综合性的，可以包括合同承诺、关键接口或界面和顺序、里程碑事件和进度报告。除此之外，也可以包括不可预见的时间拖延的应急储备。表 6-6 示出了一个主进度计划的例子。

（6）随着项目一步一步展开，项目经理可以根据工作要素、工作包、任务，直到整个项目的层次，持续检查实际的资源使用情况。通过比较在给定时间内实际与计划的资源使用情况，项目经理可以找到问题，进一步确认最终成本的估算并确保已经制定相关纠正措施，一旦需要则可以立即实施。有必要根据已经取得的成果来检验资源的使用情况，因为尽管项目可能已超出预算，但最终结果可能距预期更远。同样，费用可能与计划的一样，甚至更低，但实际的项目进展情况可能远远落后于计划。

表6-6　项目主进度计划

子项目		任务	负责部门	相关部门	2002年 J	F	M	A	M	J	J	A	S	O	N	D	2003年 J	F	M	A	M	J	J	A	S	O	N	D
确定需求	A1	寻找最优的运作方式	企业			△	▲																					
	A2	所需的大致规模和类型	项目工程	工业工程				△																				
询价	B1	联系供应商并评估报价	项目工程	财务、工业工程、采购					○		▲	●																
撰写恰当的需求	C1	确定工具成本	工具设计	工业工程									△	▲	●	□												
	C2	确定劳动力储备	工业工程	工业工程									○			△												
	C3	实际撰写	项目工程	项目设计、财务、工业工程										▲			△	○										
购买设备工具和量具	D1	订购机器	采购	项目工程																△								
	D2	设计并订购或制造工具	工业设计	采购、工具制造																		△		○				
	D3	确定需要的量具并订购或制造	质量控制	工具设计和采购																			△	○				
安装和启动	E1	安装机器	工厂布局管理	装配																					△			
	E2	员工培训	人事	项目工程、制造																					△			
	E3	废品处理	制造	质量控制																							△	□

说明：截至2003年1月31日，项目比原计划延期1个月，这主要是由于任务C1拖延造成的，而C1的拖延是由于A2未及时完成造成的。

注：□表示合同承诺；△表示计划完成；▲表示实际完成；○表示计划进度；●表示完成的里程碑；……表示计划进度；——表示完成进度。

（7）最后，对项目进度计划可以像项目预算一样进行比较。根据工作要素、工作包、任务以及完整的项目对实际进展情况与计划情况进行比较，以便找出问题并采取纠正措施。对落后于进度计划的那些任务可以通过追加额外的资源来加快其进程，这些额外的资金可能来源于预算储备金或者那些进度提前的任务。

6.5 制订项目范围计划

制订项目范围计划就是编写一个书面的项目范围综述文件，这个项目范围综述文件将作为未来项目阶段性决策的基础和依据。在项目范围计划中应该包括用来度量项目或项目阶段是否成功的标准和要求。当然，制订项目范围计划也包含着范围核实确认过程。

对一个项目或子项目而言，一份书面的项目范围计划是必需的，这一计划应该得到项目主要利益相关方的核实确认。例如，一个承发包的工程项目必须有相应的承发包合同，这种合同中必须有项目范围计划或项目范围综述文件，这种综述文件明确界定了该项目的任务范围和工作边界。项目范围计划（或叫项目范围综述）构成了项目实施组织与项目发起人/客户之间达成协议或合同的基础，其内容包括对项目目标、项目产出物和项目工作范围等的全面说明和描述。

在上述需求收集、范围定义和工作分解等工作的基础上，如果项目范围计划中的全部要素都已经具备或明确了，那么制订项目范围计划的过程就相当于编制一份书面文件了。例如，如果在项目建议书中已经全面地描述了项目产出物，而在项目说明书中已经明确定义了项目的目标，那么将这两部分文件的相关内容进行汇编，再增加其他内容就可以编制出一份项目范围计划了。

6.5.1 编制项目范围计划的依据

在选择和定义项目的过程中，所有给定的项目产出物描述和项目说明书及其相关信息都是编制项目范围计划的依据。项目组织可以根据这些信息运用各种分析和评价方法与工具，通过对项目各种备选方案的分析和评价，选定最满意的项目实施方案，然后根据选定的项目实施方案编制出项目范围计划。

编制项目范围计划的依据还包括有关项目和项目产出物描述的各种支持细节文件，以及在项目起始阶段所明确和定义出的各种项目限制条件和项目的假设前提条件等方面的信息与资料。

6.5.2 制订项目范围计划的方法和工具

在制订项目范围计划时需要使用各种方法和工具，这些方法与工具主要包括下述4类。

1. 项目产出物分析方法

通过对项目产出物的分析，可以使项目发起人/客户与项目组织形成对项目产出物的准确和共同的理解，从而指导人们编制项目范围计划。项目产出物分析方法包括系统分析方法、价值工程方法、价值分析方法、功能分析方法和质量功能配置技术等一系列的方法和技术。只有使用这些不同的方法和技术，从不同的角度对项目产出物进行全面的分析和界定，才能更好地指导项目范围计划的制订。

2．收益/成本分析方法

收益/成本分析方法是指对不同的项目备选方案进行各种成本和收益的识别与确认，和对项目方案的成本（费用）与收益（回报）的全面评估的方法。其中最主要的是从项目发起人/客户的角度出发的项目财务评价方法，它使用项目投资回报率、项目回收期等财务评估指标去确定备选项目方案的经济性。使用这种方法可以确定出哪个项目备选方案更为经济合理，这对编制项目范围计划有很重要的指导意义，所以它是项目范围计划编制中必要的方法。

3．提出项目备选方案的方法

在项目范围计划的编制中，首先需要提出各种各样的项目备选方案。有许多管理技术和方法可以用于提出不同的项目备选方案，其中最常用的管理方法和技术是"头脑风暴法"和"横向思维法"。

头脑风暴法是一种有利于创造性思维的集体思辨和讨论的会议方法。在典型的头脑风暴法讨论会中，一般是 6～12 人围坐在桌旁，一个主持人用简单明了的方式把问题提出，让每个人都了解问题之后，在给定的时间内，通过大家自由发言，尽可能多地想出各种解决问题的方案。在这种会议过程中，任何人都不得对发言者加以评价，无论是受到别人启发而提出的观点，还是自己提出的稀奇古怪的观点，任何人都不允许对其进行批评。所有提出的方案都需要记录在案，直到最后，大家再来一起分析和评价这些建议和方案，从而找出可行的项目备选方案。

传统的思维方法多数是纵向思维的方法，纵向思维方法是高度理性化的，是一个逐步深化的思维过程，每一步与前一步都是不可分割的关联环节。在这一过程中，每一步都必须正确有序。横向思维则没有这种限制，它不要求人们按照一种模式或程序去思维，而要求人们打破原有的框框，重构一种思维模式。它要求在处理问题时人们也可以不从初始状态入手（即从分析问题入手），而且可以从解决问题的办法入手。例如，一个管理者可以根据项目的工作任务去考虑项目的备选方案，然后再倒推出要实施这一项目备选方案所需的资源和前提条件等。

4．专家判断法

在制订项目范围计划的过程中，常常需要使用专家判断法。因为有许多项目范围界定问题涉及项目所属专业领域的专家知识，不管是对项目产出物的描述还是对项目目标的确定都会涉及许多专家知识。当制订项目范围计划时还需要有一些项目管理专家提供项目管理方面的专家知识，所以专家判断法也是项目范围计划制订中经常使用的一种方法。

6.5.3　制订项目范围计划的工作结果

项目范围计划工作的结果主要是生成三个界定项目范围的文件，其一是项目范围综述（项目范围计划的主体部分），其内容包括项目理由、项目内容、项目产出物、项目目标等;其二是项目范围综述的支持细节,其内容包括已识别项目的假设前提和限制条件,可能出现的项目变更等;其三是项目范围管理计划,其内容包括项目范围变更的可能性、频率和变更大小的估计,范围变更的识别及分类说明,项目范围变更的管理安排等。这三个文件是项目后续阶段管理的重要指导文件。

1. 项目范围综述

项目范围综述是未来项目决策的主要依据。项目范围综述在一定程度上能够保证本项目所有的相关利益者对于项目的范围有一个共同的理解。随着项目的展开,项目范围综述可能需要修改或者更新,以便及时反映项目范围的变更情况。项目范围综述应该包括以下内容。

(1) 项目的理由

这是对项目成立的理由所做的全面描述,即对于项目能够满足各种需求的综合说明。在项目后期阶段对项目活动进行界定和取舍时,项目理由是评价项目活动合理性的根本依据。

(2) 项目产出物

这是有关项目产出物的简要描述,是一份简要罗列项目产出物构成的清单和说明。从项目范围计划的角度出发,如果提供的项目产出物符合这类描述,就标志着项目已经完成。需要注意的是,任何为业主/客户额外提供的项目产出物都不应该包括在项目范围计划之内,任何未指明要提供的项目产出物均应该排除在项目范围计划之外。

(3) 项目的目标

项目目标是指完成项目所必须达到的标准和指标。项目目标必须包括项目成本、项目进度和项目质量等。任何一个项目目标都应该包括其属性(如成本)、计量单位(如人民币元),和绝对或相对的指标值(如少于 150 万元)。项目目标中那些不可量化的目标(如项目发起人/客户满意度等)往往会导致一定的项目风险。具体而言,一个项目的目标主要包括:项目产出物的各种属性指标、项目的工期指标与项目阶段性里程碑、项目产出物的质量标准和项目的成本(造价)控制目标等。另外,在一些专业应用领域中,项目产出物本身就被称作项目目标,而项目工期、成本、质量等被叫作项目的关键成功因素。在这种情况下,需要特别注意概念的转换,以使项目的范围计划意义明确。

为了使项目目标能够有效,项目发起人/客户和项目组织以及所有的项目风险承担者都必须正式地认可和同意既定的项目目标。通常,由项目经理创建的项目目标文档应该成为项目最重要的项目文件。在这一文件中,项目目标的界定必须明确,项目目标的指标值必须明确规定,而且必须可行、具体和可以度量。不可度量的项目目标会给项目带来各种各样的风险,所以一定要避免模糊不清的项目目标。例如,"建成一所房屋"这类项目目标就太模糊了,因为人们在"建成"的意义上可能会存在不同的理解。例如,究竟是指完成了房子的土建工程,还是包括完成项目的安装工程,还是进一步连房子的装修工程也一起完成? 较好的项目目标描述应该是:"用 150 万元,根据第 16 种型号的楼面布置图和说明书,在 6 个月之内建成这所房子的土建和安装部分,不包括室内装修。"这样,项目发起人/客户与项目组织就不会在项目目标问题上产生争议了。

2. 相关的支持细节

这是指有关项目范围综述的各种支持细节文件。这些支持细节中也包括所有已识别项目的假设前提条件和限制条件。项目范围综述的支持细节内容和详细程度会随项目的专业领域的不同而变化。项目范围综述的支持细节应以能够支持项目范围管理和有利于项目管理的其他过程使用和参考为原则来组织和编写。

3. 项目范围管理计划

项目范围管理计划文件主要描述如何控制项目的范围以及如何将项目范围变更进行集成管理。项目范围管理计划还应包括对项目范围变更的期望和确定性评估。例如,项目变更的可能性有多大,如何顺利实现项目的变更,以及变更的幅度有多少,等等。

项目范围管理计划也应该包括一个关于"如何识别和分类项目范围变更"的说明与描述。当项目产出物的特征还没有考虑成熟和完全定型时,要做到这一点是特别困难的,但是做好这件事情是特别重要的。例如,在一个建筑工程项目中,如果客户所要求的设计变更需要花费很少的资金,项目经理和客户就很容易批准这种变更;但是如果变更需要花费很大,则项目经理和客户必须根据项目成本、资源和其他因素重新评估项目的范围。

一个项目范围管理计划可以是正式的或非正式的、详细的或粗略的,根据项目需求的不同而不同。它是项目集成计划中的一个专项计划文件。一份精心准备的项目范围管理计划可以作为整个项目应急计划的基础和核心。

6.5.4 项目范围核实与项目范围控制

前述的过程属于范围规划和范围定义的过程,在项目范围计划基本完成后,需要对项目范围进行正式的认定,这个过程又称为范围核实。项目范围核实过程要保证项目的主要干系人,如项目客户和项目发起人等在这个过程中正式接受项目产出物(可交付成果)的定义。这个过程是范围确定之后、执行实施之前各方相关人员的承诺问题,一旦承诺则表明人们已经接受该事实,那么就必须根据自己的承诺去实现它。这也是确保项目范围能得到很好的管理和控制的有效措施。

项目范围控制前面也有提及,它是在项目执行过程中对项目范围变化的控制,可能与范围纠偏有关,但更多的是变更控制。范围变更控制是指对有关项目范围的变更实施控制。再好的计划也不可能做到一成不变,因此变更是不可避免的,关键问题是如何对变更进行有效的控制。要控制好变更必须有一套规范的变更管理过程,在发生变更时遵循规范的变更程序来管理变更。通常对发生的变更,需要识别是否在既定的项目范围之内,如果是在项目范围之内,那么就需要评估变更所造成的影响,以及应对的措施,受影响的各方都应该清楚自己所受的影响;如果变更是在项目范围之外,那么就需要商务人员与用户方进行谈判,看是否增加费用,还是放弃变更。项目所在的组织(企业)必须在其项目管理体系中制定一套严格、高效、实用的变更程序。在第 12 章中我们还会专门讨论如何对变更和范围蔓延加以控制。

6.6　案例讨论

【案例 6-1】

某钢厂的信息化建设非常落后,几乎没有系统硬件及网络平台;企业各业务部门的管理几乎都处于手工管理状态或信息孤岛状态,大大制约了企业管理效率和管理水平的提高,因此准备上一套 ERP 项目来改变现状。

A 软件公司中标了这个 ERP 项目。在项目实施中,采用了 SAP 公司的 ASAP 实施方法,并借鉴了其他公司的管理经验,进行了有效的项目范围管理。为了防范范围变更的风险,在项目组织、管理制度、实施策略及实施方法上制定了有效的项目范围管理方法,因而取得了良好的效果,在整个实施过程中,只在项目业务蓝图阶段发生过两次小的业务变更、一次大的业务变更,且并未对整个项目的实施进度产生重大影响。

A 项目组经过 4 个月的艰苦努力,为钢厂搭建了网络、硬件、软件平台(SAP 公司的),完成了 ERP 项目的建设。ERP 系统的建立使钢厂实现了对企业资源一体化的控制和管理,有效地提高了管理水平及管理效率,实现了企业的物流、信息流、资金流的高度统一。如此高效的项目实施效率得益于项目组全体成员和客户的努力工作,但有效的项目范围管理无疑奠定了项目成功的基础。

问题:

(1)项目启动阶段的范围管理方法有哪些?

(2)计划阶段的项目范围管理方法有哪些?

(3)各个阶段执行过程的范围管理方法有哪些?

【案例 6-2】

随着中国电信获得 3G 牌照,各地电信分公司开始启动 MBOSS(Management & Business Operation Supporting System,运营支撑系统)建设。信管信息集成公司高层认为这是公司发展业务的一个机遇,因为公司在 3G 和 MBOSS 系统的建设上有很多技术积累,有很强的技术力量,为了开拓市场,公司招聘了许多销售人员,经过简单培训后,他们就去参加各地电信公司的 MBOSS 系统投标,并且中标了某省电信公司的 MBOSS 系统的建设项目。

夏工承担了这个 MBOSS 项目的实施工作,他率领项目组进驻该电信公司开始实施项目。

随着系统实施,问题开始显现,项目组和电信公司就系统范围问题不断争论。夏工经过了解得知,原来公司的销售人员为了尽快签单,刻意回避了现在争论的问题,成为双方合作中的定时炸弹,同时,公司的销售人员并不十分了解 MBOSS 系统,甚至不了解本公司产品的功能,对行业存在问题的了解就更难说了。他们的主要特长是"关系学",在接触客户甚至签单的过程中,销售人员往往会过度承诺,他们关心的是"签单",也就是"成交",

而负责实施的项目组关心的是"客户满意",也就是"成功"。

问题:

(1) 说明夏工在项目范围管理方面遇到问题的可能原因。

(2) 说明项目范围管理如何处理好销售和实施的关系。

(3) 如果你是夏工,面对项目存在的问题,应当如何处理呢?

第 7 章

项目成本估算和预算

7.1 项目成本管理概述

成本管理(cost management)对项目的成功与否至关重要,它能够从各个方面反映项目的目标、任务说明和商业计划。成本管理包括对财务数据进行收集、成本核算与成本控制等,它需要记录财务报告信息,并以合理方式应用于项目中,以保证项目财务管理活动有条不紊地进行。其中,成本核算和成本控制是识别和控制项目成本的主要机制。

成本估算是决定一个项目是否可行的第一步,即项目能否盈利,它为项目提供了合理的预算基准计划,也即确定了项目资源(人力、物力),并按照资源在项目过程中的参与程度进行分阶段预算。成本估算与项目预算是息息相关的,将项目各个部分的成本估算整合成一个全面的项目预算文档,以实现项目跟踪和成本控制,是项目经理需要掌握的一项技能。

7.1.1 项目成本的来源

在项目的发起阶段,就需要识别和项目相关的所有可能成本,并编制发起建议书,以进行项目成本估算。虽然一个简化的成本估算模型只需要一个最后的概要数字,但是大部分客户希望清晰地了解项目是如何标价的,以及所有相关成本的详细列表。例如,一个建筑商可能只向潜在客户透露建筑总成本,但是客户很可能会要求分解为明细成本,以了解成本的可能流向。这需要我们首先把握项目的成本来源,一般包括以下 5 个方面。

1. 人工成本

人工成本是指项目雇用人员和支付工资所耗费的成本。这种成本会因为项目所需人才的类型(技术型、半技术型、体力劳动型)而变得复杂。项目成本估算至少要考虑员工的薪水、每小时工资率,以及其他日常开支,如养老金、医疗保险费等。要对人工成本进行合理的初始估算,还需要估计员工在项目中投入的时间。

2. 材料成本

材料成本是指项目团队为了完成任务而花费在具体设备和原材料上的成本。对建筑项目而言,材料成本相当高,包括木材、壁板、绝缘材料、油漆、铺路材料等。对许多其他项目而言,材料成本可能相对较低,例如,购买一个能快速编译计算机代码的软件包。同样,许多服务行业的项目,其材料成本可能很低甚至没有。有些材料成本可以反映在日常开支中,例如,大型计算机的使用费可以按照"已经使用"的方式预先提取。

3. 分包成本

当分包商为项目提供资源(包括咨询服务和专业技术)时,其费用就应纳入初始成本估算,并反映在项目预算中。例如,分包成本可能是雇用一个营销专员来设计促销计划的费用,也可能是工业设计师设计具有吸引力的产品包装的费用。

4．器材和设备成本

项目可能在远离公司办公室的地方进行,要求员工在别处工作,这样,办公室设备的租借费就包含在项目成本中。例如,在扩展时期,石油公司会定期派遣由四五个人组成的团队到主要分包商的总部工作。所有设备的租金和占地费用都是项目的成本。

5．差旅成本

如果有必要,差旅费用(汽车租赁费、飞机票、住宿费、餐饮费等)都应该作为项目预先提取的费用。

7.1.2 项目成本的类型

了解了项目成本来源后,对项目进行成本估算时,通常会根据项目成本类型与性质进行划分,如类型(直接成本或间接成本)、发生频率(经常性成本或一次性成本)、变动机会(固定成本或变动成本)、进度(正常成本或加速成本)等。

1．直接成本和间接成本

直接成本,是指直接分配到项目各个方面中所产生的成本,例如人工和材料成本。建筑工人的人工成本就是直接成本。但是,并非所有的人工成本都被视为项目的直接成本。例如,一些项目支持人员的成本可能没有直接分配在一个项目中。

在非工程性环境下,例如制造业,工人一般都被分配到指定的机床上,负责某些具体的操作或生产过程。这时,人工成本可以直接根据具体的工序来计算。计算直接人工总成本的公式可简化如下:

$$直接人工费率×总工作时间＝直接人工总成本$$

同样,只要确定了完成项目所必需的材料,就容易计算直接材料成本。例如,为300名宾客准备一个会议晚宴,其成本就可以精确地计算。在项目中,这些成本可以用一种系统的方式跟踪。例如,根据物料清单或销售收据制定项目采购单,这种成本就可以直接体现在项目中。

间接成本,是指生产费用发生时,不能或不便于直接计入某一成本计算对象,而需先按发生地点或用途加以归集的成本,它主要包括两个方面:日常开支和销售管理费用。其中,日常开支是一种最普遍的间接成本,对其进行估算比较复杂,它来源于间接材料、器械、税款、保险、道具、修理、设备折旧以及员工的医疗和退休补助等;销售管理费用则包括广告费、运输费、销售人员工资、销售佣金以及类似的费用。跟踪这些成本并不像跟踪直接成本那样容易,且不同组织的情况有所不同。有些组织会在直接成本的基础上按照一个固定的比例计算日常开支和管理费用。这个间接成本计算乘数的范围是20％～50％,还有些公司会逐个分析,将间接成本分摊到多个项目中。无论使用哪种方法,重点强调的一点是,成本估算既包括直接成本也包括间接成本。

2．经常性成本和一次性成本

按照发生的频率,成本可以分为经常性成本和一次性成本。一次性成本是指发生在项目开始或收尾阶段的一次性费用,例如市场调查、人员培训、(员工解雇后的)新职介绍等。经常性成本是指在项目生命周期中重复发生的费用。大部分的人工、材料、物流和销售成本都是经常性成本,这些费用预算在项目实施过程中占了相当大的比例。在预算管理和成本估算中,有必要重视经常性成本和一次性成本。在后面内容中将会看到,这对实施分阶段的预算非常重要,即将基准计划应用于项目费用估算的预算方法。

3. 固定成本和变动成本

在项目预算中,要注意区分固定成本和变动成本。固定成本,顾名思义,就是不随使用量变化的成本。例如,当租借大型设备时,租赁价格可能不会随着使用量的大小而提高或降低。一台机器,无论使用 5 小时还是 50 小时,租金都是相同的。项目经理在决定签署租借合同时,往往会考虑该设备创造的价值是不是大于其成本。变动成本是随使用量的变化而增加的成本,即它与使用程度成正比。例如,假设在一个开采项目中使用一台昂贵的钻孔机。钻孔机由于使用而受到磨损,尤其是在地理条件复杂的地方,磨损程度更严重。在这种情况下,它的变动成本与使用量成正比。有时候,变动成本还有多种类型,既有按固定比例变动的,也有按变动比例变动的成本。

4. 正常成本和加速成本

在项目的开始阶段,所有干系人对初始项目进度计划达成共识,正常成本是按照计划进度发生在项目工作中的成本。当然,计划进度也可以加快,但是加快进度会增加额外的成本。不过,这些成本都是以项目基准计划为基础的。加速成本是指在加快项目进度时所发生的计划外成本。例如,假设项目进度拖延,为了弥补失去的时间,管理层决定"赶工"。赶工过程中可能涉及的成本包括:员工加班、雇用临时员工、联系外部资源或组织的帮助等成本,在加速运送材料的过程中还会产生更高的运输和物流费用。

7.2 成　本　估　算

估算项目成本是一项富有挑战性的活动,它既讲究科学性,又讲究艺术性。成本估算有两条重要的原则,也可称之为成本估算法则:第一,在项目开始阶段各种成本定义得越清晰,成本估算出错的概率就越低;第二,成本估算越精确,制定一个能确切反映实际项目的预算就越容易,在预算范围内完成项目的可能性就越大。进行成本估算的关键点是基于成本分解原则识别各个成本项,即按照可交付成果和工作包将项目分解,估算每个任务的成本。例如,对于一个包含 4 个工作包的可交付成果,不是作整体的估算,而是分别确定完成每个工作包的成本,然后再估算可交付成果的成本,如表 7-1 所示。

表 7-1　分解项目活动以制定合理的项目估算

项目活动	估算成本/美元
可交付成果 1040——站点准备	
工作包 1041——调查	3 000
工作包 1042——功能安装	15 000
工作包 1043——站点清理	8 000
工作包 1044——碎片移除	3 500
可交付成果 1040 的总成本	29 500

7.2.1　成本估算方法

我们可以使用多种方法来估算项目成本,既有技术性方法,也有定量性方法。一般常用的估算方法有以下 4 种。

1. 粗略估算法

粗略估算法有时也称量级估算法,它主要应用在信息或时间不充分的情况下。公司常用这种方法进行资源需求估算,或决定是否为项目合同投标。例如,一家委托商列出项目招标邀请报价(RFQ),距离截止日期非常近。管理层可能没有时间对这家公司的要求和条件做出完整而精确的估算,但他们仍然可以使用粗略估算法来决定是否投标。粗略估算法的精确度一般是±30%。从这么大的波动范围可以看出,这种方法不适用于精确而具体的成本估算。

2. 比较估算法

比较估算法,是将类似项目的历史数据作为目前项目成本估算的依据进行估算的方法。例如,某公司定期进行参数成本估算,管理层以过去的工作数据为依据,用一个乘数代表通货膨胀、劳动力和材料价格上涨的影响,来估算目前项目的成本。但是有效的比较估算依赖于以前类似的项目和具体的项目数据,包括技术、预算和其他成本数据,根据通货膨胀率适当地调整成本也是很有必要的。要使比较估算法有意义,现在的项目和以前的项目之间应具有可比性。当比较两个项目的直接人工成本时,如果被比较的项目发生在国外,而那个国家具有不同的工资水平和日常开支状况,那么这种比较将毫无实际意义。有人认为,比较成本估算法的精确度不可能达到±15%,而事实上,在有些情况下,这种估计法很可能更加精确和实用。

3. 可行性估算法

这种估算法是以实际数据为依据的,也可以从最初的项目设计工作中获取数据。确定项目范围后,特别是在开始决定项目基准计划时,项目组织可以有一定把握邀请供应商或分包商报价。可行性估算法常用于建筑项目,因为在建筑项目中,根据估计的材料需求数量可以列出材料成本表,进而精确地估算各种项目活动的成本。由于可行性估算贯穿于项目的整个生命周期中,其精确度一般可达到±10%。

4. 最终估算法

最终估算仅在大部分的项目设计工作已完成,且项目的范围和内容明确界定以后才能进行。因为在这个时候,所有的主要采购单已提交,其价格和有效性已清楚明了,项目说明书中几乎没有模糊的部分,完成项目的步骤已确定,合理的项目计划也已出台。一般认为,成本估算应该随时间而改进,因为随着项目的进行,信息越来越多,不可解决的问题也越来越少。在项目完成时,估算应该正确地反映期望成本,除非有不可预料的情况发生。所以,最终估算的精确度可达到±5%。有些项目的边际利润可能非常低,例如,在固定总价合同案例中,项目组织假定完成项目的所有风险几乎都定义在该合同中。因此,成本估算工作做得越好,保持边际利润的可能性就越大。

那么项目经理应该使用哪种预算方法呢?要回答这个问题,就要考虑项目所属的行业、成本管理能力、成功的项目管理历史经验、过去完成类似项目的数量、项目经理的知识和才能以及组织的预算要求等要素。在有些情况下(如创新性的研发项目),其成本估算的精确度几乎不可能保证在±20%以内,而在事务型项目中(如组织一次会议或宴会),在项目的早期就能做精确性预算则是合情合理的。总之,项目成本估算关键在于项目的类型、制定成本估算的速度,以及管理层对成本估算的容错程度等,应选取合适的成本估算方法,并适当留有一些缓冲空间。当然,如果掌握的信息足够充分,项目团队就应该尽可能早地制定尽可能精确的成本估算。

7.2.2　成本超支问题

尽管项目管理能力不断完善,但现实中仍然有许多问题会影响到成本估算的合理性与准确性。创新型项目就是难以进行成本估算的典型。但是,即便是结构化程度很高的项目,例如建筑项目,也可能时常遭遇成本超支。成本超支的一般原因有以下 4 种。

1. 初始估算偏低

较低的初始估算是一把双刃剑,一般是由于对项目范围的误解造成的。在项目的开始阶段估算偏低,就会直接导致在项目的后期管理层无法满足事先所制定的成本约束。所以,初始估算偏低,可能是故意的(认为高层管理者不可能为预算太高的项目提供资金),也可能是无意的(由于估算错误或疏忽)。不论是哪一种原因,都会导致成本超支。初始估算偏低的另一个原因可能是忽略了项目与其他组织的关系。如果不考虑组织环境,只是单纯地列出项目活动的成本支出,这样其实是假设项目团队能够在一段不切实际的时间内完成任务。

较低的估算也可能是由企业的低估倾向造成的。例如,在有些组织中,员工们都知道,成本超支就像一个技术性的错误,并不会结束一个项目经理的职业生涯。因此,为了使项目获得批准,经理们普遍低估项目成本,而在项目实施过程中还要求补充资金,结果导致严重的成本超支。政策因素也会导致项目团队或高层管理者对成本过于乐观,从而减小初始成本估算,尤其是这些因素与希望的结果相悖时。

2. 无法预料的技术困难

成本估算中的一个普遍问题是预先假设技术困难会不多,也就是说,成本估算通常采用这样一种形式:"其他条件不变,这项任务要花费××。"事实上,其他条件不变的情况是很少的。一项估算要有意义,就必须严格发掘潜在的技术难题、初始运转问题或其他技术风险。不能否认的是,新技术、创新措施和技术进步常常伴随着设计和测试上无法预料的风险。这些风险有时候会导致巨大的财产损失,甚至是悲剧性的生命损失。

3. 范围边界模糊

项目范围定义不完善,往往导致项目的特色、目标甚至意图模糊不清。缺乏对项目的透彻理解很容易导致成本估算失败和惊人的成本超支现象。应该认识到,成本估算和预算过程必须严格遵守范围说明书和工作分解结构的要求。倘若这些步骤没有做好,则任何对项目成本的合理估算的尝试都是徒劳的。

4. 规格变更

项目管理中成本估算和控制的致命伤之一就是中途规格变更(亦称为"范围蔓延"),许多项目都出现过这种情况。例如,IT 项目就经常由于增加新的特性、重大改变和更新处理等要求而变得面目全非。面对项目范围和规范的突变，许多项目经常出现成本超支的现象也就不足为奇了。事实上，在很多公司，尤其是那些惯于中途调整项目范围的公司中，其初始估算成本很可能是毫无实际意义的。

此外，通货膨胀等宏观因素也可能导致项目成本超支，甚至是超支数倍，在成本估算时（尤其是项目涉及多国资源时）亦需要统筹考虑。

7.3   制定项目预算

制定项目预算的过程是估算、分析、直觉和重复工作的结合。预算的核心目标是支持项目的目标达成，而不是与之产生冲突。项目预算是一个计划，该计划需确定资源分配、识别项目目标并进行进度计划的编制，编制出的进度计划可以促使组织实现目标。有效的预算，需要部门目标与组织总目标相结合、短期要求与长期计划相结合、战略性的任务与基于要求的问题相结合。科学合理的预算需要由多种数据源汇集而成，并需要相关人员进行深入的交流。其中，最重要的是项目预算和项目进度计划的协同编制，因为有效的预算决定了项目是否能顺利进行。

项目预算是项目计划的基石之一，建议按照工作分解结构中的活动来编制。图 7-1 表示 WBS 可为项目的预算分配提供必要的资源，由此来支持项目计划。

图 7-1   WBS、进度和预算的关系

因此，制定项目预算需要考虑诸多问题、收集大量信息，需要通过一定的方法来完成，通常情况下大多采用自上而下、自下而上或基于活动的成本核算来完成预算的数据收集与编制。

7.3.1   自上而下的预算

它需要组织高级管理层的直接输入，实际上这种方法需要弄清高级管理层对成本管理的意见和经验。假设高级管理层具有过去项目的丰富经验，他们不仅能提供精确的反馈，还能为将来的项目风险做正确的估算。他们估算出项目的总体成本和主要工作包的成本。然后，这些项目规划逐层传递到下一级职能部门，因为这些部门能够收集到更具体的信息。沿着这个层级，项目被分解成更详细的部分，直到最终从事该工作的人员能够清楚每个任务的具体成本。

这种方法可能会在组织内部产生一定摩擦，既有高层与基层之间的摩擦，也有基层管理者之间的预算竞争。当高级管理层确立项目总预算时，他们实际是在孤注一掷地说："这是我们所有愿意花的钱。"

当然这种预算方法也有积极的一面,研究表明高层管理者的成本估算通常相对精确,至少在总量上是这样。以这个总量为基础,按照工作包和个人任务分配成本,这样预算和成本控制就得以顺利进行。例如,一个建筑承包商打算签订一个修建会议中心的合同,在知道建筑的特色、地点以及其他的施工阻碍和约束的情况下,他通常能够合理地估算建筑成本,根据这个总合同,按照自上而下的方法,所有的分包商和项目团队就能够制定各自的预算。

7.3.2　自下而上的预算

它主要是首先通过汇总工作分解结构中各项活动的成本,产生项目活动的直接和间接成本,继而汇总、完成预算制定。首先把各个工作包的成本相加,形成可交付任务,再把每个任务的预算加在一起,产生更高一级的工作项估算,这样把每个活动的总成本加在一起,最终完成整个项目的预算。

这种预算方法要求项目经理准备一份项目预算,这份预算确定了项目的各个活动,以及完成各个活动所需的资金。以这份预算为第一标准,职能部经理需要仔细制定本部门的预算文档,制定时既要考虑公司要求,也要考虑本部门的需要。这些信息最终递交给公司高层管理者,他们合并某些活动、消除重叠或重复计算的活动,并为项目制定最终预算。

自下而上的预算法强调编制详细项目计划是预算分配的第一步,尤其是工作分解结构,这种方法促进了项目管理者和部门领导人之间的协调,因为它强调针对不同的项目制定预算,在互相竞争资源的项目中,也能够使高层管理者清晰地区分先后次序。

这种方法的不足之处在于,它削弱了高层对预算过程的控制,他们只是预算的监督者之一,而不是直接发起人,这可能导致战略层和运作层之间的巨大差距。此外,这种自下而上的预算需要良好的协调,这是相当耗时间的,因为高层管理者需要不断调整,而基层管理者则需要不断重新提交数据,直到预算被接纳为止。

7.3.3　基于活动的成本核算

它建立在项目消耗活动、活动消耗资源的基础上,以活动为核心进行成本核算,继而完成项目预算编制。具体而言,它首先把成本分配给各个活动,然后按照每个项目所使用的资源,把成本分配给各个项目。主要包括以下 4 种过程。

(1)识别消耗资源的活动,将成本分配给这些活动。这一点与自下而上的预算相似。

(2)识别与各个活动相关的成本驱动因素。项目人员和材料,这些形式的资源就是关键的成本驱动因素。

(3)计算每单位成本驱动因素的成本率。例如,人工成本率就是每小时的人工成本。

(4)将成本率与成本驱动因素的单位数相乘,把成本分配给各个项目。例如,假设一名高级程序员的成本率是 40 美元/小时,她将在项目中工作 80 小时,项目的成本就是:40 美元/小时×80 小时＝3 200 美元。

需要说明的是,基于活动的成本核算,其核心是要求尽早识别成本驱动因素,并测量与制定合理的成本率,只有这样才能制定有意义的成本控制文档。

7.4 制定应急费用预算

应急费用(亦称应急储备金、管理储备金)预算设立的初衷,是为了应对这样的现象(在项目管理过程中经常发生),即:项目成本估算仅仅只是估算,而各种难以预测的事件经常会发生,致使初始项目预算不准确,甚至毫无意义(例如,一个建筑项目为挖地基制定了固定数目的预算,却意外发现严重的地面下陷或地下水)。同样,即便是在未知情况保持在最低限度的情况下,也不可能存在一个项目能在所有事件已知的情况下实施。制定应急费用预算就是分配额外资金以减少不确定情况带来的风险,并提高项目能在最初计划的时间内完成的概率。在确定了项目的所有成本之后,需要将一部分应急费用添加到项目预算中;也就是说,应急费用是项目的所有成本计算出来之后的额外预留缓冲资金。

以下原因可以证明为什么在项目成本估算中准备应急储备金是有意义的,而这些主要是由项目中的不确定性引起的。

1. 项目范围有变更的倾向

许多项目的目标是相对稳定但动态可变的,换句话说,从表面上看,项目的范围可能是清晰的、确定的,然而事实上,项目沿着生命周期进展时,外部事件或环境经常迫使项目团队修改或更新项目目标。例如,假设一个组织准备为商业音乐市场开发一种新的电子产品,不料在开发的中途,意想不到的事情发生了(新技术进步使得该产品过时)。除了放弃这个项目以外,还有一个建议,就是在项目实施过程中对产品设计进行更新。这种范围改变将会导致潜在的成本调整。

2. 墨菲法则永远存在

墨菲法则认为:如果事情有变坏的可能,不管这种可能性有多小,它总会发生。应急费用预算就是一种预见可能问题的重要方法,这些问题可能发生在项目的整个生命周期中。所以,从周全性和谨慎性上来说,制定应急费用计划并留足应急费用是有意义的。

3. 成本估算必须预见关联成本

一般的预算是把项目活动当成彼此独立的操作。所以,在新产品开发项目中,一般是对每个工作包制定离散的预算,包括产品设计、策划、加工等。但是,这种方法未能考虑这些活动之间的"关联"本质。例如,假设设计阶段需要设计师和工程师之间的反复沟通。设计师制订一系列的设计方案,把它们送到工程部门进行试验和质量评估。一旦发现问题,这些方案又被送回设计部,以便纠正。一个新产品的诞生,需要在设计和返工这两个阶段之间反复协调,这种协调成本通常不包含在标准的项目预算中。而应急费用预算,则需要考虑联系项目活动的返工循环。

4. 正常情况很少出现

项目成本估算通常预料的是"正常情况"。然而,许多项目却可能在任何情况下进行,唯独不是正常情况。资源的有效性和自然环境的影响,都可能是违背正常情况假设的方式。成本估算者假定项目活动所需的资源是有效的,但是,项目人员可能缺少,原材料可能质量低劣,期望的资金可能无法到位,等等。当资源缺乏或数量有限时,依赖于这些资源的项目活动通常会延误,结果导致额外成本。同样,在有些项目中,地理和环境因素也表明创造一个"正常的"项目环境是很困难的。例如,一个项目经理被派遣到印度孟加拉邦,以规划一个发电站。他刚到达目的地,却意外发现项目的拟定开始时间居然和每年的暴雨季节是同一时间。他到达建筑地后的第一个项目活动,就是花 3 个星期的时间,在建筑工地周围修建一座 5 英尺的堤坝和围堰,以确保不受洪水的威胁。当然,这个必要建筑的成本并没有考虑在初始预算中。

项目团队习惯把应急费用作为项目成本控制的缓冲器,但是,项目干系人,尤其是委托人很难接受这种方式。有些委托人可能会觉得这是在掩饰项目公司不良的预算控制,还有些委托人反对这种表面上看起来很随意的应急费用。争论的焦点是,项目活动应急储备金应该用在哪里,应用的标准是什么。问题虽然存在,但是使用应急储备金仍然有几个好处,包括:

(1)承认未来的不确定性,承认可能出现的问题对项目预算有直接的影响。有了应急费用,项目就能够减轻时间和资金变更带来的消极影响。

(2)公司为项目成本增加准备了供应计划。应急费用有时候被称为项目第一火警,应急费用的使用是获得增加合理预算批准的重要一步。

(3)为项目准备应急储备金,这其实是对可能的预算透支发出早期警报信号。当这种信号出现时,组织的高层管理者需要密切关注项目和预算变更的原因,并开始制订撤退计划,以防应急储备金不足以应付项目的超支状况。

成本估算和预算是项目控制的重要组成部分。对任何项目来说最明显的约束就是预算,所以,如何估算成本以及如何制定符合实际的预算,对有效的项目计划都是至关重要的。进一步说,防止预算超支的最好方式就是尽可能谨慎地制定成本估算,初始估算越谨慎,制定出反映项目真实成本的合理预算的可能性就越大。成本估算给项目团队提出了挑战,要求项目团队通过对估算方法的清晰表达,对项目成本提出合理的假设和期望。预算就是着重于项目成本,使之符合初始估算,它是系统安排项目费用的最好方法。总的来说,成本估算和预算要求每个项目经理不仅能熟悉技术挑战,而且能适应资金约束。

综合以上讨论,由于项目预算决定了被批准用于项目的资金,将根据批准的预算来考核项目成本绩效,因此项目预算编制的过程是一项极具挑战性的活动,它是综合所有单个活动或工作包的估算成本,建立一个经批准的成本基准的过程。其中成本基准中包括所有经批准的预算。一个科学的项目预算构成,一般包括如图 7-2 所示的几个方面。

项目预算		
成本基准		管理储备
未分配	已分配	管理储备
应急储备	已分配	管理储备
项目经理控制		管理层控制

图 7-2　项目预算的一般构成示意

7.5 案例讨论

【案例 7-1】

谈到项目的绩效，软件项目行业是最令人头疼的。斯坦迪什咨询集团（Standish Group）的研究表明，在大公司，按照进度计划和预算完成的 IT 项目不足 9%。其中，50% 以上的项目的实际成本是初始预算的 189%，而平均进度拖延 202%。显然，从成本估算和进度计划的角度来看，软件项目行业经常被不切实际的期望所困扰。最近，在投标软件项目合同的时候，美国联邦政府的几个部门要求使用构造性成本估算模型（COCOMO Ⅱ），尽管这对成本和时间管理有所帮助，但是，正确估计软件项目成本仍然是一个严重的问题。

Construx 软件公司（Construx Software）的史蒂夫·迈克康奈尔（Steven McConnell）在他的一本著作中披露了软件项目失败的几个主要原因，他认为项目失败的一般原因有：预算时间不充分和项目活动资助经常变更，而这些都取决于项目的大小。他把软件项目分为 6 个部分：①体系构造；②详细设计；③编码和调试；④开发者测试；⑤系统整合；⑥系统测试。迈克康奈尔认为，对于少于 2 000 行代码的小型 IT 项目，80% 的项目工作只包括 3 个活动：详细设计、编码测试以及单元测试（如图 7-3 所示）。但是，随着项目难度的加大，这三个活动所覆盖的项目总成本的比例却急剧下降。对于超过 128 000 行代码的项目，更多的成本耗费在体系构造、系统整合和系统测试上（约占总成本的 60%）。

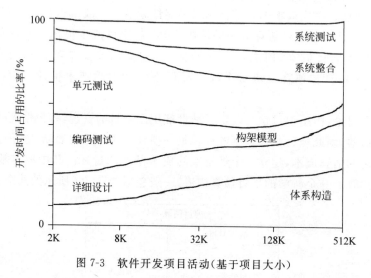

图 7-3 软件开发项目活动（基于项目大小）

这项研究结果表明，在估算 IT 项目每个部分（工作包）的成本时，估算者要考虑项目的大小。在包含几十万行代码的大型项目中，相对于实际构造成本（即设计、编码和单元测试的成本）而言，较多的预算应该分配在软件设计和测试上。

问题：

（1）你觉得软件开发成本估算和其他一些行业或者领域项目的成本估算的差异在哪里？为何软件开发的项目估算如此不靠谱？

（2）如果你是一名软件开发项目经理，为了更加准确地进行项目估算和预算，你会尝试哪些可能有用的措施或方法？

【案例 7-2】

2000 年 6 月，保罗大学毕业并获得工业工程学位。毕业后，他在 Percy 公司的制造事业部担任制造工程师。他的主要职责是为生产部门做估算工作。每个估算都要交由相应的项目办公室作为参考，估算程序记录显示了估算的有效性。

2005 年，保罗被提升为项目工程师，主要负责所有部门工作估算的协调。整整一年，保罗一直在学习，除了为办公室的人事经理进行估算外，他不做任何估算工作。毕竟，他现在是在项目的管理部门，那里的工作只是"协调与整合"之类的。

2006 年，保罗被调去做小规模项目的项目管理工作，这个部门是一个为运行低成本的项目而成立的新组织。问题是这些项目不能超出正式部门项目成本估算。其中有 5 个项目，保罗的估算都是"钱正好"。但是，进行第 6 个项目时，生产部超支了 20 000 美元。

2007 年 11 月，公司召开会议来解决"为什么会出现成本超支"的问题。参会人员有总经理、所有部门经理和总监、项目经理和保罗。保罗开始担心该怎么样为自己辩护。

问题：

（1）保罗曾将他的估算提供给职能经理吗？

（2）小项目的这种情况能否获得纠正？

（3）职能经理是否愿意使用部门内的资源为小项目定价？

（4）缺少规划和控制的项目，会如何影响项目的最终成果？

第 8 章

项目进度计划及工期估算

8.1 项目进度计划概述

项目进度计划编制是一项复杂的任务,它涉及一系列相关的活动。如果读者玩过拼图游戏,将有助于进行进度计划的编制,因为两者有类似之处。首先,需要设置好边界,然后在脑海中想象如何将这些已设计好的碎片有效地组合在一起,从而创造出一幅完整的图画。当边界已经成形时,就能够增加越来越多的碎片,并逐步构成整个图画的形状和形象。这种拼图游戏的每一步都依赖于前面已完成的工作是否正确,同样,进行进度计划的编制也是如此。为完成整个进度的安排,项目进度编制过程中就必须小心遵循已设置好的步骤,正如拼图游戏一样,只有按照正确的步骤一步步向前推进,最后才能得到完整、正确的图画,项目进度计划也需要按照既定的步骤进行。

项目进度编制技术是项目计划编制和后续监控的核心,是助力将项目目标转化为完成项目的可行方法,主要通过进度安排得到一个时间表,并条理分明地显示出项目之间的逻辑关系。通常情况下,需要阐述如何将一组已识别的项目活动(任务)通过具有逻辑关系的图表示出来,从而制订项目计划,促进项目目标的实现。同时这些活动本身有着明确的起止时间,也就是说除了识别活动的工时、工期等,还应该理清它们的先后顺序,亦即前置活动、后续活动。

为清晰表达上述活动的关系、合理推算与编制项目进度或工期等,多采用计划评审技术法(PERT)、关键路径法(CPM)或将两者结合起来使用。而项目进度计划的合理性取决于网络图的绘制、活动历时估计及关键路径确定的可靠性。

8.2 绘制网络图

在构造网络图之前,需要首先了解绘制网络图的一些简单规则,这些规则有助于更好地理解活动网络的逻辑关系。

构造网络图之前,必须先确定活动的优先次序,即所有的活动必须按照逻辑连接起来,一些是前置活动,另一些是后续活动。

(1) 一般而言,网络图的流向从左到右。

(2) 一项活动必须等到与它相连的所有前置活动结束后才能开始。

(3) 网络上的箭线代表优先次序和逻辑流向。箭线可以交叉,但为了使网络图更清晰,应尽量避免交叉。

（4）每个活动都应有一个唯一的标识与之对应,例如用数字、字母、编码等标识。简单起见,这些标识应该按照升序排列,即每个活动的标识都应大于其前导活动的标识。

（5）网络中不允许存在活动回路。

（6）虽然没有强制性要求,但一般用一个节点表示整个项目的开始,有时甚至可能有多个开始节点。项目结束的标识符也通常用一个节点表示。

了解了这些简单规则,也就弄清楚了建立网络图的基本原理。

8.2.1　标记节点

标记节点是指用一系列信息来清晰地标识代表项目活动的节点。如果节点包含了如下信息就非常有用:①标识符;②描述性标签;③活动历时;④最早开始时间;⑤最早结束时间;⑥最晚开始时间;⑦最晚结束时间;⑧活动时差。图 8-1 显示的就是在一个活动矩阵形框里面用这些信息来标记节点。选择用来标记节点信息的位置是任意的,并没有统一的标准。如图 8-2 所示的节点例子就是微软项目管理软件 MS Project 的一个标准输出文件,在这个例子中不仅显示了活动的开始时间和结束时间,而且还显示了负责该项目活动人员的名称。

最早开始时间	活动编号	最早结束时间
活动浮动时差	活动描述	
最晚开始时间	活动历时	最晚结束时间

图 8-1　活动节点的标签

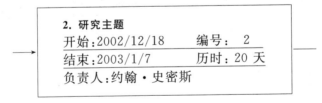

图 8-2　使用 MS Project 产生的活动节点标签

活动节点的完整标签使得应用网络进行计算更加容易和方便,如确定关键路径、活动时差、项目历时等。在项目开发早期构建项目网络图时,只要节点的标签完整,那么就可以迅速获取所有关于活动的必要信息。

8.2.2　串行活动

串行活动是指顺次从一项流向另一项的一系列活动。按照图 8-3 的逻辑,如果活动 A 没有完成,活动 B 就无法开始。而活动 C 则必须等活动 A 和活动 B 都完成后才能开始。串行活动网络是最简单的网络,因为它只需要连接顺序发生的活动。在很多情况下,串行活动网络是项目活动的典型代表。

网络逻辑表明：

活动 A 可以立即开始。

活动 B 必须等到活动 A 完成后才能开始。

活动 C 必须等到活动 A 和活动 B 都完成后才能开始。

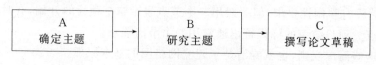

图 8-3   顺序连接的项目活动

8.2.3   并发活动

在很多情况下，如果资源能够满足多项活动同时进行，几项活动就可以同时进行。当项目允许多项活动同时完成时，这些活动就叫并发活动（见图 8-4），网络图中就出现了并行的活动路径。为成功地运作这些并发活动，项目必须配备充足的人员及其他资源，从而满足所有并发活动的需要。

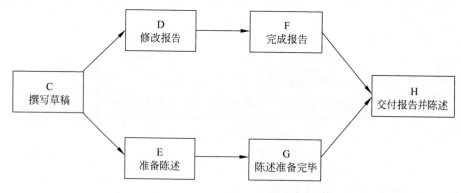

图 8-4   并行（并发）连接的活动

网络逻辑表明：

活动 D 和 E 必须等活动 C 完成后才能开始；

活动 F 在活动 D 结束后才能开始，并且与活动 E 相互独立；

活动 G 在活动 E 结束后才能开始，并且与活动 D 相互独立；

活动 H 需要等活动 F 和 G 都完成后才能开始。

8.2.4   汇聚活动

汇聚活动指那些有两个或多个前置活动的活动。图 8-5 是网络图的一部分，显示了汇聚活动是如何用图表示出来的。汇聚活动经常是关键连接点，在整个网络中有两条或多条并行的项目路径集中在一起。图 8-5 中的汇聚活动逻辑表明，活动 D 必须等所有前置活动即活动 A、B、C 完成后才能开始。汇聚活动的开始是所有前置活动具有最长历时活动的结束。例如，假设活动 A、B、C 开始于同一天，活动 A 历时 3 天，活动 B 历时 5 天，活动 C 历时 7 天，那么活动 D 的最早开始时间是第 7 天，即 3 个前置活动中最后完成的时间。

　　网络逻辑表明：活动 D 必须在活动 A、B、C 全部完成后才能开始。

8.2.5　发散活动

　　发散活动指那些有两个或多个后续活动的活动。图 8-6 就是一个发散活动的例子，活动 B、C、D 都是活动 A 的后续活动，这 3 个后续活动都需要等活动 A 完成后才能开始。汇聚活动的开始依赖于最长前置活动的完成，而发散活动的所有后续活动在其完成后同时开始。

　　网络逻辑表明：活动 B、C、D 依赖于活动 A 的完成。

图 8-5　汇聚活动　　　　　　　　　　　图 8-6　发散活动

8.3　活动历时估计

　　网络图构建后的下一步是估计活动历时，而这些活动的历时估计通常都是以正常工作方式下的正常工作时间为基础的。此外，尽管有些诸如过去的经验、对工作的熟悉程度等因素会影响这些估计的精确性，但不管怎样，活动历时本身就带有不确定性。

　　下面介绍估计历时估计的一些方法。

1. 过去的经验

　　如果组织之前有类似的项目经验，那么就可以用历史信息作为指导。这种方法相对简单，只需要回顾过去的类似项目，以历史信息作为基准。但是利用过去的经验进行历时估计存在一定的缺陷，因为它假定过去的情况到现在仍然会发生，而实际上，项目还会受到外界事件的影响，这些事件都是在一个特定的时间段内发生的。因此，利用过去的经验必须注意避免使用过时的信息。

2. 专家意见

　　很多时候，项目团队成员可能会向过去的项目经理或者相关领域的专家咨询，从而获得关于活动历时的准确信息。直观来看，这种方法是很有用的——需要解决什么信息，就向专家咨询这些信息。但是，这里必须准确地界定这个问题：谁才是真正的专家？因为只有真正的专家才知道完成项目活动的最简洁的方法、最佳的形式和最快的过程。此外还有一个问题，如果由非专家人员来完成同样的任务，那么专家对活动历时的估计是否仍然有效？答案不是绝对的，因此必须谨慎使用专家的意见。

3. 三点估算法

三点估算法是指在计算每项活动的工期时要考虑三种可能性,即计算最悲观的工期、最可能的工期、最乐观的工期,然后再计算出该活动的期望工期。它衡量的是完成某活动的平均工期,即有 50% 的可能性在该工期内完成。它通过考虑估算中的不确定性和风险,可以提高活动持续时间估算的准确性。这个概念起源于计划评审技术(PERT)。PERT 使用 3 种估算值来界定活动持续时间的近似区间。

最可能工期(t_M):基于最可能获得的资源、最可能取得的资源生产率、对资源可用时间的现实预计、资源对其他参与者的可能依赖以及可能发生的各种干扰等,所得到的活动持续工期。

最乐观工期(t_O):基于活动的最好情况,所得到的活动持续工期。

最悲观工期(t_P):基于活动的最差情况,所得到的活动持续工期。

PERT 分析方法对以上 3 种估算进行加权平均,来计算预期活动持续工期(t_E):

$$t_E = \frac{t_O + 4t_M + t_P}{6}$$

4. 参数估算

参数估算是指利用历史数据与其他变量(如建筑施工中的平方英尺)之间的统计关系,来估算诸如成本、预算和持续时间等活动参数。把需要实施的工作量乘以完成单位工作量所需的工时,即可计算出活动持续时间。例如,如果所用的资源每小时能够铺设 25 米电缆,那么铺设 1 000 米电缆的持续时间是 40 个小时(1 000 米除以 25 米/小时)。

参数估算的准确性取决于参数模型的成熟度和基础数据的可靠性。参数估算可以针对整个项目或项目中的某个部分,并可与其他估算方法联合使用。

8.4 确定关键路径

根据活动历时估计就可以开始确定关键路径了。关键路径将活动历时和之前构建好的项目活动网络联系起来。具体做法是,首先利用活动间的先后逻辑关系构建项目网络,接着进行项目活动历时估计,利用每项活动的历时估计值进行结构化计算,就能确定整个项目的历时。除了可以确定完成整个项目需要花多长时间,利用历时估计还可以发现活动的浮动时差(哪些活动可以延迟,哪些活动不能延迟),以及活动的最晚开始时间、最早开始时间、最晚结束时间和最早结束时间。

8.4.1 计算网络

绘制标有历时估计的网络过程是非常直观易懂的。一旦活动网络和历时估计在适当的地方确定下来,就可以进行网络计算了。下面举例说明(见表 8-1)。

使用这些信息寻找关键路径的方法分为两种:正推法,即从网络的第一项活动开始计算直至最后一项;逆推法,即从网络的最后一项活动开始计算直至第一项。正推法是一个逐步相加的过程,用来计算活动最早开始时间和最早结束时间。一旦完成了正推法过程,就可以知道完成整个项目需要多长时间。逆推法是一个逐步相减的过程,用来计算活动的最晚开始时间和最晚结束时间。正推法和逆推法都完成后,就能确定每项活动的浮动时差,最后得出项目的关键路径。

表 8-1　某项目所有活动及其历时估计一览表

活动	描述	紧前任务	估计历时/周	活动	描述	紧前任务	估计历时/周
A	签订合同	—	5	E	准备宣讲	B	6
B	问卷设计	A	5	F	结果分析	D	4
C	目标市场识别	A	6	G	人口统计分析	C	9
D	样本调查	B、C	13	H	向客户宣讲	E、F、G	2

图 8-7 所示为一个有 8 项活动的网络图,并为每项活动标记了历时。根据图中各活动间的先后次序,可以列举出从开始节点到结束节点所有可能的路径。这里,可以识别 4 条不同的路径,分别是:

路径 1:A→B→E→H

路径 2:A→B→D→F→H

路径 3:A→C→D→F→H

路径 4:A→C→G→H

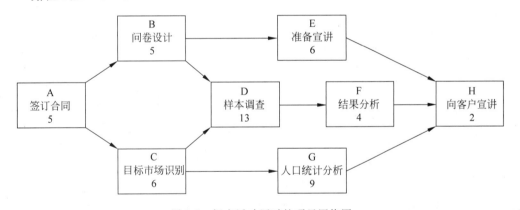

图 8-7　标有活动历时的项目网络图

因为已知每项活动的历时,通过这种穷举路径的方法也能够识别关键路径。关键路径是指"一个项目中从始点到终点的一系列相互依赖的活动,它决定项目的最短时间长度",而完成项目需要的最短时间长度由网络中的最长路径决定。通过将路径中各种活动的历时相加,就可以很容易地得到上面这 4 条路径的长度。因此有:

路径 1:A→B→E→H=18 周

路径 2:A→B→D→F→H=29 周

路径 3:A→C→D→F→H=30 周

路径 4:A→C→G→H=22 周

　　路径 3 连接了活动 A、C、D、F、H,历时 30 周,是历时最长的路径,因此是该项目的关键路径。

8.4.2　正推法

　　利用正推法计算出各项活动的最早开始时间和最早结束时间,从而可以向网络图中添加更多的信息。这是一个迭代的过程,每一个节点的计算都依赖于已得出的前置活动的信息。始点代表的活动 A 即签订合同,其开始时间为 0,也就是说可以立即开始。实际上,除非有特殊情况,一般都假设始节点代表的活动的开始时间为 0,即便网络中有多个始节点,即这些节点所代表的活动都没有前置活动,那么这些活动的最早开始时间都为 0。在正推法中,任何一项活动的最早结束时间(EF)都等于它的最早开始时间(ES)加上它的活动历时(ES+历时=EF)。例如,活动 A 的历时为 5,因此活动 A 的最早结束时间为 0+5=5。活动 A 完成后,活动 B(问卷设计)就可以马上开始,所以活动 B 的最早开始时间为 5,因为一项活动的最早开始时间等于其前置活动的最早结束时间,除非该活动是汇聚活动。类似地,活动 C 的开始也依赖于活动 A 的结束,因此活动 C 的最早开始时间也为 5。根据公式 ES+历时=EF,可以计算出活动 B 的最早结束时间,5+5 即 10。活动 C 的最早结束时间为 5+6=11。图 8-8 显示的就是在网络中正推法的部分过程。活动的 ES、EF 标在节点的上部,并且 ES 标在左上角,EF 标在右上角。

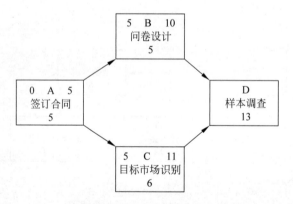

图 8-8　包括汇聚活动 D 的部分活动网络

　　第一个遇到的难点是活动 D,它是活动 B 和 C 的汇聚节点。活动 B 的最早结束时间(EF)为 10,但活动 C 的最早结束时间为 11,那么活动 D 的最早开始时间(ES)是多少?

　　为解决这个问题,首先了解一下正推法的规则是很有帮助的。应用正推法主要有 3 个规则。

　　(1) 将网络中各项活动的 ES 与历时相加即得到活动的 EF(ES+历时=EF)。

　　(2) 对于不是汇聚活动的那些活动,即只有一个前置活动的活动,该活动的 ES 等于其前置活动的 EF。

　　(3) 对于汇聚活动,该活动的 ES 等于其所有前置活动的 EF 中最大值。

　　根据这几个规则,应该选择活动 B 的 EF(10)或者活动 C 的 EF(11)中最大的一个作为汇聚活动 D 的 ES。因为活动 C 的 EF 较大,所以应选择活动 C 的 EF 作为活动 D 的

ES,即 11。针对汇聚活动的这条规则非常重要,因为 ES 被定义为一项活动能够开始的最早时间,当两个或多个前置活动有不同的 EF 时,后续活动必须等所有的前置活动全部完成后才能开始。所以,活动 D 不可能在第 10 周开始,因为活动 D 的前置活动 C 还没有完成。

继续利用正推法遍历网络,直至最后一个节点,即活动 H,这也是一个汇聚活动。活动 H 有 3 个前置活动:活动 E、F 和 G。活动 E 的 EF 是 16,活动 F 的 EF 是 28,活动 G 的 EF 是 20。因此,活动 H 的 ES 必须是最大的 EF,也就是 28。项目的最后长度就是 30 周。图 8-9 显示了整个网络的最早开始时间和最晚开始时间。

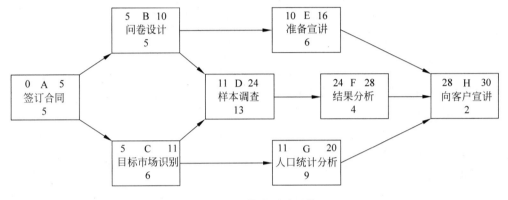

图 8-9　正推法活动网络

8.4.3　逆推法

前面已经得到了整个项目的历时长度,也知道了各个活动的最早开始时间和最早结束时间。下一步应用逆推法,就能识别关键路径和每项活动的浮动时差。与正推法不同,逆推法从网络的终点开始,逐步向前迭代,直至最开始的节点。逆推法的目的是确定每项活动的最晚开始时间(LS)和最晚结束时间(LF),求 LS 和 LF 是一个相减的过程。

在图 8-10 中,从网络终点活动 H(向客户宣讲)开始逆推。首先要填进该节点的是项目的最晚结束时间(LF),这个值等于项目的最早完成时间(30 周)。实际上,如果网络中有多个终点活动,即这些活动都没有后续活动,那么这些活动的最晚结束时间都是相同的,除了特殊情况,一般都等于项目的最早完成时间。此外,在逆推过程中,对任意一项活动,计算 LS 的公式都为:LF－历时＝LS。因此,活动 H 的 LS 等于 LF 与活动历时的差值,即 30－2＝28,所以,活动 H 的 LS 是 28,LF 是 30。这些值标在节点的底部,其中 LS 标在左下角,LF 标在右下角。因为后续活动的最晚开始时间就是前置活动的最晚结束时间,所以为了得到与活动 H 相连的 3 个活动(活动 E、F 和 G)的最晚结束时间,需要利用活动 H 的最晚开始时间值,也就是说,活动 E、F 和 G 的 LF 都是活动 H 的 LS,即 28。

从每项活动的 LF 值中减去历时,得到 LS。按照这个过程从右至左继续逆推。但是,与正推法在汇聚节点(活动 D 和 H)处遇到的问题类似,逆推法在发散节点处的计算也比较困难,这里包括活动 A、B 和 C。这 3 个活动后面有多条箭线发散出去,表明需要在多个选择中确定正确的 LF。正如前面定义的,发散活动指那些有两个或多个后续活动的活动。对于活动 B,活动 D 和 E 都是后续活动。活动 D 的 LS＝11,活动 E 的 LS＝22。

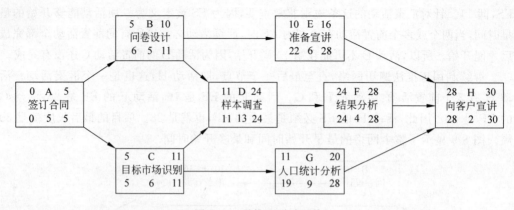

图 8-10 逆推法活动网络

那么应该如何为这些发散活动选择 LF 呢?

为了回答这个问题,需要了解逆推法的规则,如下所述。

(1)将网络中各项活动的 LF 和历时相减即得到该活动的 LS(LF−历时=LS)。

(2)对于不是发散活动的那些活动,即只有一个后续活动的活动,其 LF 等于其后续活动的 LS。

(3)对于发散活动,其 LF 等于其所有后续活动的 LS 中最小值。

根据活动 D,活动 B 的 LS 应该为 11 周。活动 C 的 LF 从 11、19 之间选择,正确的选择是 11 周。最后,活动 B 的 LS 为 6,活动 C 的 LS 为 5,因此活动 A 的 LF 为 5,LS 为 0。在每个节点上标记好 LS 和 LF 后,逆推网络的过程就完成了。

接下来就可以确定每项活动的浮动时差及网络的关键路径。浮动时差是指在不影响整个项目进展的前提下, 项活动最多能延迟的时间。活动的浮动时差可以使用如下两个公式计算:LF−EF=浮动时差,或者 LS−ES=浮动时差。例如,根据公式可以算出活动 E 的浮动时差为 12 周。假设最坏的情况下,活动 E 出乎意料的延迟了 10 周,直到第20 周才开始,而不是计划的第 10 周开始。这个延迟对整个项目的进度有何影响?答案是没有影响。因为活动 E 有 12 周的浮动时差,延迟 10 周并不会影响到整个项目的完工时间。但是如果延迟了 14 周结果又会怎样? E 活动的 ES 将变为 24,而不是计划的 10,加上活动历时(6 周),新的 EF 为 30。观察一下图 8-11 中所示的网络,可以看出这个延迟带来的影响。因为活动 H 是活动 E、F、G 的汇聚活动,这三者最大的 EF 就是最后活动的ES。活动 E 的新的 EF 为 30,这是 E、F、G 中最大的 EF,所以终点活动 H 的 EF=ES+历时,即 30+2=32。过度使用浮动时差使整个项目延迟了 2 周。

这里需要注意的一点是,活动时差是根据正推法和逆推法得到的结果计算得出的。如果关于 ES、EF、LS 和 LF 的计算未完成,就不能确定哪些活动有浮动时差、哪些活动没有浮动时差。利用活动时差可以找到项目的关键路径,网络中的关键路径是那些没有时差的活动组成的路径。在上面的例子中,将没有时差的活动连接起来就构成了关键路径:A→C→D→F→H。这个规则被违反的唯一情况是,有一个武断的不合理的值已经被用于项目中。例如,假设一个关键的最终期限在网络终点插入进来,作为最后一项活动的LF。根据正推法的计算,无论项目需要多长时间完成,如果这个插入进来的最终期限取

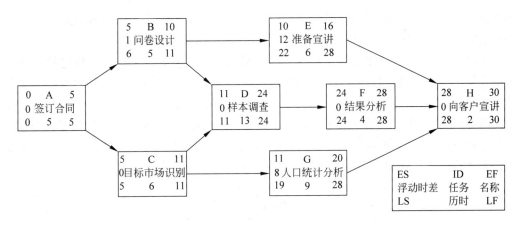

图 8-11　标有活动时差和关键路径的项目活动

代完成该项目的可能最晚时间,那么将可能出现负的时差。负时差指已经用完了所有可行的安全的时差,而必须面临整个项目的延迟。例如,一个高层经理单方面地设定了一个期限,要求上述项目必须在 28 周内完成,即活动 H 的 LF 为 28,那么项目关键路径上的活动将有 −2 的时差。但一般来说,通过强制削减活动历时比一开始就积累了负的时差要更好些。

　　计算出了各个活动的浮动时差,还可以确定每条路径的时差,即计算非关键路径的时差。路径 A→B→E→H 共有 13 周的时差。然而,即便非关键路径有非常大的时差,当非关键路径上的某活动与关键路径发生冲突时,也不能将该路径上其他活动的时差全部"借"给该活动。例如,尽管这条路径有 13 周时差,但是在活动 B 没有变成关键路径上的活动之前,并不能消耗多于一周的时差。这是因为活动 B 是活动 D 的前置活动,而活动 D 在关键路径上,如果活动 B 使用的浮动时间多于一周,那么将导致关键活动 D 的 ES 延迟,从而整个项目的关键路径长度也将增大,即延迟了整个项目的完工时间。

8.4.4　阶梯化活动

　　传统的网络图是基于这样一个假设:必须在前置活动完成之后,后续活动才能开始。但是,在有些情况下,可能一项活动只完成了部分,项目的其他活动就可以继续开展下去了,尤其是在那些历时长或者复杂的项目中。例如,开发一个订购报关系统的软件项目,该项目中的一项任务是开发 Visual Basic 源代码,将覆盖多个部门的系统子程序组合起来。一个标准的 PERT 可能绘制这样一个网络逻辑图:系统设计是编码的前置活动,编码又是调试的前置活动,如图 8-12 所示。

图 8-12　没有阶梯式活动顺序的 AON 网络

　　但是,迫于时间压力,必须高效利用资源,于是期望寻找一种流线型方法,或者制定一种更有效的顺序。将活动阶梯化就是这样一种技术，通过重画网络图，从而更接近项目子任务之间的实际顺序，保证整个网络更高效。图 8-13 显示的就是该软件开发项目的阶梯化网络图。为了简便，这里将系统设计、编码、调试都分成了 3 个子任务。构建的阶梯层数是分解活动得到的可行逻辑子步骤数目的函数。如果假定软件设计和编码有 3 个重要的子步骤，就可以指定一个阶梯化的网络，让项目团队在完成设计的第 1 步后，进入第 2 步的同时，编码的第 1 步就开始了。沿着阶梯化网络的步骤，当系统设计师准备进行第 3 步的时候，程序员开始编码的第 2 步，测试员则进入调试的第 1 步。阶梯化活动的整体影响在于使得活动连接和活动间的顺序呈流线型，从而使得项目资源被充分利用。

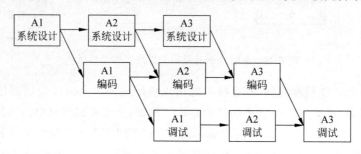

图 8-13　阶梯式的 AON 网络

8.4.5　集合活动

集合活动，是指在整个项目网络中把几项活动合成为一项活动。例如某企业需要一个外部顾问来控制库存系统升级软件开发项目中的编码活动，在网络图中可以使用一个集合活动来总括任务、历时和成本。之所以称之为集合活动，是因为它悬挂在顾问需要负责的活动下面，包括了这几项活动，并标有这些活动历时的综合，即集合活动可以代替这几项具体的活动。要计算集合活动的历时，首先需要识别它包括的所有活动，然后从最后一项活动的 EF 中减去第一项活动的 ES。在图 8-14 中，可以看到这个集合活动的总历时是26 天，代表了活动 D、E、F 各自历时的和，因为 D、E、F 的历时分别是 6 天、14 天和 6 天。

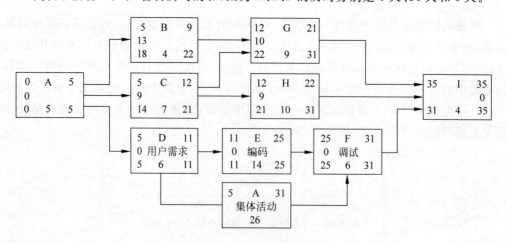

图 8-14　集合活动示例

集合活动能够让项目团队更好地将整个项目网络分解成几个逻辑单元,尤其对于极其复杂或者包括大量个人活动的项目而言,这个过程非常有价值。当项目预算需要在很多成本中心或部门进行时,使用这种方法也很有效。按照每个成本中心负责的成本预算活动,将活动集合成集合活动,可以使项目成本计算更简便。

8.4.6　缩短关键路径的方法

一般来说,在构建活动网络、得到预计的项目历时后,应该寻找方法缩短项目历时。为此,首先需要以一个开放的视角去评判这样几个问题:活动历时是如何被估计出来的?最初是如何构建网络的?指导网络构建的假设是什么?缩短关键路径可能需要许多不同的方法,但必须保证它们内部的一致性(例如,它们的联合影响并不能彼此抵消)和逻辑上的优先次序性。

表 8-2 中列出了缩短项目关键路径比较常用的方法,其中不仅包括那些针对整个项目网络的调整,而且也包括只针对单项活动的调整。

表 8-2　缩短关键路径的方法

序号	步骤描述	序号	步骤描述
1	减少关键路径上的活动	5	缩短早期任务
2	重新调整活动,变串行路径为并行路径	6	缩短时间最长的任务
3	重叠连续任务	7	缩短最容易的任务
4	缩短关键路径活动的历时	8	缩短成本最少的活动

这些缩短关键路径的方法如下:

(1)减少关键路径上的活动。项目中可能会出现这样的情况:关键路径上的某些活动并不是必需的,或者是可以移到具有浮动时差的非关键路径上的。这时可以通过删除或者转移的方法来减少关键路径上的活动。

(2)重新调整活动,变串行路径为并行路径。在一些情况下,项目中可能安排了过多的串行活动,而实际上很容易将一些串行活动调整为并行活动,从而可以删减关键路径上的串行活动,或者将关键路径变成并行的非关键路径。头脑风暴法可以帮助确定找到实现这一调整的具体方法。

(3)重叠连续任务。阶梯化是一种有效地将串行活动重叠的方法。与制定一系列线性的连续活动不同,阶梯化需要识别活动的子任务,即活动进行到哪一步时项目团队成员可以开始进行并行操作。

(4)缩短关键路径活动的历时。这种方法必须谨慎使用。这里隐含的问题是首先需要检查最初进行活动历时估计时的假设。β 分布的使用是否合理?活动历时估计是否被项目经理或团队夸大了?根据这些问题的答案,可能确实可以缩短关键活动的历时。然而,有时简单地进行定量历时压缩(例如,缩短 10% 的项目历时)会导致项目落后于进度计划。

(5)缩短早期任务。有时项目中的早期任务可以被缩短,因为早期任务经常比晚期任务做得更精确、更仔细。制订进度计划时,需要确定活动在将来哪一时间点发生,而这时存在更大的不确定性。一些项目经理发现,缩短早期任务可能风险更小,因为进度中的任何延迟都会影响到下游的活动。但是,任何时候缩短项目活动都需要考虑不良影响的可能,因为这些调整所带来的影响可能到项目后期才会体现出来。

(6)缩短时间最长的任务。有一种观点认为,缩短历时长的任务是一种相对的缩短。相对于历时短的活动,缩短历时长的活动带来的进度问题较少,因为在不影响整个项目的情况下,历时长的活动更容易被压缩。例如,一项活动历时 5 天,压缩 1 天即从历时估计中缩短 20%;而从一项历时 20 天的活动中压缩 1 天,实际上只压缩了 5%的时间。

(7)缩短最容易的任务。这里的逻辑是,根据项目活动的学习曲线,通过学习可以缩短活动历时。从成本和预算的角度来看,学习曲线将降低项目活动成本。对最容易的任务进行历时估计时可能会被高估,但实际上可以在不影响项目团队能力的情况下缩短活动历时,从而在更短的时间内完成任务。

(8)缩短成本最少的活动。在项目中加速任务的另一种方式是赶工。后面章节还将详细介绍项目活动赶工的过程。选择赶工的方法时必须仔细考虑时间/成本的权衡,从而以最小的成本换取更多的时间。

至此我们以网络图为例介绍了制订项目进度计划的基本步骤,包括确定构建项目网络的逻辑、计算活动历时估计以及将这些信息转化成关键路径图。这三项活动构成了项目进度计划的核心,可以帮助读者开始思考更深入的问题。

8.5 甘特图与进度管理

本章前面各节主要借助网络图进行项目进度计划的制订,并对工期进行估算。在项目进度管理中,甘特图也是一种常见的方法,它提供了一套显示项目进度信息的标准模式(是一个日历模式,其中列举了项目活动和活动的开始日期和结束日期)。有时甘特图也被称为条形图,因为在甘特图中活动的开始日期和结束日期都用水平横条来显示。利用 MS Project 软件可以很容易地绘制出项目的甘特图,好像和使用 MS Office 套件中的软件并没有太多不同,但事实上需要注意的细节还是很多的,很多项目管理基本理念、原则和方法都已经嵌入其中了,同时 MS Project 软件还提供了丰富的模板。图 8-15 就是用微软提供的模板所做的一个软件发布项目甘特图。一般而言,甘特图上的活动应该与工作分解结构中的活动相一致,而工作分解结构中的活动要与活动清单和里程碑清单相一致,所以大家可以注意到,在软件发布项目甘特图中包含了里程碑、总结性任务、每个任务的工期和表明任务关系的箭线等。

(1)黑色钻石符号代表里程碑。对于每一个大型项目来说,高层项目经理可能只想了解甘特图中的里程碑。MS Project 软件允许过滤甘特图中的信息,这样就能方便地指示特定的任务,如里程碑。

(2)两端带有箭头的黑色粗线条代表总结性任务。在大部分项目管理软件中,工作分解结构中的活动被称为任务和次任务。

(3)浅灰色的水平线代表了每项任务的工期。

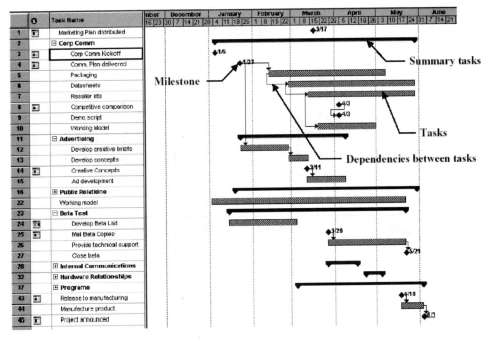

图 8-15　软件发布项目甘特图

　　(4) 连接这些符号的箭线表明了任务间的关系。通常甘特图不显示任务间的关系，这是它最大的不足之处。但如果把活动间的关系输入到 MS Project 中，软件也会自动地在甘特图中显示这些信息。

　　在上述的这些甘特图元素中，里程碑是一个进度表中相当重要的部分，尤其对于大型项目来说。许多人喜欢集中精力实现里程碑，所以可以通过设定里程碑来强调重要的事件和项目的输出。一般来说，可以通过输入零工期任务设定里程碑。在 MS Project 中，在"任务信息"对话框的"高级"标签中选择合适的选项就能把任何任务设定为里程碑。该任务的工期不会变为零，但在甘特图中会显示里程碑的符号，用来表示基于这个开始时间的任务。

　　而为了让里程碑更加有意义，一些人使用 SMART 标准来定义里程碑。SMART 标准(SMART criteria)是一种指导方针，按照该标准，里程碑应当具体(specific)、可测量(measureable)、可达成的(attainable)、符合实际(realistic)、有时间限制(time-based)。例如，如果每一个人都知道营销计划的内容，如何发布计划、发放多少份复印件、发放给谁、谁负责发放，那么发布营销计划就是具体的、可测量的和可分配的里程碑。如果发布营销计划这项任务可以实现并在合适的时间里安排，那么它就是符合实际且有时间限制的里程碑。

　　使用甘特图的主要好处在于，它提供了一套显示计划和实际项目进度信息的标准模式，比较容易理解和绘制。甘特图最大的不足在于，它在表达各活动间的关系上较弱。如果用项目管理软件绘制甘特图，并且活动间存在联系，那么活动间的关系也能被显示出来，但显示的方式与网络图所显示的方式截然不同。

8.6 案 例 讨 论

【案例 8-1】

小张是负责某项目的项目经理。经过工作分解后,此项目的范围已经明确,但是为了更好地对项目的开发过程进行有效监控,保证项目按期、保质完成,小张需要采用网络计划技术对项目进度进行管理。经过分析,小张得到了一张表明工作先后关系及每项工作的初步时间估计的工作列表,如表 8-3 所示。

表 8-3 工 作 列 表

工作编号	紧前工作	历时/天	工作编号	紧前工作	历时/天
A	—	5	E	C	5
B	A	2	F	D	10
C	A	8	G	D、E	15
D	B、C	10	H	F、G	10

问题:

(1) 根据表 8-3 完成此项目的前导图(单代号网络图),表明各活动之间的逻辑关系,并指出关键路径和项目工期(在图 8-16 中完成)。

ES	DU	EF
	ID	
LS		LF

图 8-16 网络图

(2) 分别计算工作 B、C、E 的自由浮动时间。

(3) 为了加快进度,在进行工作 G 时加班赶工,因此将该项工作的时间压缩了 7 天(历时 8 天)。指出此时的关键路径,并计算工期。

【案例 8-2】

一、背景

Sarah 的项目现在变得比她预想中更为复杂。Sarah 的公司有这样的规定,即项目经理在计划准备阶段就要被指定,以协助进行计划准备。如果公司能够签订合同,则他还需要在合同签订后担任项目经理。

通常,合同会在签订后的 1～2 周履行。这就很容易使项目员工配置工作成为项目经理的主要任务。这也会使公司在标书中包含详细进度表,进度表依赖合同将要分配给项目的资源水平制定。在计划准备阶段,职能经理会仔细考虑谁将在接下来的几周中被指派到该项目中,以及合理、准确地估计项目持续时间和在给定资源水平下所需的工作量。因为合同通常在签订两周内履行,而合同通常在计划提交后的一周内签订,所以计划中的进度与实际项目的进度几乎一致,不会发生太大的改变。整个过程都基于资源的实际可获得性,而不是职能经理假设资源无限和使用不同的估计技术。

这种方法在大多数项目上都有很好的运用效果,然而 Sarah 的项目是在合同签订后 3 个月才开始推进的。对于项目经理来说,这为持续时间和工作量的估计带来了困难。估计不确定从现在算起的 3~4 个月后谁可以被指派到项目中,也不确定计划中应该使用什么类型的进度表。

Sarah 知道其中的风险。当 Sarah 的项目开始进行计划准备时,职能经理假设该部门中平均员工数可以在履行合同时被指派到该项目中,工作量和持续时间也根据平均员工估计。合同开始履行后,如果有超过平均数的员工被指派到该项目,那么 Sarah 的项目的进度可能加快,同时她应该保证成本不会超支,因为所有员工的工资将比之前预估的多;反之进度可能延后,Sarah 不得不寻求可以压缩进度的技术,同时希望不会带来附加成本。

二、合同签订

Sarah 的公司签订了合同,虽然 Sarah 心里希望公司得不到这份合同。正如预计的那样,合同从现在开始的 3 个月后开始履行。这为 Sarah 制造了麻烦,因为她不知道什么时候开始准备详细的进度表。职能经理告诉她,只有在实际旅行日期前的 2~3 周,她才有可能根据有限资源的可获得性得出持续时间和所需工作量。资源在几个项目中使用,并且许多项目都遇到了困难。Sarah 担心更糟糕的情况会出现,即实际完成日期比计划日期更长。Sarah 很不乐意向客户解释,除非不得不解释。

三、履行日期临近

履行合同的日期逐渐临近,Sarah 和职能经理讨论了资源问题。遗憾的是,她最担心的事情发生了,那就是公司只能向她提供低于或等于平均员工数的资源。因为最好的资源正在其他项目中使用,他们没办法投入到她的项目中。

根据职能经理提供的工作量和持续时间,Sarah 准备了新的进度表。令她懊恼的是,她至少会令这个 4 个月的项目延迟两周交付。客户需要知道这个信息。告诉客户之前,Sarah 决定寻找压缩进度的方法。加班是一种方法,但是 Sarah 明白加班会让员工精疲力竭,提高出错概率,并且员工也确实不想加班。因为没有别的资源可用,因而想通过增加资源来加快项目的完成是不可能的。由于工作说明中包含了客户提供的所有信息,客户不允许将工作外包给第三方,所以外包部分工作也是不可能的。又因为工作属性,进行并行工作也是不可能的。指定资源能够支持工作提前完成是有可能,但是 Sarah 相信进度延迟在所难免。

四、决策时间

Sarah 不得不就什么时间及如何告诉客户即将发生的进度延迟做出决定。如果她立即告诉客户真相,客户可能理解,但会怀疑她的公司在计划中存在欺骗行为,这将使她的公司难堪。如果她推迟告诉真相,那么她还有机会按照原计划的进度完成项目,只是机会渺茫。如果她在最后一分钟才告诉客户进度延迟,客户可能损失惨重,同时公司也难堪。

问题：

（1）案例中的情形是不是许多公司的常见情形？

（2）对于履行日期在签订日期之后几个月的合同，是否可以通过在竞标时制定政策来缓解这种现象的发生？

（3）让客户确信竞标期间的进度表只是一个粗略计算，而最终的进度表可以在合同开始履行之后制订，这可能吗？

（4）本案例中考虑的进度压缩技术有哪些？有没有 Sarah 未考虑到的？

第 9 章

项目质量管理

9.1 项目质量管理概述

项目质量管理包括执行组织确定质量政策、目标与职责的各过程和活动,从而使项目满足其预定的需求。它通过适当的政策和程序,采用持续的过程改进活动来实施质量管理体系,需要兼顾项目管理与项目产品两个方面。项目质量管理的核心是确保项目达成的产品、服务或结果具有符合要求和适用性两个原则。其中,符合要求是指项目的实施过程和产品符合事先确定的细节;适用性是指一种产品可以按其设计意图加以使用。

同时,做好项目质量管理还需要注意区分以下几个概念。

(1) 质量不同于等级,质量是一系列内在特性满足要求的程度,而等级是对用途相同但技术特性不同的产品或服务的级别分类。质量水平未达到质量要求肯定是个问题,而低等级不一定是个问题。例如,一个软件产品可能是高质量(无明显缺陷、用户手册易读)、低等级(功能有限)的,或低质量(具有许多缺陷、用户手册杂乱无章)、高等级(功能众多)的。项目经理与项目管理团队负责权衡,以便同时达到所要求的质量与等级水平。

(2) 精确不同于准确。精确是指重复测量的结果非常聚合,离散度很小;而准确则是指测量值非常接近实际值。精确的测量未必准确,准确的测量也未必精确。项目管理团队必须确定适当的准确与精确度。

在现代质量管理活动中还流行或遵循以下几个观点,这可以为我们把握质量管理提供必要的线索与方向。

(1) 客户满意。了解、评估、定义和管理期望,以便满足客户的要求。这就需要把"符合要求"(确保项目产出预定的结果)和"适合使用"(产品或服务必须满足实际需求)结合起来。

(2) 预防胜于检查。质量是规划、设计和建造出来的,而不是检查出来的。预防错误的成本通常比在检查中发现并纠正错误的成本少得多。

(3) 持续改进。由休哈特提出并经戴明完善的"计划—实施—检查—行动(PDCA)循环"是质量改进的基础。另外,执行组织采取的质量改进举措,如 TQM 和六西格玛,既能改进项目的管理质量,也能改进项目的产品质量。可采用的过程改进模型包括马尔科姆·波多里奇模型、组织项目管理成熟度模型(OPM3)和能力成熟度集成模型(CMMI)。

(4) 管理层的责任。项目的成功需要项目团队全体成员的参与,但是管理层有责任为项目提供所需资源。

一般而言,项目质量管理包括 3 个主要过程,如下所述。

(1) 质量规划。是指确定与项目相关的质量标准及实现这些标准的方式。将质量标准纳入到项目设计中是质量规划的一个关键部分。例如,对一个 IT 项目而言,质量标准就应当包括考虑系统成长,规划系统合理的响应时间,或确保系统提供持续准确的信息,而且质量标准也适用于 IT 服务,需要为求助台响应时间的长短设定标准,或为保修期内为项目硬件运送替代件花费时间的长短设定标准。质量规划的主要产出是质量管理计划、质量量度、质量清单、过程改进计划、质量基线及项目管理计划的更新。

(2) 实施质量保证。是指定期评估所有的项目绩效,以确保项目符合相关的质量标准。质量保证过程要负责整个项目的生命周期的质量。高层管理者必须带头正视所有员工在质量保证中所扮演的角色,特别是高级经理的角色。这一过程的主要输出是组织过程资产更新、变更请求、项目管理计划的更新及项目文件的更新。

(3) 实施质量控制。是指控制具体的项目结果,确保它们符合相关的质量标准,识别提高总体质量的方法。这个过程通常与技术工具及质量管理技术相关,如帕累托图、质量控制图及统计抽样。在本章后面有更多有关这些工具及技术的介绍。质量控制的主要输出有质量控制测量结果、确认变更、确认的可交付成果、组织过程资产的更新及项目管理计划的更新。

9.2 质量规划

今天的项目经理拥有广泛的有关质量的信息和知识基础,而做好项目质量管理的第一步就是做好规划。质量规划是指预见结果并为产生所期望的结果准备对策的活动。在项目质量规划中,重要的是为每个独特项目确定相关的质量标准,可以参考 ISO 系列标准或规范。此外,项目质量规划也强调针对纠正措施进行沟通交流,以确保质量管理易于理解,并且是完整的。

不同的项目在质量规划上还是有差异的,这很大程度上取决于项目的性质、范围及其明细程度等。例如,想完全弄清 IT 项目的绩效维度通常就非常困难,用户难以精确说明他们想要什么。在 IT 项目中影响质量的重要范围因素可能包括功能性及特性、系统输出、性能、可靠性、可维护性等。

(1) 功能性(functionality)是一个系统实现其预定功能的程度。特性(features)是吸引用户的系统特点。重要的是要分辨哪些功能和特性是系统必须具备的,而哪些功能和特性是可选的。

(2) 系统输出(system outputs)是系统能提供的屏幕显示和报告。重要的是要清楚定义系统的屏幕显示和报告是什么样子的,用户能否轻易阐述这些输出,用户能否以适当的形式得到他们所需的所有报告。

(3) 性能(performance)是指一种产品或一项服务满足顾客预期使用的程度。为设计一个高质量的系统,项目利益相关者必须提出许多问题。例如:系统应该能够处理多少数据及交易? 系统设计同时使用的用户人数应该是多少? 系统运转必须要有什么类型的设备? 不同环境下,系统不同方面的响应时间必须要多快?

（4）可靠性（reliability）是指在正常条件下，一件产品或一项服务的性能符合预期要求的能力。

（5）可维护性（maintainability）是指产品维护的难易情况。多数 IT 产品难以达到 100％的可靠性，但是利益相关者必须说明他们期望的是什么。例如：运行此系统的正常条件是什么？可靠性测试是如何进行的？为确保系统的可维护性，用户是否愿意系统一周内有几个小时不运转？提供帮助台（help desk）支持也属于一种可维护性功能，用户希望帮助台支持的响应有多快？用户可以感受系统失败的频率是多少？利益相关者愿意为更高的可靠性以及更少的失败支出更多的费用吗？

通常情况下，项目经理和他们的团队成员在决定项目的质量目标时会考虑所有项目范围问题，而项目的主要客户也必须认识到他们在定义项目的关键质量要求时所扮演的角色，并持续不断地将这些需要及期望传达给项目团队。多数项目的要求并不是确定下来后就不更改的，因此，对所有项目利益相关者来说，重要的是要共同平衡项目的质量、范围、时间及成本因素。然而，项目经理最终要对项目的质量管理负责。与此同时，项目经理还应该熟悉一些基本的质量术语、标准及资源。

需要说明的是，在质量规划过程中，可以尝试引进田口方法以通过控制源头质量来抵御大量的下游生产或顾客使用中的噪声或不可控因素的干扰。该方法是一种低成本、高效益的质量工程方法，它强调产品质量的提高不是通过检验，而是通过设计。其基本思想是把产品的稳健性设计到产品和制造过程中，提倡充分利用廉价的元件来设计和制造出高品质的产品，将品质改善的重点由制造阶段向前提升到设计阶段。

9.3　实施质量保证

为确保项目质量而制订计划是一回事，确保能提供高质量的产品、服务或结果则是另一回事。

很多企业理解质量保证的重要性，其所有部门全部致力于质量保证。它们有恰当合理的、详细的过程，确保其产品和服务符合各种质量要求。这些公司也知道必须以有竞争力的价格生产这些产品和服务。

高级管理人员及项目经理可通过做好质量保证工作来对项目质量施加最大的影响力。通常采用标杆管理的方式，通过与组织内或组织外的项目进行对比，例如对比他们的项目实践或者产品特性，为质量改进提供想法和建议。另外，鱼骨图也是很有用的工具，可以通过其发现质量问题的根本原因，帮助保证并改进质量。

此外，质量保证另一个重要的工具是质量审计或审核。质量审计是对具体质量管理活动的一种独立的结构化评审，这有助于确定可吸取的教训，并且可以改进目前和未来的项目绩效。在具体领域中具有专长的内部审计师或第三方组织都可以实施质量审计。质量审计可以是预先安排的，也可以是随机进行的。工业工程师通常通过帮助设计项目的具体质量量度，然后在整个项目进行中进行应用和分析量度，以此实施质量审计。

9.4　实施质量控制

实施质量控制,主要是持续观察纠偏或改良项目活动,确保项目的目标达成,核心是改进质量,并通过接受决定、返工及过程调整等方式来实现。

(1)接受决定。是指明确对作为项目一部分的产品和服务是予以接受还是予以拒绝。若接受,就认为它们是经过审定的可交付成果。若项目的利益相关者拒绝了作为项目一部分的一些产品或服务,那就必须返工。

(2)返工。是为了使不合适的项目符合产品的要求、规格或利益相关者的期望而采取的行动。返工通常会导致需求变更及经过批准的缺陷修复,而后者来源于建议的缺陷修复以及纠正或预防措施。返工通常花费巨大,因此,项目经理必须努力做好质量规划和质量保证工作,以避免出现返工现象。

(3)过程调整。过程调整通常通过质量控制测量来发现,一般会引起质量基线、组织过程资产及项目管理计划的更新。

9.5　质量控制工具及技术

质量控制的工具及技术很多,本节介绍几种常见的质量控制工具、统计抽样、六西格玛及测试,并阐释如何将它们应用于项目中。

9.5.1　几种常见的质量控制工具

1. 因果图

因果图也被称为鱼骨图或石川馨图。它将质量问题追溯至相应的生产运作中,换句话说,它能帮助我们找到问题的根本原因,可直观地显示各种因素如何与潜在问题或结果相联系,沿着其中的某条线不停地问"为什么"或"怎样",就可以发现某个可能的根本原因。

图 9-1 提供了一个因果图的例子,揭示了用户不能登录某信息系统问题的根本原因。它显示了产生问题的主要领域:系统硬件、用户硬件、软件和培训。这个图详细地描述了这些领域中的两个因素:个人用户的硬件和培训。例如,使用 5why 法,我们会首先问用户为什么不能进入系统,然后问他们为什么总是忘记密码,为什么他们没有检查保存密码的方框,等等。问题的根本原因对解决问题采取的措施具有重大的影响。如果因为电脑足够的存储器使许多用户不能进入系统,那么解决问题的方法可能是为那些电脑升级存储器。如果许多用户不能进入系统是因为他们忘记了密码,就可能需要有一个更快速且方便的解决方法。

2. 控制图

控制图是一种实时展示项目进展信息的图表,可以帮助用户判断一个过程处于控制中还是处于失控状态。当一个过程处于控制中时,这一过程产生的所有变量都由随机事件引发,处于控制之中的过程是不需要调整的。当一个过程处于失控状态时,这一过程产生的变量是由非随机事件引发的。当过程失控时,我们需要确认这些非随机事件的原因,

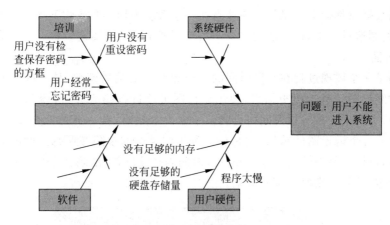

图 9-1　因果图示例

通过调整过程来修改或清除它们。例如,图 9-2 提供了一个生产 12 英尺尺子过程的控制图示例。假设这些都是木制尺子,由装配线上的机器制造。图上的每一点代表由装配线上下来的尺子的测量长度,纵坐标的范围为 11.90～12.10,这些数字表示尺子的上下规格限制。在本例中,这意味着客户已明确规定购买的所有尺子的长度必须在 11.90～12.10 英尺之间,也就是在 12 英尺上下 0.1 英尺之内。相应地,质量控制图的上下控制限制是 11.91 英尺和 12.09 英尺。意思是说,制造过程已设计为生产 11.91～12.09 英尺长度的尺子。查找并分析过程数据之中的规律是质量控制的一个重要部分,我们可以采用七点运行定律来观察状态、判断是否干预。该定律描述了这样一个现象,即:如果在一个质量控制图中,一行上的 7 个数据点都低于平均值或高于平均值,或者都是上升的,或者都是下降的,那么这个过程就需要因为非随机问题而接受检查。在图 9-2 中,违背七点

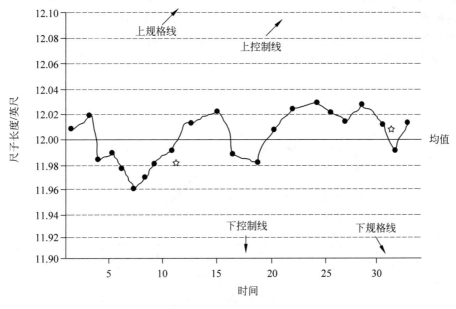

图 9-2　控制图示意

运行定律的数据点都标上了星号。应注意在一个系统中均上升或均下降的点中的第一个点，在尺子的制造过程中，这些数据点说明某个刻度工具可能需要调整。

3．运行图

运行图是一个展现过程在一段时间的历史和变化情况的模型，是一种按发生顺序画出数据点的线形图。基于历史结果，使用运行图可以进行趋势分析，预测未来结果。例如，趋势分析有助于分析一段时间内已确认了多少个缺陷，看一下是否有什么变动趋势。图 9-3 展示了一个运行图的示例，它是将 3 种不同类型的缺陷按照每月的缺陷数来绘制成图。注意，可以容易地看到缺陷 1 在一段时间内持续增长，缺陷 2 在开始几个月内下降而后保持稳定，缺陷 3 则每月都有波动。

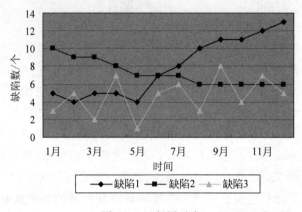

图 9-3　运行图示意

4．散点图

散点图可以显示两个变量之间是否有关系。一条斜线上的数据点距离接近，两个变量之间的相关性就越密切。例如，图 9-4 提供了一个散点图示例，其依次比较系统的用户满意度与应答者年龄，看其是否存在某种关系。例如，我们可能会发现，越年轻的用户对系统的满意度越低，并以此发现为依据做出决定。

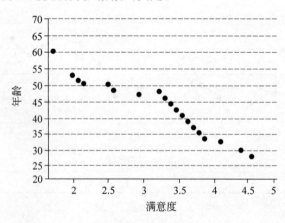

图 9-4　散点图示意

5．柱状图

柱状图是一种表示变量分布的条状图。每一竖条代表一个问题或情形的属性或特征，高度代表其出现频率。例如，图 9-5 示出了每星期收到的与系统相关的抱怨数制作成的一个柱状图样本。

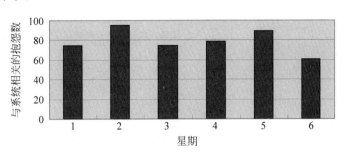

图 9-5　柱状图示意

6．帕累托图表

帕累托图表是一种帮助鉴别问题和对问题进行优先排序的柱状图，这一柱状图描述的变量是按其发生的频率排序的。帕累托图表能鉴别和解释一个系统中造成多数质量问题的少数重要因素。帕累托分析有时也称为二八定律，意思是 80％的问题通常是由 20％的原因造成的。例如，假定用户对某个系统的抱怨已有详细的历史，项目团队可以基于此数据制作一个帕累托图，如图 9-6 所示。注意，用户对登录问题抱怨的频率最高，其次是系统锁闭、系统太慢、系统难以使用及报告不精确。第一个问题的抱怨占总抱怨量的55％，第一个问题和第二个问题的抱怨累加起来几乎占到 80％，意思是这两个领域的抱怨量占总抱怨量的 80％。因此，公司应重点使系统容易登录，以改进质量，因为大多数抱怨源于此类问题。公司也应关注系统为什么会锁闭，因为图中显示报告不精确是一个很少提及的问题，所以在花费大量精力处理系统潜在的关键问题前，项目经理应该查明是谁对此有抱怨，也应该查出关于系统太慢的抱怨实际是由于用户不能登录还是由于系统锁闭了。

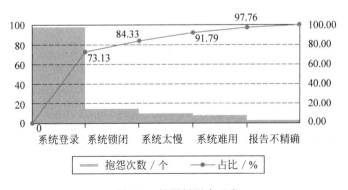

图 9-6　帕累托图表示意

7．流程图

流程图是过程的逻辑及流向的图形展示，可帮助分析问题是如何发生的，以及过程是如何改进的。它能显示活动、决策点及信息处理的顺序。图 9-7 提供了一个流程图示例，它显示了一个项目团队用于接受或拒绝可交付成果的过程。

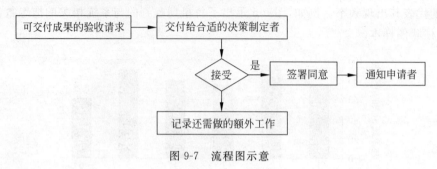

图 9-7　流程图示意

9.5.2　统计抽样

统计抽样是项目质量管理中的一个关键概念。在一个项目团队中专门从事质量控制的成员必须对统计有很深的了解，而其他团队成员仅需理解基本概念即可。这些概念包括统计抽样、置信因子、标准差及变量。标准差和变量是理解质量控制图表的基础性概念。本节将简单描述一下这些概念，并说明一名项目经理如何将其应用到 IT 项目中去。

统计抽样(statistical sampling)是指挑选一部分相关样本进行检查。例如，假定一家企业想开发一个电子数据交换(EDI)系统，处理其所有供应商的发货清单数据。再假定，去年的发货清单总数为 50 000 个，来自 200 家不同的供应商。重新查看每一单独的发货清单来决定新系统的数据需求是非常费时且昂贵的。就算系统开发商重新查看了所有200 份不同供货商的发货清单表，然而这些清单的数据可能是以不同形式登记的，因此也会造成统计上的麻烦。对总体中的每一个个体都加以研究是不切实际的，如所有的50 000个发货清单。所以统计学家们已开发出特定的技术，使我们确定一个合适的样本量就可以了。如果系统开发商使用统计技术，他们可能会发现，仅仅通过研究 100 份发货清单就可以获得设计系统所需的一个良好的数据型样本。

样本量取决于我们希望样本相对于总体的代表性程度。决定样本量的一个简单公式如下：

$$样本量＝0.25×(置信因子/可接受错误)^2$$

置信因子表示我们在多大程度上确信，抽样数据并不包含总体中非自然存在的偏差。从统计学书籍的相关表格中可计算置信因子。表 9-1 展示出了一些经常使用的置信因子。

表 9-1　常用的置信因子

可接受的置信度	置信因子
95％	1.960
90％	1.645
80％	1.281

例如，假定前面描述的 EDI 系统的开发商对于发票样本不存在偏差接受 95％ 的置信

度,除非这些偏差在全部发票的总体中就存在。然后计算样本量如下:

$$样本量 = 0.25 \times (1.960/0.05)^2 \approx 384$$

如果开发商接受 90% 的置信度,则计算样本量如下:

$$样本量 = 0.25 \times (1.645/0.10)^2 \approx 68$$

如果开发商接受 80% 的置信度,则计算样本量如下:

$$样本量 = 0.25 \times (1.281/0.10)^2 \approx 10$$

假设开发商决定采用 90% 置信度对应的置信因子,则他们需要检查 68 份发票,以确定 EDI 系统需要获取的数据类型。

9.5.3　六西格玛

六西格玛是达到、维持、最大化商业成功的一个全面、灵活的系统。实现六西格玛,要求创造性地密切了解客户需求,训练有素地使用事实、数据统计分析,以及认真关注管理、改进和再造业务流程。

六西格玛追求完美,其目标是每百万个机会中允许不超过 3.4 个缺陷、错误或过失。使用六西格玛进行质量控制的项目通常遵循一个五步骤改进过程,称为 DMAIC,代表定义、衡量、分析、改进和控制。DMAIC 是一个为实现持续改进而进行的、以事实为依据的系统循环过程。下面是对 DMAIC 改进过程每个阶段的简单描述。

(1) 定义(define)　定义问题/机会、过程及客户需求。这一阶段使用的重要工具有项目章程、客户需求说明书、过程图及客户反馈数据。

(2) 衡量(measure)　定义测量,然后收集、编辑和显示数据。

(3) 分析(analyze)　仔细检查过程细节以发现改进机会。为一个六西格玛项目工作的团队通常称为六西格玛团队。这一团队调查分析数据,以确认出现质量问题的根本性可疑原因,声明潜在的问题。

(4) 改进(improve)　产生改进问题的方法和思路。最终解决方法由项目发起人确定,六西格玛团队制订计划,并指导和测试此方法。六西格玛团队商讨试验测试的结果,如果需要则改进方法,然后在合适的地方实施此方法。

(5) 控制(control)　跟踪并核实改进之处的稳定性及解决方法的预测能力,控制图就是控制过程中经常使用的一种工具。

那么六西格玛质量控制有什么独特性呢?使用六西格玛与使用以前的质量控制措施有什么区别呢?很多人会想起过去几十年中出现的其他质量措施,如全面质量管理(TQM)及业务流程再造(BPR)等,许多六西格玛原则和工具起源于这些先前的措施。然而六西格玛原则中有一些新的观点,这些观点有助于组织提高竞争力和盈利结果,主要包括以下几点。

(1) 六西格玛要求全员参与。在一个欣然接受六西格玛原则的组织中,因为使用六西格玛,CEO、高层管理者及所有层级的员工都看到了组织绩效的显著提高。虽然会有巨大的培训投资,但是这些投资是值得的,因为员工实践使用六西格玛原则,所以可以以更低的成本生产出更高质量的产品。

(2) 六西格玛培训通常遵循"腰带"系统,类似于空手道课程,其中在每一培训层级中学员得到不同颜色的腰带。在六西格玛培训中,黄带级别的人接受最低层的培训,通常是对为六西格玛项目做兼职工作的项目团队成员进行 2~3 天的全天六西格玛培训。绿带级的人一般参加 2~3 周的全周培训。黑带级的人一般全职工作于六西格玛项目,并参加 4~5 周的全周培训。项目经理通常是黑带级别。黑带大师类是指有经验的黑带级别的人,他们是低段级别的人的技术和顾问。

(3) 成功实施六西格玛原则的组织有能力且愿意同时采用两个看似相反的目标。例如,六西格玛组织相信,他们有创造力,也富有理智,可同时关注宏伟蓝图和微小细节,可以在降低错误的同时更快地把事情完成。

(4) 对从中获益的组织来说,六西格玛不仅仅是一种活动或一项纪律,它也是一种运营哲学。这一哲学是以顾客为中心,提高质量水平,改进财务绩效。一个六西格玛组织会设定更高的目标,使用 DMAIC 来改进过程,实现超常的质量改进。

许多组织现在都在实施一些符合六西格玛定义的措施,很多六西格玛原则已不再是全新的,而所谓"新"是指把很多不同的主题、概念及工具放在一起融合为一个一致的管理过程的能力,这一管理过程可在整个组织的范围基础上予以使用。

9.5.4 测试

测试也是一种有效的质量控制手段,尤其是在 IT 类的项目中,许多 IT 专家把测试看作是临近 IT 产品开发末期的一个阶段。有些组织不是把各种力量投入到 IT 项目的合理规划、分析及设计中,而是依靠仅在产品装送前的测试来确保一定程度上的质量。事实上,做测试几乎贯穿系统开发生命周期的每个阶段,而不仅仅是在组织装送或将产品交付给顾客之前。

图 9-8 示出了描述系统开发生命周期的一种方法。这个例子包括了一个软件开发项目的 17 个主要任务,显示了它们之间的相互关系。例如,对每个项目而言,首先应该启动项目,进行可行性研究,再做项目规划。椭圆形阶段代表了实际的测试或任务,包括测试计划,以确保软件开发项目的质量。

(1) 单元测试。测试每一单个部件(经常是一个程序),以确保它没有缺陷。单元测试是在集成测试之前进行的。

(2) 集成测试。发生在单元测试和系统测试之间,检验功能性分组元素。它可以保证整个系统的各个部分能集合在一起工作。

(3) 系统测试。作为一个整体,来测试整个系统。它关注宏观层面,以保证整个系统能正常工作。

(4) 用户可接受性测试。在系统支付之前,由最终用户进行的一个独立测试。它关注的是系统对组织的业务适用性,而非技术问题。

为提高软件开发项目的质量,对组织来说,重要的是要遵循一套全面、严格的测试方法。系统开发者及测试人员也必须与所有项目利益相关者建立合作关系,确保系统能满足他们的需要和预期,且确保测试合理完成。如能成功地进行合理的测试,就会产生巨大的成本。

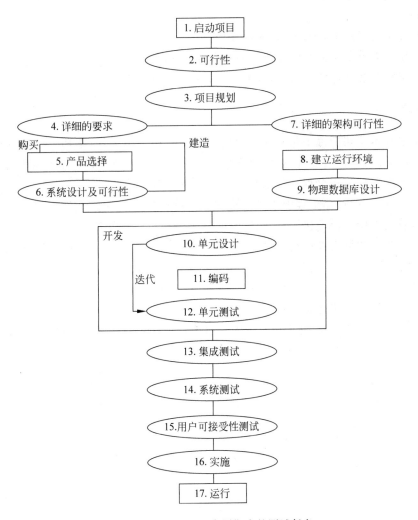

图 9-8　软件开发生命周期中的测试任务

9.6　案例讨论

【案例 9-1】

某信息技术公司是一个只有 20 来个技术人员的小型信息系统集成公司。公司已经运营了好几年,也积累了十多个项目的项目经验,但由于各项工作都不规范,以致公司陷入了"救火队"角色的困扰中。

公司领导决定改变现状,于是成立了以孟总为组长的质量改进小组,首先扩充了公司的技术人员队伍,并在招聘时注意人员结构,尤其是系统分析人员和项目管理人员的招聘。在招聘人员基本熟悉了公司环境后,就开始了一系列的质量改革。孟总委托新招聘的贺工负责公司的质量控制工作。

问题：

（1）为什么该公司会陷入"救火队"的角色？

（2）什么是质量控制？质量控制的基本方法有哪些？

（3）对贺工来讲，他应该怎样着手开始质量控制工作？

【案例 9-2】

某信息技术公司中标了某省级部门信息系统的第三期工程，本期工程预计耗资千万元以上，且部分为省级财政拨款，因此在项目实施中引入监理机制。该单位聘请某具有部级临时资质的监理公司全程参与信息系统的建设工作。

项目启动后，公司总工程师季工安排在招标过程中负责质量文件的侯工负责整个项目的质量管理工作。侯工接手后，第一时间开始了项目质量管理的启动工作。

侯工首先对招标文件进行了分析，并对公司以前项目实施过程中的质量管理总结进行收集，由此召开了一个由公司项目组成员组成的质量工作启动会。

问题：

（1）信息系统项目质量管理的启动工作中，如何理解项目干系人的作用？

（2）对这个项目来讲，侯工所召开的项目质量工作启动会还有哪些问题？

第 10 章

项目的资源配置

10.1 资 源 约 束

项目本身具有约束性或局限性,其中资源的可用性是项目所面临的最重要约束,包括资金和人员的可用性。初始的项目估算和预算是对项目资源的配置,因而在项目管理中是非常重要的步骤。当估算与预算被较好地执行时,才能保证项目推进过程中的资源需求得到满足。前面的章节中介绍了项目进度计划的编制,从中可以看出网络图的绘制、活动历时的估计和综合进度计划的编制都是在没有考虑资源可用性的情况下进行的,也就是说前面讨论的多为理想状态,并没有将资源可用性作为精确编制进度计划的先决条件。

如果项目确实有资源约束,那么在试图建立一个合理的项目进度计划时,就必须通过资源可用性的检验。因此,有效的项目进度计划编制是一个多步骤的过程。在构建实际的项目网络图后,下一步必须检查活动所需的资源,所需资源的可用性与项目活动历时有直接关系。这需要我们更加深入地理解资源计划与管理,理解资源管理如何与项目总体进度计划相适应,如何更加有效地制订计划并实际执行计划。

10.1.1 常见的资源约束类型

约束类型通常指项目实施过程中人力资源的可用性。正如第 8 章中提到的,尽可能多地将活动从串行路径转移到并行路径上是缩短项目历时的一种重要方法,这种方法的前提是假设员工能够同时参与多个活动的工作(并行工作的思想),在没有足够人员或其他关键资源的情况下,是不可能采取并行模式工作的。当项目没有考虑足够的人力资源时,人员很可能被分配了多项任务,他们需要长时间工作,却又不能得到充分的培训,于是项目团队就会陷入很被动的局面。因此,项目活动历时(经常是整个项目进度)和资源可用性之间的均衡是必须要考虑的。

在一些情况下,例如当公司试图获得可交付成果时,则需认真考虑项目中的物质约束。环境或契约的条款会产生一些真正"值得注意"的问题,例如,菲律宾政府决定在马尼拉市建设核电站,奇怪的是选定的建设地点却背靠纳蒂布山(位于市郊的一座火山)。电站开始建设时,环境保护论者立刻对这个方案加以谴责,因为他们认为地震活动会干扰核反应堆的运行系统并导致灾难性的后果。最后,达成了一个妥协的方案:将电站的能量来源由核能变为煤炭,即将核电站改成火电站。当时该项目面临众多反面事例的压力,其中最广为人知的是 1986 年发生的"切尔诺贝利核泄漏事件"。虽然这只是一个极其特殊的例子,但长期来看,该项目本身的难度,以及实施项目的危险或艰难的物理环境,都会导致许多实际的问题。在很多项目中,进行进度计划编制时必须考虑一种共同的资源——物资,这在实体建设项目中最为明显,如桥梁、建筑或其他的基础设施项目。显然,估计活动历时需要考虑的一个关键事项就是完成项目所必需的各种资源是否储备充足。

同时,绝大多数项目很大程度上受到固定预算的极大限制。是否有充足的运作资金决定了项目能否在允许的时间内完工,也决定了项目的成败。

一些项目需要使用专业的或特殊的设备,才能确保项目的成功。例如,设计一本新杂志时,项目团队需要配备具有强大绘图功能软件的高端电脑,才能绘制出炫目而有魅力的图案。设备计划编制也同样重要,当设备在部门之间共享时,就应该保证在项目实施时它是可用的。例如,在建造房屋的项目中,水泥搅拌机在地基挖掘后几天内必须准备到位。

10.1.2　时间与资源的稀有性

在时间约束型项目(time-constrained project)中,工作必须尽可能有效地在一个特定的时间或日期结束。如果必要的话,额外的资源将会添加到项目中,从而确保按时到达里程碑事件。虽然项目应该在尽量不使用额外资源的条件下完成,但相较于按时完工这个最终目标,后者通常更为重要。例如,进行特殊新商业产品上市的项目,以及延迟交付将会招致高额罚金的项目通常都是时间约束型的。

在资源约束型项目(resource-constrained project)中,工作不能超过组织事先确定的资源使用水平。当项目需要尽快完成时,速度并不是最终目标。推动项目的主要因素是使用最少的资源。在这些项目中,为平衡资源的过度配置,延迟项目完工日期是可以接受的。

在混合约束型项目(mixed-constrained project)中,主要受资源约束,但可能某些活动或工作包在很大程度上是受到时间约束的。例如,当项目某些组成部分必须满足严格的交付日期时,这些部分可以被认为是受时间约束的,但整体上仍是受资源约束的。在这种情况下,项目团队必须制订一个进度计划和资源管理计划,既要保证为某些任务的准时完工分配必要的资源,同时又要保证整个项目所使用的资源不超出预定的水平。

对于大部分的项目而言,都有一个主导的约束作为项目决策的最终考虑因素。关注关键约束是基于资源的还是基于时间的,以此作为主要出发点制订出合理的资源负载进度计划。通过资源负载进度计划反映项目成员的共同目标,并保证目标是可以实现的。

在项目活动网络图中编制最优资源计划并非易事。一方面,项目团队成员努力建立更有效的活动网络图,图中以并行方式安排活动,以尽可能地缩短项目历时;而另一方面,他们又不可避免地面临着这样的问题:为实现这些积极乐观的进度计划,如何寻找并提供必需的资源?项目经理经常会发现,需要根据资源可用性来调整进度计划,并试图为这些问题寻找最佳解决方案。这里,需要面对两个同样重要的挑战:①项目必要资源的识别和获取;②根据项目基准计划合理编制进度计划或排序。

10.1.3　在项目资源约束中工作

通过这个例子,我们将了解到,当项目团队管理项目资源时他们会遇到什么样的问题。根据表 10-1 提供的信息，可以创建一个简单的项目活动网络。图 10-1 所示即为该例的部分网络图，它是用 MS Project 软件创建的。从图中可以看出，前 3 个活动的历时都是 5 天，活动 B 和活动 C 同时开始，并且都是活动 A 的紧后活动。严格来说，从进度计划制订的观点看，这个排序是毫无问题的。但遗憾的是，项目经理设置好这个网络后，发现活动 B 和活动 C 都需要一种特殊技能，而项目团队中只有一个人具有这种技能。对于这个人来说，同时完成两项任务就需要大量加班，或者调整两项任务的预期完工时间。简而言之，因为在进度计划基准中的资源配置不合理，结果迫使项目团队必须做出权衡：要么在实施活动时增加预算成本，要么调整进度计划允许使用更多的时间，才能让同一个人完成这两项工作。任何一个选择都会耗费项目必须提供的两种资源：时间和资金。

表 10-1　活动顺序表

活　动	描　述	历时(天)	紧前任务	成员签名
A	发布标书	5	—	汤姆
B	文件获取	5	A	杰夫
C	成本计算	5	A	杰夫
D	选择中标方	1	B、C	休
E	项目开发	4	D	卡罗尔

识别项目活动中资源冲突的最好方法是使用资源负载图（下一节中将全面介绍）来分析项目基准进度计划中各项活动所需的项目资源。项目团队通过使用资源负载图，能够为工作编制进度计划，并检查确定项目活动资源需求时的逻辑是否正确。

图 10-1　存在冲突的活动网络

如果我们用 MS Project 软件来体现上图中的资源冲突，可以发现其输出文件突出显示了在 5 天时间内，杰夫必须每天工作 16 小时才能同时完成活动 B 和活动 C。因为在创建网络图时，进度计划没有充分考虑到其人力资源的局限性，项目团队面临着时间过度分配的问题。虽然这个例子很简单，但充分说明了在项目编制计划中将资源分配与活动网络计划编制结合的复杂性。

10.2　资 源 负 载

资源负载这一概念涉及大量的特殊资源,而这些资源是项目进度计划在特定时期所必需的。项目人员可以将特定活动甚至整个项目所需的资源加载到详细进度计划中。这一工作通常包括两项任务:创建整个项目的资源负载;识别每个单独任务的资源需求。实际上,资源负载的作用就是试图将合适的资源以合适的程度或数量配置到每个项目活动中。

图 10-2 中显示了表 10-1 所示实例更为详细的信息,如果将这个简单的例子与原来的项目活动网络和甘特图相比较,就可以看出,这些重要的初始步骤并不完整,除非为每个活动都分配了相应的资源。在图 10-2 中,杰夫被过度分配的问题可以通过增加资源来解决,例如指派新增的人员鲍勃负责文件获取这项活动。

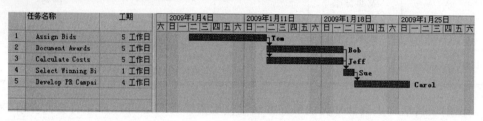

图 10-2　项目活动网络和甘特图示例

在完成工作分解结构的制定和活动网络的绘制后,建立资源负载表(有时也称资源使用日历)的实际结构就相对简单了。确认所有的人员并指定他们在每项任务中承担的相应的责任,然后就可以进一步了解每人每周的可用时间。可以使用 MS Project 模板创建资源计划表来反映这些信息(见图 10-3)。在资源负载表中,一般包括项目团队成员、任务分配和进度基准中的活动历时等信息。在该例中,可以重新分配人员处理每项任务,从而解决过度分配问题。团队成员会以全职(40 小时/周)分配到项目中,并且项目活动的时间约束负载与项目活动网络相符,这实质上是在资源负载表中进行时间调整。

Resource Name	Work
—Tom	40 hrs
Assign Bids	40 hrs
! —Jeff	80 hrs
Document Awards	40 hrs
Calculate Costs	40 hrs
—Sue	8 hrs
Select Winning	8 hrs
—Carol	32 hrs
Develop PR Campaign	32hrs

过度分配的资源负载

调整 →

Resource Name	Work
—Tom	40 hrs
Assign Bids	40 hrs
—Jeff	40 hrs
Calculate Costs	40 hrs
—Sue	8 hrs
Select Winning	8 hrs
—Carol	32 hrs
Develop PR Campaign	32 hrs
—Bob	40 hrs
Document Awards	40 hrs

调整后的资源负载

图 10-3　资源负载调整示例

对资源负载进行分析的优点极为明显,因为它能对项目团队的初始进度计划进行"事实检查"。当进度计划受到资源负载的约束时,团队就可以立即注意到人员的错误分配、团队成员的过度分配和在某些情况下必要资源的缺乏。因此,在初始项目工作分解结构和进度计划中,资源负载过程能够将计划中的明显缺陷加以暴露,然后项目团队和项目经理需要考虑的下一个问题是:如何更好地应对资源负载问题和其他项目约束?

10.3　资　源　平　衡

资源平衡(亦称为资源平滑)是处理多约束综合挑战的过程。在项目生命周期中,需要实施一系列步骤进行资源平衡,从而使资源需求的影响降到最低。一般而言,资源平衡要达到两个目标:

(1) 确定资源需求并保证资源在合适的时间是可用的。

(2) 编制进度计划时要求每个活动在不同的资源利用水平中尽可能平稳地变化。

资源平衡非常有用,因为它能帮助项目成员在项目的生命周期中建立活动资源需求的概图,而且利用它人们可以更进一步减小项目各个周期间的波动。越早制订资源需求计划,管理项目中各项活动的衔接也就越流畅,而不用中断工作去寻找项目后续任务所需的资源。资源平衡的关键在于如何制定最优决策,即在合适的时间分配合适数量的资源到合适的任务。

因为资源管理是典型的多变量综合性问题(以多解决方案为特征,通常包括确切的几十、几百甚至上千的活动变量),因而从数学上寻求最优解比较困难,而且在允许的时间内寻找所有方程的可行解也是不现实的。因此,对资源平衡的可选方案做出决策时,分析资源平衡问题更常用的方法是平衡试探法,或简单的经验规则。确定资源配置的简单试探法可以考虑将资源应用于以下活动。

(1) 具有最少时差的活动。其决策规则是选择具有最小时差的活动进行资源优先排序。有人认为这种决策规则对于制定优先排序决策最为有利,它可以在整个项目中产生最小的进度计划活动。

(2) 具有最短历时的活动。将任务按历时由小到大排序,资源也根据任务的优先级排序。

(3) 具有最小活动标识编号的活动(在工作分解结构中最早开始的活动)。试探法提出,当存在疑问时资源最好首先应用到较早开始的任务。

(4) 具有最多后续任务的活动。选择后面有最多后续任务的活动并进行资源优先排序。

(5) 需要最多资源的活动。通常将资源应用到需要最多支持的活动中,然后根据额外资源的可用性来分析剩余的任务。

考虑一个简单的例子,使用试探法确定备用资源中拥有第一位"特权"的活动。假设在进度计划中,项目中的两项活动同时需要相同的资源(见图 10-4)。在确定哪项活动应该取得可用资源的第一优先权时,就可以根据试探法中的第一种决策规则,首先检查任务 B 和任务 C 的时差。该例中,活动 C 有 3 天时差,因此在本次资源优先排序中是最佳的选择。然而如果假设活动 B 和活动 C 都有 3 天的时差，那么根据试探法模型，通过第二种决策规则可得到活动 B 有第一优先权。为什么呢？因为活动 B 在进度计划中历时 5 天，而活动 C 则历时 6 天。如果在不确定性环境下会发现，活动 B 和活动 C 在利用前两种试探法时排序是相同的，当然还可以应用第三种试探法将资源分配到最小标识编号的任务上（在本例中为活动 B）。最终可以看出，进行资源优先排序意义重大，它会对随后剩余活动网络的资源平衡产生"连锁效应"。

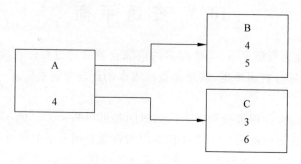

图 10-4   应用资源试探法的示例网络

10.4   使用资源负载图

使用资源负载图是为资源管理问题创建形象视图的另一种方法，它显示了每个时间点对资源的需求数量。每个活动的资源需求在项目基准进度中被表示成一个直方块（时间上的资源需求）。当安排项目所需的资源和"平滑"项目生命周期中的资源需求时，资源负载图能够清晰地提供直接相关的信息，这是它的一个优势。

下面给出一个解释如何使用资源负载图的例子。假设资源概图显示出项目中有许多"高峰低谷"，也就是虽然资源限制设置为每天 8 个小时单位，但在许多天中，实际使用的资源远远小于总的可用量。图 10-5 所示为简化的项目网络，表 10-2 将活动的相关信息进行了总结，图 10-6 所示为相应的负载图。网络中为每项活动列出最早开始时间和最早结束时间，以及每项活动每天所需的资源。

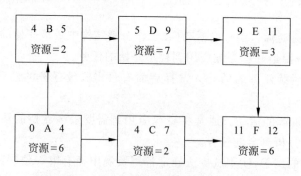

图 10-5   项目网络示例

表 10-2　活动资源分配　　　　　　　　　　　　　　单位:天

活动	资源	历时	最早开始时间	时差	最晚结束时间
A	6	4	0	0	4
B	2	1	4	0	5
C	2	3	4	4	11
D	7	4	5	0	9
E	3	2	9	0	11
F	6	1	11	0	12

资源负载图体现了资源计划编制中时间限制的本质,在构建资源负载图时应遵循以下 6 个主要步骤。

(1) 建立活动网络图(见图 10-5)。

(2) 绘制一张表,表中标示出各项活动、资源需求、历时、最早开始时间、时差和最晚结束时间(见表 10-2)。

(3) 按照时差递增的顺序排列活动(对于具有相同时差的活动,以最晚结束时间的先后为序)。

(4) 画出初始资源负载图,其中活动根据最早开始时间安排,并遵循步骤(3)中的顺序排列活动。这个过程建立了一张负载图,其中底部为关键活动,上部为具有最大时差的活动(见图 10-6)。

(5) 在不改变活动历时和独立性的前提下,重新按时差安排活动,并建立尽可能平衡的资源负载图。

(6) 为了在项目中对资源负载图进行平衡,利用自己的判断,通过移动具有额外时差的活动来阐释并改善活动的平衡。

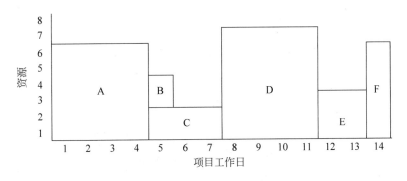

图 10-6　项目资源负载示例

从关键路径中可以看出项目的最早结束时间是 12 天。然而,当把资源约束考虑在内时,就会发现不可能在已经分配的时间内完成所有活动,因为需要在进度计划中滑动两天,即新的最早结束时间为 14 天。图 10-6 说明了问题的本质:虽然项目中允许活动每天工作 8 小时,但实际上,由于项目网络的建立与完成每项任务所需的资源相关,因此这种方式决定了不可能以最有效的方式利用资源。事实上,从第 5 天到第 7 天,每天被利用的时间并不充分。

在使用资源负载图解决资源冲突时,一般会考虑活动分割的可能性。分割活动是指在活动开发过程中,中断持续的工作流程,并在将资源重新归还给原来的任务之前,在某段时间内将资源分配给另一个活动。如果分割任务没有过多的成本,将是进行资源平衡的一种可选的有效技术。但是如果某些活动存在较大的启动或停工成本,那么分割技术就不可取了。

为了更有效地利用可用资源,在试图进行分割活动时将会发生什么?为了找到答案,回顾一下图 10-5 所示的活动网络和图 10-6 所示的资源负载图,并将它们进行对比。从中可以看出完成活动 C 需要 3 天。虽然活动 C 不是活动 D 的前置活动,但由于缺乏可用的资源,在活动 C 完成之前,活动 D 不能开始(第 5 天需要 9 个单位资源,但只有 8 个可用)。然而,假设分割活动 C,那么活动 C 将在第 4 天开始,剩余部分将延迟到活动 D 完成之后再进行。活动 C 有 4 天的时差,因此可以移动该活动的部分工作。图 10-7 显示了不同方法,从图中可以看出,活动 C 中有 2 天的工作延迟到了活动 D 完成之后,并与活动 E 同时开始执行。由于最后的活动 F 需要活动 C 和活动 E 都完成之后才能开始,所以不会因为分割活动 C 而延迟活动 F 的开始。事实上,如图 10-7 所示,分割活动 C 实际上能够更有效地利用可用的资源,最后项目的完成日期则提前了 2 天,从 14 天变回到了初始进度计划的 12 天。这个例子证明,通过使用创造性的方法,可以更好地利用资源并获得更多的好处。该例中,由于活动 C 有 4 天的时差,分割活动 C 使得项目能够更好地利用资源,并重新回到原来的计划历时。

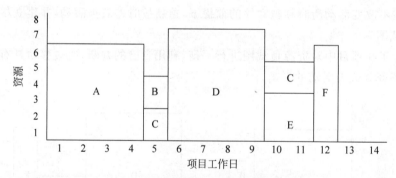

图 10-7　分割任务 C 后被修正的资源负载图

10.5　高德拉特关键链

在解决资源约束性的进度计划中高德拉特关键链也比较著名,本节对其进行简单介绍。

对于项目经理在日常工作中会遇到的各种问题,大家都已经熟知了,有趣的是无论项目经理来自哪个行业(建筑、制造、软件、研发、市场、通信、维护服务等),谈到这个问题时,大家的看法都是类似的,如下所示。

(1)高层管理者不经过询问,也不提前通知,而且在项目进度和预算保持不变的情况下就改变项目范围;

（2）不顾现有资源的情况擅自确定项目完成日期；

（3）除非超出给定的预算，否则项目无法完成；

（4）项目工作量和完成日期是销售人员定的，根本没有考虑到项目的本质和资源的水平；

（5）项目工期短得离谱，为的就是"激励"员工更快捷、更努力地工作。

这些问题以及其他一些问题都具有普遍性，与技术无关，却与时间、成本和绩效的平衡紧密联系在一起。我们来分析一下对项目进度过于乐观的错觉到底有哪些表现。

（1）盲目乐观。有些项目经理极力反对进度延迟是由于个人的失误导致的，把任何项目问题都归咎于意外，认为临时性问题谁也无法预料，根本不是计划不周的问题。这些人显然是置风险管理于不顾。

（2）平均分配。有些高层管理者把项目与装配线混为一谈，以为项目管理和标准化作业没什么两样，只要对各项目平等对待即可。前面其实已经提及了，资源量必须超出项目的需求量才能保证项目的进行。

（3）学生通病。这是高德拉特自创的一个名词，反映学生总是想多要一些时间来完成作业的普遍现象。假如真的多给学生一些时间，他们仍然会在最后时刻才迫不得已地完成作业。最常见的就是项目活动明明有宽松的松弛量反而被延误了，一直到松弛量耗尽才发现这一点。如果这些活动出现任何问题，那么项目的工期就会被延误。

（4）活动交错进行可以减少闲置时间。想象这样一种情况，有两个项目 A 和 B，每个项目包含 3 个连续活动，而你自己是两个项目共同需要的资源之一，每一项活动需要 10 天左右的时间。第一个方案，将项目 A 的 3 个活动与项目 B 的 3 个活动互相连接，完成项目 A 的第 1 个活动后完成项目 B 的第 1 个活动，然后开始项目 A 的第 2 个活动，依次类推。第二个方案，全部完成项目 A 的 3 个活动后再开始项目 B。两个方案均需 60 天完成。第一个方案中，项目 A 第 50 天后完成而项目 B 第 60 天后完成；第二个方案中，项目 A 第 30 天后完成而项目 B 第 60 天后完成。虽然总工期保持不变，但是第一个方案中由于活动交错进行而将项目 A 的完成时间顺延了 20 天。进一步来讲，如果项目 A 和项目 B 截然不同，那么在 A 和 B 两项目的活动之间来回穿插是一种既没有效率也没有效益的工作方式。

（5）员工努力工作是因为有利可图。我们身边的高层管理者总是在强调项目成员（包括项目经理在内）在做项目进度预测时总是打出富余量，以便能按时完成任务并且"不费吹灰之力"，因此，管理常识就是截取项目时间的松弛量，多给点时间也不过是为了对项目组"进行鼓励"。事实上，经验已经证明，对于追求成就感的员工而言，最高层次的激励来源于对适度的失败风险的挑战，而绝非过度的失败风险。

（6）博弈。也许这是最常见的一种导致项目延迟的原因，任何项目组成员都会因此而泄气——那就是高层管理者坚信，为了保证项目安全、平稳地推进，项目组肯定会在时间和成本的估算上打主意，于是他们就日益削减项目工期和预算。项目人员考虑到高层管理者不分青红皂白地"削减政策"，就想尽办法来追加进度和成本。两者之间缺乏信任，导致的结果很简单，就是一旦出现延迟或超支，双方会互相指责，而把合理的风险管理抛于脑后。

在探讨关键链之前,我们关注一类现象。人们往往有一种心照不宣的假设,认为在若干活动网络中完成早的活动节省的时间抵消了完成晚的活动延误的时间,但是此假设对于前文所列举的例子来说也许并不成立。给定两个活动 A 和 B,A 是 B 的紧前活动。假如活动 A 推迟,那么 A 延误的时间即 B 推迟开始的时间。假如进展顺利没有发生延误,相反,活动 A 提前完成了,那么 B 就可以提前开始了。这种假设对于利用解析法和模拟法计算路径周期而言都属于一种默认假设,但是它适用于 A 推迟则 B 也推迟的逻辑,却很少适用于 A 提前 B 也提前的情况。事实上,A 提前完成而节省的时间很少等于 B 能够提前开始的期望时间。

大多数项目中涉及的人员都忽视了提前完成并未导致下一项活动提前开始这一事实。高德拉特记载了这一现象,其他一些学者对此也有所提及,有关造成这种非正常情况的原因,人们多少有过一些争论,高德拉特认为是由于项目成员不愿意透露某些活动已经提前完成所导致的结果。还有些人认为,一旦活动进度制定下来,到了紧前活动最可能完成日期(或最迟完成日期),其紧后活动自然就会随之开始,原因很简单:等到活动应该开始时,资源也就到位了。我们无意介入这些争论,但可以充分证明紧前活动提前结束伴随着紧后活动提前开始这一错误假设的严重后果,那为什么紧后活动往往要等到其预计的开始时间才能开始呢?有人说项目成员在活动大致完成时间之前不乐意透露活动已经完成的事实,这种假设是基于项目成员与高层管理者彼此不信任的基础之上。一旦提早完成的情况报告上去,那么高层管理者可能期望日后项目活动也应该比常规时间提前完成。如前面提到过的,高层管理者对项目组成员面对的不确定性假设没有切身的感受,他们可能认为,同样的工作,这次可以提前完成,那么下次自然也可以,他们甚至会认为项目组成员对时间和资源的预估本来就偏高。

除了上述讨论的错觉,高德拉特还补充了一些常规经验(如"安全时间"),将它们统统归纳为造成项目恶性延误的缘由。利用约束理论的逻辑,高德拉特建议将新项目按稀缺资源的可获得性来安排进度,同时他也给出了"缓冲时间"的概念,即对依靠瓶颈资源(稀缺资源)的活动在进度上应预留"缓冲时间",对于瓶颈资源本身也应作出预留。

适当的进度计划有效解决了不合理的多任务计划问题,但是对于项目周期预估合理性并没有促进。这里所提到的"缓冲时间",作为活动周期的安全预留,是按某一个或几个路径来分配的,而不是为整个项目或某个单独活动预留的。通过简单的统计分析即可看到,所说的"路径缓冲时间",即用来保护某个路径按时完工的安全时间,比用来保护该路径上各活动按时完成的安全时间之和小得多。类似地,高德拉特也提到了"项目缓冲时间"的概念,但是他也强调了项目周期应降低到使项目组成员来不及犯学生通病的程度。事实上,高德拉特倾向于认为多数情况下给出的任务工期并不充分。

最后,高德拉特指出,进度上并行但依赖于同一稀缺资源的两个活动并非像传统理论所讲的那样彼此分立,假如该稀缺资源的供应不足以支持两项活动同时进行,那么优先使用资源的一方立刻会拖长另一方的活动路径,但并不会拖延另一方的工期。

假设一个项目包括两条活动路径,$A_1 \rightarrow B$ 和 $A_2 \rightarrow C$,A_1 和 A_2 共享同一资源,B 和 C 使用不同的资源,A_1 需要 7 天完成,A_2 需要 5 天完成,B 需要 10 天完成,C 需要 6 天完成。由此,路径 $A_1 \rightarrow B$ 共需 17 天,路径 $A_2 \rightarrow C$ 共需 11 天。因资源有限,不足以支持两项

A 活动,它们不得不按先后顺序进行。假如 A_1 先开始,在 A_1 未完成之前 A_2 就无法开始,那么 $A_2 \rightarrow C$ 路径要增加 7 天,共需 18 天完成,而整个项目延期 1 天完成。假如 A_2 先开始,$A_1 \rightarrow B$ 路径增加 5 天,整个路径共需 22 天完成,比原计划的 17 天增加了 5 天时间。假如此类问题频频出现,结果就是这个样子,这正是我们讨论资源平衡过程时重点讨论的问题。

根据高德拉特对"依赖"一词的解释,项目活动按照资源使用顺序或技术层面的顺序在活动路径上进行排序,其中历时最长的活动路径即为"关键链"。任何一个项目,就是这样靠关键链和非关键链组合在一起的,如图 10-8 所示。项目延期有两个方面的原因:一是关键链上的某个或多个活动拖延直接导致延期;另一个是非关键链(支链)上的某个或多个活动拖延,从而影响到关键链上的活动如期完成间接导致延期。项目的缓冲时间是用来保护关键链的,而支链上的"缓冲时间"是预留给非关键链活动的。

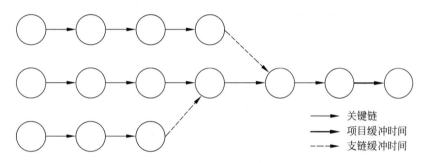

图 10-8　项目缓冲时间和支链缓冲时间

关键链上的活动在资源使用上具有优先性以保证其正常启动。遇到资源严重稀少或资源可能冲突的情况时,应该保证资源的状态必须被实时更新,任何关键活动的调整必须事先与稀缺资源拥有者沟通。事实上,高德拉特再三强调,如此稀缺的资源计划在什么时候使用、使用多少必须提前打好招呼,因为关键活动的延误直接导致项目的延误,一旦关键链上的活动有需求,稀缺资源就必须到位。

10.6　基于资源负载平衡的管理策略

基于前述分析我们可以看出,对于资源负载平衡,一方面我们可以尝试在整个项目周期里平衡对劳动时间的需求量,将一些活动提前,将另一些活动推后,这其实取决于我们对项目环境进行调整的灵活性;另一方面,我们也可以尝试调整项目团队成员的劳动时间段,让他们在资源需求量小时少工作几个小时,在资源需求量大时多工作几个小时,有些单位或者项目组甚至会采用调休的方式来平衡。当然,我们也可以增加资源,在工作时间的需求大于供给时,通过从外部引进一些临时的人员来度过这一时段,或者将过量的工作进行部分转包,但是这个方案很有可能被高层管理者出于对客户保证的考虑而否决。当然,或许成本最小的方法就是将工作稍微推迟几周,以后再将进度赶回来。另外一个需要注意的问题是对稀缺资源来说的,我们对它的使用安排最好不要超过它的负载能力的 $85\% \sim 90\%$,这样做的原因有很多,包括不对资源造成破坏、对紧急需求的准备、对资源的维护要求、人事问题,还有在一段较长的时间内对资源进行最大限度使用所造成的低效率问题,等等。

对于那些未知的事件和干扰该如何处理呢?例如,在项目周期内肯定会有员工生病的情况出现,另外,当需要进行某项任务时,所需的装备、设备、原材料等是不是也都准备好了呢?当需要任何东西时是不是立刻就能提供呢?希望要提前做好的工作有没有延迟?先进行的工作的范围是否会发生变更,造成为其安排的随后的工作也随之发生变更而导致延迟?可以看到,会有很多大家并不希望出现的导致延迟的原因,因此才会要求对任何一种资源的使用安排都不要超过它负载能力的 $85\% \sim 90\%$。也许有人会问,难道这些都是稀缺资源吗?都要保证这样比例的负载冗余?我们只能说,如果充分考虑未知的不可控的一些风险的话,确实需要留有一定的余地。

资源约束对于项目经理而言司空见惯,这往往归咎于在风险识别过程中未能把资源的可获得性考虑在内。在一定时间和地点所需的某种资源出现稀缺的原因有很多,但最常见的原因并不难以识别和处理,例如供应商的生产或者运送出现问题。项目经理经常将风险管理技术应用于那些人们公认的稀缺资源,往往忽视了那些更常规的资源而导致问题发生。解决受约束资源的配置问题有两种基本的方法,即探索法和最优化模型法。其中,探索法使用一些人们已经发现在类似情况下很有效的经验法则,力求找到最优的方案;而最优化模型法是寻找最好的解决方案,它在解决大的、复杂的问题上能力还是非常有限的。

探索法之所以在解决资源约束条件下的进度问题中有广泛的应用,有很多原因:首先,对现实世界中容易出现的那些大型的、非线性的、复杂的项目管理问题而言,它是仅有的可行方法;其次,用探索法得出来的进度计划方案或许不是最优的,但是往往也足够了——足以满足大部分的目标要求。现在商业化的计算机程序都能够解决大型的问题,而且在工业上也有数量可观的应用。另外,现代模拟仿真技术使得项目经理可以迅速找出很多种不同的进度计划方案,然后决定哪一种(如果有的话)明显好于现行的方案。如果经过适当数量的模拟之后,还是未能找出一个明显更优的方案,那么项目经理可以很有自信地认为现行的方案就是一种很好的方案。

同时,使用探索法时,一般一开始都要用到 PERT/CPM 来安排进度,并且逐段时间、逐项对资源的使用进行分析。如果在某个阶段对资源的使用过量,就可以用探索法去检验这个阶段里的活动,随后按照某种优先法则按顺序为它们配置短缺的资源。不同的探索法的主要不同点就在于它们采用的优先法则不同,但技术性的需求往往要优先考虑。在前面实例所引用的一些规则基础上,我们可以进一步归纳一些最常见的优先法则。

(1)尽早法则　资源安排中的默认法则,对于关键路径和关键路径的时间提供了基本的解决方案。

(2)尽晚法则　所有活动的时间都被尽可能向后安排,只要不会延误项目的工期即可。这种法则最常见的目的就是尽可能推迟现金的流出。

(3)最短任务优先法则　将各任务按照工期的长短进行排序,工期最短的排在第一位。它偏向于完成工期预估最短的任务,有利于迅速减少项目中的任务数量。

(4)最多资源优先法则　将各活动按照对某一特定资源的使用量进行排序,使用量最大的排在第一位。这种法则的前提假设是更重要的任务对特定稀缺资源的需求量往往相对更大。

（5）最少松弛量法则　将各种活动按照松弛量进行排序，松弛量最少的排在第一位（在应用这个法则时，通常是使用最短任务优先法则来打破僵局）。

（6）最多关键跟随活动法则　将活动按照各自之后的关键活动的数量进行排序，有最多数量关键跟随活动的任务优先。

（7）最多跟随活动法则　这种法则和上一种法则基本类似，只不过不仅要考虑关键跟随活动的数量，而且要考虑所有跟随活动的数量。

在用探索法安排资源时会用到大量类似的优先法则。每隔一段时间，研究人员就会将一些新的项目管理软件程序提交测试，用来检验这些软件在解决约束条件下的资源配置和资源平衡问题方面的能力。尽管由于假设条件的微小不同导致其成果会有一定的差别，但是可以发现，最少松弛量法则应用最为广泛，并且很少会出现问题。这一法则往往能够使得项目工期的延误时间最少，设备的利用率最高，并且系统总的占用时间最短。

一旦开始用探索法进行资源安排，那么结果一定是下面两者之一：本阶段的活动全部安排完毕而资源还有剩余；资源全部安排完毕而本阶段的活动还没有结束。资源的供应量和活动对资源的需求量正好完全相同的情况极少出现。如果是第一种结果，那么多余的资源就会暂时闲置，按照需要被安排用于组织的其他地方，或者被安排用于项目未来的活动，当然还要受到适当的优先顺序关系的约束。如果是第二种结果，有一种或者更多的资源提前用完了，那么那些需要这些资源的活动的进度就会放慢或推迟到下个阶段，以等待资源的重新配置。例如，如果应用的是最少松弛量法则，资源就会被首先用于关键活动或最近似于关键活动的活动，那些非关键性的活动就会被推迟。对于某个活动的推迟会不断占用它的松弛量，这样这项活动就会有更好的机会得到下一阶段所配置的资源。重复地推迟某项活动也会使得它在按照最少松弛量法则对活动进行排序的名单上不停靠前。

10.7　案例讨论

【案例 10-1】

某系统集成公司现有员工 50 多人，业务部门分为销售部、软件开发部和系统网络部等。

经过近半年的酝酿后，在今年一月份，公司的销售部直接与某银行签订了一个银行前置机的软件系统的项目。合同规定，6 月 28 日之前系统必须投入试运行。在合同签订后，销售部将此合同移交给了软件开发部，由他们进行项目的实施。

项目经理小丁做过 5 年的系统分析和设计工作，但这是他第一次担任项目经理。小丁兼任系统分析工作，此外项目组还有 2 名有 1 年工作经验的程序员，1 名测试人员，2 名负责组网和布线的系统工程师。项目组的成员均全程参加项目。在承担项目后，小丁组织大家制定了项目的 WBS，并依照以前的经历制订了本项目的进度计划，简单描述如下：

1）应用子系统

（1）1月5日—2月5日，需求分析。

（2）2月6日—3月26日，系统设计和软件设计。

（3）3月27日—5月10日，编码。

（4）5月11日—5月30日，系统内部测试。

2）综合布线

2月20日—4月20日，完成调研和布线。

3）网络子系统

4月21日—5月21日，设备安装、联调。

4）系统内部调试、验收

（1）6月1日—6月20日，试运行。

（2）6月28日，系统验收。

春节过后，在2月17日小丁发现系统设计刚刚开始，由此推测3月26日很可能完不成系统设计。

问题：

（1）分析问题发生的可能原因。

（2）小丁应该如何做以保证项目整体进度不拖延？

（3）概述典型的信息系统集成项目的进度/时间管理的过程、方法以及资源配置对进度的制约。

第 11 章

项目采购管理

11.1 项目采购管理概述

项目采购管理是为项目团队从外部获取所需的产品、服务或结果的过程。在某种合同条件下,项目组织既可以是某项产品或者服务的买方,也可以是卖方。项目采购管理包括合同管理和变更控制过程,通过这些过程,编制合同或订购单,继而由具备相应权限的项目团队成员签发,然后再对合同或订购单进行管理;同时还包括为控制外部组织(买方)为从执行组织(卖方)获取项目的产品、服务或结果而签发的各类合同,以及管理这类合同所规定的项目团队所承担的合同义务。

项目的采购管理活动,主要包括 4 个过程。

1. 规划采购

包括决定购买什么、什么时候购买和怎样购买。在采购计划中,决策者需要明确什么地方采取外包的方式,决定合同的种类,并且向潜在卖方描述工作的内容。这些卖方包括:承包商、供应商,或者那些为其他组织和个人提供产品或服务的组织。这一过程的输出包括采购管理计划、工作内容说明、自制或外购决策、采购文件、供方选择标准以及变更请求。

2. 实施采购

包括获取卖方回应、选定卖方、授予合同。输出包括选定的卖方、采购合同授予、资源日历、变更请求、项目管理计划(更新)、其他项目文件(更新)。

3. 管理采购

涉及与已选卖方的关系管理,合同绩效的监督和所需变更的决定。这一过程的主要输出有采购文档、组织过程生产(更新)、变更请求,项目管理计划(更新)。

4. 结束采购

涉及每个合同的完成和处置,包括未清条款的解决。这一阶段的输出包括采购终止和组织过程资产(更新)。

11.2 规 划 采 购

规划采购,主要是明确是否需要外部支持,如果需要,则要决定采购什么、如何采购、采购多少及何时采购等事项,其中还涉及分析哪些项目最好是通过使用外部的产品或者服务来满足需求,最终形成一套自制或外购的决策。

自制或外购决策就是项目组织需要决定生产某个产品或者提供某种服务的最好方式是什么,是从组织内部自行生产或提供还是从外部组织购买这些产品或服务,哪一种更好一些。当然,如果没有必要从外部组织购买产品或者服务,那么执行任何其他的采购管理程序也就没有必要了。例如,一个大型制衣公司可能会考虑将递送业务外包出去,将维修和维护业务外包出去,以及将对国际销售和市场营销人员的笔记本电脑使用培训和支持外包出去。如果存在某些供应商,他们能够以一个合理的价格提供服务,那么就有理由进行外包,因为这可以削减制衣公司的固定成本及经常费用,并使公司能专注于销售衣服的核心业务。

11.2.1 规划采购的工具和技巧

在规划采购中,有很多工具和技巧可以帮助项目经理及其团队,包括自制或外购分析、专家判断及合同类型。

1. 自制或外购分析

作为一种通用的管理技术,自制或外购分析用来决定一个组织应该自己生产某个产品、提供某项服务,还是应该从外部组织购买这些物品。这一类的分析包括估计自己生产某个产品、提供某项服务所产生的成本,并且将其与外包给其他组织所产生的成本相比较。假设某个公司拥有 1 000 名配有笔记本电脑的国际销售人员。使用自制或外购分析,公司将自己生产某个产品、提供某项服务所产生的成本与外包给其他组织所产生的成本进行比较。如果供应商的价格比自制的成本估计还要低,公司无疑应该将培训和使用支持服务外包出去。另外一类常见的自制或外购分析有些复杂,就是公司是否应该自己开发一套应用程序,或者购买相应的软件,并做些改动来满足公司的需要。

许多组织使用自制或外购分析来决定是否应为某一项目购买或者租赁某个特定产品。例如,假定在某个项目中我们需要一个设备,它的采购价格 12 000 美元,而这个设备每天还要产生 400 美元的运行成本。假如可以以每天 800 美元的价格租赁同样的设备,当然这些钱中包含了运行成本。我们可以建立一个等式,在这个等式中采购成本和租赁成本相同,进而通过财务分析来决定购买或者租赁。在这个例子中,参数 d 表示你需要这个设备的时间。那么这个等式可以表示为

$$800d = 12\,000 + 400d$$

等式两边同时减去 400 美元,得到

$$400d = 12\,000$$

等式两边同时除以 400,可以得到

$$d = 30$$

这就意味着在 30 天的时间段中,采购成本和租赁成本是一样的。所以,如果我们需要这个设备的时间少于 30 天,那么租赁将会更加合算一些;如果我们需要这个设备超过 30 天,那么就应该购买。一般来说,短期内租赁成本低一些;如果使用时间较长,租赁成本就相对较高了。

2．专家判断

企业内部和外部的专家都可以对某项采购和获取计划提供更为科学的建议。项目团队往往需要咨询组织内部的专家，并且应该将其作为一项重要的传统。例如，内部专家可能会指出公司内部不能给那 1 000 名笔记本电脑用户提供合格的培训和支持，因为这些服务涉及众多有着不同知识背景和技能水平并身处各地的人。公司的专家还可能知道，他们的竞争对手大部分采用外包形式，同时还可以指出哪些是资深的供应商。

与此同时，公司外部的专家（包括潜在的供应商自身）也可以提供专家评判。例如：供应商可以对销售人员提供一种选择建议，由他们自己以一个折扣价格购买笔记本电脑。这个选择可以解决人员更替所产生的问题——现有的员工可以使用他们的笔记本电脑，新来的员工也可以通过这个项目购买笔记本电脑。一位内部专家可能建议员工通过削减任何他们认为是不必要的成本来获得技术奖励。专家评判结论，无论是内部的还是外部的，都可以作为采购决策的资源。

3．合同类型

合同类型是一个重要的要考虑的方面，不同种类的合同应用于不同的环境之中。一般地，按照定价方式的不同，合同包括固定价格、成本补偿、浮动价格和单位价格等几种主要类型（见图 11-1）。下面详细介绍几种常见合同类型的特点及使用场景。

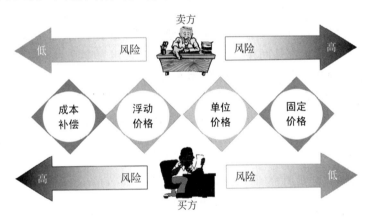

图 11-1　几种主要的合同类型及风险提示

1）固定价格合同

固定价格合同又称一次性付款合同，是指对一个界定清晰的产品或者服务有一个确定了的总额。在这种情况下，由于价格已经事先商定好了，购买者的风险比较低。供应商通常在定价中加入了自己对风险的估计，但同时他们的出价也必须是有竞争力的。例如，一个公司签署了一份定价合同，购买 100 台具有特定打印分辨率和速度的打印机，并且在两个月的时间内递送到某个特定的地点。在这个例子中，产品的生产和递送日期都是非常明确的。几家不同的供应商可以根据该项工作确定一个固定的价格。一份固定价格合同也可能包含满足或者超过项目某个特定需求的激励。例如，某份合同可以包含这样的激励条款：如果打印机在一个月内就能递送到位的话，可以获得额外的奖励。固定价格合同（FFP）对于购买者而言风险是最小的，其次是固定价格激励合同（FPI）。

合同中同样也可以包含降低费用、避免超出预算的激励。例如,根据美国联邦收购管理条例(FAR),固定价格加激励费用合同可以包含合约总价(point of total assumption,PTA),是指承包商承诺对超过合同成本 1 美元都要承担完全责任的成本点。承包商都不想达到合约总价,因为这对他们而言会造成财务损失,所以对他们有防止超支的激励。PTA 可以通过以下公式计算:

$$PTA = (封顶价格 - 目标价格) / 政府份额 + 目标成本$$

例如,给出以下信息,假定所有的单位是百万美元:

封顶价格 = 1 250

目标价格 = 1 100

目标成本 = 1 000

份额:75%

$$PTA = (1\ 250 - 1\ 100) / 0.75 + 1\ 000 = 1\ 200$$

2) 成本补偿合同

它涉及向供应商支付的直接的和间接的实际成本。在前述章节中提到,直接成本是指那些项目中直接与生产产品或者提供服务相关的实际成本,在项目中可以对该成本进行经济、有效的追溯;间接成本是指那些在项目中与生产产品或者提供服务不直接相关的实际成本,一般而言,对其没有太经济、有效的追溯方式。例如,付给直接为项目工作的员工的工资,或者为某个项目购买的硬件和软件成本是直接成本;而那些用来提供电力供应的场所、自助餐厅等成本都是间接成本。间接成本常常用直接成本的一个百分比来表示。由此,成本补偿合同常常还包含如下费用:利润率,达到或者超过项目某项特定目标的激励。这种合同一般应用于那些提供涉及新技术的产品和服务的项目。相比固定价格合同而言,在成本补偿合同中买家承担更多的风险。根据风险由低到高排列,费用补偿合同可以分为成本加激励费用合同、成本加固定费用合同、成本加奖励费用合同和成本加成合同等几种类型。

(1) 在成本加激励费用合同(cost plus incentive fee contract,CPIF contract)中,买方将根据事先约定向供应商支付允诺的费用以及激励补偿金。为了降低合同成本,采购方常常支付激励费用给供应商。如果最后的成本比预期的要低,那么买方和供应商根据事先商榷的比例公式,都可以从成本的节约中获利。例如,某个项目的预期成本是 100 000 美元,给供应商的激励费用是 10 000 美元,并且分成公式为 85/15,意味着买方承担 85% 的不确定性,而供应商承担 15% 的不确定性。如果最后的造价是 80 000 美元,那么成本节约就是 20 000 美元。为此买家将会支付项目的成本 80 000 美元和激励补偿金 3 000 美元(20 000 的 15%),总计偿付 93 000 美元。

(2) 成本加固定费用合同(cost plus fixed fee contract,CPFF contract)是指买方除了支付给供应商许诺的执行成本以外,还要支付一个根据估计成本百分比得到的固定费用。只要项目的范围不改变,这个费用就不会改变。例如,假设一个项目的预期成本是 100 000 美元,固定的费用是 10 000 美元。如果实际的成本上升到了 120 000 美元并且项目保持原有的范围,承包商就仍然只能收到 10 000 美元的费用。

(3) 成本加奖励费用合同(cost plus award fee contract,CPAF contract)是指买方除

了支付给供应商许诺的执行成本以外,还要在卖方满足了客观执行标准的基础上支付奖励费用。例如,在饭店里你考虑给服务生多少小费就是一个简单的例子。你仍然需要为你的美餐付费,这是固定的,但是你可以根据你对所提供的食物、饮品和服务的满意程度来决定小费的支付金额。这种类型的合同很少使用。

(4) 成本加成合同(cost plus percentage of costs contract,CPPC contract)是指买方除了支付给供应商许诺的执行成本以外,还要支付一项事先确定的、按总成本的某个百分比计算得到的费用。从买方的角度看,这是最不理想的合同,因为对供应商没有减少成本的激励。实际上,因为此种合同是根据成本的百分比计算的,增加成本可以提升他们的利润水平,所以他们反而有增加成本的倾向。美国联邦政府内禁止实行这一类的合同,但实际上在某些私人产业特别是建筑行业中仍在使用。买方这时承担了所有的风险。

11.2.2　采购管理计划

采购管理计划是一份用来描述如何管理采购过程的文件。像其他的项目计划一样,根据项目的不同,项目管理计划的内容也有所不同。

下面是采购管理计划应包含的内容。

(1) 在不同的情况下使用不同种类的合同的指南。

(2) 如果适用,可以采用的标准采购文件或者模板。

(3) 创建工作结构分解、工作说明以及其他采购文件的指南。

(4) 项目团队以及相关部门的角色和责任,例如采购部和法律部。

(5) 对供应者进行独立评估的指导方针。

(6) 管理多个供应商的建议。

(7) 将采购决策(如采购或者自制决策)与其他项目领域(如进度安排和绩效报告)相协调的过程。

(8) 与采购和获取相关的约束和假设。

(9) 采购和获取的提前期。

(10) 采购和获取的风险缓解策略,例如保险合同和债券。

(11) 辨识预审合格的卖方或者组织偏爱的卖方的指导方针。

(12) 用来帮助衡量供应商和管理合同的采购矩阵。

11.2.3　工作说明

工作说明(statement of work,SOW)是对采购所需的工作的描述。某些组织也使用工作说明(SOW)来形容一份描述内部工作的文件。如果将 SOW 视为合同的一部分,用来描述某个特定合同所要求的工作,那么就称其为合同工作说明。合同 SOW 是一类范围说明,以充足的细节来描述工作,从而供未来的供应商衡量他们是否具有提供这些商品或服务的资质,并且确定一个合适的价格。一份 SOW 应该是清晰、准确的,并且应该尽量完整。其中,应该描述所有要求的服务以及绩效报告。在一份合同 SOW 中,使用适当的词汇也是十分重要的,例如用"必须"代替"可能"。"必须"是指某些工作应当被完成,"可能"就存在着完成某件事情或者不完成某件事情两种选择。合同 SOW 应该明确项目所需要的产品或者服务,使用行业术语,并引用行业标准。

许多组织还使用样本或者模板来生成 SOW。图 11-2 展示的是当某个组织雇用外部顾问或者购买其他服务和产品的时候,可以使用的合同 SOW 的大纲或者模板。例如,对于操作系统转换项目而言,就应该明确所涉及的硬件、旧的操作系统和新的操作系统的制造商和型号,每一类硬件(大型机、中型机、个人电脑)所需要的数量,等等。合同 SOW 同时也应该明确工作执行的地点、期望的执行期限、特定的交付物,以及它们的完成期限、适用的标准、接收标准及其他特殊要求。好的合同 SOW 应该能够让投标者更好地理解买方的期望。合同 SOW 应该成为正式合同的一部分,以保证买方能从卖方那里得到他们想获得的东西。

工作说明(SOW)

Ⅰ. 工作范围:描述需要完成的工作的细节。明确涉及硬件和软件以及工作的准确本质
Ⅱ. 工作地点:描述工作应该在哪里执行。明确硬件和软件的位置以及人们必须完成工作的地点
Ⅲ. 执行期:描述工作期望的开始时间和完成时间、工时、每周可以提供的工时、工作应该在什么地方执行以及相关的计划安排信息
Ⅳ. 交付计划安排:明确特定的交付物,尽量详细地描述它们,并且明确截止时间
Ⅴ. 适用标准:明确与执行工作相关的公司或者行业标准
Ⅵ. 接受标准:描述买方如何决定是否认可一份工作
Ⅶ. 特别要求:明确任何特殊的要求,例如硬件或者软件认证,雇员的最低的学历以及经验要求,差旅要求及其他

图 11-2 工作说明模板

11.2.4 采购文件

采购文件涉及为潜在的供应商准备他们所需要的文件以帮助他们做出回应,以及确定授予合同的评价标准。项目团队经常使用标准的形式和以专家评判作为工具,来帮助他们创建相关的采购文件和评价标准。

两个常见的采购文件例子是需求建议书或建议请求书和报价请求书。建议请求书(request for proposal,RFP)是一份用来请求未来的供应商提交提案的文件。一份提案(proposal)是由供应商准备的用来满足买方要求的不同的解决方案。例如,如果一个组织打算实现工作自动化,或者打算为他们的业务问题寻找解决方案,那么组织就可以发布一份 RFP,这样供应商将以提案来做出回应。以 IT 领域为例,供应商们对于满足该组织的需要可能提出了各种各样的硬件、软件以及网络解决方案,选定中标的供应商可能要根据种种判定标准,而不仅仅是依据最低的价格。策划一份 RFP 通常是非常耗时的过程,组织必须做出适当的计划,以确保能充分描述他们想要的产品、供应商应该在提案中包含的东西以及他们如何衡量这些提案。

报价请求书(request for quote,RFQ)是请求期望的供应商报价(投标)的文件。标书(bid),有时也称为投标或者报价,是由供应商准备的一份文件,提供了针对购买者明确要求的标准物品的价格。组织经常使用 RFQ 来处理那些涉及特定物品的报价请求。例如,如果某个公司想要购买具备某些特定性能的 100 台计算机,那么它可以向潜在的供应

者发布 RFQ。RFQ 的准备时间不像 RFP 的准备时间那么长,也不需要做出回应。其选择通常是根据最低的价格。

对于项目采购管理来说,撰写一份良好的 RFP 是至关重要的一部分。许多人从未撰写过 RFP 或者对其做出回应。要制作一份好的 RFP,专业性具有不可估量的价值。从潜在的承包商以及政府部门、不同的公司那里可以获得很多 RFP 的例子。在发布 RFP 以及审核提案时,通常会涉及法律要求,特别是对于政府的项目。对于某个特定的组织,咨询一下熟悉筹划招标过程的专家也十分重要。如果想要确保在 RFP 中包含了足够的信息来帮助供应商提交好的提案,那么买方组织应该把自己放在供应商的角度进行思考。例如,根据 RFP 中提供的信息,是否能充分策划一份好的提案?根据 RFP 中提供的信息,是否能够确定细目的价格以及进度安排?正如撰写一份好的提案一样,策划一份好的 RFP 也是有一定挑战的。

图 11-3 展示了一份 RFP 的大纲,它通常包含 RFP 目的的说明(陈述),发布该 RFP 的组织的背景信息,对于所要求的产品或者服务的基本要求,硬件以及软件环境(一般是对于信息技术相关的提案而言比较重要的信息),RFP 的过程说明、工作说明和进度安排信息,以及其他可能的附件。一般的 RFP 大概有 3~5 页的篇幅,但有的用于大型、复杂的采购的 RFP 可能会有数百页的篇幅。

建议请求书

Ⅰ. RFP 的目的
Ⅱ. 组织的背景
Ⅲ. 基本的要求
Ⅳ. 软件和硬件环境
Ⅴ. RFP 过程的描述
Ⅵ. 工作及进度安排信息的描述
Ⅶ. 可能的附件
    A. 现有系统的概况
    B. 系统要求
    C. 容量和规模数据
    D. 要求承包商回应 RFP 时必须包含的内容
    E. 合同样例

图 11-3 建议请求书(RFP)模板

在 RFP 和 RFQ 中使用的其他术语,包括投标邀请、谈判邀请、承办商的初步回应。不论使用什么词语来表述这些术语,所有的采购文件都应该有利于预期的供应商做出准确的和完整的回应。其中应该包含组织和项目的背景信息、相关工作的说明、一个进度安排、对于回应形式的要求、评价标准、报价格式以及任何所需的合同内容。它们必须严格到足以保证准确性、可比性,同时还要具备一定的灵活性,以使供应商能够考虑其他更好地满足要求的建议。

11.2.5 供方选择标准

对于组织而言,制定一些评价标准十分重要,最好在发布正式的 RFP 之前就到位。

组织使用评价标准来评估或者给提案打分,并且可对每个评分点赋予不同的权重,来表明它们的重要程度。一些评价标准的例子,包括技术方面(30%的权重)、管理方面(30%的权重)、价格(20%的权重)以及以往绩效(20%的权重)。评价要点必须是明确、客观的。例如,如果买方要求供应商的项目经理必须是经认证的项目管理专业人员(PMP),则采购文件必须明确说明这项要求并且在签订合同的过程中始终贯彻这一点。如果买方在评价的过程中没有坚持平等和一致的原则,落选的供应商可能会采取法律手段。

组织应该重视这句话:"让买方注意到。"衡量提案时不仅仅是依据所提交的文档,更重要的是投标者以往的业绩,特别是对于那些涉及信息技术的项目而言。在 RFP 中应该要求投标者列明他们以前所从事类似项目的记录,并且提供那些项目的相关用户信息作为参考。评审绩效记录及参考信息,可以帮助买方降低选择一个业绩很差的公司的风险。供应商也应该描述他们对于买方需求的理解、他们的技术和财务能力、他们对于项目管理拟采用的方法,以及他们提供的所要求产品或者服务的价格。通过合同来保护买方的利益,也是十分重要的。

11.3 实 施 采 购

在规划采购完成之后,下一个采购管理过程涉及让谁去完成这些工作、给潜在的供应商寄送适当的文件、获得提案或者标书、选定合适的卖方以及授予合同。未来的供应商会完成这个过程的大部分工作,而对于供应商和项目而言,这不能算作成本。买方组织负责公告这项工作,对于大型的采购来说,经常还需要召开协商会,并回答有关这项工作的问题。该过程的两个主要输出是选定卖方和采购合同授予。

组织可以通过各种方式来对购买外部的商品或服务进行广告宣传。有时对买方而言,某个供应商可能是他们的第一选择。在这样的情况下,买方仅仅将采购信息通知这个供应商。如果这个供应商有兴趣的话,那么他们就开始合作了。许多组织都与特定的供应商建立了良好的合作关系,所以他们想继续与其合作。

在许多情况下,具备提供相应产品或服务资质的供应商不止一家,而通过各种渠道提供信息和获得标书,可以掌握或了解更为充分的信息。

投标人会议,也可以称为供应商会议或者投标准备会议,是在准备提案或者标书以前买方与期望的供应商一起召开的会议。这些会议可以确保每一个人都能够对买方所要求的产品或者服务有一个清晰的、共同的理解。在某些情况下,这些投标者会议可以通过网络广播来进行,或者采用其他的通信手段。买方也会将采购信息公布在网络上,并且对经常问到的问题进行网上回答。在投标者会议召开之前、之中和之后,买方可能将对问题的回馈作为补充内容而编入采购文档。

当买方收到提案或者标书的时候,他们可以选择某一个供应商或者放弃此次采购。选择供应商或者卖家,经常被称为资源选择,包括评价卖家的提案或者标,从中选择最好的一个,并就合同进行谈判,然后签订合同。这经常是一个耗时的、枯燥的过程,特别是对于那些大型的采购项目而言。某些利益相关者应该参与到为采购项目选择供应商的过程中来。可以有一个技术团队、一个管理团队以及一个成本团队,他们各自关注各自负责的主要领域。一般地,买家会将列表中的供应商数量缩减至 3~5 家,以此来降低选择的工作量。

通常情况下,买家在资源选择的过程中应使用正式的提案评价表。表 11-1 提供了一个提案评价表的例子,项目团队可以使用它来创建一个包括 3~5 个最佳提案的列表,并计算某一个评判标准的分数(依次将其权重与其得分相乘而得到),每一个提案的总的加权分可以通过加总所有的分数而得到。具备最高加权分数的供应商应该列入可能入选的供应商的清单。专家同时建议,技术所占的权重不应该超过管理或者成本标准。许多组织由于过分看重提案的技术方面而陷入困境之中。例如,由于资源选择团队仅仅重视提案的技术方面而导致项目远远超出预算或者拖延工期,在 IT 项目中很容易发生过分重视技术方面的倾向。不过需要注意的是,促使采购成功的经常是供应商的管理团队而不是技术团队。

表 11-1　提案评价表的样例

标　准	权重/%	提案 1		提案 2		提案 3	
		打分	分数	打分	分数	打分	分数
计划方面	30						
管理方面	30						
以往绩效	20						
价格	20						
总分	100						

自确定了一份可选供应商的简短名单后,组织通常要经历一个更加详细的提案评价过程。例如,他们可以为重要的类别提供更加详细的评价列表,如管理方面。他们可能为潜在的项目经理的教育背景以及 PMP 认证,他的陈述(意味着该供应商在评价过程中给予了非常正式的演示),高层管理对项目的支持,以及该组织的项目管理方法而加分。如果评价标准和评价过程都做得非常好的话,根据所有的评价标准而获得最高分数的供应商就应该是签署合同的对象了。

在资源选择的过程中,进行合同谈判是很平常的。在筛选名单上的供应商通常被要求准备一份最好的最终报价。那些专职合同谈判的人经常处理那些涉及高额资金的合同的谈判。选择卖家的过程的最后产出是一份合同,它要求供应商提供特定的产品或者服务,以及要求买方为其支付成本及选择相应的支付方式。

11.4　管理采购

管理采购的目的是保证供应商的执行结果满足合同的要求。契约(合同)关系属于法律关系,并且应该遵从所在国家和所在地区的合同法规。适当地让法律和合同专家参与撰写和管理合同也是十分重要的。

在最理想的情况下,项目经理、项目成员或者用户都应该充分参与到撰写和管理合同中来,这样才能保证每一个人理解合理的采购管理的重要性。在拟定合同条款时,项目团队也应该咨询专家意见。项目团队成员必须明白:如果他们不理解合同,就会产生潜在的法律问题。例如,大部分项目都涉及变更,并且这些变更必须在合同约束下得到正确的处理。如果项目经理不理解合同的条款,他可能就不会意识到自己在让对方以额外的成本做额外的事情。因此,变更控制是合同管理过程的一部分。

值得注意的是,项目经理和团队成员要注意建设性的变更要求,这是指由有权利或明显得到授权的人做出的口头或书面的修改指示,可以认为它和书面变更要求具有相同的效力。例如,如果一位买方的项目团队成员在3个月中每周与承包商见一次面,对工作进行指导,就认为他得到了明显的授权。如果他告诉承包商,对于已经被项目经理接受的报告,要重新做其中的一部分,那么这一行为可以被看作是建设性的变更要求,而且承包商可以合法地向买方开出额外工作的账单。同样地,如果这一明显有权利的人通知承包商,可以跳过时间进度方面关键的评审回顾会议的某个部分,那么信息的遗漏就不是承包商的责任了。

下面这些建议对确保足够的变更控制和良好的合同管理会有所帮助。

(1)对项目任何部分的变更,都需要由相同的人用和批准该部分的最初计划时相同的方式进行评审、批准和验证。

(2)对任何变更的评估都应当包括一项影响分析。变更将怎样影响所提供的商品或服务的范围、时间、成本和质量?

(3)变更必须以书面的形式记录下来。项目团队成员应当记录所有重要的会议和电话信息。

(4)当购买复杂的信息系统时,项目经理及其团队必须进行密切参与,以确保新的系统能满足商业需求并在业务环境中能够运作。不要因为我们聘请了一位守信用的供应商就假定每件事都会顺利进行下去。买方组织也需要提供专业技术。

(5)制订备选计划,以防新系统投入运作时不能按照计划工作。

(6)一些工具和技巧会对合同管理有所帮助,例如,正式的合同变更控制系统、买方主导的绩效评审、检查和审计、绩效报告、支付系统、索赔管理和记录管理系统等,都可用来支持合同管理。

埃森哲是行业领先的IT外包公司之一,它对来自几个国家的565名主管的调查报告进行了总结,列出了世界上有经验的外包商的最佳做法,形成了以下建议。

(1)尽早并经常地产出广泛的业务成果:从安排一开始就把业务成果视为业绩测量的指标。

(2)雇用一名伙伴,而不只是供应商:除了竞争性报价外,寻找一家具有丰富的技巧和能力以及长期交付结果的追踪记录的供应商。

(3)不单单是合同关系,还是业务关系:尽可能多地注意业绩测量和合作伙伴的关系,就像关注合同一样。

(4)平衡利益分配:用风险/奖金条款促进更高绩效的外购。

(5)使用主动管理的方式:主动地管理外包关系,使其达到最大绩效。

(6)委任一名专职的主管:给有才能的主管分配优化外包安排的任务。

（7）密切关注最主要的学习目标：要清楚目标——成本、过程改进和关注核心业务的能力，这些对于有经验的买方是最常见的。

11.5　结 束 采 购

项目采购管理的最后阶段是结束合同，或称合同终止。合同终止包括合同的完成和安排，以及任何遗留问题的处置。项目团队应当确保每个合同中要求的所有工作都正确并满意地完成了。他们也应当更新记录以反映最终结果，并保存好信息以备将来使用。

合同终止活动有采购审计、采购归档等。其中，采购审计是在合同终止时经常被用来识别整个采购过程中学到的经验教训，组织应当努力改进所有的业务过程，包括采购管理。采购归档，通常借助记录管理系统来完成，它能让组织寻找以及保存采购相关文件变得简单容易起来，包含大量与项目采购相关的信息。在理想的情况下，所有的采购工作都可以通过买方和卖方的协商终止。如果协商不能够解决，还可使用其他可供选择的争议解决方式，如调解和仲裁。如果所有的方法都不起作用，可向法庭起诉解决争议。

合同终止的输出包括终结的合同和组织过程资产的更新。买方组织经常为卖方提供合同完成的正式书面通知。合同本身应当包括正式接受和终止的要求。

此外，需要说明的是，合同提前终止是结束采购的一个特例，也时有发生。这缘于合同约定，如双方可经由协商一致、因一方违反约定、为买方便利等而提前终止合同。同时合同中应约定终止条款，并规定双方对提前终止合同的权利和责任。

11.6　案 例 讨 论

【案例 11-1】

Boots Company PLC 是一家位于英国诺丁汉的从事医疗和健康护理业务的公司。2002 年他们将信息技术系统外包给了 IBM，双方签署了一个为期 10 年的合同，价值大约 11 亿美元。相比自己开发并运行这个系统，公司预期将会节约 2 039 亿美元的成本。IBM 管理并且开发了 Boots 公司的基础框架。Boots 的 400 多名员工仍然在公司总部工作，但是已经纳入了 IBM 的薪酬体系，当然其中也引入了所需要的 IBM 的员工。Thomas 说："一件至关重要的事情就是，如果 IBM 在新加坡有一位专家，并且如果我们需要某项专业技术，我们可以进行为期 3 个月的合作。这样就可以保证我们的成本曲线处于平滑状态。"对于长期合作，重新谈判也不是少见的事情，既可以延长合作时间，也可以缩短。2006 年 5 月，由于 Boots 信息基础构架的更新工作已基本完成（包括一个新的制药系统以及 SAP 的首次演示），Boots 和 IBM 开始商洽合同的修订。Boots 的一位发言人称：公司项目的进度比预计的要快得多。与之相反，2005 年 Boots 就一个在 2002 年签下的 7 年期、价值 9 000 万法郎的 IT 合同与 Xansa 进行了重新谈判，该合同将再延期两年，有效期至 2011 年，新增价值 2 600 万法郎。在大型采购中，利用市场的激烈竞争和诸多变化进行优势采购的做法也司空见惯。2008 年，Boots 宣布将把该公司的供应商名单增至 6 家,让供应商竞争供应该公司下一年的 IT 产品和服务。

适当地计划好采购及获取的关系,精心拟就合同可以为组织节省成千上万美元的成本。有些公司集中采办产品,例如个人电脑、软件、打印机等,以获得特别的折扣。例如,在 20 世纪 80 年代中期,美国空军签署了一份 5 年期、价值数百万美元的合同来实施空军系统指挥部的自动化。项目经理和合同主管决定,可以在合同中就某些需要的条目采取单位定价的战略,例如工作站和打印机。通过避免在一开始就将各个产品的价格敲定,中标的供应商可以降低其投标额超过 4 000 万美元。

问题:

(1) 你认为什么样的公司可以考虑外包其信息技术系统?

(2) 在 IT 采购活动中采购方可能不如供应商专业,对此应该如何在谈判及合同中进行约束?

第 12 章

项目监控与评估

12.1 项目监控概述

12.1.1 项目监控的必要性

在理想状态下,项目的实施及其绩效将完全依赖于项目伊始所编制的项目计划,而在现实情况下,预期的事情却很少按部就班的发生,总会有各种各样的情况影响项目的执行,导致项目的实际执行偏离计划,典型的有范围蔓延、预算超支、严重逾期、过度承诺等。高效的项目经理及团队应该意识到这些,并在项目执行过程中注重对项目的监控和评估,以便及时发现问题、及时纠偏等。

1. 范围蔓延

范围蔓延表现为项目被描述的范围相对其初始定义有不断增长的趋势,其中的原因可能有很多,包括团队成员的热心、空闲成员寻求贡献、项目实施过程中出现意料之外的问题、客户方要求重新定义范围或者就某些方面加以澄清,等等。范围的变化包括特征的变化(在项目中增加了超出初始定义的,甚至是超出了有用或有价值标准的功能和特征)和质量的变化(技术专家们可能希望项目产品更好,甚至超过了项目必须要达到的标准)。

2. 墨菲定律

墨菲定律指出:"会出错的事总会出错。"换个表述就是:如果事情有变坏的可能,不管这种可能性有多小,它总会发生。在具体的项目环境中,项目经理如果对于项目进度的估计过于保守,其总是担心有意外的情况发生,这种担心就有可能成为现实。因为团队成员们有可能知道有浮动时间,而故意或者不经意地拖延,从而最终造成项目延期。

3. 帕金森定律

帕金森认为,工作会自动占满一个人所有可用的时间。如果项目中给一位项目团队成员安排了充裕的时间去完成一项工作,他就会放慢节奏或者增加其他项目以便用掉所有的时间。在这种时间弹性很大的环境中人并不会感到轻松,相反,他会因为工作的拖沓、膨胀而苦闷、劳累,从而精疲力竭。

4. 学生通病

在前面项目的资源配置章节中,我们也提到了学生通病,具体表现为团队成员倾向于拖延到最后时刻才去完成他们的工作,这里和前文有些类似。如果团队成员看到一项具有松弛量的项目活动,他可能不会马上就开始工作,而更倾向于松弛量耗尽的时候才会去抓紧时间,这种情况会使得关键路径或者关键链面临着再发生意外情况就会被影响的窘境。

5. 帕累托法则

维尔弗雷多·帕累托是19世纪意大利的一位经济学家和社会学家,他从大量具体的事实中发现:社会上20%的人占有80%的社会财富,即财富在人口中的分配是不平衡的。同时,人们还发现生活中存在许多不平衡的现象,因此常常以二八定律作为此类不平等关系的简称。对应到项目管理中,企业中80%的业务收入可能来自20%的客户,项目管理应用中80%的项目问题或者延迟可能是由20%的项目活动引起的,所以一个有效的项目监控系统应重点关注那些可能导致项目延迟、成本超支、绩效降低的高风险的活动。

6. 过度承诺

项目实施过程中有一种很奇怪的表现:当几乎所有信号都指示出现行策略的谬误时,人们倾向于持续地投入并在失败的道路上继续前行,而不是采取其他的中断或者终止的方式应对,因为这种现象可能与对客户的承诺有关,因此有时又被称为过度承诺。特别是在软件项目开发中,当事情变得更糟时,项目团队通常的做法是增加人手,进一步增加相关的复杂度,而非寻求一种新的有效方法。项目监控部门应该对可能产生重大影响的承诺加以关注,在合适的情形下考虑升级或降级承诺,甚至是终止承诺。

7. 统计变异

在项目执行过程中,一个团队的相关活动有可能提前完成,也有可能落后于预定计划,从统计学角度看这应该是符合概率分布的。而现实的情况是统计变异,往往总是导致后续活动的延迟,即使上一环节的活动能提早完成,后续执行的活动也不会从中受益并更早开始,当然其中的原因是多方面的。

上面只是罗列了项目实施过程中可能发生的一些情况,当然,现实的情况要复杂得多,这里没有必要也不可能一一赘述,相信读者应该已经认识到项目控制和评估的重要性。为了更好地完成项目,有经验的项目经理会时刻关注项目控制和评估的要点。

12.1.2　项目监控关注的要点

不同的项目有不同的监控重点,不同级别的监控也有不同的细节。例如,如果我们正在策划实施一个聚会,是不会使用与实现一个数百万美元的ERP系统一样的监控工具的。虽然不同的项目监控系统使用的方法不同,其复杂程度也不同,但是我们还是有可能通过多个属性去描述其关注要点。

1. 识别项目的相关指标

项目经理和项目团队必须拥有一套能够平衡项目各个方面的性能指标,其中具有最高优先级的指标应该与项目目标高度一致。

2. 建立高效的项目计划

一个项目监控系统不应仅在事后把相关的管理过程信息插入到项目中去,其应该能贯穿整个项目,作为计划过程的一部分,团队必须建立性能指标和基线数据,决定谁将负责记录、报告的频率、详细的程度,以及报告的粒度等。

3. 提供准确的项目信息

有效地管理一个项目,需要在项目实施过程中做好控制评估并能动态调整,这要求项目经理和项目团队收到的信息应该是准确的,否则,绩效报告只会束之高阁,而发挥不了任何作用。

4. 提供及时的项目信息

项目相关的各类数据应该尽快提供给项目经理和团队。例如,我们在今年 3 月份发现并提出去年 12 月份的一项任务有两周的进度落后,这样的信息虽然正确但不及时,相应纠正行动也会被耽搁。

5. 能够促进异常管理

异常管理的一般方法是根据大量的数据设定一个阈值,在超过阈值的情况下来确定问题并进行应对。统计过程控制就是很好的一个实例,只要某个数据点超出控制范围或以另外的模式显现,操作员就要使用异常管理工具并让主管们加以关注。同样,项目经理也可以使用类似的异常管理的方法,在项目实施过程中特别注意那些性能指标超出预先定义的参数,以揭示项目可能的不良趋势。

6. 对团队成员是可见的

项目的控制和评估信息应该对所有团队成员都是开放可见的,只有人们知道了哪些是可随时获得的信息,他们才有可能采用各种可能的方式保证项目的实施和绩效。

7. 为问题发现和解决提供依据

项目监控系统必须是一个解决问题的工具,而不仅仅是一种让人心生恐惧的"老大正盯着你"的机制。同样,如果项目团队使用一个项目监控系统只是为了符合客户或发起人的要求,而项目本身并不会产生收益,那么这样的努力是不值得的。在这两种情况下,对于项目的监测将会变成一项毫无意义的活动。

12.1.3　项目监控工具

在预先给定的一组可以平衡项目各个方面的指标基础上,项目团队通过收集和整合数据,结合一些常用的项目监控工具,可以使得项目的关键利益相关者都能清楚地看到项目的进展,了解项目的问题或潜在问题。例如,仪表盘是设在飞机驾驶舱中的显示面板,它为飞行员显示各类实时指标,如高度、坐标、速度、风速、温度以及燃料水平等,飞机飞行过程中的各子系统如何工作以及外部环境如何变化一目了然。仪表盘这种形式在项目环境中越来越受到欢迎,已经有一些厂商开发了相应的项目管理仪表盘工具。其他的一些工具包括清单列表、方差数据表格、完成百分比法、项目 S 曲线、里程碑分析、跟踪甘特图、挣值分析法等。

1. 清单列表

顾名思义,一个清单包括一系列的活动、任务,以及 WBS 中定义的工作包等,清单列表的简单性使其有着极大的吸引力。虽然对于大型的或者复杂的项目而言,清单列表并不能显示活动之间的关系,在一些项目管理过程中显得力不从心,但其足以满足对一个小型项目的管理所需。表 12-1 所示为一个简单的清单列表的例子。

表 12-1　清单列表实例

Task 任务	Status 状态
Prepare Guest List 准备客人名单	✓
Send Invitations 发送请柬	✓
Prepare Menu 准备菜单	✓
Purchase Food 购买食物	
Purchase Beverages 购买饮料	
Clean House 打扫房间	
Purchase Decorations 购买装饰物	
Decorate House 布置房间	✓
Invite Sister to Dinner 邀请朋友	
Purchase Gifts 购买礼物	
Wrap Gifts 包装礼物	
Host Party 主办方	✓
Clean Up 清理	

2. 数据表格

许多项目团队喜欢使用具有跟踪性能指标和方差数据的电子表格来监控项目,一种通行的做法是通过不同的颜色表示项目中不同的交付状态。

(1) 绿色意味着项目进展与预计的相同;

(2) 黄色表示警告,小差异可能会扩大;

(3) 红色表示可交付成果或工作包超过预算、进度落后,或者在其他方面有挑战;

(4) 蓝色表示需要交付的成果或工作包已完成。

Excel 表格的功能很多,充分利用该软件并进一步开发一些功能来监控项目是现实中常用的方法,项目团队成员也可以通过其共享项目日程和进度状态。表 12-2 所示为一个简单的实例。

表 12-2　办公室更新项目

任　　务	估计时长/周	开始日期	完成度	进度偏差	预算费用/美元	到期实际费用/美元	预算偏差/美元
A. 设计	3	1.12	完成	准时	10 000	8 000	2 000
B. 办公准备	5	1.12	完成60%	晚于日程表	20 000	18 000	会上讨论
C. 采购家具	3	2.2	完成	准时	150 000	190 000	−40 000
D. 采购装饰品	4	2.2	完成	准时	20 000	22 000	−2 000
E. 重新安置人员	1	2.16	未开始	晚于日程表,等 B	5 000		
F. 广告设计合同	5	2.2	完成	准时	5 000	4000	1 000
G. 采购	2	3.9	完成	准时	10 000	3 000	7 000
H. 移动旧家具	4	2.23	未开始	晚于日程表,等 B、E	6 000		
I. 修复	6	3.23	未开始	晚于日程表,等 H	200 000		
J. 喷漆	1	5.4	未开始	晚于日程表	5 000		
K. 铺地毯	1	5.11	未开始	晚于日程表	20 000		

续表

任　　务	估计 时长/周	开始 日期	完成度	进度偏差	预算费 用/美元	到期实际 费用/美元	预算 偏差/美元
L. 安装新家具	1.5	5.18	未开始	晚于日程表	10 000		
M. 张贴艺术品	2	5.18	未开始	晚于日程表	4 000		
N. 迁入	1.4	5.27	未开始	晚于日程表	6 000		
O. 办公庆祝	2	6.7	未开始	晚于日程表	4 000		

3. 完成百分比法

应用完成百分比法监控项目也很常见,项目团队通过小组报告的形式汇报已经花在项目上的时间(天、周、月),通过与项目的总的时间分配进行比较,了解和确定项目进展。不过这种方法有时候会有些歧义,例如,如果一个项目组已经为一项 20 周工作量的项目工作了 4 周,项目团队可以汇报说他们已经完成了 20%,但是花费了 20% 的时间并不意味着实际上已经完成了 20% 的工作。同样的情况也可能出现在费用支出方面,如果项目组在 10 周后汇报说自己的实际任务也完成了 50%,那么这也不意味着项目组花费了 50% 的预算开销在 50% 的时间内完成了 50% 的实际工作。完成百分比法适用于短期追踪的低优先级项目的监控管理。

4. 项目 S 曲线

项目 S 曲线是一种以横坐标表示时间、纵坐标表示工作量完成情况的曲线图,是工程项目施工进度控制的方法之一。该工作量的具体内容可以是实物工程量、工时消耗或费用,也可以是相对的百分比。对于大多数工程项目来说,在整个项目实施期内单位时间(以天、周、月、季等为单位)的资源消耗(人、财、物的消耗)通常是中间多而两头少。由于具有这一特性,资源消耗累加后便形成一条中间陡而两头平缓的形如"S"的曲线。

5. 里程碑分析

项目里程碑(milestone)并没有形成统一的定义,但是各个定义的核心基本上都是围绕事件(event)、项目活动(activity)、检查点(checkpoint)或决策点,以及可交付成果(deliverable)这些概念来展开的。里程碑是项目中的重大事件,在项目过程中不占资源,是一个时间点,通常指一个可支付成果的完成。编制里程碑计划对项目的目标和范围的管理很重要,可以协助范围的审核,给项目执行提供指导,好的里程碑计划就像一张地图,指导我们该怎么走。里程碑目标一定要明确。采用集体参与的方式比项目经理独自制订里程碑计划并强行要求项目组执行要好得多,它可以使里程碑计划获得更大范围的支持。完成阶段性工作的标志,不同类型的项目里程碑不同,里程碑分析在项目的控制和评估中具有重要的意义。

6. 跟踪甘特图

前面的章节中我们已经多次提到甘特图,这是一种很有效的管理工具。我们可以把甘特图画在一张大纸上并固定于墙上,允许团队成员协作记录并手动更新。当然,现在更常见的是直接使用相应的项目管理软件,例如微软 Project 软件就可以很方便地生成甘特图。

7. 挣值分析法

挣值分析法,是在项目实施中使用较多的一种方法,是对项目进度和成本进行综合控制的一种有效方法,它的用法是将项目在任一时间的计划指标、完成情况和资源耗费进行综合度量。挣值法的优点在于将项目的进度和成本进行综合度量,从而能准确描述项目的进展状态;其另外一个重要优点是可以预测项目可能发生的工期滞后量和成本超支量,从而及时采取纠正措施,为项目管理和控制提供有效手段。

12.2 监控项目绩效的方法

现如今,许多项目的节奏非常快,项目经理需要了解他负责项目的关键绩效指标,但是他却没有足够的时间阅读项目状态报告,通常会选用项目仪表盘来快速感知项目最新的状态信息,它能够帮助项目经理直观获悉高层级的项目目标完成状况。项目仪表盘的形式多种多样,可以根据每个项目的特点设计最适合项目的仪表盘,但核心离不开项目的KPI。制定项目仪表盘,一般分为3步:①识别KPI,可以依据项目章程或干系人重点关切进行识别;②布局仪表盘,主要是确定KPI信息的可视化呈现方式;③填充仪表盘,填入相关绩效数据(一般是借助软件,设定算法自行填充、动态更新)。项目仪表盘能够快速、直观地呈现项目的总体状态,以支撑高效沟通、决策分析,但是它更多地侧重在数据的展示层面,还需要用到更为具体的技术方法。

12.2.1 项目S曲线应用及其优缺点

项目S曲线是项目管理中的一种基本工具,是评估项目控制技术的基础。我们首先来看一个简单的例子,假设某个项目被分解成四个工作包(设计、制造、安装和测试),预算为80 000美元,预计完成时间是45周。表12-3给出了按照工作包和时间对项目累计预算所做的分解。

表 12-3 项目时间/成本一览表 单位:千美元

任　　务	历时/周									合计
	5	10	15	20	25	30	35	40	45	
设计	6	2								
制造		4	8	8	8					
安装			4	20	6					
测试					2	6	4	2		
合计	6	6	8	12	28	8	6	4	2	
累计	6	12	20	32	60	68	74	78	80	80

为了确定项目绩效和状况,直接使用时间/成本分析通常是第一选择。在这里,项目状况通过累计的成本和劳动时间函数来进行评估,函数坐标轴上的时间既有预算时间也有实际历时时间。项目由时间(x轴或横向的轴表示)及对应花费的资金(y轴或垂直轴

表示)来共同评估。标准的项目 S 曲线(project S-curve)表示这样一种典型的关系:在项目实施的主要阶段,起初预算支出低,然后很快攀升。当曲线再次趋于稳定时,项目就临近完成(见图 12-1)。该图依据项目进度计划,对表 12-3 所示的项目累计预算计划进行了描绘。S 曲线图形表示项目预算基准计划与实际预算支出的对比。

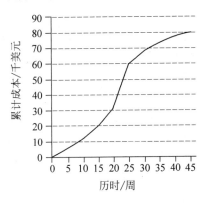

图 12-1　项目 S 曲线

使用 S 曲线监控项目的状况是一个简单的追踪问题。根据给定时间(周、月或季度),可以即时简单地对累计项目预算支出进行汇总,并与预期的支出作比较。任何实际支出与计划预算支出的偏离都会揭示出相应的问题。

S 曲线分析最大的优点就是简单。因为项目基准计划是提前制订的,唯一可变的数据是实际的预算支出。同时,S 曲线提供了实时的追踪信息,这样,预算支出就能得到持续更新并在图上表示出来。项目信息也能够即时获得并得到持续更新,所以 S 曲线能够帮助及时、清晰地对项目可获取状况进行评估。

仍以上述项目为例,假如项目实施到 20 周,最初的项目预算支出是 32 000 美元,但实际项目支出总额仅有 20 000 美元。这样,就存在 12 000 美元的预算盈余,或者说项目累计预算支出与实际成本之间出现了偏差。图 12-2 显示了对预算支出和累计实际成本的跟踪结果,并指明了 21 周所示的偏差。通过这个例子可以看出,S 曲线分析作为一种很好的可视化方法,对连接项目进度过程的成本(预算的和实际的)是非常有价值的。

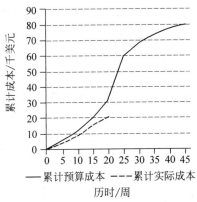

图 12-2　项目 S 曲线表示偏差

当项目团队考虑使用 S 曲线时,应该考虑到 S 曲线的缺陷。S 曲线可以指出正向或负向的偏差,但它不能对产生偏差的原因做出合理的解释。以图 12-2 所示的 S 曲线为例,图中所示的实际预算支出表明项目团队没有及时花掉计划预算资金(这是负向偏差),造成这一偏差的原因是什么? 是项目团队进度滞后(因为他们没有及时花掉足够的预算),还是存在其他问题?

假设组织使用 S 曲线跟踪项目成本,并使用其表示的信息对实施项目的状况进行评估。假设项目计划在 12 个月内完成,有 150 000 美元的预算,而在第六个月进行中期检查时,发现 S 曲线显示出明显的预算盈余:在项目上所花费的成本远少于最初预算成本。这是个好消息还是坏消息?

表面上这可能是一个绩效不好的表现,因为花费比计划预算少是项目进度滞后的表现。然而从另一方面看,这种情况也可能是积极的。例如,假设在管理项目过程中,使用了具有成本效益的方法进行某些工作,或者采用了可以大幅度减少花费的新技术。在这种情况下,时间/成本指标不但可能被误用,而且可能会得出不正确的结论。同样,正向偏差也不总是表示项目进展顺利。事实上,团队可能因为超支而产生严重的问题,但超支可能被解释成项目进展顺利,实际上它仅仅表示团队没有有效利用资金。关键问题在于:简单地根据项目在时间/预算支出上的绩效来评估项目状况,很可能就会导致项目绩效不正确的假设。

12.2.2　项目里程碑应用及其优缺点

里程碑可以是一个特定的重要事件或项目阶段,代表项目工作中一个重要阶段的完成,一项可交付成果的完成(多个项目任务的联合),项目关键路径上的一项重要活动,甚至一个日期都可能是里程碑。事实上,里程碑就是在项目生命周期内,能够在前进过程中观察到的一些路标。使用里程碑进行项目控制有如下一些优点。

(1) 里程碑标志着重要项目步骤的完成。项目里程碑是项目当前进展状况的重要标识,里程碑使项目团队有了共同话题,有助于团队成员讨论项目的当前状况。

(2) 里程碑可以激发项目团队的积极性。在时间持续几年的大型项目中,当团队成员对项目整体进展状况、他们所完成的工作、应该怎样继续以及项目可能还需要多长时间完成等情况产生困惑时,他们的激情可能会减弱,团队成员通过关注里程碑,能更好地理解项目的成功以及项目当前的进展状况。他们还能根据项目中的工作识别出更多的任务。

(3) 里程碑提供了重新评估客户需求和任何潜在变更请求的时机。很多项目经理经常碰到同一个问题,那就是客户经常不断地反复更改他们的需求。如果以项目回顾作为一个正式的"停止点",项目团队和客户都会比较清楚地知道什么时候他们将进行项目中期回顾,以及怎样来处理这些变化的需求。当客户意识到这些正式的项目回顾点(里程碑)时,他们就能给项目团队更为合理和成熟的反馈(还有变化的具体要求)。

(4) 里程碑有助于协调买主和供应商的时间安排。对关键项目资源交付进行的时间安排来说,确定交付日期并保证不会延误项目活动是项目面临的一个重大挑战。从资源角度看,团队要求在资源需要前得到相应的供应,但由于空间限制、库存成本以及在某些情况下资源可能变质损坏等问题,项目团队又不希望资源的供应太过提前。因此,为了平衡延迟带来的损失和提早持有资源所产生的成本,成熟的里程碑系统提供了一种时间安排和协调机制,利用它可以确定需要供应的关键日期。

(5) 里程碑能确定关键的项目评估时机。对许多复杂的项目来说,一系列中期项目评估是必需的。例如,美国政府开发的许多项目都要求进行定期评估,以此作为承接项目的公司获得部分资金的前提条件。里程碑为项目评估提供了合适的时机。有时候,决定什么时候进行项目评估仅仅依靠时间的推移(如"7 月 1 日了,该进行评估了")。但对于其他项目来说,评估时机的确定要依据项目一系列关键步骤的完成。

(6) 当需要其他成员参与时,里程碑向项目团队成员发出信号。许多时候,项目需要非项目团队人员的参与。例如,可能需要一个质量保证专家进行系统测试、质量检查并对已完成的工作进行即时评估。质量监督部需要了解什么时候将人员分配到项目中去,否则项目团队就会发现等到了某个里程碑时,却没有人来帮助他们。因为质量保证专家不是项目团队的成员,为了使项目进度修改的程度最小,就需要调整外部人员的参与。

(7) 里程碑能够在工作分解结构中对各种可交付成果进行说明,使项目团队对项目有一个整体的认识。这样就能将精力和特定的资源用于可交付成果,而不是按照一般的方式进行资源分配。例如,在软件开发项目中,如果最初设定的里程碑已经延误了,那么为使整个项目按期完成,就必须减少项目后期的开发时间,因此项目经理就需要在后续活动中安排更多的程序员。

里程碑分析可以和其他一些工具方法结合起来使用,例如最常见的就是包含里程碑的甘特图。一般在 Microsoft Project 中常常用小菱形来表示里程碑,这样就可以很容易地在完成的工作包后将其标出,当然,用户也可以按照自己的或者组织特有的一些标准对其进行标识。

不管哪种形式的里程碑,都很可能是所有项目控制方法中最简单、使用最广泛的方法。里程碑的优点在于清晰易懂,对于所有项目团队成员来说,一般很容易将里程碑作为项目绩效的指标。但里程碑的问题在于它是一个反应式控制系统,即项目团队必须首先参加项目活动,然后再根据预定目标对它进行评估。如果发现工作没有达到预期的目标,那么面临的问题是必须纠正已经发生的活动。假设一个项目团队错过一个里程碑,一旦到了里程碑事件也没有收到任何进度报告,那么这个不利的消息就会公开,项目经理可能也无法及时制定补救措施。这样,问题就变得复杂起来,而不利消息的延迟以及补救措施本身的延迟,又将进一步拖延整个项目的进度。

12.3　挣 值 管 理

不同于先前的项目跟踪方法,挣值管理(earned value management,EVM)认为在对项目当前状况进行分析时,有必要综合考虑时间、成本和项目绩效的影响。换言之,任何一个监控系统,如果仅仅比较实际和预算成本数据,那么它就忽略了这样一个事实,即客户花钱是为了完成一些工作,如创建一个项目。因此,EVM 再次提出并强调了在进行项目状况更新时,分析时间因素的重要性。时间是重要的,因为它是确定在某个里程碑时刻应该完成多少工作的基础。在项目进展的任一时刻,需要计算出进度以及预算效率因子(效率表示用掉的预算与创造的价值之比),然后使用这些值对完成项目还需要的成本和时间做进一步的预算。

在项目控制过程中,挣值与其他项目跟踪机制比较有着明显的优势。如果衡量项目绩效的关键指标如前面章节所讨论的那样,包含有进度、预算和绩效等成功标准,那么大多数项目评估方法会忽略一些标准。例如,项目S曲线分析直接将预算支出和项目进度连接起来,如图 12-3(a)所示,这种方法明显的缺点是它忽略了项目绩效。项目控制图表,如跟踪甘特图,将项目绩效与进度连接起来,但可能就会忽略项目支出,如图 12-3(b)所示。跟踪方法的本质是强调随着时间发展的项目绩效,当产生预算是否按照当初计划执行的争论时,该指标就不能将时间、绩效和成本很好地联系起来。挣值(earned value)直接将衡量项目成功的三个主要指标(成本、进度和绩效)联系起来,这种方法非常有价值,因为它考虑到定期更新阶段性预算,并以此来确定进度和时间变量,就像定期对项目绩效进行评估一样,如图 12-3(c)所示。

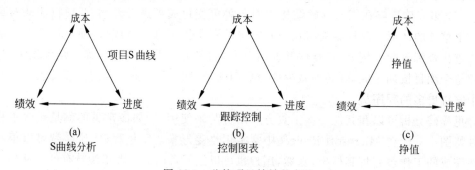

图 12-3　监控项目绩效的方法

此外,在计算挣值时,需要用到一系列衡量指标,主要指标如下。

(1) PV　计划值(planned value),是对整个项目周期内预算资源进度的成本估算(累计基准)。

(2) EV　挣值,或"价值"。它是实际完成工作的预算成本。

(3) AC　已完成工作实际成本(actual cost of work performed),它是完成项目各个不同工作包所引发的成本总和。

(4) SPI　进度绩效指数(schedule performance index),为挣值与计划完成工作的比值(EV/PV)。可用于估计项目完成的预计时间。

(5) CPI　成本绩效指数(cost performance index),为挣值与实际成本的比值(EV/AC)。可用于估算完成项目的预计成本。

(6) BAC　完工预算(budgeted at completion),即项目最初的成本估算。

12.3.1　制订项目基准计划

建立一个准确的控制过程,首先应制订项目基准计划。无论采用哪一种控制过程,基准计划信息都是非常关键的,基准计划是进行挣值管理的基础。计算挣值需要的第一手信息是计划值,也就是项目基准计划。计划值应当包含所有相关的项目成本,包括人员成本、设备和材料成本以及项目管理费(有时候也称为投入水平)。管理费用(投入水平)由多种固定成本组成,这些固定成本必须包含在项目预算中,包括管理或技术支持、计算机工作和其他专业人员的雇佣(例如法律咨询或市场咨询)。制订项目基准计划的步骤比较简单,只需要两类数据:工作分解结构和阶段性项目预算。

(1) 工作分解结构确定了项目所需完成的单个工作包和任务。同样地,工作分解结构允许项目团队首先确定需要执行的单个任务,使他们了解到任务的层次结构并将任务分解成各个工作包,以确定人员需求(人力资源),这样是为了使任务的需求与执行任务的人员的能力相匹配。

(2) 阶段性项目预算使项目团队能够确定任务正确的先后次序,更为重要的是,它能够在项目中确定一些时间点,即哪些时候预算资金可能正被用于完成某些任务。例如,项目团队确定了一项项目活动,需要 20 000 美元的预算完成任务,此外,完成任务估计需要两个月时间,在第一个月中大部分工作已经完成。这项活动的阶段性预算如表 12-4 所示。

表 12-4　阶段性项目预算示例　　　　　　　　单位:美元

活　　动	1 月	2 月	…	12 月	合　计
数据项	14 000	6 000	…	0	20 000

一旦获得工作分解结构并进行了阶段预算分析,就可以制订项目基准计划。其结果将是挣值的一个重要组成部分,因为它是评估当前项目生存能力的标准。项目基准计划也解决了项目应该怎样进展的问题。当然,项目实际上是怎样进行的,可能又是另外一回事。

12.3.2　使用挣值的原因

这里仍以 12.2 节的项目为例,假设现在是项目进行的第 30 周,试图对项目状况进行评估。同时假设计划项目成本和实际支出之间没有偏差,也就是说,项目花费的预算符合正确的时间要求。尽管如此,通过检查,可能仍会发现安装仅仅完成了一半,测试工作还没有开始。这个例子显示出 S 曲线存在问题,但体现了 EVM 的优势。只有将绩效、预算和时间都考虑进来进行评估,项目状况评估才是更加准确的。

对例子中的数据进行了修改,如表 12-5 所示,注意到第 30 周时,与设计和制造有关的工作都已经全部完成,但安装工作仅完成了 50%,测试工作还没有开始。任务完成百分比从项目团队或关键个人对当前工作包完成状况的评估中得到。目前的问题在于:到目前为止,已完成项目工作的挣值是多少? 到第 30 周,项目在预算、进度和绩效方面的状况怎样?

计算这些工作包的挣值是一个相对简单的过程。如表 12-6 所示,可以直接在前一个表上进行修改,只关注确定挣值的相关信息。每个工作包的计划成本乘以完成工作的百分比就是该工作包的挣值,整个项目的挣值计算也是如此。在这个例子中,在 30 周时,挣值是 51 000 美元。

表 12-5 项目任务完成百分比 单位：千美元

任 务	历时/周									完成百分比/%
	5	10	15	20	25	30	35	40	45	
设计	6	2								100
制造		4	8	8	8					100
安装				4	20	6				50
测试						2	6	4	2	0
合计	6	6	8	12	28	8	6	4	2	
累计	6	12	20	32	60	68	74	78	80	

表 12-6 计 算 挣 值

任 务	计划量/千美元	完成百分比/%	挣值/千美元
设计	8	100	8
制造	28	100	28
安装	30	50	15
测试	14	0	0
累计挣值			51

然后使用项目预算基准比较计划预算成本和实际挣值,如图 12-4 所示。在图中,对应预算基准线标示出了相应的挣值,这样就对项目状况有一个更加真实的了解。将此图与图 12-2(项目 S 曲线表示负向偏差)进行比较可知,在图 12-2 中计算出了负向偏差,但没有对产生问题的原因做出解释,也没有明确地指出该值是否有意义。再次回到 30 周结束的时候,最初的预算计划是应该用掉 68 000 美元。实际上,现有的花费比预算少了17 000 美元。换句话说,不仅在项目资金花费上存在偏差,而且在项目价值的创造(绩效)方面也存在偏差。不同于标准的 S 曲线评估,EVM 偏差是有意义的,因为它不仅仅依据预算支出,同时也考虑到了挣值。在项目预算支出方面 10 000 美元负向偏差可能是(也可能不是)引起关注的原因。但是,项目上 17 000 美元的挣值偏差就表示严重的结果偏差。

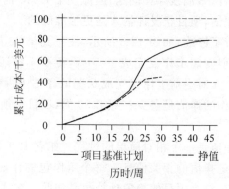

图 12-4 项目基准和挣值

12.3.3　挣值管理的步骤

进行挣值管理包括以下 5 个步骤。

（1）清楚地定义项目将要执行的每项活动或任务,包括所需的资源以及一份详细的预算。如前所述,工作分解结构使得项目团队能够定义所有项目任务,还能为每一个任务分配相应的项目资源,包括设备和材料、成本以及人员。最后,伴随着任务的分解和资源的分配,就可以为每项任务制定预算数据或成本估算。

（2）制订活动和资源使用进度计划。这将确定在整个项目中整体预算分配给每项任务的百分比,在项目计划开发周期内,确定每月（或其他合适的时间期间）每项活动的预算。项目预算一旦制定就应与项目进度联系起来。确定分配多少预算资金给项目任务是非常重要的。而在项目开发周期内,弄清什么时候使用这些资源也同样重要。

（3）建立一个阶段性预算以显示整个项目生命周期内的支出。总的（累计的）预算是项目的基准,也被称为计划值（PV）。按实值计算,PV 仅仅意味着能够在项目的任一阶段确定累计的计划预算支出。PV 作为一个累计值,是将前面每一个时期内的计划预算成本相加。

（4）执行每项任务的实际成本总和等于已完成工作实际成本（AC）。同时也可以计算完成工作的预算成本。这两个值是计算挣值（EV）的必要条件,也是控制过程的初始步骤。

（5）计算项目成本偏差和进度偏差。一旦收集到 3 个数据（PV、EV 和 AC）,就可以计算偏差了。进度偏差（schedule variance）由公式 $SV=EV-PV$ 计算得出,即当时的挣值减去计划工作预算成本。预算或成本偏差的计算公式为 $CV=EV-AC$,即挣值减去已完成工作实际成本。

12.3.4　评估项目的挣值

表 12-7 表示对水星项目进行挣值分析的几个组成部分。该项目计划历时 7 个月,预算成本为 118 000 美元。项目开始于 1 月份,从 1 月底开始计算项目的挣值。为了简单起见,假设项目总共只有 6 个工作包。如果知道每个工作包总的预算和工作定于什么时候开始,就能构造出一张类似于表 12-7 的挣值表。值得注意的是,每个工作包在某些时期内有固定的预算成本（例如,人员配置预算成本是 15 000 美元,并在 1 月份和 2 月份完成）,而计划制订在 3 月份开始（预计花费 4 000 美元）,在 4 月份结束。

表 12-7　水星项目的挣值表　　　　　　　　　　单位:千美元

活动	1月	2月	3月	4月	5月	6月	7月	计划值	完成百分比/%	挣值
人员配置	8	7						15	100	15
计划制订			4	6				10	80	8
原型开发			2	8				10	60	6
全面设计				3	8	10		21	33	7
构造					2	30		32	25	8
转移							10	10	0	0

续表

活动	1月	2月	3月	4月	5月	6月	7月	计划值	完成百分比/%	挣值
竣工检查						15	5	20	0	0
累计								118		44
月计划值	8	7	6	17	10	55	15			
累计	8	15	21	38	48	103	118			
月实际值	8	11	8	11	10	30	0			
累计	8	19	27	38	48	78				

如果在表中标出直到项目完成为止每个月的费用(1月到6月),通过收集项目团队和会计部门的信息以及每个月花费的实际总量,就可以确定总的预算成本。这些数据添加在表的最后4行。例如,到3月份,项目计划预算的活动需花费21 000美元,实际的累计成本是27 000美元。此时就会出现一个问题:这是个好消息还是坏消息?从表面上看,可能会认为这是个坏消息,因为项目超出了预算。然而,回想S曲线方法存在的主要问题,它仅仅考虑到了与计划成本相对应的实际成本。这个简单的例子没有提供足够的信息,也就不能对项目状态做出任何真实的判断。

确定挣值的关键信息位于表中最右边的3列。根据在预算的时间内完成任务的数量,从而确定项目当前的状况,这是让项目团队关注的事。因此,最后3列表示每个任务的计划值、完成的百分比和挣值。此处,挣值是计划预算与任务完成的百分比相乘的结果。例如,在计划制订工作包,从表中可以看出其两个月总的计划预算成本为10 000美元,到规定时间内,任务完成了80%,产生了8 000美元的挣值。如果将计划值和挣值所在的列分别汇总,就可以得到项目的计划预算成本(118 000美元)和截至6月底所达到的挣值(44 000美元)。

通过使用EVM,项目团队能够掌握足够的信息来对项目状况做出合理判断。首先需要计算计划值(PV)。这个值就是6月末的累计成本(103 000美元),也可计算出项目到此为止的挣值总额为44 000美元。进度偏差可以用进度绩效指数(SPI)和估算完工时间表示。SPI是挣值(EV)和计划值(PV)的比值,表12-8表示了这类计算。有了SPI,就可以估算完成项目所需的时间。如表所示,SPI值表示到目前为止,项目仅仅完成了43%,将SPI值的倒数与起初的项目进度相乘就可得到完成项目的预算时间(1/0.43×7=16.3个月)。然而到了6月,项目不能如期完成,还需要10个月才能完工;这说明该项目落后进度9个月。

表12-8　挣值管理中的进度偏差

进度偏差	
计划值(PV)/千美元	103
挣值(EV)/千美元	44
进度绩效指数	EV/PV=44/103=0.43.
完工估算时间	1/0.43×7=16.3个月

成本的情况如何呢？虽然进度延迟超过 10 个月，是否也能在"项目最后计划成本多少"方面做出类似的计算呢？根据 EVM，答案是肯定的。与确定进度偏差一样，也能计算成本偏差，该计算需要两个重要的依据——已完成工作实际成本（AC）和挣值（EV）。挣值已经被计算出来（44 000 美元），返回到表 12-7 中确定 AC。6 月末累计实际成本为 78 000，也就是 AC。具体计算如表 12-9 所示。

如上，将 EV 与 AC 相除得到成本偏差，44 000/78 000＝0.56，也就是项目的成本绩效指数（CPI）。将 CPI 的倒数与最初的项目预算（118 000）相乘得到项目的完工估算成本。这样可以看出这个项目不但进度落后，而且最终成本将会超过 210 000 美元，属于严重的成本超支。

表 12-9　挣值管理中的成本偏差

成本偏差	
累计已完成工作实际成本（AC）/千美元	78
挣值（EV）/千美元	44
成本绩效指数	EV/AC＝44/78＝0.56
完成估算成本	1/0.56×118 000＝210 714 美元

结合上述案例，我们发现挣值管理能够很好地兼顾与测量项目执行过程中的进度、成本与绩效，其中涉及的各项主要指标具体表征的含义见表 12-10。

表 12-10　挣值管理中各项主要指标的含义

观察维度 指标名称	计算公式	差值含义		比值含义		按计划进行
		>0	<0	>1	<1	
CV	EV－AC	成本节约	成本超支	—	—	0
CPI	EV/AC	—	—	成本节约	成本超支	1
SV	EV－PV	进度提前	进度延误	—	—	0
SPI	EV/PV	—	—	进度提前	进度延误	1

12.4　对项目变更和范围蔓延的控制

在前面的章节中，我们讨论了这样一种事实：项目的原始计划在项目结束时几乎肯定都会发生变化。而且我们已经注意到，项目变更通常是由以下几种基本原因引起的：项目工作和项目成果所采用技术的不确定性；知识基础或客户/用户提高项目的复杂程度所引起的项目范围蔓延；应用于项目实施程序或项目产出物的规则被修改，等等。当项目过程和项目产出物都发生变化时，几乎总会引起预算和进度的变化。

在项目实施过程中，项目经理将应对变化和改变优先权视为所面临的最重要的单一问题——或者即使不是最重要的，也肯定是最让人感到头痛的。如果一家玩具制造企业的高级财务人员对玩具的颜色草率地做出负面评价,并且引发了对玩具的整体重新设计,进而使一个已经批准的设计、进度计划和预算作废,那么项目经理和设计师此时的愤怒和抓狂肯定是可以理解的。

最常见的变更往往是项目的客户或者项目团队成员试图进一步改进项目的产品和提升服务所引起的。项目最初尚未被客户意识到的新需求和绩效要求会在项目实施过程中逐渐呈现出来。对项目团队来说,新技术随着工作的深入逐渐变得可行或者逐渐出现了一些更好的方法,就像前面提到的那样,项目中的这些变化发生得越晚,完成的难度就越大,成本也越高。如果不加以控制,一些小规模变化的累积就会对项目的成本和进度造成严重的不良影响。

莱芬威尔(Leffingwell,1997)建议,项目团队和客户间的互动行为应当通过建立伙伴关系而得到改善,这样,客户就可能在管理项目范围的工作中承担一些正式的责任。当客户成为项目组织的一部分时,问题通常就会变得更加困难。部门间的妒忌、不信任和冲突(例如市场营销部门和工程部门之间的传统矛盾)会导致不可控的范围蔓延,并不可避免地造成延期和预算超支(Gibson,1998)。

然而,没有任何人可以为项目变更进行风险投保。如果项目可交付成果和用于其生产的程序是深思熟虑的团队仔细研究的成果,并且项目团队成员代表项目中各利益相关者的利益,如客户、高层管理者、项目团队和所在社区的利益,那么全面质量管理和员工参与式的管理方法就是非常有助益的。同样,对生产过程的全面透彻了解将有助于避免一些与生产制造相关的工程变更(Saced et al. ,1993)。既然阻止变化的产生是不可能的,那么项目经理的最大希望似乎就在于控制这些变化赖以发生和实现的程序,由此,变更控制就成为项目风险管理的首要任务之一。

这是通过正式的变更控制系统来实现的,在有些行业中,它是负责在整个系统开发周期中集成和协调变化的配置管理系统的一部分,这种正式变更控制系统的目标是:

(1) 评估项目所需要实施的变更(包括内容和步骤);

(2) 识别对所有任务的影响;

(3) 将这些影响转化为项目绩效、成本和进度;

(4) 评价所要求的这些变更的收益和成本;

(5) 识别能够实现相同结果的可替代的变更措施;

(6) 接受或者拒绝需要实施的变更;

(7) 与所有的当事方就变更进行沟通;

(8) 保证变更能够得到正确实施;

(9) 准备月度报告,总结到目前为止所有的变更以及它们对项目的影响。

下面这些指导性建议如果在保证合理的严格性的前提下加以应用,就能够被用来建立一个有效的变更控制过程。这些指导性建议如果能够被纳入项目风险管理体系,就可以作为管理因项目范围蔓延所带来的风险的有效手段。

(1) 所有的项目合同或者协议必须包括一个关于如何在项目计划、预算、进度计划中实施变更的描述。

(2) 一旦项目被批准,项目中的任何变更都将以变更令(change order)的形式存在,变更令将包括对达成一致的变更,以及由于项目变更所引起的在计划、预算、进度和可交付成果方面的变化的描述。对于任何一项细微的变更,都应当进行风险识别和分析研究。为了更好地研究变更的潜在影响,通常还可以进行模拟性的研究。

(3)在准备和批准变更之前,项目经理必须接受对所有预期变化的咨询。然而,项目经理的批准并不是必需的。

(4)各类变更都必须获得书面的批准,这种批准是由客户的代理人或负责实施项目的企业高层管理者的适当代表来完成的。

(5)一旦变更令准备完毕,并且获得了批准,那么项目的主题计划就应该根据变化的内容进行修改,同时变更令也成为项目主体计划的一部分。

控制变更的过程其实并不复杂。如果是大型项目,可以成立一个变更控制委员会(Change Control Board,CCB),这个委员会代表所有利益相关者,并处理所有的项目变更要求(见图 12-5)。

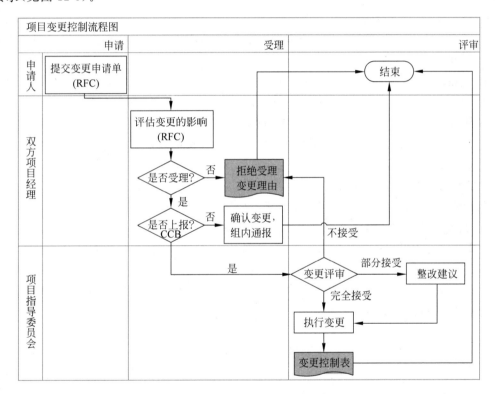

图 12-5　项目变更控制操作示意

然而,对于典型的中小项目,处理变更的问题并不需要太复杂。麻烦的主要来源是很多项目经理试图避免项目中的官僚作风,他们采用一种非正式的过程来处理项目变更的要求。误解通常来源于这种非正式的工作,项目经理会发现:项目正在承诺交付一种变化了的产出,其范围被延伸,但他必须自行消化这部分额外的成本,同时还要去迎合原来的、未经改变的进度表。

特别是在软件和信息系统项目中,非正式地处理变更令会导致很严重的问题,虽然我们不认为计算机导向型的项目在这方面与其他类型的项目完全不同。管理项目的精确技术并不能独立于那些应用于项目的各种技术之外。与建设项目和研发项目相比,服务行业的项目通常要求不同的计划和控制方法。在软件项目中处理变更通常是十分严重的问题,在我们看来,这主要源于两个互相联系的因素:首先,软件和信息系统专家通常不会向客户全面解释他们所开发的系统的实质;其次,客户通常不能尽最大努力去认识那些已经变成他们组织命脉的系统。所有这些问题不断发生,使得系统开发者只关注系统的技术需求,而忽视了客户的需求,同样经常存在的问题是,使用者将系统开发者视作从事神秘艺术工作者,不能按常规思维去理解他们。如果"我们之间的沟通是失败的",那么客户就没有真正了解软件项目中的变更所涉及的事项,尽管这种变更将提供并没有包含在项目初始要求中确定的功能。软件专家为了取悦客户而承诺提供某种用途,但没有向客户解释清楚这项工作所需要花费的努力和时间。如果项目滞后或超支,客户就会生气。这些情况反复出现,使得双方都不会从中受益,而我们前面所建议的那种应对变化的正式程序有可能会减少误解和不协调的程度。

尽管可能很困难,控制工作仍然是每一个项目经理工作中一个重要的组成部分。也许我们能给项目经理最有帮助的建议就是 20 世纪 70 年代常说的"松散控制"。我们所熟悉的一位卓有成就的项目经理告诉他的项目团队:"我不会接受下午四点半以后出现的危机,并且你们每天的危机最多只能有一次。危机不是累积性的,如果今天你一个危机也没有遇到,那么明天你也无权提出两个。"当然,这么说非常幽默,项目成员知道这位项目经理并不严厉,但是他的项目却格外顺利。危机确实是在不断发生的,但是项目团队中的每个成员通过采取有效及时的控制工作完全可以预防它们的发生。

最后需要说明的是,项目变更要尽早,因为项目越接近收尾阶段,变更给双方造成的损失就越大。比如,以建房子为例,若在房子快造好时发现原先的设计不对,需要推倒重来,那么成本与时间的浪费就大得不得了;对于软件项目而言,也是同样的道理。若在项目快要完工时才发现原先的需求有纰漏、缺失,需要变更重设时,那损失就会很大。这对项目经理来说是个严峻考验,他应统筹兼顾处在不同项目阶段的变更为项目目标达成带来的影响,即:一般而言,项目越到后期,拒绝变更的意愿应越强。这需要项目经理与主要项目干系人进行充分沟通,乃至采取合适的谈判策略进行友好协商等。

12.5 案 例 讨 论

【案例 12-1】

2011 年 5 月 15 日,热力学部的经理费来德·泰勒安排布赖恩·理查德全职参与 Turnbolt 项目。整个项目需要 5 个月时间来完成,前四个半月中的所有工作都按程序正常执行。这一项目顺利进展期间,布赖恩与项目工程师爱德华·康普顿及费来德保持了良好的工作关系。

费来德每周都会和布赖恩谈一次他的工作情况,他总会以这样一句话来结束他们的简短谈话:"你做得很好。加油! 尽你的最大努力来完成这个项目。"

项目最后的 1 个月里,关于结项报告的准备工作,布赖恩接到项目办公室和部门经理不一致的要求。爱德华告诉布赖恩,下一次技术交流会上,给客户的最终报告要以视图的形式展现出来("子弹"图)。项目根本没有必要做综合工程报告。

另外,热力学部有一项政策,即所有新项目的工程要把全面综合的报告存档。费来德成为部门经理的前一年,这一新政策就已经开始执行。据谣传,费来德希望有正式的报告,这样就能把自己的名字写进报告,或可以出版,或可以在行业会议上交流。作为公司的正式立场,热力学部所有工作的开展都需要费来德签名才能交给项目办公室。上层管理者不想维持一个出版或形象艺术部门,所以不希望职员公开发表文章。如果个人要求发表文章,则必须得到部门经理同意,并且必须自己准备全部的报告材料,得不到任何上级的帮助。自从费来德接任部门经理以来,他已经在技术会议上发表了 3 篇文章。

布赖恩、费来德和爱德华 3 个人开了一次会议。

爱德华:我不明白,为什么我们会有这样的问题。所有的项目委员会想要的只是一个简单概要。为什么我们还要做一份我们不想要或不需要的报告?

费来德:我们部门是有职业标准的,所有做过的工作必须完整存档以备后用。我特意要求所有经过我们部门的文档必须要由我签字,这样我们才能实现统一性和标准化。你们项目工作组的人必须明白这一点,尽管你们可以制定项目政策和程序(在公司政策、程序约束和限制的范围内),但是我们部门职员也有自己的标准。你们必须在我们的标准和规定范围内准备工作。

爱德华:项目委员会控制了项目基金。我们(项目办公室)明确指出,只有检验报告是必要的。而且,如果你想要一份更详细的报告,那么你最好走自己的管理费用账户。项目委员会不会为你的出版埋单。

费来德:在项目计划中,通常的程序都是明确部门要求的报告类型。由于你在项目计划中没有明确这一点,因此我只能靠自己的判断来猜测你到底想要什么。

爱德华:但是我告诉布赖恩我们想要什么类型的报告了。他没告诉你?

费来德:我想我对你的要求的理解与你的本意有些不同。也许我们应该建立新政策,要求所有的项目计划必须明确对报告的要求。这样可以减少不必要的误解,尤其是我们部门的几个项目在同一时间启动之后。另外,我会在我们部门建立一项政策,即所有临时报告、状况报告和最终报告的需求都要直接交给我。我会亲自负责所有报告。

爱德华:这对我来说没问题! 对于你的第一个要求,我会给你一个明确的答复——我想要的是一份检验报告,而不是一份详细的程序说明。

布赖恩:既然会议已经结束,那么我可以回办公室了(开始更新我的概要,只为以防万一)。

问题:

(1) 案例中主要存在哪些问题?

(2) 如何解决这些问题?

第 13 章

项目风险管理

13.1 项目风险管理概述

风险管理规划是决定如何去看待和规划一个项目的风险管理活动的过程,最终形成一份风险管理计划。风险管理计划是一份针对整个项目生命周期内风险管理程序的计划文档。项目团队应该在项目的早期多次召开计划会议,以商讨制订风险管理计划。他们应该审阅一些项目文件,以及公司的风险管理政策、风险分类、过去项目的经验教训和风险管理计划的模板等。重新检视各个利益相关者的风险容忍度也是必要的。例如,如果项目发起人是风险回避型的,与发起人是风险偏好者的情况相比,项目就需要一些不同的方法措施。

风险管理计划概括了一个特定项目将如何进行风险管理。表 13-1 列出了风险管理计划应该应对的一般主题。弄清楚各自的角色和责任,准备好预算,为风险管理的相关工作做好进度估计,并识别风险的类型,这些都很重要。同样重要的是,把如何进行风险管理描述出来,包括对风险可能性和影响的估计,以及创建与风险相关的文档。风险管理计划的详尽程度会因项目的需要而不尽相同。

表 13-1　风险管理计划要应对的主题

方法论:风险管理将如何在项目中实施?有什么可用的和合适的工具和数据来源?
角色和责任:谁来负责执行各项具体工作和提供风险管理相关的可交付成果?
预算和进度:预计的成本是多少?执行风险相关活动的进度是怎样的?
风险分类:这个项目里应该应对的主要风险类型有哪些?是否有项目的风险分解结构?(风险分解结构详见本章后面的内容)
风险概率和影响:如何估计风险的概率和影响?在风险定性和定量分析中可以采用哪些评分和解释方法?如何创建风险概率影响矩阵?
利益相关者承受力修订:利益相关者对于风险的承受能力是否变化?这些变化如何对项目构成影响?
跟踪:项目团队如何跟踪项目管理活动?如何记录和分享经验教训?如何审查风险管理过程?
风险文档:在风险管理活动中需要什么样的报告形式和程序?

除风险管理计划外,许多项目还包括应急计划、退路计划和应急储备,以为风险管理活动提供有效补充。其中,应急计划事先确定了在意外风险事件发生时项目团队应采取

的行动,例如,如果项目团队了解到一个新发行的软件包不能及时用到项目中的话,他们就会启用应急计划,采用现有的或旧的软件版本;退路计划是为对实现项目目标具有很大影响的风险编制的计划,如果企图降低风险的措施难以奏效,则该计划可以作为补充,例如,一个大学毕业生会有一个毕业后将在哪里生活的主计划和几个应急计划,但是如果这些计划都无法奏效的话,就会有个退路计划"先在家住一段时间";应急储备是项目发起人或者组织掌握的预备资源,以防范成本风险或者进度波动超过可接受的水平,例如,如果一个项目因为员工对新的技术不熟悉,且团队也没有识别到这种风险而出了偏差,项目发起人也许就会从应急储备中拿出额外的资金,雇佣一名外部顾问来培训,以帮助项目成员掌握新技术。因此,一个完善的风险管理计划,应该包括风险的识别计划、防范计划、监控计划、应对计划和善后计划等(见表 13-2),并聚焦规划建立起对象的实施方案。

表 13-2　风险管理计划的一般构成

构成要素	应对策略
识别计划	隐形、外部、潜在风险,设指标预警
防范计划	显性、内部、常规风险,立制度设防
监控计划	定期评审、征兆跟踪,建立控制体系
应对计划	开发预案,储备资源,预设应急机制
善后计划	总结教训,完善计划,利用危机转折

那么,什么是项目风险?项目风险多是指项目过程中的不确定因素及其可能带来的项目损失或偏差。因其风险发生的随机性、风险后果的相对性和风险演变的渐进性等,项目风险一般具有预测难、评估难、验证难等特征,它包括两个方面,即:项目所处环境与条件的不确定性和不稳定性(外因)、项目团队不能准确预见或控制的要素(内因)。按风险认知状态的不同,项目风险等级亦有差异,见图 13-1。

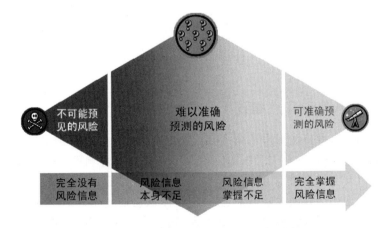

项目风险等级由左至右逐次降低

图 13-1　项目风险认知状态及等级示意

在真正理解和使用相关的项目风险管理方法之前,认识和了解常见的风险源是十分必要的。我们可以借助风险分解结构来把握风险,并依据不同类型的风险源来逐步细化风险管理计划。表 13-3 列举了项目管理中各个知识领域相关的潜在负风险的情况。弄清楚常见的风险源将对项目风险管理的下一步——风险识别十分有益。

表 13-3 与每个知识领域相关的潜在负风险的情况

知识领域	风险情况
集成	计划不完善;资源分配没做好;集成管理不力;缺少项目后评审
范围	对范围或工作包的确定不清;定义不完整
时间	对时间或资源可用日期的估计错误;错误确定关键路径;对浮动时间或时差的分配管理不善;过早发布竞争性产品
成本	估算错误;生产力、成本、变更或应急费用不足
质量	质量重视不足;低标准设计、材料或做工,质量保证项目不足
资源	冲突管理不善;项目组织和职责划分不科学;缺乏领导
沟通	对计划或沟通重视不足;与主要利益相关者沟通不足
风险	忽视风险;对风险分析不清;保险管理不够
采购	不能执行的条件或合同条款;关系对立
干系人	参与积极性不高;决策效率低下;推诿扯皮

13.2 风 险 识 别

风险识别就是弄清哪些潜在事件会对项目有害或有益的过程。及早识别出潜在的风险至关重要,但是我们还必须在不断变化的项目环境下持续地进行风险识别。要记住,如果不能先识别出风险,也就无所谓管理风险了。通过了解常见的风险源,回顾项目的风险管理计划、成本管理计划、进度管理计划、质量管理计划、活动成本估算、活动时间估算、范围基准、利益相关者登记册、项目文件、组织环境因素和组织过程,资产项目管理者和团队就可以识别出很多潜在的风险。

13.2.1 识别风险的几点建议

识别风险的工具和方法很多。项目团队常常这样开始风险识别工作:审读项目相关文件,了解最近的或以前的有关组织的信息,以及一些可能影响项目的假定。团队成员和外部专家经常召开会议来讨论这些信息,如果它们与风险有关就会提出一些相关的重要问题。经过这些初始会议的风险识别之后,项目团队会使用不同的信息采集技术来进一步识别风险,如头脑风暴法、德尔菲法、访谈法、根本原因分析法和 SWOT 分析法等。

头脑风暴法是这样一项技术,利用这种方法,一群人通过收集本能产生的和未加判断的想法,试图形成看法或者找到具体问题的解决途径。这种方法可以帮助群体更多地找出可能的风险,以供随后的定性和定量分析来处理。有经验的主持人应该设法保证头脑风暴法的顺利进行,并引进一些新的潜在风险类型来激发出参与者的想法。在收集了这些意见之后,主持人可以对其进行分门别类以便作进一步分析。但千万不要滥用或误用头脑风暴法。虽然很多企业都广泛应用头脑风暴法来寻求创新想法,但是心理学的资料表明,各人单独行动产生的想法总数要比同样的人一起进行头脑风暴法产生的想法数稍多一些。像害怕别人指责、权威层级的压力和一两个能说会道的人左右了会议等,这样的群体效应常常阻碍参与者众多时意见的产生。

德尔菲法就是一种可以防止头脑风暴法中出现的一些负面群体效应的信息采集方法,用于在专家团体中达成一致意见,从而对将来的发展做出预测。德尔菲法通过重复多次的提问和回答,其中包括对前一轮的反馈,来利用群体的输入信息,从而避免了在小组口头讨论中可能产生偏见的情况。使用德尔菲法时,必须挑选一组某个领域的专家,每名专家要回答相关的问题,然后主持人将评价他们的回答,得出一些意见和判断,接着在下一轮把这些反馈给每位专家,继续重复这个过程,直到大家的回答都集中于某个特定的方案。如果经过多轮回答和反馈,专家们还有分歧,这时主持人就应分析一下是否过程中出现了什么问题。

访谈法是通过面谈、电话、电子邮件或即时信息交流来收集信息的一种实情调查方法。对有类似项目经验的人进行访谈是识别风险的一种重要途径。又如,如果一个新项目要用到一种特殊的硬件或软件,那么近来有过使用这种硬件或软件经验的人就能描述出他在过去项目中遇到的问题。如果有人和一个特殊的顾客一起工作过,他就会向别人提供和这位顾客打交道的建议。做好引导访谈过程的准备工作不容忽视;先列出问题的提纲,往往有助于引导好访谈过程。

有时人们识别出问题或机会,却并不真正了解它们,这种情况并不少见。在提出行动之前的重要工作就是识别出一个问题或机会的根本原因,根本原因分析法常常能为一个项目识别出更多的潜在风险。

SWOT 分析法可以帮助团队识别项目在更广阔范围内的潜在风险。例如,在写了一份具体的项目提议之前,项目经理可以先召集一批员工来仔细讨论以下问题:他们公司在项目方面的优势和劣势分别是什么,存在哪些机会和威胁? 他们是否知道有好几个竞争对手更可能拿到那个合同? 他们是否明白赢得一份合同将可能赢得未来的合同,并有助于拓展业务? 把 SWOT 分析法用于某个可能的项目,能帮助识别在具体情况中广泛存在的风险和机会。

另外,还有一些具体的识别风险的方法,如核对表、假设分析和图表技术。

1. 核对表

根据以往类似项目遇到的风险编制而成,可以为了解当前项目中的风险提供有益的参考。在行业积累以及一定研究基础上可以形成一些领域的风险核减清单,例如 IT 项目就可以选择斯坦迪什或者其他研究团队开发的核减清单来帮助识别项目中的风险。

2. 假设分析

分析项目的假定,以确定它们是否还有效,这很重要。不完整、不准确或不存在的假定将会导致识别出的风险比实际存在的要多。

3. 图表技术

包括使用因果图或鱼骨图、流程图和影响图。鱼骨图可以帮助我们找到问题的根源；系统或过程的流程图则反映了一个系统各个要素间的互相联系；影响图通过列出关键要素，包括决策、不确定性、因果关系、目标以及各要素间如何相互影响，来表明要决策的问题。

需要注意的是，项目风险识别活动感知的是未来所有可能出现的不确定情形，感知得越全面、准确，项目应对不确定性的能力就越强。一般来说，风险识别活动是在几个过程的循环往复中开展的，如图13-2所示。

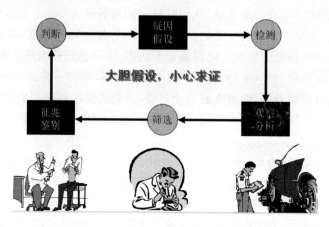

图 13-2 风险识别活动的一般流程

13.2.2 风险登记册

风险识别过程的主要输出是一份已识别出的风险清单和其他用来制作风险登记册的信息。风险登记册（risk register）就是一份文档，包含了各种风险管理过程的输出，通常以表格或电子数据表格的形式出现。它是一种把潜在风险事件和相关信息文档化的工具。风险事件是指那些会对项目造成不利或有利影响的特定的且不确定的事件。例如，一个负风险事件，可能包括作为项目一部分的产品的性能故障、不能按时完成工作、预算成本提高、供应短缺、针对公司的诉讼、罢工等；一个正风险事件，可能包括提前完成或低于预算完成工作、和供应商合作生产出了更好的产品、项目的完成提高了公司的声誉等。表13-4示出了一个风险登记册的样例。

表 13-4 风险登记册样例

编号	等级	名称	描述	类别	根本原因	触发器	可能的应对	风险责任人	概率	影响	状态
P44	1										
P21	2										
P7	3										

（1）每个风险事件的标识号。项目团队需要整理或快速寻找某个特定的风险事件，因此他们需要用一种唯一的标识符号来找出每个风险，例如，给出一个编号。

（2）每个风险事件的等级。等级往往是一个数字，例如，用1表示最高级别的风险。

（3）风险事件的名称。例如,服务器故障,测试不能按时完成,咨询成本降低,或好的名声。

（4）风险事件的描述。因为一个风险事件的名称往往太过简短,所以还可以使用一种更详细的描述。例如,降低了的咨询成本可以描述为:组织能用低于平均成本的价钱雇用一位顾问,这是因为这位顾问真的很喜欢在这个职位上为这家公司工作。

（5）风险事件所属的类别。例如,服务器故障可以归入技术或硬件技术这个大类中。

（6）风险的根本原因。服务器故障的根本原因也许是电源供电不足。

（7）风险触发器。是风险事件实际发生的迹象或征兆。例如,早期活动的成本溢出可能是成本估计不善的征兆;有缺陷的产品可能是供应材料质量低的征兆。把项目风险的潜在征兆文档化也有助于项目团队识别更多的潜在风险事件。

（8）每个风险的可能应对措施。例如,一个可能的应对服务器故障这个风险事件的办法是,遵照与提供商的合同中的相关条款,在谈判达成的成本范围内和在一定时间内,更换这个有缺陷的服务器。

（9）风险责任人。是对风险及其相关风险应对战略和任务负责的人。例如,总有一个人来负责任何与服务器相关的风险事件,并执行应对的战略。

（10）风险发生的概率。一个风险事件的发生总有一个或大、或中等、或小的概率。例如,服务器发生故障的概率也许比较小。

（11）风险发生时对项目的影响。如果风险事件真的发生了,总会对项目的成功有一个或大、或中等程度、或小的影响。例如,一台有故障的服务器可能对按时、成功地完成项目产生大的影响。

（12）风险的状态。这个风险事件发生过吗? 相应的对应策略执行了吗? 这个风险是否和项目不再有什么关系了? 例如,在执行了合同中的相关条款之后,服务器故障这个风险就已处理完了。

13.3　实施定性风险分析

定性风险分析是指评估已经识别出的风险发生的可能性及其影响,以确定它们的重要性和优先级。本节首先给出一个使用概率与影响矩阵做出风险优先排序的例子,然后采用前十大风险条目跟踪法做出项目风险的整体等级排列,并在定性风险分析中跟踪其他发展趋势。

13.3.1　用概率与影响矩阵估算风险因子

人们常常用高、中(或一般)、低3个水平来描述风险的概率或影响。例如,一名气象员会预报在某一天将有大概率下暴雨。如果那天刚好是某人结婚的日子,且他正计划举办一场盛大的露天婚礼,那么这场暴雨的后果或影响就会很大。

项目经理可以在概率与影响矩阵中把风险的概率和影响描述出来。概率与影响矩阵是在矩阵的一边或轴上标出风险发生的相对概率,在另一边或轴上标出风险的相对影响。许多项目团队都得益于用这个简便的方法来确定他们需要注意的风险。项目的干系人用这种方法来列出他们认为会在项目中发生的风险,然后从风险事件发生的概率和事件发生后的影响两方面来给每个风险评级,并标注为高、中和低 3 个等级。

然后,项目经理可以将结果总结在概率与影响矩阵中,如图 13-3 所示。图中列出了 12 个潜在的负风险和正风险,可以从概率和影响两个方面将每个风险等级标注为高、中或低。例如,一位项目经理可以把严重的市场衰退归为负风险,这个风险概率低但影响大,而另外一位项目经理可能把同样的风险的概率和影响都标为中等,团队接着就可以把所有的风险绘制在一个矩阵或图表里,合并同类的风险,并决定哪些风险应该放于矩阵的哪个位置,然后团队就可以集中关注那些在矩阵里概率和影响都处于高位的风险了。又如,风险 1 和风险 4 在概率和影响上都是高的;风险 6 的概率高,但影响小;风险 9 的概率高,而影响是中等,如此等等。然后团队就应该讨论如何应对那些风险了,这些都将在后文进一步说明。

	低	中	高
高	风险6	风险9	风险1 风险4
中	风险3 风险7	风险2 风险5 风险11	
低		风险8 风险10	风险12

概率 (纵轴) / 影响 (横轴)

图 13-3 影响与概率矩阵的示意 1

分别为负风险和正风险单独制作概率与影响矩阵,或许将有助于确保把这两种风险都处理好。一些项目团队也通过参照是正面还是负面影响范围、时间和成本目标,基于风险的概率和影响来收集数据。通常定性风险分析可以很快完成,因此,项目团队必须决定哪种方法对他们的项目最有帮助。

有些项目团队通过简单地把概率的得分值乘以影响的得分,从而得到一个风险的唯一得分。估算风险因子则是一种更结构化地利用概率/影响矩阵的方法,该方法主要是将风险的概率和影响定量化,以测算出一个基于风险发生概率和其发生后的影响而代表特定事件的整体风险的数字,继而列出风险发生概率及其发生后的影响的概率/影响矩阵。

估算一个风险的概率要考虑好几个因素,而这些因素又由每个项目的独特性质所决定。例如,估算潜在硬件或软件技术风险的因素包括技术不成熟、技术太复杂和对技术开发的支持不够。风险发生后的影响包括退路方案的可行性,没有满足绩效、成本和进度估计的后果等。

图 13-4 示出了使用风险因子绘制一个研究课题中各种拟采用技术的失败概率及后果,该图的作者曾在这个研究课题中参与设计一个性能更可靠的航天器。图中根据失败的概率和后果把潜在的技术风险(即图中的圆点)分为高、中和低 3 类。课题的研究者强

烈建议投资于有低风险或中等风险的技术,而不要追求高风险的技术。相比于简单地将风险概率或结果描述为高、中或低,使用概率/影响矩阵和风险因子更精确、更具说服力。

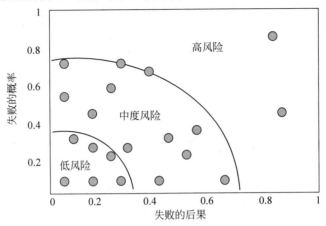

图 13-4　影响与概率矩阵的示意 2

13.3.2　前十大风险条目跟踪法

前十大风险条目跟踪法是一种定性的风险分析工具。除了可以识别风险外,它还可通过帮助监测风险使人们在整个项目周期内都有风险意识,涉及与管理层,有时也选择性地和客户一起,对项目中最重要的风险条目进行定期的评审。评审首先要对项目的前十大风险源进行一个总结。这个总结包括每个风险条目现在和过去的排列等级,它们一定时期内出现在这个登记册上的次数,自上次评审以来这个风险条目有了哪些发展等。微软解决方案框架(MSF)是一个可用于风险管理的模型,利用它可以做出并检测前十大风险条目的列表。MSF 是微软用来管理项目的工具,它把软件设计和开发、建立并部署基础架构等各方面都结合到一个单独的项目生命周期中,以管理和引导各种技术解决方案。

表 13-5 所示为一个前十大风险条目跟踪表的例子,它可以用于项目的管理评审会议。这个具体的例子只包括了前 5 个负风险事件。需要注意的是,每个风险事件都是参照其在当前月份、上个月份和它在十大风险列表中已经停留了多少个月来进行排列的。表中最后一栏简单描述了应对每个具体风险条目所取得的进展情况。读者可以分别为正、负风险单独制表,也可以把两者合并在一个表中。

风险管理评审可以达到多个目的。第一,它让管理层和客户(如果包括的话)对那些对项目成功起阻碍或促进作用的关键事件保持关注度;第二,通过让客户参与进来,项目团队可以为应对风险考虑更多的备选战略;第三,向管理层和客户证明,团队考虑到了关键的风险,并有适当的战略且正在有效执行当中。因此,它不失为一种提高项目团队信心的方式。

定性风险分析的主要输出是风险登记册的更新。风险登记册的等级一栏应该参照风险事件的相应概率和影响来填入一个数值,用高、中、低来表示等级。通常,还应为风险事件添加一些额外的信息,例如那些识别出来的近期需要更多关注或要放在检查清单里的风险。检查清单也列出了一系列风险,这些风险虽然优先级较低,但仍被识别为潜在的风险。定性分析也能识别出那些应该进一步做定量分析的风险,这将在下一节予以讨论。

表 13-5   前十大风险条目跟踪法样例

每 月 排 行				
风险事件	本月排行	上月排行	在十大列表中的月数	应对风险的进展情况
计划不完善	1	2	4	评审整个项目的管理计划
界定不清晰	2	3	3	与项目客户/发起人会谈,以划清范围
缺乏领导	3	1	2	前项目经理辞退之后,任命一个新经理来领导项目
成本预算失误	4	4	3	审查成本预算
时间估计失误	5	5	3	审核进度估计

13.4   实施定量风险分析

在定性风险分析之后往往就是定量风险分析,而这两个过程既可以一起进行,也可以分别进行。在一些项目中,团队可能只进行定性风险分析。项目的性质,以及时间和资金的充足程度都会影响风险分析方法的选用。定量风险分析的主要方法有资料聚集法、定量风险分析和模型法。资料聚集法一般包括访谈、专家判断和概率分布信息的汇集。本节将要讨论的定量风险分析法包括决策树分析、模拟法和灵敏度分析。

13.4.1   决策树和期望货币价值

决策树是一种图表分析法,用于在未来结果不确定的情况下辅助选择最优的行动。决策树分析法一般会涉及计算期望货币价值。期望货币价值(expected monetary value,EMV)是考虑风险事件概率及其货币价值的产物。图 13-5 用一个组织可能会追求哪些项目的决策来解释了这个概念,假设某家公司正在决定应该向项目 1、项目 2 都提交项目提案,或向一个项目提交提案,还是两个项目都不提交提案。该团队可以画一个有两个分支的决策树,一个分支代表项目 1,另一个分支代表项目 2。然后公司就可以计算期望货币价值来帮助决策。

要想做出决策树并具体计算出期望货币价值,必须估算某个风险事件发生的概率或可能性。如图 13-5 所示,该公司赢得项目 1 的合同的概率或可能性为 20%($P = 0.20$),其中项目 1 的利润估算为 300 000 美元——见图中最顶层分支的产出项。而得不到项目 1 合同的概率是 80%($P = 0.80$),且结果估算为 $-40\ 000$ 美元,这意味着这个公司将不得不投资 40 000 美元在项目 1 上,如果签不到这个合同将拿不到退款。每个项目的发生概率的总和必须等于 1(对于项目 1,就是 20% 加上 80%),概率通常由专家判断来决定,项目经理或者公司的相关决策人应该对赢得某个项目的概率具有一定的判断能力。

图 13-5 也给出了项目 2 的概率和结果,假如该公司有 20% 的概率在项目 2 上损失 50 000 美元,有 10% 的概率损失 20 000 美元,而 70% 的概率获利 60 000 美元。同样地,专家们要去估算这些概率和结果。

要计算每个项目的期望货币价值,先把每个项目的每个潜在结果的价值乘以其相应

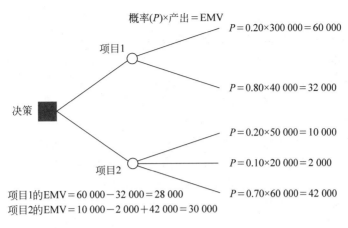

图 13-5　期望货币价值（EMV）的样例（单位：美元）

的概率,然后再把这些结果加起来。例如,要计算项目 1 的期望货币价值,就从左到右把每个分支的结果数值乘以其概率,再把结果相加起来。在这个例子中,项目 1 的 EMV 是28 000 美元,计算如下:$0.2 \times 300\ 000 + 0.8 \times (-40\ 000) = 60\ 000 - 32\ 000 = 28\ 000$。项目 2 的 EMV 等于 30 000 美元,计算如下:$0.2 \times (-50\ 000) + 0.1 \times (-20\ 000) + 0.7 \times 60\ 000 = -10\ 000 - 2\ 000 + 42\ 000 = 30\ 000$。

　　因为 EMV 为决策的总货币价值提供了一个估算值,所以我们需要的是一个正的值,EMV 越高越好。既然项目 1 和项目 2 的 EMV 都是正的,公司期望一个正的收入结果,自然两个项目都可以投资。如果由于资源有限,必须在两个项目间做出选择,则公司应该选择项目 2,因为项目 2 的 EMV 比较高。

　　还要注意,在图 13-5 中,如果只是看两个项目的潜在结果的话,项目 1 看起来会更诱人。因为有可能从项目 1 中赚到 300 000 美元,但从项目 2 中最多只能赚到 60 000 美元。如果决策者是个风险偏好者,其往往会选择项目 1。尽管如此,获得项目 1 的 300 000 美元的概率只有 20%,而获得项目 2 的 60 000 美元的概率有 70%。通过利用 EMV,有利于考虑到所有的可能结果和它们的发生概率,从而降低了追求过于冒进或过于保守的两种极端的可能性。

13.4.2　模拟法

　　模拟法是一种比较复杂的定量风险分析法,它采用系统的一个模型来分析这个系统的期望行为或绩效。大部分模拟法是建立在蒙特卡罗分析法的基础上的,蒙特卡罗分析法（Monte Carlo analysis）通过多次模拟模型的结果来为所计算的结果提供统计分布。蒙特卡罗法能确定一个项目将在某一日期完成的概率只有 10%,还可以确定项目将在另外一个日期完成的概率有 50%。换句话说,蒙特卡罗分析法能预测在某一日期完成的概率,或是成本等于或少于某个值的概率。

　　在进行蒙特卡罗分析时,可以使用几种不同的分布函数。蒙特卡罗分析法的基本步骤如下。

　　（1）估计所考虑变量的范围。也就是说,为模型中的变量找到最有可能性、最乐观和最悲观的估计。例如,如果我们正在试图确定达到项目进度目标的可能性,那么可以将项目网络图作为模型。可以为每个任务做出最有可能性、最乐观和最悲观的时间估计。可以注意到,这个步骤与进行计划评审技术估算时的数据收集类似。但是,这里不是采用同样的计划评审技术的加权平均方式,在进行蒙特卡罗分析时将直接进入下面的步骤。

(2)确定每个变量的概率分布。即回答以下问题:变量落在最乐观和最大可能估计值之间的概率是多少? 例如,如果一个被分配承担某个任务的专家给出了一个 10 周完工的最大可能估计、一个 8 周的最乐观估计和一个 15 周的最悲观估计,然后求在 8 周和 10 周之间完成任务的概率是多少。专家可能会给出 20% 的概率。

(3)为每个变量,如一个任务的时间估计,根据变量发生的概率分布选择一个随机的值。例如,同样是上面的情况,我们有 20% 的概率随机选到一个在 8~10 周之间的值,而有 80% 的概率随机选到一个 10~15 周之间的值。

(4)利用每个变量所选值的组合进行一次确定性分析,或贯穿整个模型的分析。例如,上述的那个任务可以在第一轮取到 12 这个值。所以其他的任务都会在第一轮取到一个随机的值,这是根据它们的估计和概率分布得到的。

(5)多次重复步骤(3)和步骤(4),以获得模型结果的概率分布。重复的次数取决于结果所需的变量数目和置信度,但是一般都会落在 100~1 000 之间。就拿项目进度来看,最后的模拟结果将是在一定时期内完成整个项目的概率。

图 13-6 给出了一个项目进度基于蒙特卡罗法模拟的结果。这个模拟是用微软项目+风险软件来完成的。图 13-6 的左边是一个含柱形图和一条 S 形曲线的图形。每个柱形的高度可通过图标左边的刻度读取,它代表这个项目在模拟中一定时间内完成的次数,即样本容量。在这个例子中,时间的间隔是两个工作日,进行了 250 次模拟。第一个柱形表示在模拟中项目截至 1 月 29 日仅完成两次。S 形曲线由图的右边刻度来读取,表示在给定时间或之前完成项目的累计概率。图的右边则用表格来表示信息。例如,在 2 月 8

时间 1/14,11:13:56
样本容量:250
唯一识别码:1
名称:Widget

完成的标准差:5.2天
95%置信区间:0.6天
每个条形代表2天

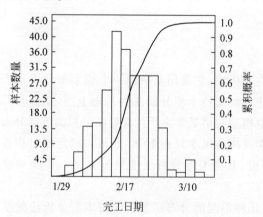

完工概率表			
概率	日期	概率	日期
0.05	2/04	0.55	2/17
0.10	2/08	0.60	2/18
0.15	2/09	0.65	2/19
0.20	2/10	0.70	2/22
0.25	2/11	0.75	2/22
0.30	2/12	0.80	2/23
0.35	2/15	0.85	2/24
0.40	2/15	0.90	2/25
0.45	2/16	0.95	2/26
0.50	2/17	1.00	3/10

图 13-6 项目进度的蒙特卡罗模拟分析结果示例

日完成项目的概率为 10％,2 月 17 日完成的概率为 50％,而 2 月 25 日完成的概率为 90％。

人们会用软件来执行在蒙特卡罗分析中所需的步骤。许多基于 PC 平台的软件包都可以用于蒙特卡罗模拟法。基于模拟的结果,许多产品都会列出主要的风险动因。例如,项目进度中大多数的不确定性都是因为对某个任务范围估计过于宽泛所导致的。

13.4.3　灵敏度分析

灵敏度分析用于查看改变一个或多个变量对结果的影响。如不少人用灵敏度分析来确定在不同的贷款利率或贷款期条件下,他们每月的还款额。例如,如果以 6％的利率贷款 100 000 美元,期限是 30 年,每月的抵押付款是多少? 如果利率是 7％,每月的抵押付款又是多少? 如果是以 5％的利率贷 15 年呢?

许多专家都采用灵敏度分析来辅助作一些常见业务决策,例如,确定在不同条件下的收支平衡点。人们常用 Excel 之类的表格软件来进行灵敏度分析。图 13-7 给出了一个 Excel 文件的例子,它可以快速得出在不同的输入下,一个产品的收支平衡点,这些输入有单位销售价格单位制造成本和固定的月度费用。表格里显示的是在已售 6 250 单位产品这个收支平衡点的输入。这个表格的使用者可以改变输入,并查看这种变化对图标中收支平衡点的影响。项目团队常利用同样的模型来确定各种项目变量的敏感度。

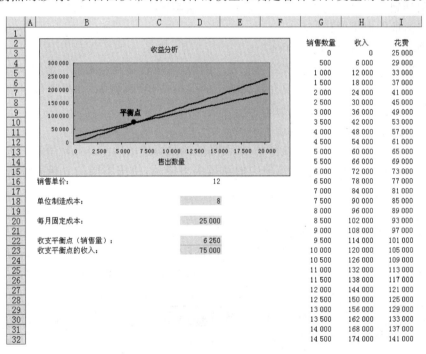

图 13-7　确定收支平衡点的敏感性分析的样例

定量风险分析的主要输出是风险登记册更新,如重新检查风险的等级排列或这些排列后面的详细信息。定量分析还提供了关于完成特定项目目标的高一级信息,这些信息可能会导致项目管理者做出变更应急储备的建议。在一些情况下,基于定量分析,项目还可能重新定向或取消,或者还可能导致新项目的诞生,以辅助当前的项目顺利进行。

13.5 制定风险应对规划

组织在识别和定量化风险之后,就必须对风险做出适当的应对。对风险做出应对,包括形成选择方案和确定战略,以减少负风险和增强正风险。

13.5.1 负风险应对规划

对于负风险,4 个基本的应对策略如下。

1. 风险回避(risk avoidance)

即通过消除风险的条件来消除一个特定的威胁。当然,不是所有的风险都能被消除,但就特定的风险事件而言还是可以的。例如,一个项目团队会决定继续在项目上使用某种硬件或软件,因为他们熟悉这些硬件或软件。其他产品用在项目里也是可以的,但如果项目团队对它们不熟悉,就会引发巨大的风险,而使用熟悉的硬件或软件就可以消除这些风险。

2. 风险接受(risk acceptance)

即一旦风险发生,承担其产生的后果。例如,一个项目团队在筹备一个大型项目评审会议,而申请在一个特定地点开会是有可能得不到批准的,那么项目团队可以通过准备应急或退路计划,以及应急储备,积极主动地面对这类风险。另外,他们可以以积极的态度接受组织给他们提供的任何场所。

3. 风险转移(risk transference)

即把管理的风险和责任转移给第三方。例如,风险转移常用来应付金融风险的爆发。项目团队可为一个项目所需的硬件购买特定的保险或担保,例如,如果硬件出故障,保险公司必须在约定的时间内将其更换。

4. 风险缓解(risk mitigation)

即通过降低风险事件发生的概率,从而降低风险事件的影响。风险缓解的例子包括:使用经证明可用的技术;拥有有竞争力的项目人力资源;使用不同的分析和确认方法;从转包商那里购买维护或服务协议。

表 13-6 列出了项目中在应对技术、成本和进度风险上常用的风险缓解策略。要注意的是,增加项目监测的频率、使用工作分解结构和关键路径法是应对这 3 个领域风险时可以采用的对策。增加项目管理者的权力是减轻技术和成本风险的对策,而选择最有经验的项目管理者可用于降低进度风险。提高沟通效率同样是减轻风险的有效方法。

表 13-6 应对技术、成本和进度风险的常用风险缓解策略

技 术 风 险	成 本 风 险	进 度 风 险
注重团队支持和避免孤立分散的项目结构	提高项目的监测频率	提高项目的监测频率
增加项目管理者的权力	使用 WBS 和 CPM	使用 WBS 和 CPM
改善问题处理和沟通方式	改善沟通,提高项目目的的认可度和团队支持	挑选最有经验的项目管理者
提高项目的监测频率	增加项目管理者的权力	
使用 WBS 和 CPM		

13.5.2　正风险应对规划

在应对正风险时，也有 4 种基本策略。

1. 风险开发（risk exploitation）

即竭尽所能促使积极的风险发生。例如，假定某公司发起了一个项目，为附近一所贫困的学校提供新的电脑教室。项目经理会组织对项目的新闻报道，写一条新闻发布信息，或进行一些其他的公关行为，来确保这个项目能为公司带来良好的公共影响，这样就有可能会给公司带来更多的生意。

2. 风险共担（risk sharing）

即把风险的所有权分配给其他部分。仍以提供新的电脑教室为例，项目经理可以和学校的校长、学校董事会和家长教师联合会建立伙伴关系，以共担项目的责任，建立良好的公共关系，或者公司可以和当地的培训公司合作，就如何使用新电脑，由培训公司来负责为所有的老师提供免费的培训。

3. 风险增大（risk enhancement）

即通过识别和最大化风险的关键动因来改变风险发生的概率。例如，为电脑教室项目建立良好的公共关系的一个重要动因是让学生、家长和老师都能意识到，并为这个项目感到高兴，接着他们可以做一些正式和非正式的广告，宣传这个项目和自己的公司，这样就可以引起其他组织的注意并能带来更多的业务。

4. 风险接受（risk acceptance）

也可以用来应对正风险，这适合在项目团队不能或没有选择对风险采取任何行动的情况。例如，电脑教室项目的管理者可能认为，如果不采取任何额外的行动，项目也可以为公司带来良好的公共关系。

风险应对计划的主要输出包括与风险相关的合同协议、项目管理计划的更新和风险登记册的更新。例如，在电脑教室项目中，如果决定和当地的培训公司合作，以共享获得良好公共关系机会的话，该公司就会和培训公司签订合同。如果风险应对战略需要额外的任务、资源或时间才能实施的话，项目管理计划和相关计划就需要更新。风险应对战略常会造成 WBS 和项目进度的变动，因此，包含相关信息的计划都必须更新。风险应对战略还通过描述风险应对、风险责任人和状态信息来为风险登记册带来更新信息。

正如先前所描述的，风险应对策略除了包括应急计划和储备外，还常包括对剩余和次级风险的识别。残留风险（residual risk）是指实施所有风险应对措施之后剩下的风险，例如，即使项目使用的是一种比较稳定的硬件产品，也仍然会有一些风险无法处理好。次级风险（secondary risk）是实施一种风险应对后的一个直接结果，例如，使用比较稳定的硬件可能会导致周围设备运行出错的风险。

13.6　案例讨论

【案例 13-1】

一、背景

Acme 公司开始着手一个比较乐观的项目，为市场开发一种新的产品。Acme 公司的科研团队取得了一次技术上的突破,并且项目现在似乎已处在发展阶段,而不是纯粹的研究或者应用研究阶段。

该产品被认为是一种高科技产品。如果这种产品可以在未来的 4 个月内开始销售,在竞争者赶上来之前,Acme 公司预期可以占领市场至少 1 年。

市场营销部门发表声明说,要想成为成本市场的领军者,该产品的单价应不能超过150～160 美元。

Acme 公司为该项目采用了项目管理方法,这种方法有 6 个生命期阶段:

(1) 初步计划;

(2) 具体计划;

(3) 执行或设计选择;

(4) 原型开发;

(5) 测试或购买;

(6) 生产。

在每个生命期阶段末,项目发起人都会和其他相关方召开阶段性审查会议。这个审查会议是正式会议。在会议上,Acme 公司会展示在项目管理中采用这种方法所获得的成功。

在这个项目的第 2 个生命期阶段(具体计划)结束的时候,项目经理和项目发起人召开了一次会议。

二、会议

发起人:我只是不了解你送给我的这份"风险管理计划"文件。我看到的是一个工作包在水平 5 的工作分解结构,并且还有 100 多个风险事件。我为什么现在要看这 100 多个风险事件,而且这些事情并没有按照一定的方式加以分类? 我们的项目管理方法学难道没有提供如何处理这种情况的指导吗?

项目经理:所有这些风险事件都将影响最终产品的设计,我们必须保证以最低的风险选择合适的设计。遗憾的是,我们的项目管理学没有包含任何关于怎么发展一个风险管理计划的防备或指导。或许这一点需要考虑到。

发起人:但是这也没有必要对 100 多个风险事件进行研究吧? 这个数目太多了。概率和期望的结果在哪里呢?

项目经理:我的团队没有被安排去分析概率和损失。当我们接近原型开发阶段时,我们才会去做这些事情,而一些风险也会随之消失。

发起人:如果风险能在下个月消失,我们为什么还要花费时间和金钱来对风险进行评估呢? 如果你们在所有的风险管理上都花相同的钱,那么我们会超支的。

项目经理:到目前为止,我们还没有考虑其他的风险管理步骤。但是我认为,对剩下的步骤进行风险评估所需的费用只要少于总的风险鉴定费用的 10%,我们就可以保证财务的支出。

问题:

(1) 项目经理给发起人的文件是一份风险管理计划吗?

(2) 如果需要鉴定案例中提到的 100 个左右的风险事件,那么有必要对这些事件进行分类吗? 如果有必要,应该如何分类?

(3) 对项目经理提及的"只有等到原型阶段才能给出概率和结果",你有何感想?

第 14 章

项 目 终 止

14.1　项目终止阶段

项目与世界万物一样,终归要结束。有时,项目终止得非常迅速,并且干净利落,但多数情况下它是一个非常漫长的过程,有时我们还没做好准备,项目终止过程就已经开始了。如何处理好项目终止和接近终止时的事情,对项目结束后的各方面影响很大。一般而言,项目终止阶段很少会对项目的成败产生重大影响,但它与客户、高层管理者以及项目团队成员对项目的看法以及对导致项目成败原因的认识密切相关。

至此,探索的乐趣已经成为过去,问题或已经被解决,或被避开,或艰难度过,或被忽视。计划已经实施完毕,客户可能高兴,可能生气,也可能相当满意。对于工程类型的项目,只要项目基础结构保持完整,项目终止就很顺利,整个项目团队将转移到下一个项目上去。对于一次性的项目来说,它的终止与一个家庭的解散很类似,当年幼的家庭成员长大后,需要各奔前程时,家庭也就必须解散了,这时候需要划分或处理家庭的财产,家庭成员也要做好个人工作的打算。

通常情况下,异常的项目终止(或暂停)的种种迹象可以提前感知到,主要包括但不限于以下 4 个方面。

1. 累积的重大问题没有解决途径

通常,我们在项目进行过程中,能获得并确定对问题的解决途径。这些途径有时候包括将问题上升到更高领导层面。然而,一旦项目有了很多问题并且无法确定解决途径时,项目就达到了一个点,这些无解的问题会影响当前与后续的项目活动。

2. 关键或者多个角色人员未到位

我们都面临着为项目团队及时筹建找到合适水平和技能的资源的挑战。对于某些特殊的技能,寻找到合适的资源可能需要几周,这也是为什么现在很多项目经理把员工到位时间编入他们的项目计划中的原因。一旦项目的关键角色或者多个角色空缺,一般晚于计划的员工到岗时间 3 周或者 4 周就会开始引起项目的拖延。由于本该开始的任务因没有资源去实施,这种拖延就发生了。

3. 缺少发起人

有时,项目发起人会由于各种原因而突然退出,或者项目发起人不愿再赞助项目,这两种情形下,需要快速地找到新的项目发起人。没有发起人,就没有了关键决策者引导项目长远发展。发起人角色的缺失将引发组织缺少对项目的关注度,并最终导致失败。

4. 不明确的或者变化着的成功标准

项目的成功标准必须被清楚地理解,然而,有时项目发起人的变化、商业环境的变化、其他内部/外部因素的变化会引起项目成功因素的重大变化。成功标准的任何一项发生变化,都是暂停项目的好时机。评价项目经理通常根据项目进展程度,与此同时,当项目面临高风险时,适时停止项目的能力也应被评判。尽管这项能力看起来像个弱点,但停止一个将会引起太多风险的项目,并且重新调整项目的方向,可以减少潜在的总体成本。

项目终止过程从来就不是一件简单的事情,而经常是一件非常烦琐的事情,几乎所有人都想避免此过程,然而,它又是难以避免的。问题是如何尽量减少麻烦和管理混乱以完成项目终止中的一些标准规范。

14.2　项目终止方式

我们认为当出现以下几种情况时,就是我们所说的项目终止:如项目的实质性工作已经停止或要想取得进一步的进展已经不再可能、项目已经无限期延误;项目资源已经转移给其他项目、项目专业人员(特别是项目经理)已经不受高层管理人员信任而被冷落,等等。当出现以上一种或几种情况时,表面看来项目还有一线生机,但是要想恢复到健康状态几乎是不可能的,项目极少会重新崛起、再度辉煌(Baker,1997)。项目团队虽然有坚持到最后的信念,并使出浑身解数以挽救项目,但在很多时候无法指望死灰复燃,项目经理必须懂得如何正确做取舍。项目本身各有不同,由此引发项目终止的具体原因多种多样,但归结起来不外乎完全式、附加式、集成式和资源限制式等4种不同终止方式。

14.2.1　完全终止方式

这种项目终止的原因,可能是已经成功完成了项目的目标,新产品已经开发完毕,并交付给客户,或软件已经安装完毕,并开始运行;也可能是因为没有成功地完成目标或者项目被取代了,存在更好、更快、更便宜、更美观的替代项目,要实现预期的绩效成本太高,耗时太长。此外,外部环境的变化也可能使项目瞬间终止。哥伦比亚号航天飞机爆炸解体事件(2003年),一夜之间导致许多航天项目终止。

一个通过完全方式来终止项目的特殊情况是"通过谋杀来终止"。项目的"谋杀"有可能是因为原来反对项目的高层管理者在新的一轮职位角逐中占了上风的结果。公司合并经常会使某些项目成为多余的。例如,当NCR合并到AT&T时,就被迫取消了一些项目;而后来NCR从AT&T中撤出,又有更多的项目被取消。有预谋或没有预谋的谋杀终止方式有两个重要特征:一是项目突然死亡;二是没有明显的征兆。

当做出通过完全方式终止项目的决策时,最显著的特点是项目的所有实质性活动都被停止。然而,仍有大量的组织活动需要去处理。如果项目团队成员仍留在原公司中,则必须对他们的解散和重新任命做出安排。对于项目的资产、设备和材料,必须在符合项目合同的规定或遵守项目组织的规定程序的情况下进行分配。最后,还必须准备项目结束报告,即项目历史记录。这些内容将在本章的后面详细讨论。

14.2.2　附加终止方式

许多项目属于内部项目,也就是项目团队开展项目为公司所用。如果项目取得成功,将可能以正式地归为公司的一部分的方式终止。例如,NCR 公司(在并入 AT&T 之前和撤出 AT&T 后)采用这种方法把其中的一个项目转到公司的某一个部门的管理之下,如果证实经济前景稳定,就可以把它转为一个独立的子公司。大学里将原属于某系的几个专业划出来成立一个新系的做法与此类似。例如,多数的软件工程系或信息系统系就是这样由软件工程或商学院的类似专业转变为一个完整的系的。

当这样的项目被列为公司的重点时,就像小孩总是会受到长辈的关爱一样,通常会在被保护的状态下度过第一年——与其他成熟项目相比,承担较少的管理费用。然而,随着时间的推进,"小孩"会逐渐被要求去承担"成年人"应有的经济责任。

当项目取得成功并采取附加方式终止时,其转换过程明显不同于完全终止下的转换过程。虽然两种方式下项目都终止了,但后来的进程却不一样。前者是将项目人员、财产和设备都从濒临消亡的项目中转移到新生的部门,无论这种转换是从项目到部门,还是到分公司,都伴随着新的变化:预算和管理方式必须符合项目所属公司的标准程序,对上缴利润的要求也不同了,项目阶段享有的政策性保护可能也减弱了,实际上,项目运作已经纳入组织内部常规的、事务性的与日常的运作体系之中。

然而,有的情况下,一些富有挑战意识的项目团队成员会要求转移到其他项目上或寻找开启新项目的机会。项目的整个生命周期是令人兴奋的,一些团队成员对项目组织中沉稳和中规中矩的现状感到不舒服,因为项目到部门机构的转变使自由感消失了。

对项目经理来说,这一时期要做到顺利过渡会面临很多困难。我们曾反复强调项目经理不可或缺的素质之一——敏感性。为了成功地实现从项目到部门的过渡,就要求项目经理具有更高的敏感性。有的时候项目是处在保护之中的,因为围绕着项目存在着很多纷争。在大多数公司中,常规业务部门要面对高层之间的明争暗斗是司空见惯的事。

14.2.3　集成终止方式

这种终止方法是应对成功项目的最常用方法,也是最复杂的。项目的资产、设备、材料、人员和职能被分配到组织的现有各机构之中。项目的输出变为组织或客户运行系统的一个标准部分。

在某些情况下,项目的集成问题相对较少,例如,安装一个新软件的项目团队向客户进行有关的操作和维护的培训之后,项目团队就会解散,这可能会遗留一些小问题,但是对有经验的经理来说不足挂齿。如果安装一个含有多个终端和多个不同软件的服务器,那么集成的复杂性则十分高。通常情况下,组织或客户在以下两方面的经验水平越高,处理集成问题越容易:①被集成的技术;②其他项目成功集成的经验,不考虑技术。

附加终止方式中的大多数问题也会在集成终止方式下出现。在集成终止方式下,项目本身不会被排斥,而调配到组织指定单位中的项目专业人员则被认为是闯入的竞争者。

同样,在保护下"茁壮成长"的项目在残酷的现实世界中可能并不能健康运行。从事项目的人员可能回到原岗位,并且分配了新的责任,因此也有可能对老项目失去兴趣。

集成终止方式下,在分配项目职能时,必须考虑以下几个重要方面。

1. 人员

项目团队将何去何从?是否仍作为团队予以保留?如果仍然需要团队实施项目职能,那么由哪些人来做这些工作?如果团队成员被分配到一个新项目中,那么在什么条件或环境下可以临时抽调这些人员来协助原有项目?

2. 生产

培训充分吗?能否获得原料和必需的设备?生产布局是否需要重新规划?此项变化是否带来了新的瓶颈或打破了原来的平衡?需要新的操作或控制程序吗?新的操作工序集成到公司计算机系统中了吗?

3. 会计/财务

项目的财务周期是否已经结束并通过了项目审计?运营的新部门预算是否包含项目所需要的附加工作?是否建立了新的财务簿记,簿记账号是否已经传达?所有的项目财产和设备是否按照合同或商定的协议进行了分配?

4. 工程

所有的图样是否完备并已存档?操作手册和变更手续是否易于理解?是否针对新员工对培训计划进行了调整?是否对维护进度也进行了调整?我们是否有适当的备用库存?

5. 信息系统/软件

是否对新系统进行了全面的测试?软件是否被证明有效并进行了全面的评分?新系统与当前的系统是否完全兼容?是否对新系统的用户进行了适当的培训?

6. 营销

销售部门是否意识到了变化?是否考虑了交货时间?市场对新产品是否满意?是否为具体的实施制定了新的营销策略?

7. 采购、分销、法律等

是否所有的职能部门都意识到了新的变化?是否每个部门都按照标准的组织方针完成了从项目到正常业务的转变,并且制定了标准的管理程序?

8. 风险识别和管理

上述(1)~(7)方面所述的大多数问题和条件描绘了成功集成的风险。其中每一项都应该与其他项目风险一样纳入风险管理体系,加以分析和应对。

14.2.4　资源限制终止方式

这是项目终止的第四种类型,严格来讲,它根本就不算是一种终止方式,而是通过减少预算的方式使项目慢慢消亡。当业务长期萧条时,项目中的所有员工几乎都必须面对预算削减。预算削减或预算消耗是很常见的现象。正是由于它比较常见、温和,因此时常被用来当作项目终止的借口。

高层管理人员不希望终止一个不成功的或过时的项目,可能有许多原因,例如,在一些公司中,如果高层管理人员承认他负责了一个失败的项目,那么将会面临很大的风险,并且终止一个未完成自身目标的项目暗示着承认了失败。在上述的例子中,项目预算可能被大幅削减,或者经历多次的小幅削减,这些预算的削减足以阻止项目的进展,于是不得不重新任命许多项目团队成员。项目实际上已经终止了,但是它仍旧作为一个合法的实体而存在,并且有充足的人员维护某些现场,例如秘书每年都要发布项目无进展报告。通常,调查这些项目或者对为什么项目还没完成刨根问底被认为是不合时宜的。

14.3　项目终止时机

想要尽早做出终止一个项目的决定,无论采用什么方式,都不是一件简单的事情。正如我们前面章节强调的那样,项目都有自己独特的生命规律,这与项目是否成功无关。在早期有关终止 R&D 项目的文章中,布艾尔(Buell,1967)曾怀疑过是否能阐明决定终止项目所遵循的特定方针和标准,他对"能够把任何事情以定量的数学表达式表示出来"持强烈的怀疑态度,他还提出了通过回答一系列问题的方法来指导决策。尽管这些问题是针对研发项目提出的,但是它们具有普遍的适用性。对这些问题进行分析并做出局部修正后,其指导意义大大扩展了。这些问题如下:

(1) 项目是否仍然与组织目标一致?

(2) 项目是否具有可操作性和可用性?

(3) 管理人员是否十分积极地支持项目的实施?

(4) 项目的范围是否与组织的财力匹配?

(5) 项目是否与组织技术利益、技术"年龄"和成本达到平衡?

(6) 当开始实施项目时,项目是否得到了所有相关部门的支持(如财务、生产、营销、信息技术、法律部门等)?

(7) 组织对项目的支持范围是否太窄?

(8) 对单个项目的支持是否足以使其成功?

(9) 与目前的技术相比,项目所代表的技术是否太先进或太落后?

(10) 项目团队是否依然富有创新性或已经"身心俱疲"?

(11) 能否通过专利、版权或商业机密等形式对新知识进行保护?

(12) 能否在不影响项目质量的情况下对其进行分包?

(13) 目前的项目团队能否继续胜任项目?

(14) 组织是否拥有成功实施或开发项目所需的技能?

(15) 项目所涉及的领域是否已经被完全开发?

(16) 项目是否流失了关键员工或支持者?

(17) 项目团队对成功抱有热情吗?

(18) 通过采购或分包而不是自己实施来达到项目预期效果是否更有效?

(19) 是否只能实现部分项目目标? 是否仍然有利可图? 是否能保证工期?

我们也可以为布艾尔的清单增加一些其他问题,例如:

（1）项目是否已经被其他公司开发的新技术或生产的新产品、提供的新服务所取代？

（2）项目产品是否仍具有成本效益？项目的风险水平是否发生了显著的变化？

（3）现在是否到了把项目纳入组织日常运营体系的时候？

（4）如果今天提出项目议案，要求在规定的时间和成本之内完成项目，我们是否会支持此项目？

（5）对项目的资金、时间和人员的使用还有更好的可替代方案吗？

（6）环境的变化是否改变了对项目产品的要求？

很明显，这些问题存在交叉之处，并且我们还可以很容易地对这个清单进行进一步的扩展。迪恩（1968）通过对管理人员的调查发现，技术和/或商业失败是项目终止的两个最重要的原因（见表14-1）。通过对早期的关于项目选择决策的大量研究和思考进行比较，我们可以发现，关于终止决策方面的研究成果相对来说非常少，即使这样，这类成果还是比有关定义项目成功的研究成果要多。到了20世纪80年代中期，人们研究项目终止的兴趣开始增加，同时，对应如何理解项目成功的兴趣也在增加。平托等人（1988）通过对一些经验丰富的项目经理进行调查，发现了项目成功实施的10个关键因素（见表14-2）。吉安格等人（1996）通过"商务专家"信息系统对平托等人提出的10个关键成功因素的相对重要性进行了调查，最终得出了大致相同的结论。贝克等人（1983）研究了影响研发项目成败的类似因素，其一个重要发现是与项目成功相关的因素因行业的不同而不同。贝克等人的工作局限于研发项目，平托等人的研究则包含多个不同类型的项目，他们发现，与成功相关的因素随着项目类型的不同而变化，例如，研发项目成功的因素与建筑项目不同。至少，这些因素以及它们之间的重要性根据产业、项目类型的不同而不同，我们认为，可能在不同的公司之间也有差别。

表 14-1 终止项目时所考虑的重要因素的排序

	因　　素	认为此项目是重要 因素的公司数量
技术方面	达成技术目标或商业化成果的概率较低	34
	使用现有的研发技术不能解决技术或生产问题	11
	具有优先权的其他项目需要本研发项目的人力或资金	10
经济方面	较低的收益率或投资回报率	23
	单独开发此产品成本太高	18
市场方面	市场潜力低	16
	竞争因素或市场需求的变化	10
其他方面	实现商业成果所需时间太长	6
	对其他项目或产品有负面的影响	3
	专利问题	1

表 14-2　关键成功因素重要性排序

1. 项目任务——项目开始时,清晰定义的目标和总体方向
2. 最高管理层的支持——最高管理层愿意为项目的成功提供必需的资源和授权/权力
3. 项目进度/计划——对项目实施的行动步骤进行详细的说明
4. 客户咨询——与所有相关方进行沟通和咨询,并积极听取他们的意见
5. 员工——为项目团队招聘、选择和培训所需的人员
6. 技术任务——为完成具体任务的技术行动步骤,所需的技术和专家的可获得性
7. 客户认可——项目产品被最终用户所接受
8. 监控和反馈——在实施过程中的每个阶段都及时提供全面的控制信息
9. 沟通——在项目实施过程中,为所有的关键参与者提供合适的传递网络和必需的数据
10. 问题处理——处理突发事件和纠正计划偏离的能力

　　针对这方面的研究,学者们根据项目的特征或实践,提出了一些用来预测项目成败的模型。平托等人利用平托的研究成果对与项目失败相关的因素进行了描述,这些因素随着项目类型(例如研发项目与工程项目)、项目在生命周期中的阶段和定义失败的方式的不同而不同。格林等人(1993)发现,公司现有的技术专长与现有市场领域和渠道之间不太匹配是项目终止的一个较好的预警。克劳潘伯格等人(1991)对实施专家系统的项目成败的先兆进行了描述。比勒等人(1991)则构建了针对项目内在、外在因素以及项目团队内部、外部因素的不同模型。

　　面对多样复杂的成功因素,我们发现对于布艾尔所提出的问题,一些项目并不能做出令人满意的回答,原因如下。

　　(1) 未按项目需要建立项目组织结构

　　建立的项目组织结构并不适应特定的项目任务或项目环境。公司必须清楚地了解建立项目组织结构的条件。

　　(2) 高层管理者的支持不足

　　项目对资源的需求不会是一成不变的,项目组与职能部门之间就这些资源经常发生争论,如果没有高层管理者的支持,项目在争夺资源的纷争中十有八九将以失败告终。

　　(3) 任命了不合适的项目经理

　　我们已经明确地说明了项目经理的重要性。一个常见的错误是:任命的项目经理技术能力非常突出,但是管理能力很低,或缺乏此方面的培训。

　　(4) 糟糕的计划

　　这是项目失败的一个常见原因。人们经常忙于实现项目的目标,却忽略了制订周详的计划。在一些实例中,危机管理成为家常便饭,困难和错误经常出现,项目慢慢地偏离了预定的进度和预算。合适的计划是项目成功的保证,而糟糕的计划注定会导致项目失败(Black,1996)。

　　除了以上原因,还有其他一些导致大多数项目失败的原因,这些失败的原因大部分源于以下几项,例如:

　　(1) 没有借鉴先前项目的最终报告,而这些报告中包含了许多有关项目实施的建议。

　　(2) 进行时间/成本估算的不是真正对此负责的人。

　　(3) 项目开工延后,项目经理还没有做好充分的计划就投入到工作之中。

（4）项目人员调动却未对计划作相应调整，或任命了新人但在项目需要人手时却无法到位。

（5）项目审计人员/评估人员怠于做出详细而有价值的评价。

（6）允许因无效益被停工并长期搁置的项目继续实施。

（7）无法说明在项目生命周期的早期阶段出现问题的原因是没有准备充分还是没有进行风险评估和管理工作。

上述这些有关项目失败的原因都说明了在项目的所有阶段进行仔细评估的必要性。同时，需要指出的是，虽然对终止问题的关注大多数集中于正在走向失败的项目，但是，适时地终止成功项目也同样重要或更为重要。一个影响到许多组织但很少被提及的问题是，成功的项目经理无能力或不愿意终止正在实施的成功项目，终止组织内部的项目就更加困难了。项目经理（和项目团队）不愿把项目交给客户或组织的部门，例如一个负责项目沟通的优秀技术专家兼管理人员被解雇，仅仅因为他坚持对实质上已经完工的项目保持监控，而不把项目交付给用户，他的理由是这些项目还需要"进一步测试"或"完善地调试"。

同样，如何做出终止决定以及由谁来做出决定也很少被提及。我们认为由高层管理人员组成的委员会做出决定可能是最好的选择。该委员会应该能排除干扰并承受伴随终止而来的各种压力，例如成功项目和失败项目的终止决策。委员会应该尽可能地公布所采用的标准，并对一些细节做出解释。重要的一点是，委员会不能机械地为做出决定而制定标准，有时要对超出标准的提议做出正确取舍、对所做出的承诺做出正确决断，提出建议的或做承诺的人选也要加以考虑（Baker，1997）。

项目终止可能会涉及大量的技术原因，而实际上很多的项目可能都是由于非技术原因被终止的。虽然导致项目终止的非技术原因多种多样，但多数与冲突有关，甚至在项目伊始大家就预知要发生的冲突也无法避免。

（1）政治型的项目终止

在讲到"谋杀项目"时，我们已经提到过这种项目终止类型。这种终止一般是高层管理者之间冲突的典型结果，冲突方很可能随着项目的终止而离开公司。

（2）文化差异造成的项目终止

有时跨国项目的失败是由于不同文化组群没有或不能进行良好的沟通，或者因为他们的工作风格没有或不能相互协调。当较差的沟通或不同的工作风格导致不同文化之间争夺优势地位或进行输赢对抗时，冲突就出现了。同样，当不同职业背景的人员（例如销售人员和技术人员）一起工作时，跨文化力量起作用，也会出现类似的冲突问题。

（3）淡出型的项目终止

许多项目的终止是因为高层管理者、项目倡导者、项目经理，甚至关键的项目工作人员对项目失去了兴趣，项目无所谓成功或失败，只是被冷落在一旁。同时，其他一些新的有创意的想法变为项目，组织的焦点（和资源）就此转移，新旧项目之间的冲突可能不是那么激烈，那不过是因为旧项目主动让位给新项目罢了。

14.4　项目终止过程

在项目的终止被确定以后,就将开始项目终止的具体实施过程。实际的终止过程可以是有计划、有序地进行的,也可以是简单地立即执行,即立即放弃项目。通常为了使项目终止有一个较好的结果,特别是对一些较大的项目或有着较大影响的项目,有必要对终止过程制订计划、编制预算,整理相关资料,做好相应的人员安排,并提交项目终止的详细报告。

而项目终止的实施本身是一个复杂的过程,除了对资金、物资进行必要的处理之外,还有许多需要处理的文档资料。在项目终止过程中,项目终止负责人承担着项目终止的责任,因此,他的工作情况如何直接关系到项目终止的最终效果与效率。图 14-1 所示为某项目的终止实施过程,有大量的人员、部门参与,同时需要提交诸多资料、处理诸多事务,繁杂多样。为规范项目终止过程中的系列活动,阿奇博尔德(Archibald,1992)编制了一份内容广泛的有关项目的管理部分和实施部分的收尾工作清单(见图 14-2 和表 14-3),供参考选用。

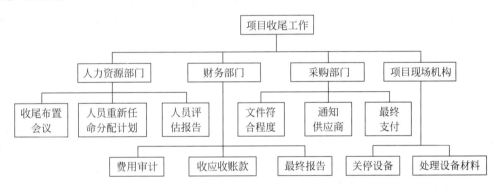

图 14-1　项目终止实施过程设计

项目名称＿＿＿＿＿＿＿＿＿＿＿＿　　完工日期＿＿＿＿＿＿＿＿＿＿＿＿

合同编号＿＿＿＿＿＿＿＿＿＿＿＿　　成本类型＿＿＿＿＿＿＿＿＿＿＿＿

客　　户＿＿＿＿＿＿＿＿＿＿＿＿　　项目经理＿＿＿＿＿＿＿＿＿＿＿＿

项目收尾工作清单按照如下方式编制:
第 1 栏——任务编号:每项任务都进行编号、归类;类别按照职能编制,而不是按照组织来编制。
第 2 栏——任务描述:是对任务的简单概括,可归在多个类别中,也可列入最适合的类别。
第 3 栏——回答是或否:检查列出的条目是否应用于该项目。
第 4 栏——完成日期:任务的计划完成日期。
第 5 栏——落实责任:填写任务责任人以检查任务是否按计划完成,可以是项目办公室成员或职能部门人员。
第 6 栏——优先次序:由项目经理制定任务完成次序体系,如优先权♯1 表示所有必须在合同工期前完成的任务,优先权♯2 表示合同工期后两周之内要完成的任务,等等。
第 7 栏——注释参考:填写该任务所遵循的程序、政府规定与规范等。

图 14-2　项目终止工作清单

表 14-3　项目终止任务清单

任务编号	任 务 描 述	是否用于项目		完成日期	负责人	优先次序	注释参考
		是	否				
A.	**项目办公室（PO）和项目组（PT）**						
1.	主持项目收尾工作会议						
2.	制订 PO 和 PT 解散和重新任命计划						
3.	进行必要的人事调整						
4.	对 PO 和 PT 中每个成员进行绩效评价						
B.	**对以下指令和程序问题进行说明**						
1.	撤销 PO 和 PT						
2.	对所有的工作任务和合同进行收尾						
3.	报告程序的终止						
4.	最终报告的准备						
5.	项目文件的完成和处理						
C.	**财务**						
1.	清理财务文档和记录						
2.	审计最终的费用和成本						
3.	准备最终的项目财务报告						
4.	收应收账款						
D.	**项目定义**						
1.	编制最终批准的项目范围书						
2.	准备项目分解结构并纳入项目文件中						
E.	**计划、预算和进度**						
1.	记录所有合同可交付成果的实际交付日期						
2.	记录所有合同责任的实际履行日期						
3.	准备最终的项目和任务的状态报告						
F.	**工作授权和控制**						
1.	结束所有的工作命令和合同						
G.	**项目评估和控制**						
1.	确保安排的所有行动任务都已完成						
2.	准备最终评估报告						
3.	召开项目最终审核会议						
4.	终止财务、人力资源和进度报告程序						
H.	**向管理人员和客户汇报**						
1.	把最终报告提交给客户						
2.	把最终报告提交给管理人员						
I.	**营销和合同管理**						
1.	对所有的最终合同文件及变更单、弃权书和有关信件进行整理、汇编						
2.	按照合同条款核实并编制文件						
3.	对运输证明和客户验收证书进行汇编						
4.	正式通知客户合同完成						

续表

任务编号	任务描述	是否用于项目		完成日期	负责人	优先次序	注释参考
		是	否				
5.	对客户进行索赔						
6.	做好对客户的反索赔工作						
7.	向社会公布终止合同						
8.	准备最终合同状况报告						
J.	**项目延期或新项目**						
1.	对项目或合同的延期或开始新项目的可能性提出书面建议						
2.	获取延期的承诺						
K.	**项目记录控制**						
1.	完成项目文件并传送给指定的经理						
2.	以规定的程序处理其他的项目记录						
L.	**采购和分包**						
1.	记录符合程度和完工情况						
2.	检查项目的最终支付情况和财务记录						
3.	通知供货商、分包商合同完成						
M.	**工程文件记录**						
1.	将工程文件记录汇总、归档						
2.	准备最终技术报告						
N.	**现场作业**						
1.	结束现场作业						
2.	设置设备和材料						

图 14-1 和图 14-2、表 14-3 说明,项目终止工作的实施是一个复杂的过程。表 14-3 中的 A-4、B-4、C-3 和 G-2 与其他许多任务相比,实际上就是一些小项目,如果就此认为在项目的最后阶段做这些"信手拈来"的文字游戏轻而易举的话,则是非常愚蠢的。必须有人来处理这些"舞文弄墨"的事情,如果项目经理在此方面丢三落四,那么他将给人留下一个做事漫不经心的印象,不利于职业生涯的成功。项目经理还有另外一个选择,就是完全不去考虑项目终止实施过程。既然对项目的评估已经做出,项目褒贬已经无法改变,与其做费力不讨好的事情,还不如将项目收尾工作交给项目主管去处理。项目团队成员可能有类似的想法和反应,在项目实际结束之前,他们可能会寻找新的工作或机会,在此阶段某些工作拖沓也在所难免。

值得一提的是,在一些组织中项目收尾工作是在项目经理的直接领导下进行的,但是这种情况下经常造成一些窘境。对于许多项目经理来说,项目终止伊始意味着领导地位的丧失。如果项目经理将负责新项目,那么问题可能不太严重,但是,如果没有其他的项目,并且项目经理将回到职能部门从事枯燥的工作,那么他难免会在终止过程中滥用职权。

这种情况下,特别指派项目终止负责人对于处理上述这种漫长而棘手的工作是有效的。同时项目终止过程对具体专业性的知识要求不高,因为专职的项目终止经理不必处理大量的项目实质工作,只要熟悉项目终止应遵循的管理程序及项目将运行的环境(如果项目继续实施的话)便可以胜任。当然了,如果需要对项目成员的绩效进行评估,那么这项工作通常而且必须由原项目经理或项目主管来进行。

一般而言,项目终止负责人的主要任务包含以下 9 个方面。

(1)确保项目工作完工,包括由分包商实施的任务。

(2)通知客户项目已经完工,并确保可交付成果(和安装)已经完成。项目的验收必须得到客户的认可。

(3)确保项目文件资料完备,包括项目交付部分的最终评价书和项目终止报告。

(4)完成支付手续,并监督与客户的结算工作。

(5)重新安置人员、材料、设备和其他资源。

(6)完成项目终止的法律手续。如果合适,则申请专利。对所有非公开的文件做好记录和存档。

(7)确定保留哪些档案(手册、报告和其他的文字资料)。确保这些文档得到妥善的保管,并将保管的责任转交给项目组中的档案管理人员。

(8)查明所有的生产支持需求(例如备件、售后服务),确定何时提供服务和如何分配责任。

(9)监督项目文件的最终整理工作。

在项目终止过程开始之前,可能前三项任务已经被项目经理处理完毕。当然,如果必须由终止负责人实施这些任务,那么绝大多数情况下肯定需要技术上的支持。当然,如果项目规模不太大,则清单上列出的许多任务都是非常简单的,但是即使处理的是小规模或中等规模的项目,项目经理也应该确保所有的问题都被考虑到。针对常规的项目,例如维护项目,制作一个简单的任务清单肯定会有所帮助。

我们应该对上述第(5)项任务进行进一步的讨论。在真正的项目终止过程开始之前,项目经理应当做大量的工作以减少项目终止过程中出现的问题。正如我们在前面章节中提到的那样,在项目建议书和/或合同中应包括对项目资产、设备的分配和处置方面的内容。显然,这不能解决所有的纠纷,但能起到减少纷争的作用,而对人员问题的处理却复杂得多。

大多数项目经理会尽量拖延对员工的新的任命或解散问题,其中有三个主要原因:①一种不愿面对因公布新的任命或解雇而引起团队内部人员纠纷局面的强烈抵触情绪;②担心员工一旦知道上级正在考虑终止项目,就会对项目失去兴趣,甚至停止工作;③特别是在纯粹的项目组织中,担心团队成员会为了避免项目终止而尽可能地拖延工作。

在项目完成之前,只要项目经理向职能经理报告项目成员中有人偷懒、怠工或拖沓,职能部门就会动用常规的制裁手段。如果项目被一个管理能力较差的项目经理所控制,在这个节点上就会有很大概率出现问题。一个比较有效的做法是与每个项目成员单独面谈或进行小组会谈,让他们知道项目终止方案,并为每个人提供咨询服务,目的是帮助他们走上新的岗位或寻找新的工作(可以选择在合适的时间向全体项目成员公布,因为面谈过程可能持续几周或几个月)。不让任何人知道终止计划是不可能的,直接面对问题常常能够减少谣言。

在大型项目中,除非得到高级助理人员的协助,否则项目经理无法进行上述面谈,也可以委派项目人事经理或项目所属公司人事部门的代表代替项目经理完成这一任务。表面看来,这种做法似乎多此一举,但善待团队成员的声誉会对项目经理为下一个项目召集人员起到不可估量的作用。

在"谋杀"式终止方式下,按照上述建议来处理项目人员问题会变得非常困难,因为项目终止经常在几乎没有征兆的情况下发生,以至于项目经理和项目成员几乎同时得到消息,甚至有时候项目经理是从项目团队成员那里获知这一信息的。在上述情况下,项目经理能做的只有尽量减少损失。项目经理应当尽全力快速地把项目团队召集起来,并尽自己的最大能力使大家明白发生了什么事情。此时,项目经理应该启动重新任命或解散程序。

清单中的第 6 项和第 7 项,还有表 14-3 中的一些条目(特别是 I、K、L 和 M)都是关于在项目组织档案文件中保留项目相关文档方面的。至于为什么文档保留是一件非常重要的事情,有以下几个方面的原因。随着项目的完工,组织和客户可能在最终产出物究竟是什么方面存在分歧,这就要求有关可交付成果的协议,包括所有的变更清单必须被所有的相关方写下来并签字认可。双方可能在对未公开的协议内容的记忆方面存在分歧,此问题可通过保留所有的文档来避免,当然这不包含被认为是保密的材料。多数未公开的协议要求对保密的材料加以标明。如果非要弄清项目文档中的保密信息的内容,那么在遵守查阅者承诺的情况下可以查看,但是要保证项目文档不能泄露给竞争者或非法人员,查阅者必须自觉保护保密的信息。最后,组织和客户可能对项目生命周期各阶段中哪些事情是被审核批准的以及哪些不是的认识上存在分歧。实际上,对组织来说,保证项目生命周期各阶段都进行签字记录是非常关键的,因为在给下一阶段的工作投入资源时,要依赖于目前阶段的审批。

上述着重介绍了项目终止过程中怎么实施,及实施过程中的主要关切点,而在项目终止过程中,一项重要的工作就是提交项目终止报告,它的完成且被接纳可被认为项目正式终止。

14.5　项目终止报告

一份科学的项目终止报告除了对项目进行评价、对项目终止的原因进行分析之外,还需对项目已经实施的全部过程进行记录和分析,以便为项目成果投入运营以后的各项工作开展提供文本依据。这份报告不是对项目的另一种评价,而应侧重在对项目的真实历史记录,它应能够反映在项目的生命周期中哪些事情是对的,哪些事情是错的,谁在项目中起到了什么作用,为了完成项目做了哪些工作以及这些工作是如何被管理的,等等。只有把经验保存下来并加以学习,项目团队成员及组织才能够从中吸取经验教训。

需要说明的是,我们不必太在意项目终止报告的具体形式,而要注重报告的内容。一些报告是按照时间顺序编写的,另一些则是按照项目的技术和管理方面的特征来编写的。有些报告以叙述性的风格编写,有些报告则把所有的项目报告罗列在一起并附上简短的评论。重要的是,无论采用何种形式,在项目终止报告中应考虑囊括以下 7 个方面的内容。

1. 项目绩效

报告的一个关键要素是项目实际完成内容(项目最终评估报告)和项目预计完成内容(项目建议书)之间的比较。此项比较的内容可能比较宽泛,并且应该包括对实际与计划之间存在的所有明显偏差的解释。此处进行项目最终挣值分析也是有用的,因为最终的报告不是一个正式的评估,它能够体现出项目经理对项目成败的原因所做的判断。在进行了这种比较后,应提出在未来实施类似项目时处理这类技术问题的一些建议。

2. 管理绩效

人们往往更重视项目的实际结果而忽略项目的管理成效,只有发生了管理问题,管理才能得到足够的重视。有一个严重的倾向,即几乎每个人都对"管理人员"有偏见。虽然项目管理并不能解决技术问题,但是它能够使好的技术得到发挥(或相反)。我们应该对管理实践进行回顾总结,尤其是那些效果很好的管理方法。如果可能,对其中的原因进行报告也是非常重要的。如果想要采取好的而避免差的管理做法,就有必要去了解在特定的组织环境中,为什么有些工作表现良好而其他的则表现不佳,这可作为我们在讨论的过程中给出建议的基础。

3. 组织结构

项目所采用的各种组织形式都有其独特的优势和劣势。项目终止报告应该包括对组织结构如何促进或制约项目进展这一问题的相关评论。如果需要对组织目前采用的组织形式进行调整,或者采取不同的组织形式会对项目管理有益,就应该提出相应的建议。显然,提出建议的同时应附带详细的解释和理论根据。

4. 项目团队和管理团队

有时,能力较强又有魅力的项目组织成员在需要较高水平的人际关系沟通和团结合作的活动中却表现不好。在向组织的高层管理者递交的项目终止报告的保密部分中,可建议在今后的项目中不选派这些人。同样,项目经理也可以就哪些人适合在今后的项目中组成团队而发挥好的作用,或适合从事公司日常事务提出建议。

5. 项目出现的问题分析及有关责任划分

项目终止的原因很多,有项目外的原因,也有项目内的原因。对导致项目终止的原因应进行系统的分析,明确相关的责任和相应的责任人。

6. 对项目终止后的各项工作安排

对于人事安排,各种资金、物资和文档资料的交接情况等应做明确的说明。项目终止后将会产生大量的涉及资金、物资、文档资料交接的问题,这些问题由于涉及人员较多,牵涉关系较复杂,因此,对其如何进行处理也是很复杂的事情。同时,在项目终止后,有关项目组人员的重新安排也是很重要的,应引起足够的重视。

7. 项目管理技术

由于项目的结果与进行项目预测、计划、预算、进度计划、资源配置、风险管理和项目控制的技术息息相关,因此必须对完成这些任务所使用的方法进行检查。如果项目预测、预算和进度计划不准确,应该提出一些改进建议,也应当对项目计划、控制和风险管理所采用的技术进行详细的审查。

　　针对项目终止报告中的每一个要素,应该提出并解释改变当前做法的意见与建议。可能的话,最好记录下每个潜在变更的含义。一件经常被忽视但非常重要的事情是对开展特别良好的项目进行评论和建议。大多数的项目、项目团队和项目经理都有一些非正式的程序,用来加快预算编制、简化进度计划、改进项目预测等活动的进程。项目终止报告是整合这些知识的智囊库。这些知识一旦被编入这个智囊库,就能够得到检验,而且如果它们具有普遍适用性,则能够被组织采纳,作为批准的项目管理方法。

　　值得一提的是,项目终止报告中的有关数据和结果能够在项目生命周期中的许多期中报告、审计报告和评估报告中获得,但是项目实施过程中的数据大部分来自项目经理的搜集整理。为保证不遗漏重大的事件记录,项目经理应该养成编写项目日志的习惯。项目经理的日志并不是正式的项目文件,而是由个人搜集的对项目事件的看法、反应和评论,而具有一定思想深度的项目经理的项目日志可称为丰富的、非同寻常的智慧源泉,它是在繁杂的项目活动中为防止遗忘而对想法所作的记录。同时,在某些特殊情况下,项目日志会另有他用。例如,明尼苏达高速公路工程公司的一位项目经理有坚持写项目日志的习惯,这主要是出于个人的兴趣和爱好。在工程实施过程中,公司由于一个事故而被起诉,原告宣称在事故发生时,高速公路两侧的路肩没有完工,也没有"正在施工"的标牌,而该项目经理的日志记载了项目的每天进程,它显示,在事故发生的前几天该路段已经完工,该公司因此而胜诉。

　　当项目终止报告完成后,经组织评议无误,即可正式宣布项目即时完全终止。也就是说,项目终止报告的最后提交,标志着项目的最后结束。

14.6　案例讨论

【案例 14-1】

　　即使使用了价值指标,X 公司仍认为有些项目可以被取消。每个人都清楚,在规定的时间和预算内生产产品是很困难的。尽管公司善于将创新项目与业务战略联系起来,但公司在成本估算方面相对较弱。即使选择了一个符合公司业务战略的项目,在项目前期也很难制定详细的需求。对于创新项目而言,常用的做法是运用"滚动式规划"(亦称渐进明细)。这样的话,随着项目的进展,可以逐步添加详细的需求。简言之,如果我们能为一个创新型项目列出一份详细的计划,那么这个项目就不是一份创新项目。

　　为一个创新项目估算时间和成本基本上是不现实的。某些有能力的创新领导人对项目有着狂热的信仰,他们拒绝让项目消失。为让项目继续进行,他们经常把自己的错误合理化,而忽视价值指标测量结果。大家认为有能力的创新领导人能预见别人所不能预见的事情,这种观点阻碍是终止项目的一个因素。

　　公司需要用更好的方式终止项目。每个项目似乎都有自己的生命周期,没有人愿意终止项目,从而忽视价值指标测量结果。似乎没有人有权利取消项目。一旦项目要终止,公司就会问"为什么不能早点终止"或"我们最初为什么会选择这个项目"之类的问题。企业从来没有获取过关于取消项目的机制的最佳实践和经验教训。

Al Grey 与指标管理团队成员再次开会,以寻求他们的帮助。他说:

> 关于取消项目,我们要做得更好。我明白,成立这个团队的目的不是取消项目,但是我相信你们的能力。指标管理也许是另一种形式的解决方案,但我不能确定这种方案的有效性。我已经研究了取消项目的 3 种机制,希望你们能介绍它们的优点和缺点。

> 首先,高层人员只会参与那些对他们有利的项目。他们不愿意取消这些项目,因为取消项目会影响他们的职业生涯。如果有其他人承担项目取消的责任,他们才会露面。所以,第一种方法是给项目派遣一个来自高层的发起人,那么这位高层就要自始至终参与项目。

> 第二种方法涉及中低层管理人员。现在,中低层管理人员被逼到了这样一个境地,即他们参与了项目,但是他们没有权利取消项目。更糟的是,项目团队成员经常向中低层管理人员隐瞒项目的真实状态。现在,高级管理层开始思考中低层的信息能否传递给他们这个问题。中低层管理人员应该担任项目发起人,自始至终积极参与整个创新项目。

> 尽管任命项目发起人可能是好的想法,但这种方法也存在一些风险。这些风险包括:
>
> (1) 他们仅看自己想看的信息;
>
> (2) 他们拒绝或接受或承认项目的失败;
>
> (3) 他们把坏消息视为个人的失败;
>
> (4) 他们害怕让别人知道自己的错误;
>
> (5) 他们把失败视作懦弱的表现;
>
> (6) 他们把失败视作对个人声望的损害;
>
> (7) 他们把失败视作对个人职业生涯的损害。

> 于是,项目发起人不愿意取消项目。我们也许还要任命一位"退出拥护者"。退出拥护者可能来自高级管理层,与项目没有利益关系。他能提前预测项目是够需要继续进行。如果退出拥护者认为取消项目是最好的选择,那么他就可以向执行委员会提交他的观点。执行委员会有权利反对项目发起人的观点,同意退出拥护者的观点。

问题:

(1) 案例中给出的每种方法有哪些优点和缺点?

(2) 你会选择哪种方法?

(3) 退出拥护者能否使用一套不同的标准,如仅考虑投资回报率?

【案例 14-2】

1993 年 10 月 19 日,美国国会做出了终止特大型超导对撞机项目(SSC)的决定,结束了这一耗时 11 年、花费超过 20 亿美元的宏大工程,也使 2 000 人因此失去了工作。此项目的预算为 110 亿美元,目标是在地下 54 英里的一个圆形容器中把亚原子微粒加速到接近光速,并在 40 万亿单位的电子电压下将它们击碎。该实验对于社会的利益未知,一些人认为它给社会带来的利益将是巨大的,而其他人(包括国会议员)对此并不确定。

这一项目也因"身份"问题的争议而受到责难。由于项目初期其他国家承诺投资 10 亿美元,该项目应该是国际合作科研项目,还是美国前所未有的基础科学项目,便成为悬而未决的问题。尽管 SSC 项目的成本迅速增加,但是导致其终止的主要原因是失去了政府对它的政治支持。尽管 SSC 项目得到了来自大专院校和科研团队的支持,但是项目潜在的效益却不会使克林顿政府收益,因此,政府的反应很冷淡。当项目出现 40 亿美元的预算赤字时,SSC 项目最终被终止了。

问题:

(1) 在本案例中,项目立项决策和项目终止决策有何异同?

(2) 这个项目的"身份"是什么? 美国方面终止 SSC 项目会产生哪些问题?

(3) 假设你是长期参与此项目的一位科学家,在当前情况下你和你的课题组团队应该做些什么呢?

第 **15** 章

创新创业项目管理

当前创新创业活动已深入各行各业,国务院出台的相关文件(国办发〔2015〕9号)也对服务创新创业活动提出了要求。鉴于现有创新创业活动多以具体的项目为载体,而项目管理作为一种行之有效的管理方法已被众多领域应用与实践检验,并有力推动项目目标达成,由此引入项目管理理论能助推创新创业教育实践活动。

基于创新创业活动本身的特殊性,本章聚焦探索创新创业活动中项目管理的特点,以期提供范本与指南。

15.1 创新创业实践活动引入项目管理的重要性

通常而言,我们将创新和创业连在一起说,但二者的内涵是不同的:创新的成果可以是一个创意、一个概念、一种方法或一种产品,而创业的成果则是一个企业、一项能够让人们以此为生的事业。两者的关系有点类似于研究与开发,创新类似于研究,创业类似于开发。创新产生的成果很有价值,但是,从创新到创业还有一段艰难的路程,从创意到产品的夭折率很高,从创业计划到企业的夭折率可能更高。缘于创新和创业之间内涵的差异,两者的项目管理方式存有差异,前者更像科研项目,要有很高的容错率,要鼓励大胆尝试、挑战传统和允许失败。因而特此说明,本书提及的"创新创业活动",主要指大学生创新创业实践活动,且侧重在前者(创新)及其过程体验。

为了培养学生的创新实践能力,顺应时代的发展需求,近年来,我国大部分高校都积极开展大学生创新创业活动,但成功率很低,存在知识密集、风险性高、缺乏过程管理和支持等问题(吴颖敏等,2018)。采用有效途径开展大学生创新创业活动已经成为高校谋求长远发展的重要措施。而项目管理理论作为一种行之有效的管理方法,已经被应用到许多领域,并发挥了极大的促进作用,有力地推动了项目目标的实现。因此,将项目管理理论合理引入高校大学生创新创业活动中,具有较强的可行性,能够对高校创新创业活动展开产生积极影响。

图15-1为一个典型的基于生命周期理论的创新创业项目管理框架。

创新创业能力是以人的智力活动为核心的具有较强的综合性和创造性的心理活动机能,是与个性心理倾向、特征紧密结合在一起的,在个性的制约和影响下形成并发挥作用的心理过程,是经验、知识、技能经过类化、概括后形成的,并在创业实践活动中表现为复杂而协调的行为动作,它一般是机会开发利用能力、团队建设能力、个人组织管理能力三个核心能力的结合,它们既相对独立又相互依存(雷辉等,2013)。同时,大学生创新创

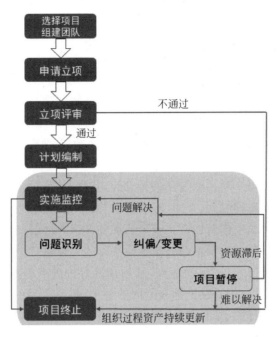

图 15-1　一个典型的基于生命周期理论的创新创业项目管理框架

业训练计划的实施目标,是促进高等学校转变教育思想观念,改革人才培养模式,强化创新创业能力训练,增强高校学生的创新能力和在创新基础上的创业能力,培养适应创新型国家建设需要的高水平创新人才。为了更好地达到项目的计划目标,创新创业项目提出了三项立项原则,即"兴趣驱动、自主实践、重在过程"。其中,"重在过程"是项目组织和开展的核心环节,创新项目的实施过程直接影响项目的成效性,学生只有通过项目实施过程才能获得创新思维的锻炼。项目过程的有效管理是项目质量保障的重要因素,对更好保证项目实施的效果、明确完善项目实施的方向、切实提高学生的创新素质具有重要意义(刘杨,2014)。

　　而项目管理本身就是项目的管理者在有限的资源约束下,运用系统的观点、方法和理论,对项目涉及的全部工作进行有效的管理,即:从项目的投资决策开始到项目结束的全过程进行计划、组织、指挥、协调、控制和评价,以实现项目的目标。大量实践和理论研究证明,"项目管理"强调的是项目活动中的全过程管理,它不仅是对项目经理能力的培养,其本质更是对如何"做正确的事,正确地做事,获取正确的结果"的能力的培养。大学生的创新创业实践活动正需要此类能力,因此项目管理对大学生应对生存和发展的关键能力和核心能力的提升具有普遍意义。

15.2　创新创业实践活动项目化管理

　　创新创业实践活动是在创新创业课堂教学之外进行的实践活动,包括创新创业教育的实践环节和各级各类大学生创新创业竞赛活动,它注重实践的教育,其核心在于创新精神和创业能力的培养(汤力峰等,2012)。创新创业实践活动自身所具有的项目特性,为引入项目管理提供了可能。

15.2.1　创新创业实践活动的项目特性分析

1．一次性

项目的一次性是指项目有明确的开始和结束。创新创业实践活动也有确定的开始和结束，任务一旦完成，活动即宣告终结，是"一次性"的任务。此外，项目从未在同样的情况下出现过，而且以后也不会再发生。可见，创新创业实践活动具备一次性特征。

2．独特性

项目的独特性是指每个项目都是独一无二的，其产出的产品、服务或结果都有自己的特色，或虽与其他类似，但其时间、空间、环境和条件等方面也已发生了改变，因此项目的过程始终是独特的。大学生创新创业实践项目都有自己的特点，尽管许多项目每年（或定期）举行，例如"挑战杯"全国大学生课外学术科技作品大赛和"挑战杯"全国大学生创业计划大赛。但由于活动参与人员、活动地点、活动形式等内外条件的变化，在时间、经费使用，项目内容设计和项目工作质量上都有不同的要求，每个项目的参加人员、项目组人员的角色和各自分工都会有所不同，所以，项目的执行过程不可能被模仿，更不可能完全一致或照搬照抄。

3．目的性

项目具有明确的时间性、成果性和约束性目标。在项目实施之前，项目负责人要制订全面和系统的项目计划，分解项目的各个环节，明确项目成员的各自分工，并以此为依据开展工作，项目成员间既分工又合作，一起攻坚克难，完成目标。创新创业实践活动也要求在明确的时间内实现明确的目标，也具备了明确的目的性，而活动的开展自始至终以实现目标为原则，在完成之后总是以一定的具体形式表现出来，因而创新创业实践活动与项目管理都具备目的性。

4．过程完整性

项目的过程整体性是指项目过程是具有完整生命周期的，其一切活动都是相互关联和相互影响的。为了实现项目资源的优化配置和项目效益的最大化，项目管理要求对时间、成本、质量和进度等方面进行控制，而在对上述目标的控制时，往往通过计划、组织、控制和协调等手段来实现。创新创业实践项目包括申请、计划、实施、控制、结题和评估等，是一个完整的过程，也具备较为完整的生命周期，并通过计划、组织、控制和协调等手段来协调时间进度，优化配置资源，以达到预期效果。因而，大学生创新创业实践活动也具有过程的整体性特征。

5．组织的临时性和开放性

在项目实施过程中，项目团队的人员组成和职责在不断变化，项目组织没有严格的边界，是临时的和开放的。创新创业实践项目组织也具有临时性和开放性特点。在项目开始初期项目负责人根据需要组建临时的项目团队，在项目实施过程中由于计划和任务的变更，需要调整或补充项目成员，而当项目目标达成后项目团队即告解散。可见，基于项目管理组成项目团队，有利于创新创业实践活动的顺利开展。

6. 风险性

项目的风险性是指项目不能"试做"，启动后一旦失败就不能重新开始，就失去了在同样条件下开展原项目的机会，这是由项目的一次性决定的。创新创业实践活动有一定的可控性，但是也有一定的风险。在实践活动进行过程中，由于主观和客观的原因，项目总会遇到各种各样的问题与困难，并直接影响到实践活动的顺利完成，这就使得创新创业的实践活动也存在一定的风险性和不确定性。

15.2.2　创新创业实践活动项目化管理的核心活动

将项目管理的方法及概念运用到大学生的创新创业活动中，能够从不同的角度理解、分析大学生创新创业活动，助力学生相关能力培养与形成，如：强调创新创业活动自身的创新性而非"成就多少创业成功的学生"、项目过程的控制与规范、注重项目团队建设与培养，等等（李焱等，2018）。而要促使创新创业实践活动顺利进行、达成预定目标，需要凝练、萃取其核心活动，我们可以借鉴关键链①思想来实现最优化目标（汤力峰等，2012）。

1. 分析项目的可行性与立项评审

可行性分析是创新创业实践活动项目管理的关键链之一，它直接关系到项目的成败。一般来说，学生的创新创业实践项目选择有一定的盲目性，缺乏对项目的调研和论证，有时只是凭自己的兴趣、爱好，甚至是一时的心血来潮而草率作出决定。当计划要转变为实际操作时，才发现自己不具备解决项目问题的能力，这样的项目无异于纸上谈兵，结果只能是失败。所以，在创新创业实践活动的启动阶段，不仅要考虑该活动能否立项，而且要求项目团队在确定项目之前充分考量自身的兴趣、特长以及专业能力，全面、系统和客观地分析影响项目的各种因素，在充分调研和论证的基础上，明确项目是否可行，最终形成可行性研究报告。

同时，建议充分利用专家知识（以召开评审会的形式），对项目进行专业判断，指明问题及其创新型、明确是否立项建设，等等。

2. 制订项目计划

项目获批立项后，要制订详细的项目计划。项目计划既是项目质量控制的依据，也是衡量项目进度的依据。一个优秀的项目计划能让活动的组织者和参与者明确活动的任务和目标，帮助双方实现有效的沟通与协调，降低活动失败的风险，提高资源的利用效率，减少项目实施过程中的不确定性，增加项目成功的可能性。项目团队必须依照组织分工，从内容、范围、条件、进程和资源等方面编写创新创业项目计划，明确项目的里程碑和时间表，进行项目目标细分，创建工作分解结构（WBS）图，为项目的顺利实施提供保证。

3. 实施项目资源管理

项目资源就是完成项目所需要的实际投入。随着项目的实施，必要的项目资源控制和管理是保证项目顺利进行的关键因素。项目资源管理包括时间、资金、人员、工具和设备等方面，其中以时间、经费和人员 3 个方面最为重要。时间主要影响项目管理的进度，

---

① 关键链，是指项目实施中有瓶颈作用的管理环节。只要在项目管理过程中抓住项目的瓶颈，加强对关键链的管理，就能用最短时间提高项目管理的质量，从而推进项目的进行速度。

经费主要影响项目管理的成本,而人员则影响项目的组织结构以及激励问题。这些资源都是项目管理的有效抓手,有了这些抓手项目管 理才能落到实处,否则项目管理就失去了调节的手段,容易导致项目进程与项目计划之间产生偏差,甚至直接影响项目的成败。因此,项目负责人要依据项目计划和工作分解结构(WBS)图,确定完成每项工作需要哪些材料和设备、用多少经费、花几天时间以及由什么样的项目成员来完成,形成系统的项目资源管理计划,用资源规划矩阵、资源数据表、资源甘特图和资源负荷表等直观、有效的方式表现出来,并付诸实践。

4. 项目评价

项目评价是创新创业实践活动项目管理的最后一个关键链。应通过项目评价肯定工作成绩,总结和推广成功经验,并及时发现工作中存在的难点问题,根据项目特点改进和完善管理机制,运用更加科学和合理的项目管理理论,从而为今后的管理提供宝贵的经验积累。

(1)建立科学评价标准

可以从以下几方面考虑:①项目执行过程是否规范,项目团队氛围是否融洽;②资源使用情况,完成项目任务不能以浪费资源为代价;③是否实现预期目标,结合大学生创新创业实践活动的特点来考虑,这虽重要但不唯一;④认可度,如有没有得到师生的认可,有没有产生良好的社会效益,等等。

(2)分类开展项目评价

不同的创新创业项目应采取不同的评价方式。基础研究型创新创业项目主要针对对于项目实施过程中所搜集的材料和数据的分析而形成结题报告,评审委员会通过评估项目是否完成了规定的工作量和调研任务是否达到既定的目标来进行验收评审;应用型创新创业项目主要依据最终成果的应用数据来进行验收评估,评价内容主要包括最终成果应用的技术指标和经济指标,同时结合成果应用客户的评价反馈。

(3)积极寻求成果转化

对验收评估后的创新创业项目成果进行进一步的开发,既可以对具有推广应用价值的项目成果进行生产实践考察,又可以通过组织参加科技竞赛、发表论文和科技作品成果展示等多种途径促成创新创业项目成果产生社会效益或经济效益。

此外,"创业大师"布兰克通过分析提出,中国在"双创"进程中最缺乏的是创新创业管理工具(许秀影,2016),他根据自己在硅谷多次创业的实践经验,加上美国国家科学委员会的赞助,以敏捷思维为核心设计出了适合创新与创业的敏捷创新创业模式(lean launch pad,LLP),可以协助创新创业团队开展系列活动。其核心是"商业模式设计""客户开发"及"敏捷开发"这三个管理工具(本章后续部分会有介绍)。敏捷创新创业强调敏捷团队努力尽早提供有用的成果,为客户创造最高价值,并经由假设、测试、反馈与开发三个步骤开发创意产品。

步骤1:假设。将空白商业模式图贴在墙上,团队将商业模式图步骤(1)~(9)的结果写在3M贴纸上,贴在步骤(1)~(9)的字段内。这是团队假设自己开发的产品有什么特色,可以为客户解决什么问题,对客户有什么效益。

步骤2:测试。创业者必须走到户外,定期(一周至两周)与一定数量的客户进行面对面的接触,验证自己的商业模式图是否符合客户需求,并至少用 1 小时时间在博客或其他网络媒体进行团队讨论。

步骤 3:反馈与开发。定期根据客户的反馈,以敏捷开发方式进行产品开发,并修订商业模式图,然后再回到步骤 1,直到做出符合客户需求的最精简的产品。

15.3　创新创业实践核心活动
——分析项目的可行性与立项评审

该活动涉及创新创业项目的选择项目(组建团队)、申请立项、评审答辩等环节,它关注的是项目正式启动前的准备活动,也是衡量项目是否存在的重要环节。

1. 选择项目与组建团队

该活动主要指项目负责人结合实际,初步选择一个或多个合适的项目,并组成项目团队的过程。

通常情况下,高校(或教育部门、社会组织)会定期或不定期发布不同主题的创新创业项目申报活动,并多渠道地对创新创业项目进行宣传,鼓励学生积极申报,如:学校通过创新创业课堂、创新创业科普讲座、建立学校网上创新创业平台、社团活动等多种形式宣传创新创业项目,普及创新创业知识,使学生了解什么是创新创业活动、为什么开展创新创业活动、怎样开展创新创业活动,进而鼓励学生展开奇思妙想并积极地将自己创新性的想法付诸实践,开展创新创业活动。因此,大学生创新创业实践活动这类项目申报的主办方(高校、教育部门、社会组织等),在很大程度上是充当了项目发起人(甲方)角色,面向广大学生"购买"各类产品、服务或结果,而学生作为项目负责人或团队成员参与其中。当然,其前提是要以乙方角色先申请到项目,这就需要学生首先思考选择什么样的项目。一般而言,项目选题来源包括图 15-2 所示的几种。

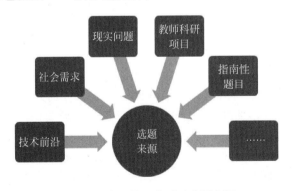

图 15-2　常见的几种项目选题来源

初步选择项目后,就需要考虑寻找合适的人员,组建团队。值得注意的是,有别于其他项目,大学生创新创业项目不需要或很少向成员支付工资,多基于兴趣、学科专业、特长等形成项目团队,团队成员的变动性较大、约束性差。一般而言,项目团队成员控制在 7 人以内为宜。缘于此,在遵循"创业大师"布兰克的敏捷创新创业模式基础上,我们可以考虑选用 Scrum[①] 框架组建团队（见图 15-3），分配各自的任务。

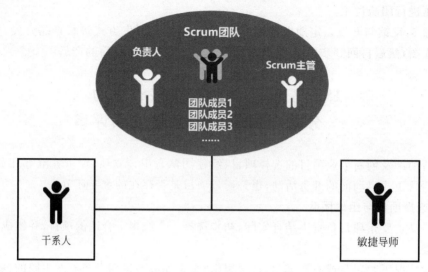

图 15-3 敏捷角色框架图

其中，团队成员、负责人和 Scrum 主管共同组成 Scrum 团队，干系人、敏捷导师不是 Scrum 框架的一部分，但是对项目而言至关重要。

（1）团队成员是具体从事项目的人员，在大学生创新创业项目中，项目负责人通常也是团队成员。他们要行使如下职责：直接负责创建项目的可交付成果、自组织和自管理、多技能工作（不依赖单一技能，善于学习新知识、分享等）、专注且能集中工作等。

（2）负责人负责调解客户、业务干系人和团队成员间的认知差距，是项目本身以及处理客户需求和优先级的专家，应每天与团队成员协同工作来协助明确需求，并决定项目范围边界（防止蔓延），以及成果发布的内容与时机等。

（3）Scrum 主管专注于为团队成员扫清前行的障碍，负责为团队成员提供支持，确保所有流程始终秉持敏捷原则。他应具备较强的沟通能力，并拥有足够的组织影响力，是优秀的引导者和聆听者。在大学生创新创业项目中，项目负责人和 Scrum 主管可以是同一个人。

（4）干系人是指与项目存在利益关系（积极、消极）的任何人，他们并非最终对这个产品负责，但能够对项目提出关键见解。干系人和负责人需要紧密协作，并能够为每次的测试等提供有价值的反馈等。

（5）敏捷导师以导师的角色服务于 Scrum 团队，但不是团队的一部分，且往往是组织以外的人员，他（们）能够提供客观的指导。在大学生创新创业项目中，敏捷导师实质上就是教师。

这一阶段的主要工作包括围绕项目展开的信息调查与采集，项目成员和指导教师的确定，编制项目团队组织结构等。

---

① Scrum，是软件开发中最流行的敏捷框架，是一种迭代方法，它的核心是冲刺。为了支持这一过程，Scrum 团队使用特定的角色、工件和事件。

2．申请立项

项目团队成员经过共同研究讨论,形成统一的项目申报意向,由项目负责人形成创新创业项目申报书,并提交申请。

创新创业项目团队依据成员自身兴趣、特长、专业知识等来确定创新创业项目,形成创新创业项目立项申请书,其主要内容包括创新创业项目涉及的内容与意义、开展方法、项目目标及创新创业项目的可行性分析等。项目立项申请书的撰写质量在很大程度上影响到项目申报能否通过评审并最终立项,因而就需要创新创业项目团队科学地确定申报书撰写人。

需要说明的是,其中的商业模式设计尤为重要,这将引导专家判断项目的必要性与成长性。一般会采用商业模式图的方式,做系统展示。商业模式图(见图 15-4)以"价值主张"为核心,也就是创新创意的产品能够为客户带来的价值。如果产品无法为客户带来价值,就无法赢得客户的青睐。从商业模式图的价值主张、目标客户、渠道和客户关系,就可以得出收益流;由关键伙伴、关键活动、关键资源可以算出成本结构,收益减去成本就是获利。

关键伙伴	关键活动	价值主张	客户关系	目前客户
谁是此价值主张的关键伙伴? 与关键伙伴结盟,可节省成本或缩短研发周期。	如果要发布与传达此商业模式图的价值主张,需要开展哪些关键活动?	我们为客户带来什么价值,解决哪些问题,满足哪些需求,还是提供哪些产品或服务?	如何与客户维持关系?采用会员制还是其他方式?如何增加新的客户?老客户推荐其他客户有额外红利点数吗?	我们要解决谁的问题或满足谁的需求?我们的目标客户是哪些人?我们的价值主张符合他们的需求吗?
	关键资源		渠道	
	如果要发布与传达此价值主张,需要什么关键资源?		我们通过哪些渠道与客户接触与沟通,以传达我们的价值主张?	
成本结构			收益流	
在我们的商业模式中,什么是最重要的成本?			我们的定价策略是什么?获利模式是什么?团队每月的收益如何?	

图 15-4　商业模式图

3．立项评审

由项目评审委员会组织项目申报人就申报项目进行评审答辩。

评审答辩过程中,申报人应就项目前瞻性、研究的价值和意义甚至市场前景展开陈述,评审委员会对申报项目内容进行提问并最终进行评估,通过答辩的项目准予立项、签订项目合同并进入项目计划编写环节,未通过答辩的项目则被淘汰。

需要说明的是,立项评审是大学生创新创业实践活动中的关键阶段。只有通过这个阶段,项目才真正具有了合法性。

15.4　创新创业实践核心活动——制订项目计划

通过项目评审答辩并确定立项的项目团队,应该依照团队成员分工,尽快展开与细化具体项目实施计划的编写工作,并由此指导项目各活动开展,其中应包括项目实施的具体时间表、资金预算与人员分工等必要信息。创新创业项目计划是项目团队开展创新创业具体活动的依据,它既是进行创新创业项目质量控制的依据,也是协调项目团队成员行动的进度表,科学的创新创业计划能够减少项目实施过程中的不确定性从而提高项目成功的可能性。编写创新创业计划应明确计划项目的具体时间安排,依据项目进展阶段进行目标细分,依据目标任务确定研究经费预算。

由于大学生创新创业项目存在多变特性(课业繁重、兴趣转移等使得成员"离开",与期望偏差过大等)、过程检查与调整相对频繁等,我们融合敏捷项目管理[①]思想,采用价值路线图(见图 15-5)来制订项目计划,以应对其灵活性。需要说明的是,相较于传统项目,采用敏捷项目的计划工作贯穿整个项目的始终,在活动开始前的最后时刻做计划,这时对这项活动的认知最为深刻(强调随机应变),这在一定程度上也符合大学生创新创业项目的特点。

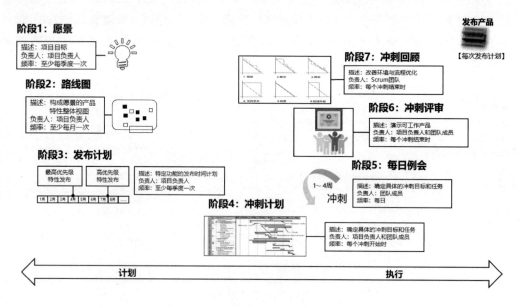

图 15-5　敏捷项目价值路线图示意[②]

如图 15-5 所示,价值路线图包括以下 7 个阶段。

阶段 1:项目负责人确定愿景。愿景是项目的目标,它定义了项目的产品是什么,产品如何支持公司或组织(团队)的战略,谁会使用这个产品和为什么人们要使用这个产品。由于大学生创新创业项目的不确定性因素更多,建议每季度重新审视一下愿景;而对于长期项目来说,一般每年要重新审视一下愿景。

阶段 2:项目负责人创建路线图。路线图为需求的开发设立了一个宽松的时间框架。主要通过识别产品需求,划分优先级和粗略估算这些需求所需要的工作量,来确

①　敏捷项目管理是一种项目管理方式,该方式聚焦于商业价值的尽早交付、项目产品和流程的持续改进、范围的灵活性、团队的投入以及交付能反映客户需求且经过充分测试的产品。

②　该图摘自《敏捷项目管理》(马克·C.莱顿著,2015),在原图基础上做了部分改编。

定需求的核心内容和识别需求差异。在团队成员的支持下,建议每个月修改一次产品路线图。

阶段 3:项目负责人创建发布计划。发布计划明确了可工作软件的总体发布时间表(含发布的形式、受众规模、预期效果等)。版本发布是一个可以让 Scrum 团队行动起来的中期目标。一个敏捷项目中包含多次发布,发布的顺序是按照特性的优先级来排列的,同时在每个发布的启动阶段就做好发布计划。

阶段 4:项目负责人、Scrum 主管和团队成员一起为冲刺(亦称迭代)做计划,然后着手在每个冲刺中实现这些产品功能。在每个冲刺的开始阶段召开冲刺计划会议,在会议中,Scrum 团队确定冲刺目标,列出能够在冲刺中完成的并支持项目总体目标的需求,同时大致介绍如何完成这些需求。

阶段 5:在每个冲刺过程中,团队成员通过每日例会来协商当天工作的重点。一般而言,团队成员在每日例会中分享昨天完成了哪些任务、今天准备完成哪些任务以及各自遇到了什么障碍。通过会议,开发团队可以快速上报遇到的问题。

阶段 6:Scrum 团队进行冲刺评审。在每个冲刺结束时的评审会议中,Scrum 团队会向干系人来演示或汇报已完成的产品。

阶段 7:Scrum 团队进行冲刺回顾。在冲刺回顾会议中,Scrum 团队会讨论这个冲刺的表现,并为下一个冲刺做好改进计划。和冲刺评审类似,冲刺回顾在每个冲刺结束时进行。通常情况下,阶段 6、阶段 7 可以安排在一起,逐次每段完成。

价值路线图中的每个阶段都是可以重复的,而且每个阶段都包含了计划这项活动,也就是说计划也是反复进行、结合项目实际动态更新的。

同时,它强调每个阶段只做必须要做的计划就行,如:在项目初期,可以通过宽泛的整体计划来定义未来产品的大致轮廓;在项目后期,要细化计划并且增加更多的具体描述来确保当前项目达成目标。在开始阶段做粗略的计划,然后在必要的时候再将计划具体化,这种模式既能防止我们浪费时间去计划那些或许永远不会被实施的低优先级需求,还可以帮助我们在不扰乱开发流程的前提下向项目中添加高价值的需求,它蕴含了敏捷技术的"检查并调整"这一基本原则。

15.5　创新创业实践核心活动——实施项目资源管理

这一阶段主要是从质量、进度、风险等方面对创新创业项目的开展情况实施监督控制,它包括两方面内容,即:面向项目发起人(学校等)的过程控制(以项目中期检查为代表)和项目负责人对项目的自律控制与管理。前者更偏于程序性的审查,而后者则是项目成败的关键。

通常来说,项目团队在完成具体执行计划后,即进入正式的创新创业项目实施阶段。而随着项目的开展实施,控制监督成为必要环节,期间通过对师生间、团队成员间的沟通交流情况及项目进展情况的定期检查与总结,及时发现出现的问题与困难并迅速找出解决办法,从而纠正项目偏差,保证项目目标的最终实现。一般主要用到的工具和方法,在第 12 章有详细描述,此处不再赘述。而在敏捷项目管理框架下,我们对项目的资源管理

（亦即实施监督控制）有了新的思路和方向,如下所示。

在敏捷项目中,以冲刺(亦称迭代)为中心,团队成员的工作包括了每日计划(周期可根据实际进行调整)、跟踪进展、创建并验证可用功能、识别并处理工作中的障碍,通常制订计划也会贯穿到整个项目生命周期当中。而实施监督控制的核心点,在冲刺例会、跟踪进展以及识别障碍上。当然,用到的一些具体工具可借鉴第 12 章相关内容,以下着重描述三个核心点上重点关注的事项。

1. 冲刺例会

它处于价值路线图中的第 5 个阶段,一般例会时间不宜太长(15 分钟为宜),过长将会占用团队成员的工作时间,成员之间主要快速沟通以下 3 件事情,以促进合作。

(1) 昨天,我完成了……(列出完成的工作);

(2) 今天,我准备做……(列出要做的任务);

(3) 我遇到的障碍是……(如果有的话,列出具体障碍)。

当然,为了确保例会简捷有效,Scrum 团队可以遵循以下准则。

(1) 任何人都可以参加,但只有团队成员、Scrum 主管和项目负责人可以发言。

(2) 会议只关注当前的工作。

(3) 会议是为了促进团队交流合作而不是解决问题。

(4) 为防止会议变成解决问题的专题会议,Scrum 团队可以:在白板上创建一个列表来跟踪需要立即处理的问题,会后马上处理;例会结束后立刻开一个专题会来解决问题(不一定每次例会都召开)。

(5) 例会是为了团队成员个体之间的平等交流合作,而不是所有人向其中一人汇报状态。项目运行状态会体现在冲刺待办列表中。

(6) 会议时间非常短,须准时开始。

(7) Scrum 团队可以要求参会人员站着而不是坐着。

冲刺例会对于让团队成员每日集中精力在正确的任务上是十分有效的(有点类似于医疗机构的护士晨会),毕竟团队成员对于在同伴面前当众做出的承诺,一般不会推脱责任。此例会还可以保证 Scrum 主管和团队成员可以快速处理障碍。

2. 跟踪进展

一般会用到冲刺待办列表和任务板这两个工具,它们可以让团队成员在任何时间对任何人展示冲刺进展。

在冲刺计划阶段,工作重点是把任务加到待办列表中,而冲刺阶段则每天要更新冲刺待办列表并跟踪团队成员的任务进展。

冲刺待办列表必须对整个项目团队保持随时可用,这样才能确保任何人可以随时查看冲刺的状态。

图 15-6 是一个冲刺待办列表示意图,其中右上角是燃尽图,它展示了团队成员的进展状态。燃尽图是在项目完成之前,对需要完成的工作的一种可视化标识,它能够直观显示一定时间内已完成工作与计划工作量之间的差异,团队成员可以通过它了解项目的进度。需要说明的是,它本身并不能精准地呈现项目的进度绩效,但是在介绍可交付产品、里程碑、工作报告或任务完成程度时,是一个较好的进度报告方法。

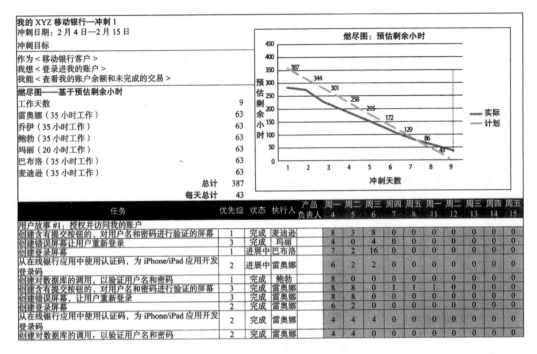

图 15-6 冲刺待办列表示意

同时，根据燃尽图（图 15-6 的右上角）的不同特征，一般可以刻画出不同的情形，以辅助判断当前工作的进展情况，见图 15-7。

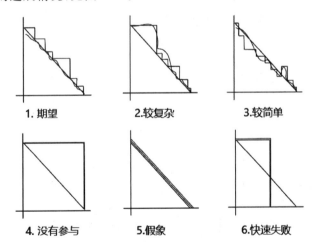

图 15-7 各种不同特征的燃尽图

（1）期望（或符合预期）

该图展示了一个正常冲刺的情况。随着团队成员完成任务、深挖出一些细节或发现一些开始时没有考虑的工作，剩余工作小时数会相应增减。尽管剩余工作量偶尔会增加，但基本是可控的。

（2）较复杂

在这种冲刺中，实际的工作量增长到团队认为不可能全部完成。团队能够在早期发现这个情况，并与项目负责人协商从冲刺中移除部分任务，从而仍然可以完成冲刺目标。冲刺中范围变更的关键是：它们是由开发团队发起的，而不是其他人。

（3）较简单

在这种冲刺中，开发团队提前完成了一些关键的任务，并与项目负责人协商后，为冲刺加入了新的任务。

（4）没有参与

燃尽图中有一条直线，意味着团队要么没有更新燃尽图，要么当天没有任何进展。不管是哪种情况，都预示着将来可能会出现问题，在冲刺燃尽图中出现一条水平直线绝不会是好事。

（5）假象

这种燃尽图模式在新的敏捷团队中很常见，他们向管理层汇报的工作用时是管理层所期待的工作用时，而不是真正的工作用时。这种情况下，团队成员会把工作用时的估算修改为和剩余的可用时间一样。

（6）快速失败

敏捷的一大好处是能够快速验证项目是否有进展。这种模式展示的是一个团队没有积极参与或毫无进展的例子。项目负责人在冲刺过程中为了减少损失而决定结束冲刺。注意，只有项目负责人才可以提前结束一个冲刺。

冲刺待办列表可以帮助我们在整个冲刺过程中跟踪进展，我们还可以参考以前的冲刺待办列表来比较多个冲刺之间的进展状态。每个冲刺，一般都会对流程作一些调整，正是通过持续的检查与调整来不断改进项目的运行。

另一种跟踪冲刺进展的方法是使用任务板，它快速便捷地展示了当前冲刺过程中团队成员正在做和已完成的任务，由左至右至少包括以下4列内容。

（1）待办项

最左边一列是剩下的需要完成的任务。

（2）进行中

将团队成员正在进行的任务放在此列。一般各团队成员在此处的任务不多（1～2个为宜），这样更为聚焦、具体和精准。这在冲刺阶段尤为重要。

（3）待验收

团队成员完成一个任务后把它放到待验收列，该列中的任务都是已经准备好被项目负责人检查的，检查后要么验收，要么提出反馈意见以及应加以改进之处。

（4）已完工

项目负责人审核完一个任务，并确认它已完成后，应当及时将该任务放到此列。

3. 识别障碍

管理并帮助团队移除识别出的障碍，是 Scrum 主管的主要工作。其中，任何阻碍团队成员全力工作的事情都是障碍（学生正常的课堂活动等除外）。此外，尽管冲刺例会是团队成员识别障碍的最好时机，但他们仍可以随时向 Scrum 主管报告问题。一些常见的障碍及应对解决方案如表 15-1 所示。

表 15-1　常见障碍和解决方案（以软件开发为例）

障　　碍	解　决　方　案
团队成员需要不同系列移动设备的模拟软件，以便对用户界面和代码进行测试	做一些调研来评估软件的花费，向项目负责人作总结并与其讨论资金问题。通过采购流程购买，并把软件交付给团队成员
管理层希望借用一位成员来做其他事情，但所有团队成员都已经满负荷	告诉想要借人的领导，那位团队成员的工作已经被排满，而且整个项目期间都不会有空。如果有替代方案，应向领导说明解决方案，否则给出不能放人的理由
某团队成员无法继续开展某个任务，因为他完全不能理解这个任务，而此时项目负责人也不在现场	与团队一起研究，在等待解决方案期间是否有可以同时开展的工作，或帮助找到另一个可解决该问题的人。如果都行不通，可以让团队启动接下来要做的任务（与暂停任务无关的），以保持研发效率
一个任务变得很复杂，现在看来已经无法在本冲刺阶段内完成	让团队与项目负责人合作把该任务拆分，从而确保一些可以完成的子任务在当前冲刺内完成，而剩下的任务放回到代列表中。这样做的目的是保证冲刺顺利结束，而不是结束的时候还有未完成的任务

　　需要说明的是，以上控制主要是围绕冲刺活动展开的，而在冲刺结束时还应及时进行冲刺评审、冲刺回顾。在冲刺评审中，Scrum 团队有机会展示他们的工作成果，任何对在冲刺中完成的工作感兴趣的人都可以参加（让所有干系人有机会了解进展并着重收集反馈意见），项目负责人会把在该冲刺中完成的任务向干系人展示；在冲刺回顾中，开发团队、项目负责人和 Scrum 主管会评审这个冲刺的进展状态并决定是否需要在下个冲刺中进行调整。

　　需要说明的是，冲刺回顾是把检查与调整的想法付诸实施的最佳时机之一，也是项目实施监督控制的重要一环，它虽是过程性、阶段性的活动，但很重要。冲刺回顾一般包括以下 5 个过程。

　　（1）准备目标

　　预先建立回顾的目标，有助于让 Scrum 团队在会议中专注于提出适当的反馈。在后续冲刺中，人们也许希望回顾会议可以只关注一两个特定领域的改进。

　　（2）收集数据

　　讨论上个冲刺中做得好的和需要改进的具体事项，建立冲刺的总体状态视图，并考虑用白板记录与会者的意见。

　　（3）产生顿悟

　　根据刚刚收集到的信息提供在下个冲刺中提升的方案。

　　（4）决定做啥

　　团队集体决定使用哪个方案，并确定可以实施的具体行动，用以把想法变成现实。

　　（5）结束回顾

　　重申下个冲刺的行动计划，感谢做出贡献的成员，并思考如何让下个回顾会议开得更好。此过程也是团队建设的最优时机，可以离开办公场所在轻松愉悦的氛围下进行，同时项目负责人可以考虑适当实施些奖励措施。

15.6　创新创业实践核心活动——项目评价

这一阶段主要是对创新创业项目的成果验收阶段,对应的是项目管理活动中的项目终止阶段。需要项目团队成员做大量总结、资料整理与汇编等工作,如:按照要求编制结题报告、整理结项材料、编写经验教训总结等。具体可参考第14章内容。

缘于大学生创新创业项目的特殊性,其衡量项目成功的标准无法参照其他传统项目的验收标准,作为项目发起人(学校等),我们建议优先从项目执行过程的规范性、团队建设的科学性与氛围融洽程度等方面考量,毕竟要"重在过程、重在参与",在实践活动中培育创新思维能力、团队合作意识、项目管理能力等。

同时引入分类评价机制,如:基础研究型创新创业项目主要针对项目实施过程中所搜集的材料和数据分析而形成结题报告,评审委员会通过评估项目是否完成了规定的工作量和调研任务进而是否达到既定的目标来进行验收评审;应用型创新创业项目主要依据最终成果应用的数据结果来进行验收评估,主要包括对最终成果应用的技术指标和经济指标进行评价,并结合成果应用客户的评价反馈。

尤其针对应用型创新创业项目,项目发起人(学校等)还应该关注其对验收评估后的创新创业项目成果的进一步的评估开发,做好"客户开发",积极助力实践探索成果落地、转化为实际应用。客户开发分为"寻找"与"执行"两个阶段,其中"寻找"又分为"客户探索"与"客户验证"两个步骤,"执行"又分为"客户生成"与"企业建设"两个步骤,并通过客户开发探索让学生或创客不断地开发、验证,修订自己的商业模式,如图15-8所示。

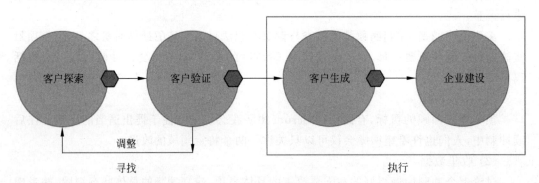

图15-8　客户开发图

(1) 客户探索

开发一套测试客户反应、验证创业者的商业模式假设的方案,把商业模式的假设转变成为事实。

(2) 客户验证

测试"客户探索"得出的商业模式是否具备可复制性与可扩大性,如果不行,则返回客户探索步骤。

（3）客户生成

建立最终用户需求和导入销售渠道，实现企业扩张的目的。

（4）企业建设

从初创企业转变成为聚焦在执行已被验证的商业模式。

一般来说，以一个迭代为期一周为例。团队做出商业模式图后，每一个人要有 10～15 小时的时间与可能的客户进行面对面的访谈，验证自己的商业模式图，并有至少 1 小时的时间在博客或其他网络媒体进行团队讨论。一周后，所有团队成员再根据客户的反馈修订商业模式图。

每周拜访客户及获得客户的反馈，就是要做到敏捷开发的"3C"（card，conversation，conformation）。开发团队以卡片方式将用户需求描述出来，经过面对面的沟通获得反馈，最后获得客户的确认。每周拜访客户符合敏捷原则第 8 条：敏捷过程提倡稳定持续的开发，发起人、开发者及使用者都应该不断地维持稳定的步调。经过数周之后，团队根据客户意见修订后的商业模式图，大概就能符合目标客户的需求了。

需要说明的是，通常情况下"客户开发"活动是伴随着项目的实施以迭代形式展开的。基于大学生创新创业项目实际，我们将其活动迁移至最后阶段，主要基于两方面考虑，即：一方面主要面向应用型创新创业项目，致力于寻找社会应用转化的可能性；另一方面让学生前期更专注于体验项目过程本身，后期专注于成果转化的事项。

15.7　案　例　讨　论

【案例】

（××晚报　独家观察）现如今，人脸识别技术日臻完善，已成为安防、交通、金融、医疗、教育等领域应用最为广泛的技术之一。在国内教育领域，校园内新（老）生刷脸报到、刷脸取件等已渐趋成为常态。2017 年以来，"刷脸"进入课堂后（中国传媒大学的刷脸签到、四川大学的无人机课堂点名、杭州某中学的刷脸考勤与课堂行为分析等），更是引爆网络、引发热议。虽有不同声音出现（隐私与数据使用问题等），但有个不争的事实，那就是"当前以人工智能、虚拟现实/增强现实/混合现实、大数据等为代表的主流信息技术，正在悄然改变着学校的学习（生活）方式"。智慧校园建设将在新一轮的信息技术应用中被推向新的高潮。

作为智慧校园的一个重要组成部分，为课堂（硬环境和软环境）赋能使其更加智能化、智慧化有其必要性，且有着较广阔的市场空间。上述人脸识别技术的应用情景，也为我们带来了新的思考，即：除了刷脸签到、课堂气氛识别等基础应用外，课堂活动的智能（慧）化应该能走得更远、更有价值，以提升课堂效率。例如，授课过程中时常会有师生间的互动交流，现阶段这些交流的信息是难以实时高效利用的，通常是由助教协助笔录要点或录音（用于课堂交流、后期整理、测量平时成绩等），尤其是在案例教学类课堂上，这些记录是必要的、有意义的。如果有一套系统能够辅助精准记录、汇聚与分析，将会大幅降低任课教师的教学工作量，并能够更为准确、快速高效地识别要点、回顾课堂活动……

假如您是一家从事信息技术研发公司的研发部门经理,正在阅读上述新闻报道,此时公司领导叩开了你的办公室大门……几番讨论后,领导决定成立"大学课堂智能助手"项目组,以快速研发系列产品、推向市场,并口头授权您作为项目经理,全权负责这个项目(正式授权文件不日下达)。

接下来您会怎么做? 谈谈您的思路。

问题:

(1) 此刻,你觉得哪些事项是令你最为关心、须尽快明确的?

(2) 这个项目所形成的产品,市场前景如何? 理由是什么?

(3) 经充分调研(环境政策、技术储备等),你认为公司值不值得立项研制? 理由是什么?

第 16 章

项目管理的新发展

16.1 项目管理中的信息技术支撑

项目管理软件是指以项目的实施环节为核心，以时间进度控制为出发点，利用网络计划技术，对实施过程中的进度、成本、资源等进行综合管理的一类应用软件。一般而言，其主要功能包括进度计划管理功能、资源管理功能、费用管理功能、报告生成与输出功能以及其他辅助功能等，这种概念源于对国外类似产品的分析概括，如 P3（Primavera Project Planner）、Microsoft Project。从广义上看，项目管理软件包括与项目管理工作相关的各种应用软件，可以涉及进度、费用、资源、质量、风险、组织等各个方面，是项目管理相关软件的总称。

国外项目管理软件有 Primavera 公司的 P3/P6、Artemis 公司的 Artemis Viewer、NIKU 公司的 Open WorkBench、Welcom 公司的 OpenPlan 等软件，这些软件适合大型、复杂项目的项目管理工作；而 Sciforma 公司的 Project Scheduler(PS)、Primavera 公司的 SureTrak、Microsoft 公司的 Project、IMSI 公司的 TurboProject 等则是适合中小型项目管理的软件。值得一提的是，SAP 公司的 ProjectSystems(PS)Module 也是一款不错的企业级项目管理软件。

国内功能较为完善的工程项目管理软件有新中大软件、邦永科技 PM2、翰文软件、建文软件、三峡工程管理系统 TGPMS、广联达项目管理软件、易建工程项目管理软件等，基本上是在借鉴国外项目管理软件的基础上，按照我国标准或习惯实现上述功能，并增强了产品的易用性。国内项目管理软件企业中发展比较快的还有深圳捷为的 iMIS PM、视锐达 Visual Project 项目管理软件等。

1. P3

Primavera Project Planner(以下简称 P3)是美国 Primavera 公司集几十年工程经验、计算机技术和项目管理方法于一体，编制的能对工程项目进度进行有效控制的集成软件。建立在网络计划技术 CPM(关键路径法)基础上的 P3 软件，由于与工程项目管理贴近，加之功能齐全，人机界面良好，从而受到国际土木工程界的青睐。

P3 是目前世界上使用最多、最为广泛的一个工程项目管理软件。与现在许多工程项目管理软件套件相比，P3 不具备合同管理、安全管理、环境管理等新功能，但在项目管理上它还是非常出色的。P3 的项目管理功能十分强大、全面，但是操作略显复杂，相关人员一般需要经过专门培训才能很好地运用 P3 实现工程项目管理；此外，P3 与其他项目管理软件相比价格相对较高,也使许多企业望而却步。

2．P6

Primavera 6.0(P6)是汇集了 P3 软件 20 年的项目管理精髓和经验,采用最新的 IT 技术,在大型关系数据库 Oracle 和 MS SQL Server 上构架起企业级的、包含现代项目管理知识体系的、具有高度灵活性和开放性的、以计划—协同—跟踪—控制—积累为主线的企业级工程项目管理软件,是项目管理理论演变为实用技术的经典之作。

P3 只能管理单一的大型项目,而 P6 软件可以使企业在优化有限的、共享的资源(包括人、材、机等)前提下对多项目进行预算,确定项目的优先级,编制项目的计划并对多个项目进行管理。它可以给企业的各个管理层次提供广泛的信息,各个管理层次都可以分析、记录和交流这些可靠的信息并且及时地做出有充分依据的符合公司目标的决定。P6 包含进行企业级项目管理的一组软件,可以在同一时间跨专业、跨部门,在企业的不同层次上对不同地点实施的项目进行管理。

3．Open Plan

Open Plan 是由美国 Welcom 公司开发的一个企业级的项目管理系统,它可以极大提升组织进行多项目管理的能力。通过多项目分析、关键路径计划和资源配置,Open Plan 提供了无比的方便与灵活性,以满足在商业、资源及工程管理上不同的需要。

Open Plan 采用自上而下的方式分解工程。拥有无限级别的子工程,每个作业都可分解为子网络、孙网络,可以无限分解,这一特点为大型、复杂工程项目的多级网络计划的编制和控制提供了便利。Open Plan 中的项目专家功能提供了几十种基于美国项目管理学会(PMI)专业标准的管理模板,用户可以使用或自定义管理模板,建立 C/SCSC(费用/进度控制系统标准)或 ISO(国际标准化组织)标准,帮助用户自动应用项目标准和规程进行工作,例如每月工程状态报告、变更管理报告等。

4．Psoft

Psoft 是新中大公司针对现代项目管理模式,吸取了当前国际最先进的项目管理思想,并结合中国企业的管理基础研究开发的大型管理系统。Psoft 产品可为建设单位、监理单位、工程企业或项目型的企业普遍关心的合同管理、进度管理、成本管理、物流管理等项目管理以及相关的企业管理提供完善的解决方案。其主要功能模块分为业务管理、协同办公管理以及财务管理三大部分,其中财务管理部分主要指新中大国际财务管理软件及新中大国际 ERP 软件 A3 或新中大简约型 ERP 软件银色快车 SE。

Psoft 在总体规划中采用了国际先进的现代化管理技术,如:引入先进的项目管理理论;采用进度多级协同与 CPM 技术进行进度计算;采用 EVMS(赢得值)技术建立成本预算评测基准;采用 PDCA 闭环管理进行工作驱动;采用目标管理技术,设立各种(进度、成本预算、质量等)考核基准,建立项目与企业的动态控制体系与评测方法等。

5．Microsoft Project

Microsoft Project 是由微软公司推出的目前在国际上最为流行的项目管理软件工具,在各类 IT 集成及软件开发项目、新产品研发项目、房地产开发项目、设计项目、工程建设项目、投资项目等的项目管理中发挥着巨大的作用,它将先进的项目管理思想与信息技术完美结合,可以帮助企业规范项目管理的流程和增强执行效果。

Microsoft Project 凝集了许多成熟的项目管理现代理论和方法,可以帮助项目管理者实现时间、资源、成本的计划、控制,它通过建立标准项目模板,实施项目计划的优化、控制项目进度及成本,合理调配人力资源及进行项目团队的协作管理,分享项目经验。它助力快速、准确地创建项目计划,帮助项目经理实现项目进度、成本的控制、分析和预测,使项目工期大大缩短,资源得到有效利用,从而可以提高经济效益。

16.2　更广视角下的项目集成管理

项目集成管理是项目管理中的一项综合性和全局性的管理职能和工作。在项目的实现过程中,在某个方面采取或者不采取行动,都将会对项目的其他方面造成影响。项目实施和管理活动之间的这种关联性和相互作用与影响,有时会表现得非常突出和确定,有时可能表现得非常微妙和很不确定。例如,一个项目范围如果发生改变,通常会直接造成一个项目的成本发生变化,但是项目范围变化对于项目团队的士气和项目产出物质量的影响就是间接的和很难把握与确定的了。这种项目实施与管理活动之间的相互影响和关联,要求在项目管理中必须充分、积极地开展项目集成管理。通过项目集成管理对项目的各种实施与管理活动和目标进行协调与控制。因为项目某个目标的实现或某个方面实施与管理活动要求的提高,也许会是牺牲另一个目标或改变另一方面实施与管理的要求,所以,一个成功的项目经理必须充分认识项目各项工作之间的相互关系,通过开展项目的集成管理,全面地把握和管理好项目工作中的这些相互影响和关联。

16.2.1　项目集成管理的特性

项目集成管理的主要特性是由这种管理的综合性和全局性所决定的。由于项目集成管理涉及项目成本、质量、范围、时间、资源等多个方面管理的协调与整合,所以这是一种综合性、总体性和全局性的项目管理工作。项目集成管理的主要特性如下。

1. 综合管理的特性

项目集成管理的最大特性是它的综合性,即综合管理项目各个方面和各个要素的特性。在一个项目中会有许多方面的专项管理工作,但是不管哪个专项管理都是针对项目一个特定方面的目标而开展的。例如,项目的时间管理是针对项目工期与进度目标的实现而开展的管理与控制工作,项目成本管理是针对项目预算目标开展的管理与控制工作。由于项目管理中存在一系列的专项管理,所以需要有一种管理工作来协调和综合这些专项管理的目标、工作和过程,项目集成管理正是为此而开展的一项综合协调性的管理工作。

2. 全局管理的特性

项目集成管理的第二个特性是它的全局性,即从项目全局出发,协调和控制项目各个方面与各项局部的工作。一个项目通过计划分解会有许多方面、许多局部的实施与管理工作,这些工作分别由不同的部门或人员完成,这些工作都是为实现某个具体项目计划目标而开展的。当项目的外部环境或内部情况发生变化时,项目的某个方面或某个局部的计划与工作会发生变化和更改,这些变更一定需要有一种管理来协调和统一,以便从项目的全局出发,控制和管理好项目的变化和更改,项目集成管理就是这项全局性的管理工作。

3. 内外结合的特性

项目集成管理的另一个特性是它的内外结合特性,即全面控制和协调项目内部管理与外部关系的特性。在项目的实施过程中,对于项目的管理和控制并不只是对项目内部因素的管理与控制,还需要对许多来自项目外部的影响和因素进行必要的管理与适应。例如,项目的相关利益者会在项目实施过程中提出各种项目目标和任务的变更要求,项目所在地的政府或社区也会进行干预和提出各种要求,等等。这些来自内部和外部的项目变化影响,要求项目组织必须集成管理项目内部和项目外部的各种影响要素,而项目集成管理正是这种将项目的内部与外部因素结合起来进行管理的工作。

16.2.2　项目集成管理的主要应用

项目集成管理可以在项目管理的全过程、项目管理的各个阶段和项目管理的许多方面使用。例如,在制订项目不可预见费用的计划阶段就需要综合考虑各方面的因素,采用集成管理的方法和技术;在进行项目成本估算的阶段也需要使用集成管理的方法和工具去综合考虑各种因素对于项目成本的影响;即使是在项目风险评估的阶段,也需要使用集成管理的方法与技术,去综合考虑各种项目风险因素的影响。通常,项目集成管理主要有如下 8 个方面的应用。

1. 项目工期与项目成本的集成管理

项目工期和项目成本必须统一考虑,集成管理和控制。因为项目工期与成本两个要素是互相关联的,项目工期的提前和拖期会造成项目成本的上升和下降,而项目成本的增减同样会造成项目造价的变化,这两个项目关键要素是紧密相关的。例如,为缩短工期,项目就需要组织加班,加班就要付双倍工资和各种各样的赶工费,所以项目成本就会上升。同样,项目成本削减了,项目能够投入和占用的资源就会下降,这就会直接影响项目的工期进度。因此,在项目管理中工期和成本是一对相互紧密相关的项目重要成功要素,它们必须按照集成管理的方法进行综合的管理。

2. 项目工期与质量的集成管理

项目工期和项目质量管理也必须统一考虑,集成管理和控制。因为项目工期与质量两项要素也是相互关联的。通常,项目工期的缩短和延长都会对项目质量形成影响。同样,项目质量的变更也会影响项目的工期进度。例如,因为赶工而缩短建设项目中混凝土养护期,就可能造成严重的工程质量问题,而一旦项目出现质量问题就必须进行返工,这样就会反过来影响工期。所以在项目管理中,项目工期和项目质量也是相互关联的两个项目要素,对其也必须按照项目集成管理方法进行统一的管理和控制。

3. 项目成本与质量的集成管理

项目成本和质量管理同样也必须统一考虑,集成管理和控制。因为这两个要素的相互关联更为紧密。一般来讲,项目成本的降低可能会直接影响项目的质量,而如果项目质量出现问题也会直接影响到项目的成本。例如,项目的成本削减过多,就会迫使项目组织采取偷工或减料的做法,从而造成项目的质量下降;反之,如果项目的质量发生问题就需要返工以恢复项目质量,这一定会造成项目成本的提高。因此在项目管理中,项目成本和质量同样是紧密关联的两大成功要素,必须按照集成管理方法进行统一的管理和控制。

4. 项目进度、成本、质量与资源的集成管理

在集成管理项目工期、成本和质量的同时,还必须考虑对于项目资源管理与项目进度、成本和质量的集成管理和控制。因为这四项要素在许多情况下是相互关联的,任何一个要素的变动,都会引起其他要素的变动。例如,项目工期的变动会要求资源的采购与供应时间和数量发生变动,而资源采购与供给的时间与数量变动又会使项目成本发生变动;如果资源的供给存在数量和时间方面的限制,项目的工期进度就必须调整,并且这种调整一定会造成项目成本的变化。所以在项目管理中,项目工期、成本质量和资源这四大要素也需要按照集成管理方法进行综合的管理与控制。

5. 项目产出物与项目工作的集成管理

对于项目产出物的质量、交付时间、数量和范围等,也必须与项目工作质量、工作要求和任务范围一样进行集成的管理与控制。因为项目产出物的质量和数量是靠项目的工作质量和数量来生成和保障的。在项目实施过程中,对于项目产出物的管理和对于项目工作的管理是分别进行的。项目生成物的质量多数是采用监督、控制和事后管理的方法实现的,而项目工作质量的管理多数是采用过程控制的方法实现的。如果不能按照集成管理的方法去综合管理项目产出物质量和项目工作质量这两个方面,势必会造成项目工作与项目成果(产出物)的脱节,从而造成项目最终无法获得符合质量要求的成果(产出物)。所以在项目管理中,还必须对项目产出物质量与项目工作质量进行集成管理与控制。

6. 项目工作与项目目标的集成管理

对于任何项目而言,项目目标与项目工作都是最为直接关联和相互作用的两大要素,所以这二者也必须实行全面的集成管理。因为,如果项目目标发生变更,项目的工作范围就一定会发生变更,不管项目目标的变更是有关项目产出物质量的变更、交货时间和数量方面的变更,还是其他方面的变更,都会直接影响项目工作的范围、内容和进度等。反之,如果项目的工作发生变动,不管是项目工作的范围还是内容方面发生的变化,都会直接影响到项目某个专项目标或全部目标的实现。所以在项目管理中,同样必须实现项目工作与项目目标的集成管理。

7. 项目各不同专业或部门的集成管理

项目的工作是由项目团队中不同工种或专业的人员来完成的,这些不同的工种或专业人员会按照一定的原则而构成不同的部门或小组,并由它们去完成一项特定的项目任务。例如,一个建设项目的设计工作、土建工作、安装工作和装修工作就是由不同的项目专业小组或团队完成的;一个企业管理咨询项目分别由组织管理、财务管理、营销管理和战略管理等方面的专业咨询小组来完成不同的专项咨询工作。这些不同的项目团队或小组的工作必须按照集成管理的方法进行统一协调和管理,否则无法使一个项目的最终结果形成一个统一的整体,就会出现各部分项目工作的产出物是合格的,而整个项目的产出物是不合格的局面。

8. 项目工作与组织日常运营工作的集成管理

任何一个开展项目的组织都会同时存在日常运营的工作,而一个组织的项目工作必

须与该组织正在进行的日常运营工作按照集成管理的方法去管理和控制。例如,一个企业在实施技术改造和产品更新换代项目或开展多角化经营项目的过程中,还会有自己的日常运营与生产工作,因此必须对企业的项目工作和日常运营工作进行集成管理,否则就会造成不是由于项目工作影响了企业的日常运营,就是由于企业的日常运营工作冲击了项目工作的局面。这样的结果是任何一个企业都必须设法避免的,而避免的方法只有一种,即在这种情况下一定要集成管理他们的项目工作和日常运营工作。

16.3   项目群管理和项目组合管理

项目集与项目组合是项目管理理论发展的最新产物,PMI 对项目集与项目组合进行了明确的定义。项目集、项目组合与项目群存在一定的区别与联系,以下对比进行分析。

16.3.1   项目集与项目群

PMI 认为,项目集(program)是一组相互关联且被协调管理的项目。项目集管理是指对项目集进行统一协调管理,以实现对单个项目分别管理所无法实现的利益和控制。项目集中的项目通过产生共同的结果或整体的能力而相互联系。

项目群的定义与项目集类似,项目群(也可用 program 表示)包含的项目以协调的方式进行管理,其目的在于获得一个共同的目标,或者取得超过项目单独管理时所获得利益总和的利益。项目群包含若干个具有内在联系的项目,项目群的执行有助于战略计划的实现。

项目集可以为多个战略目标服务,且项目集中相互关联的项目属于同类项目,而项目群只为一个战略目标服务,项目群中相互关联的项目可以属于不同类型的项目。项目群的出现较项目集更早,项目群其实包含着项目组合,所以有些学者和组织将项目群的定义与项目组合的定义联系起来,提出项目群是通过对项目的组合协调管理、改变组织结构等来获得战略上的意义。

16.3.2   组合与项目组合

何谓组合?组合(portfolio)一词来自于金融领域,摩根斯坦利的词典中对组合有如下定义:"如果你拥有两种以上的有价证券,你就拥有了投资组合。也就是说,通过购买多种证券、债券、基金和其他投资,你可以建立自己的组合,目标是基于你所拥有的资源,通过选择合适的、有潜力的投资,使收益最大化。同时,通过不断改变投资组合中包含的组件,保证投资组合的最佳状态,来有效规避投资风险,最大化投资收益。"随着时间的推移和行业间的相互渗透,目前"组合"一词已逐步引入到其他很多领域,但其本质始终保持不变:实现各自领域投资收益的最大化或最大限度的实现既定目标。于是,"组合"在项目管理领域的发展就催生了"项目组合",在产品管理领域就产生了"产品组合",面向企业运营所需应用的管理就产生了"应用组合"。

因此,概括地讲,组合是指个人或公司拥有的一组类似的,必须持续管理、决策调整、动态更新的东西,是决策人基于所拥有的资源和具备的能力,在充分分析成本、收益、风险等要素之后,建立起来的投资组合,它一般由多个组件组成。其中的各种组件可能是个人或企业的投资,或是面向企业战略规划的项目,或是基于企业产品策略或市场策略的产品,或是支撑企业运营的应用,但它们必须是可度量的,即可评测、可分类、排序和划分优先级的,以便组合管理者有效监控各个组件的执行情况,随时做出各种变更决策。

项目组合是指为了实现战略业务目标,而集中放在一起以便进行有效管理的一组项目、项目集和其他工作。项目组合的组成项可以被定量管理,如可以对其进行度量、排序和确定优先级。项目或项目集组成项目组合的组成项,不一定都相互依赖或直接相关,项目组合表示在某个特定的时间点上所选择的全部组成项的整体形象,这些组成项既支持着也影响着组织的战略目标。也就是说,项目组合表示在某个特定时间点组织内部正在活跃着的一系列项目集、项目、子项目组合和其他工作。

16.3.3　项目组合管理

各种组合的出现,迫使人们思考如何能够更加有效地管理各种组合,实现组合管理目标,于是就逐渐形成了各种专业的组合管理理论和方法。例如,PMI 发布的项目组合管理标准。就本质而言,组合管理就是关注如何通过有效使用各种规划和分析决策技术,基于现有资源和能力,对多个组合组件进行集约化管理、分析、监控和决策,包括优化和平衡投资组合、统一监控各种组件的绩效,基于组合管理目标对组合内容进行优化,其目的是达到预期的战略目标。

在许多组织中,项目经理同样会进行项目组合管理(project portfolio management),这是一种新型的商业战略。在项目组合管理中,组织将项目以及项目群合并进行管理,使其作为一个投资组合,从而促成整个企业的成功。负责项目组合管理的经理从战略视角帮助组织挑选并分析项目,以此帮助组织做出明智的投资决策。这些经理并不一定具有从事项目经理和项目群经理的工作经历,但毫无疑问的是,他们拥有坚实的财务知识和分析能力,并了解项目和项目群怎样才能达到战略目标对他们来说是最重要的。

图 16-1 示出了项目管理和项目组合管理的不同之处。应注意,它们最主要的区别体现在各自致力于达到的目标上,即是战术目标还是战略目标。战术目标常常比战略目标更具体,时间也更短;相反,战略目标则重点强调一个组织的长期目标。单个项目常常强调战术目标,而组合管理却强调战略目标。项目管理聚焦于如下这类问题:项目实施得怎么样?项目进度是否符合计划并且花费也在预算之内?项目的利益相关者知道他们应该做什么吗?而项目组合管理关注的问题包括:我们是在做正确的项目吗?我们是在合适的领域进行投资吗?我们是否拥有具有竞争力的资源?有的专家将项目组合管理简单定义为:"选择和管理能够带来最大商业价值的最优项目创建组合的持续过程。"

许多组织采用更为严格的方法,即制定开发指导方针和开发软件工具,进行项目组合管理。美国项目管理协会于 2003 年发表了《组织项目管理成熟度模型知识基础》一文,它不仅描述了管好单个项目或者项目群的重要性,还描述了在组织项目管理的基础上,将项目、项目群以及项目组合管理与组织战略目标联系起来的重要性。组织项目管理成熟度模型（Organizational Project Management Maturity Model，简称 OPM3）是一个标准，组织根据这个标准和广泛的最佳实践组合，设立一整套指标来衡量本组织的项目管理成熟度。

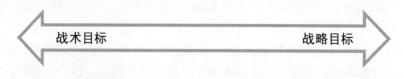

项目管理	项目组合管理
① 我们的项目实施得怎么样？	① 我们是在做正确的项目吗？
② 项目进度是否符合计划且花费也在预算之内？	② 我们是在合适的领域进行投资吗？
③ 项目的利益相关者知道他们应该做什么吗？	③ 我们是否拥有具有竞争力的资源？

图 16-1　项目管理与项目组合管理的不同

16.3.4　项目组合管理最佳实践

最佳实践（best practice）是指"产业公认的达到确定目标或目的的最佳方法"。罗瑟贝斯·莫斯·康特是哈佛商学院的教授，同时也是一位知名作家和咨询师，他认为理想的领导者应该明白"最佳实践的秘密：努力在任一方面优中选优并向其学习，能使远大目标更可能实现"。康特同时强调，对于最佳实践需要找到可衡量的标准。组织可以与自己的过去、同行，甚至未来相比较，来衡量绩效。康特建议，组织应不断达到更高的标准。对于那些想以最明智的方法使用最佳实践来帮助本组织的商业领导者，其提出了以下的实践体系。

（1）达到更高

要不断努力；提高标准和激发热情；找到最佳实践的最佳之处，然后将其作为达到美好未来的激励手段。

（2）帮助组织内的每一名员工成为专家

基于最佳实践的交流，利用基准和标准授权员工自我管理。

（3）检查细节

视野开阔一些，把整个世界作为自己的实验室进行学习。

《项目实践》的作者罗伯特·巴特里克认为组织应遵循管理的一些基本原则，这些原则包括最基本的两条。

（1）确保项目是战略驱动的

要能够证明所承担的每个项目如何适合自己的商业战略，并立即筛选出不必要的项目。

（2）促使利益相关者参与进来

忽视利益相关者常常会导致项目失败。确保利益相关者参与项目的每个阶段，并随时随地鼓励团队合作和做出承诺。

正如我们想象的那样，项目组合管理并不是一项容易的任务。假设整个组织存在一个大的项目组合的情况下，如果能为项目组合管理提供一种方法，这样就可以让高层管理者从整个企业的高度观察和管理所有的项目,继而对项目组合的各个部分进行分解,以提高各个部分的项目管理绩效。例如,假设一家公司有如图 16-2 左侧所示的主要组合项目(营销、材料、IT、人力资源),我们把该图的每个部分进一步分解,从而能够显示出对它们的特别关注。图的右侧显示的是,为了更好地进行管理,IT 项目如何才能分解得更详细。在本例中,有 3 个基本的 IT 项目组合种类。

(1) 冒险类项目(venture)

该类项目能够有助于改变目前的业务经营。例如,在一家大型零售连锁企业中,或许存在着一个 IT 项目——在商店里提供自助信息反馈台,当然也可以在网上提供,这样顾客和供应商之间就能够迅速提供有关产品和服务的反馈。这个项目能够通过与顾客和供应商发展更亲密的关系来转变业务经营。

(2) 成长类项目(growth)

这类项目能帮助企业提高收入。例如,一家公司或许有一个新的 IT 项目,在其公司网站上用一种新的语言(日语或者西班牙语)提供信息。这种项目能够促进他们在使用该语言的国家增加收入。

(3) 核心类项目(core)

它是指为了商业活动的正常运营,必须要完成的那些项目。例如,一个为新员工提供计算机的 IT 项目就属于此类。

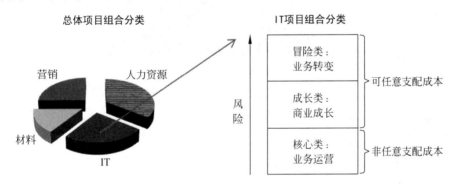

图 16-2　项目组合方法示意

注意图 16-2 的最右侧,IT 项目的核心类对应的是非任意支配成本。这就意味着,公司对是否投资这些项目没有选择的余地,为维持运营必须进行投资。在冒险类和成长类下的项目对应的是可任意支配成本,因为公司可以利用自己的判断力决定是否进行投资。同时也要注意图中间标着风险的箭头。这个箭头表明,从核心类项目到成长类项目,再到冒险类项目,项目的风险、价值、时间安排通常都是递增的。然而,一些核心类项目同样会具有高风险、高收益的特征,并需要良好的时间安排。正如大家看到的那样,组合管理包括许多因素。

许多组织使用专门的软件汇总和分析项目组合中所有的项目数据。企业/组合项目管理软件能够整合多种项目信息,并能显示整个组织现有项目、可接受项目以及未来项目的情况。

16.4　从项目经理到执行官

1997 年开始,IBM 承诺要成为一个"基于项目的企业"。对于 IBM,这意味着随着时间的推移,项目管理将慢慢演变成 IBM 的组织管理基因的一个部分。IBM 的各种专业人员和管理人员将会更加熟练地将项目管理方法融入日常工作中,帮助他们高效地完成工作。为了实现这一目标,IBM 内部发起了很多项目,概括起来他们主要关注于 3 个方面:项目管理专业人员的职业发展和社区、项目管理方法及工具和项目管理系统,如图 16-3 所示。这些项目有力地支持了 IBM 向基于项目的企业转型过程。

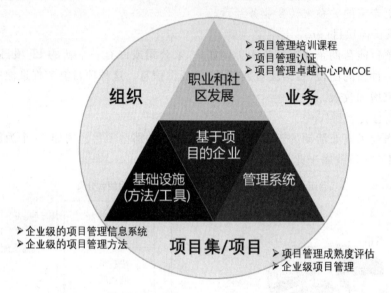

图 16-3　IBM 基于项目的企业管理

基于项目的企业管理在 IBM 的成功,依赖于企业的业务、组织和项目管理的有机融合。为了实现这一融合,在职业和社区发展方面,IBM 建立了完备的项目管理培训课程、项目管理专业人士的职业认证体系和为项目经理提供交流、分享和重用平台的项目管理卓越中心;在基础设施方面,IBM 建立起了企业级的项目管理方法和项目管理信息系统,帮助项目经理基于组织级的最佳实践,高效进行项目管理。而 IBM 基于项目的企业管理成功的真正关键,在于它有效地将项目管理方法整合进了执行业务的组织、流程和必需的基础设施中,IBM 内部称其为管理系统,它关注为组织各级领导提供在业务管理活动中有效应用项目管理方法的最佳实践和培训,提供关于项目管理基础设施的指南,以不断提高整个组织项目管理的成熟度。那 IBM 此领域的最佳实践能给我们什么样的启示呢?

站在企业级项目管理的视角,IBM 项目管理的成功关键在于 3 个维度的成功推广。

(1) 企业项目管理的范围维度

包括项目管理职业和社区发展、项目管理工具及方法和管理系统。

(2) 企业项目管理的覆盖度

IBM 认识到项目管理是可扩展的,从项目经理到项目集经理,到项目或业务执行官、部门总经理和公司总经理,项目管理是每位经理必备的基本技能。

（3）企业项目管理的深度

为了实现基于项目的企业目标,合格的项目管理人员必须能够融入组织各个层次的管理活动,包括项目级、业务单元和企业级管理活动,项目管理思想和文化必须能够融入企业运作的每个细胞、每个决策。

在这里,我们必须清楚地知道:当项目管理思想上升到了业务单元和企业级管理的高度时,人们将更需要关注战略和决策的组合管理方法和思想,而不仅仅是传统意义上的项目管理。为了支持基于项目的企业管理,IBM 为其分布在全球各地的项目管理专业人员提供统一的职业发展框架,每个项目经理都可以基于这一框架进行职业发展规划。如图16-4 所示,可以根据项目经理的技能、经验、知识水平和项目工作年限,为项目经理的职业发展定义明确的里程碑,并详细说明每个里程碑的具体要求,包括技能、经验、知识水平、必须参加的培训和完成的项目数量。职业发展框架为每个项目经理提供了明确的奋斗目标和发展路线图,成功地通过每个里程碑,是项目经理在职业发展过程中的一个重大进步。

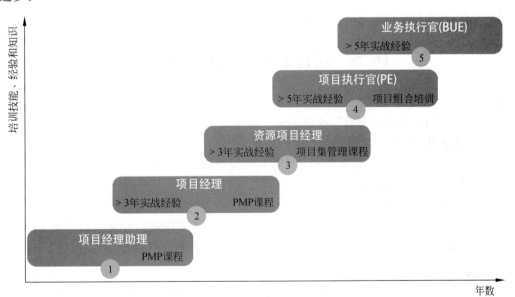

图 16-4　项目经理的职业规划

由于项目管理工作在企业和社会发展中的重要性不断增加,于是有人说项目经理是通往管理层的捷径,也有人说项目经理是行走于理想和现实间的人,理想是美好的,但现实是残酷的。无论如何,每一位谋求发展的项目经理都非常关注自己的职业发展规划,关注从项目经理到业务执行官到底有多远。

正如图 16-4 中项目经理的职业规划所示,刚进入项目管理领域的项目管理人员一般被称为项目经理助理,之后随着经验的积累、技能的提高和知识的增加,3 年后即可参加国际项目管理专业人士(PMP)的认证,成为一名名副其实的项目经理。一般而言,PMP是唯一一个可以通过考试达到的里程碑,从项目经理往上的所有里程碑,都必须在获得相应的技能和经验后,经过评审委员会的评审认证才能通过。评审委员会进行认证的一个重要标准就是项目经理相关的技能、经验、培训和知识,幸运且有能力的项目经理会在3年后晋升为资深项目经理,六年后成为项目执行官(PE)或业务执行官(虽然基本要求是5年项目管理经验)。从项目经理到资深项目经理能力上的一个重要标志就是项目集管理能力的具备,从资深项目经理到项目执行官和业务执行官能力上的一个重要标志则是业务知识、领导力、战略运营能力的具备,而项目组合管理则是帮助他们获得这些能力的一个重要途径。

由此可见,幸运的项目经理从项目经理发展成为项目执行官或业务执行官只需要六年时间。在这条发展道路上,项目集管理和项目组合管理能力都是必修课,是通过里程碑的必要条件,但不是充分必要条件。因为在项目经理的职业发展道路上,虽然能力、技能和知识都是可以通过学习实现的,但合适的项目经验和管理经验却是可遇而不可求的。

清楚了解项目经理的职业规划,明确每个里程碑的具体要求,努力提高自身在项目集和项目组合方面的技能和知识,参加相关的培训和学习,积极开展合适的项目管理工作,积累经验,是项目经理加速职业生涯发展的必由之路。

16.5　来自 PMBOK 的新兴实践

项目管理知识体系指南(PMBOK)第六版已正式启用,其中新增了部分项目管理过程组的“发展趋势和新兴实践”,现摘录如下,以供参阅。

1. 项目整合管理的发展趋势和新兴实践

项目整合管理知识领域要求整合所有其他知识领域的成果。与整合管理过程相关的发展趋势包括(但不限于):

(1)使用自动化工具

项目经理需要整合大量的数据和信息,因此有必要使用项目管理信息系统(PMIS)和自动化工具来收集、分析和使用信息,以实现项目目标和项目效益。

(2)使用可视化管理工具

有些项目团队使用可视化管理工具,而不是书面计划和其他文档,来获取和监督关键的项目要素。这样,就便于整个团队直观地看到项目的实时状态,促进知识转移,并提高团队成员和其他相关方识别和解决问题的能力。

(3)项目知识管理

项目人员的流动性和不稳定性越来越高,因此就要求采用更严格的过程,在整个项目生命周期中积累知识并传达给目标受众,以防止知识流失。

(4)增加项目经理的职责

项目经理被要求介入启动和结束项目,例如开展项目商业论证和效益管理。按照以往的惯例,这些事务均由管理层和项目管理办公室负责。现在,项目经理需要频繁地与他们合作处理这些事务,以便更好地实现项目目标以及交付项目效益。项目经理也需要更全面地识别相关方,并引导他们参与项目,包括管理项目经理与各职能部门、运营部门和高级管理人员之间的接口。

（5）混合型方法

经实践检验的新做法会不断地融入项目管理方法，例如，采用敏捷或其他迭代做法，为开展需求管理而采用商业分析技术，为分析项目复杂性而采用相关工具，以及为在组织中应用项目成果而采用组织变革管理方法。

2. 项目范围管理的发展趋势和新兴实践

需求一直是项目管理中的重点，并且还将继续得到项目管理从业者的更多关注。随着全球环境变得日益复杂，组织开始认识到应该如何运用商业分析，通过定义、管理和控制需求活动来提高竞争优势。商业分析活动可在项目启动和项目经理任命之前开始。根据《需求管理：实践指南》，需求管理过程始于需要评估，而需要评估又可能始于项目组合规划、项目集规划或单个项目。

在项目范围管理过程中，应收集、记录和管理相关方需求。项目范围管理的范围趋势和新兴实践包括（但不限于）注重与商业分析专业人士的合作，以便：

（1）确定问题并识别商业需要；

（2）识别并推荐能够满足这些需要的可行解决方案；

（3）收集、记录并管理相关方需求，以满足商业和项目目标；

（4）推动项目集或项目的产品、服务或最终成果的成功应用。

需求管理过程结束于需求关闭，即把产品、服务或成果移交给接收方，以便长期测量、监控、实现和维持效益。

应该将商业分析的角色连同职责分配给具有足够商业分析技能和专业知识的人员。如果项目已配备商业分析师，那么，与需求管理相关的活动便是该角色的职责。而项目经理则负责确保这些活动在项目管理计划有所安排，并且在预算内按时完成，同时能够创造价值。

项目经理与商业分析师之间应该是伙伴式合作关系。如果项目经理和商业分析师能够理解彼此在促进项目目标实现过程中的角色和职责，项目成功的可能性就会更大。

3. 项目进度管理的发展趋势和新兴实践

全球市场瞬息万变，竞争激烈，具有很高的不确定性和不可预测性，很难定义长期范围，因此，为应对环境变化，根据具体情景有效实践就显得日益重要。适应型规划虽然制订了计划，但也意识到工作开始之后，优先级可能发生改变，需要修改计划以反映新的优先级。

有关项目进度计划方法的新兴实践包括（但不限于）：

（1）具有未完项的迭代型进度计划

这是一种基于适应型生命周期的滚动式规划，例如敏捷的产品开发方法。这种方法将需求记录在用户故事中，然后在建造之前按优先级排序并优化用户故事，最后在规定的时间盒内开发产品功能。这一方法通常用于向客户交付增量价值，或多个团队并行开发大量内部关联较小的功能。适应型生命周期在产品开发中的应用越来越普遍，很多项目都采用这种进度计划方法。这种方法的好处在于，它允许在整个开发生命周期期间进行变更。

（2）按需进度计划

这种方法通常用于看板体系，基于制约理论和来自精益生产的拉动式进度计划概念，根据团队的交付能力来限制团队正在开展的工作。按需进度计划方法不依赖于以前为产品开发或产品增量制订的进度计划，而是在资源可用时立即从未完项和工作序列中提取出来开展。按需进度计划方法经常用于以下项目：在运营或持续环境中以增量方式研发产品，其任务可以被设计成相对类似的规模和范围，或者可以按规模和范围进行组合的工作。

4. 项目成本管理的发展趋势和新兴实践

在项目成本管理的实践中，通过对挣值管理（EVM）的扩展，引入挣得进度（ES）这一概念。

ES 是 EVM 理论和实践的延伸。挣得进度理论用 ES 和实际时间（AT）替代了传统 EVM 所使用的进度偏差测量指标（挣值－计划价值），使用这种替代方法计算进度偏差（ES－AT），如果挣得进度大于 0，则表示项目进度提前了；换句话说就是，在某个给定的时间点，项目的挣值大于计划价值。使用挣得进度测量指标的进度绩效指数（SPI）为 ES 与 AT 之比，表示完成项目的工作效率。此外，挣得进度理论通过挣得进度、实际时间和估算持续时间，提供了预测项目完成日期的计算公式。

5. 项目质量管理的发展趋势和新兴实践

现代质量管理方法力求缩小差异，交付满足既定相关方要求的成果。项目质量管理的趋势可能包括（但不限于）：

（1）客户满意

了解、评估、定义和管理要求，以便满足客户的期望。这就需要把"符合要求"（确保项目产出预定的成果）和"适合使用"（产品或服务必须满足实际需求）结合起来。在敏捷环境中，相关方与项目管理团队合作可确保在整个项目期间始终做到客户满意。

（2）持续改进

由休哈特提出并经戴明完善的"计划—实施—检查—行动（PDCA）"循环是质量改进的基础。另外，诸如全面质量管理（TQM）、六西格玛和精益六西格玛等质量改进举措也可以提高项目管理的质量以及最终产品、服务或成果的质量。

（3）管理层的责任

项目的成功需要项目团队全体成员的参与。管理层在其质量职责内，肩负着为项目提供具有足够能力的资源的相应责任。

（4）与供应商的互利合作关系

组织与其供应商相互依赖。相对传统的供应商管理而言，与供应商建立合作伙伴关系对组织和供应商都更加有益。组织应着眼于长期关系而不是短期利益。互利合作关系增强了组织和供应商互相为对方创造价值的能力，推动他们共同实现客户的需求和期望，并优化成本和资源。

6. 项目资源管理的发展趋势和新兴实践

项目管理风格正在从管理项目的命令和控制结构，转向更加协作和支持性的管理方法，通过将决策权分配给团队成员来提高团队能力。此外，现代的项目资源管理方法致力于寻求优化资源使用。

有关项目资源管理的趋势和新兴实践包括(但不限于):

(1)资源管理方法

过去几年,由于关键资源稀缺,在某些行业中出现了一些普遍的趋势,涌现出很多关于精益管理、准时制(JIT)生产、Kaizen(持续改善)、全员生产维护(TPM)、约束理论等方法的文献资料。项目经理应确定执行组织是否采用了一种或多种资源管理工具,从而对项目做出相应的调整。

(2)情商(EI)

项目经理应提升内在(如自我管理和自我意识)和外在(如关系管理)能力,从而提高个人情商。研究表明,提高项目团队的情商或情绪管理能力可提高团队效率,还可以降低团队成员离职率。

(3)自组织团队

随着敏捷方法在 IT 项目中的应用越来越普遍,自组织团队(无须集中管控运作)越来越多。对于拥有自组织团队的项目,"项目经理"(可能不应称为"项目经理")这一角色主要是为团队创造环境、提供支持并信任团队可以完成工作。成功的自组织团队通常由通用的专才而不是主题专家组成,他们能够不断适应变化的环境并采纳建设性反馈。

7. 项目沟通管理的发展趋势和新兴实践

在关注相关方,以及认可相关方的有效参与对项目及组织的价值的同时,也要认识到制定和落实适当的沟通策略对维系与相关方的有效关系是至关重要的。项目沟通管理的发展趋势和新兴实践包括(但不限于):

(1)将相关方纳入项目评审范围

每个项目的相关方社区中都包括被项目团队确定为对成功达成项目目标和组织成果不可或缺的个人、群体和组织。有效的沟通策略要求定期且及时地评审相关方社区,以管理成员及观察其态度的变化。

(2)让相关方参加项目会议

项目会议应邀请项目外部甚至组织外部(若适当)的相关方参与。敏捷方法中的一些做法适用于任何类型的项目,例如,简短的每日站会。在每日站会上,项目团队和主要相关方就前一天的成绩和问题以及当天的工作计划展开讨论。

(3)社交工具的使用日益增多

以硬件平台、社交媒体服务和个人便携设备为代表的社交工具已经改变组织及其人员的沟通和业务方式。在公共 IT 基础设施的支持下,社交工具将不同的协作方式融合在一起。网络社交是指用户建立关系网络,与他人共同拓展兴趣的活动。社交媒体工具不仅能支持信息交换,而且也有助于建立更深层次的信任和社群关系。

(4)多面性沟通方法

制定项目相关方沟通策略时,通常应考虑所有可用技术,并从中作出选择;同时也应尊重因文化、实践和个人背景而产生的对沟通语言、媒介、内容和方式的偏好。可以根据需要采用社交媒体和其他先进的电脑技术。多面性方法能够提高与不同年代和文化背景的相关方沟通的效果。

8. 项目风险管理的发展趋势和新兴实践

项目风险管理的关注面正在扩大,以便确保考虑所有类型的风险,并在更广泛的背景中理解项目风险。项目风险管理的发展趋势和新兴实践包括(但不限于)非事件类风险。大多数项目只关注可能发生或不发生的不确定性未来事件的风险。例如,关键卖方可能在项目期间停业,客户可能在设计完成后变更需求,或分包商可能要求对标准化操作流程进行优化。不过,识别并管理非事件类风险的意识正在不断加强。非事件类风险有以下两种主要类型。

(1)变异性风险

已规划事件、活动或决策的某些关键方面存在不确定性,就可能导致变异性风险。例如,生产率可能高于或低于目标值,测试发现的错误数量可能多于或少于预期,或施工阶段可能出现反常的天气情况。

(2)模糊性风险

未来可能发生什么存在不确定性。知识不足可能影响项目达成目标的能力,例如,不太了解需求或技术解决方案的要素、法规框架的未来发展,或项目内在的系统复杂性。

9. 项目采购管理的发展趋势和新兴实践

不同行业各方面(软件工具、风险、过程、物流和技术)的一些重大趋势,会影响项目的成功率。项目采购管理的发展趋势和新兴实践包括(但不限于):

(1)工具的改进

用于管理项目采购和项目执行的工具已经取得重大发展。现在,买方能够使用在线工具集中发布采购广告;卖方也能够使用在线工具集中查找采购文件,并直接在线填写。在施工、工程和基础设施领域,建筑信息模型(BIM)软件的应用日益广泛,为工程项目节省了大量时间和资金。它能够大幅减少施工索赔,从而降低成本、缩短工期,因此世界各地的主要公司和政府都开始要求在大型项目中使用 BIM。

(2)更先进的风险管理

在风险管理领域日益流行的一个趋势,就是在编制合同时准确地将具体风险分配给最有能力对其加以管理的一方。没有任何承包商有能力管理项目的所有重大风险,买方因而必须接受承包商无法掌控的风险,例如,采购方公司政策的不断变化、法规要求的不断变化,以及项目以外的其他风险。在合同中可以明确规定风险管理是合同工作的一部分。

(3)变化中的合同签署实践

在过去几年时间内,超大型项目的数量显著增加,尤其是在基础设施建设和工程项目领域。数十亿美元的项目现在已十分常见。大部分此类项目都要求与多个国家的多家承包商签署国际合同,因此肯定比仅使用当地承包商的项目具有更大的风险。承包商越来越重视在采购过程中与客户开展密切合作,以便对批量采购或有其他特殊关系的客户给予折扣优惠。为了减少执行过程中的问题和索赔,采用国际公认的标准合同范本的此类项目日益增加。

10. 项目相关方管理的发展趋势和新兴实践

"相关方"一词的外延正在扩大,从传统意义上的员工、供应商和股东扩展到涵盖各类群体,包括监管机构、游说团体、环保人士、金融组织、媒体,以及那些自认为是相关方的人员(他们认为自己会受项目工作或成果的影响)。项目相关方管理的发展趋势和新兴实践包括(但不限于):

(1) 识别所有相关方,而非在限定范围内。

(2) 确保所有团队成员都涉及引导相关方参与的活动。

(3) 定期审查相关方社区,往往与单个项目风险的审查并行开展。

(4) 应用"共创"概念,咨询最受项目工作或成果影响的相关方。该概念的重点是,将团队内受影响的相关方视为合作伙伴。

(5) 关注与相关方有效参与程度有关的正面及负面价值。正面价值是相关方(尤其是强大相关方)对项目的更积极支持所带来的效益;负面价值是因相关方未有效参与而造成的真实成本,包括产品召回、组织信誉损失或项目信誉损失。

附 录

几种常见的免费(开源)项目管理工具

项目管理工具的科学运用,能够助力提升项目管理效率,这已是不争的事实,而且市面上已有诸多面向各类项目管理活动的软件工具,但是许多需要付费(部分采用云服务的形式,收取少量费用)。

经广泛调研、测试,编者系统梳理了一些具有不同用途或适用场景的免费或开源工具,以供读者选用。详见下表。

几种免费或开源项目管理工具

编号	语 言	类 型	工具名称	功能描述	使用方式	备 注
1	中文	垂直型	MadPecker	BUG 管理平台,融合敏捷开发理论,集成了任务管理、测试管理、应用发布等个性化模块,用户可以根据团队需求进行自定义设置	联网访问	
2	多语言	垂直型	MantisBT	BUG 管理平台,功能包括管理、缺陷报告和统计分析,可建立缺陷之间的关联或依赖关系,不支持 BUG 在不同项目之间移动	需本地部署	
3	中文	垂直型	Teambition	侧重团队协作,支持规划管理产品全生命周期,可轻松实现敏捷开发	联网访问	10 人以下免费
4	中文	垂直型	进度猫	以甘特图为向导的轻量级可视化在线项目管理工具,基于任务清单 todolist,支持多用户协作	联网访问	
5	多语言版本	垂直型	Gantter	一种在线甘特图工具,具备专业甘特图需要的自动排程、统计分析功能等,可快速绘制进度表,把复杂的时间简单化、明确化	联网访问	30 天试用
6	英文	垂直型	ConceptBoard	一种基于网络的协作工具,可以很容易地跨平台使用。它支持一些标准的文档格式,可以用来标记及实时讨论。它还允许任务管理、团队会议,甚至必要时还可以允许客户加入	联网访问	

续表

编号	语 言	类 型	工具名称	功能描述	使用方式	备 注
7	中文	综合性	Worktile	一站式协作平台,集高效协作、即时沟通和移动办公于一体,提供企业IM、任务管理、日程安排、企业网盘、工作简报等应用,可整合企业内外部各种应用,将不同应用之间的数据汇总到企业信息总线中,解决企业数据孤岛的问题	联网访问	10人以下免费
8	中文	综合性	禅道	集产品管理、项目管理、质量管理、文档管理、组织管理和事务管理于一体,完美地覆盖了项目管理的核心流程	需本地部署	开源版,免费
9	英文＋中文	综合性	TeamLab	功能包括项目管理、里程碑管理、任务、报表、事件、博客、论坛、书签、Wiki、即时消息等	需本地部署	
10	英文＋中文	综合性	Redmine	一种开源的、基于Web的项目管理和缺陷跟踪工具,提供集成的项目管理功能、问题跟踪等	需本地部署	

参 考 文 献

[1] [美]哈罗德·科兹纳. 项目管理案例集[M]. 陈丽兰,刘淑敏,王丽珍,译. 5版. 北京:电子工业出版社,2018.

[2] [美]杰弗里·K.宾图. 项目管理[M]. 鲁耀斌,赵玲,译. 2版. 北京:机械工业出版社,2010.

[3] [美]杰克·R.梅雷迪斯,小塞缪尔·J.曼特尔. 项目管理:管理新视角[M]. 戚安邦,等,译. 7版. 北京:中国人民大学出版社,2011.

[4] [美]杰克·吉多,詹姆斯·P.克莱门斯. 成功的项目管理[M]. 张金成,等,译. 北京:机械工业出版社,1999.

[5] [美]凯西·施瓦尔贝. IT项目管理[M]. 孙新波,朱珠,贾建锋,译. 8版. 北京:机械工业出版社,2017.

[6] [美]凯西·施瓦尔贝. IT项目管理[M]. 杨坤,王玉,译. 6版. 北京:机械工业出版社,2014.

[7] [美]克利福德·拉森. 项目管理教程[M]. 徐涛,张扬,译. 2版. 北京:人民邮电出版社,2005.

[8] [美]拉斯·J.马蒂内利,德拉甘·Z.米洛舍维奇. 项目管理工具箱[M]. 陈丽兰,王丽珍,译. 2版. 北京:电子工业出版社,2017.

[9] [美]马克·C.莱顿. 敏捷项目管理[M]. 傅永康,郭雷华,钟晓华,译. 北京:电子工业出版社,2015.

[10] [美]项目管理协会. 项目管理知识体系指南(PMBOK指南)[M]. 5版. 北京:电子工业出版社,2013.

[11] [美]项目管理协会. 项目管理知识体系指南(PMBOK指南)[M]. 6版. 北京:电子工业出版社,2018.

[12] 蔡晨,万伟. 基于PERT/CPM的关键链管理[J]. 中国管理科学,2003(6):36-40.

[13] 柴莹,肖晓. 大学生创新创业训练计划管理模式的构建——基于项目管理的视角[J]. 中国大学教学,2018(2):70-73.

[14] 程雪迎,王晔璞,李慧,等. 项目管理在大学生创新创业训练计划中的应用[J]. 中国商论,2018(29):191-192.

[15] 丁荣贵. 创新创业需要项目管理提供信念支撑[J]. 项目管理评论,2016(5):1.

[16] 方德英. IT项目风险管理理论与方法研究[D]. 天津:天津大学,2003.

[17] 房西苑,周蓉翌. 项目管理融会贯通[M]. 北京:机械工业出版社,2010.

[18] 阚雨沐. 基于项目管理理论的大学生创新创业项目管理研究[J]. 吉林工程技术师范学院学报,2016,32(9):67-68.

[19] 雷辉,陈少平. 项目管理知识与就业能力、创业能力关系的实证分析[J]. 创新与创业教育,2013,4(4):57-60.

[20] 李艳飞,戚安邦. 我国工程项目风险管理制度问题与对策分析[J]. 项目管理技术,2010(2):79-82

[21] 李焱,徐娟. 项目管理理论下的高校大学生创新创业活动管理探索[J]. 教育教学论坛,2018(5):11-12.

[22] 李禹生. 管理信息系统[M]. 北京:中国水利水电出版社,2004.

［23］刘勇,唐东平. 中小型软件企业的软件项目管理过程研究[J]. 科技管理研究,2006(9):148-150.

［24］潘广钦. 项目进度管理研究综述[J]. 价值工程,2014,33(31):86-89.

［25］彭玲,张冕. 基于关键链的资源受限多项目管理实施策略研究[J]. 项目管理技术,2009(6):13-16.

［26］戚安邦. 项目管理学[M]. 天津:南开大学出版社,2003.

［27］吴颖敏,夏金宗,刘斌,等. 大学生创新创业实践的项目管理需求调查[J]. 西部素质教育,2018,4(17):142-143.

［28］武永生. 项目管理在科研项目管理的应用研究[D]. 西安:西安科技大学,2005.

［29］肖怿. 高校创新创业项目中项目管理理论的应用[J]. 课程教育研究,2015(10):220-221.

［30］谢钰敏,魏晓平. 项目利益相关者管理研究[J]. 科技管理研究,2006(1):168-170.

［31］许秀影. "敏捷＋"创新创业项目管理[J]. 项目管理评论,2016(5):12-15.

［32］闫长斌,杨建中,朱佳音. 基于项目管理的大学生创新创业训练模式探索与实践——以郑州大学土木工程学院为例[J]. 华南理工大学学报(社会科学版),2017,19(2):110-118.

［33］殷波,王顺洪,刘涛. 项目群管理研究[J]. 建筑管理现代化,2007(4):20-22.

［34］于涛,郭秀娟,张朝. 大学生创新创业实践项目管理系统的设计[J]. 黑龙江科技信息,2016(31):55.

［35］张显悦,刘财勇,郗婷婷,等. 项目管理在大学生创新创业训练计划中的应用[J]. 黑龙江工程学院学报,2014,28(4):69-71.

［36］张煜. 项目管理理论在创新创业项目中的应用研究[D]. 长春:吉林大学,2011.

［37］周俊. 中国电信创新创业基地建设项目管理研究[D]. 南京:南京邮电大学,2018.

教师服务

感谢您选用清华大学出版社的教材！为了更好地服务教学，我们为授课教师提供本书的教学辅助资源，以及本学科重点教材信息。请您扫码获取。

》 教辅获取

本书教辅资源，授课教师扫码获取

》 样书赠送

企业管理类重点教材，教师扫码获取样书

 清华大学出版社

E-mail: tupfuwu@163.com
电话：010-83470332 / 83470142
地址：北京市海淀区双清路学研大厦 B 座 509

网址：http://www.tup.com.cn/
传真：8610-83470107
邮编：100084